BIBLIOTHÈQUE DES TEXTES PHILOSOPHIQUES

Fondateur : Henri GOUHIER   Directeur : Jean-François COURTINE

Emmanuel KANT

CRITIQUE
DE LA
FACULTÉ DE JUGER

Traduction et introduction par
Alexis PHILONENKO

PARIS
LIBRAIRIE PHILOSOPHIQUE J. VRIN
6, Place de la Sorbonne, Ve
2000

© *Librairie Philosophique J. VRIN*, 1993

Printed in France

ISBN 2-7116-1160-4

AVANT-PROPOS

On trouvera, en fait, dans ce volume la seconde édition de ma traduction de la *Critique de la faculté de juger*. Le résultat global de cette recherche n'a pas beaucoup varié ; j'ai répondu aux aimables sollicitations de mon ami le Professeur Jean-Marie Beyssade. Mais je dois convenir que le texte est parfois dépourvu de précision et qu'il est malaisé de choisir.

Ce qui caractérise l'écriture de Kant dans cette dernière et troisième critique semble être le souci de donner des *définitions*, qui très souvent concordantes, ne laissent pas de contenir de subtiles nuances. Il serait, de ce point de vue, intéressant de relever toutes les définitions de Kant et de les confronter systématiquement, en revenant à Baumgarten. J'ai aussi bien conservé beaucoup de définitions dans l'index ; mais pas toutes évidemment, de telle sorte que le travail indiqué est tout entier à faire. Quoi qu'il en soit la souplesse de ces définitions, aggravée par d'incontestables redites, rend la tâche difficile.

L'intérêt de la recherche de la définition est aussi le suivant. La *Critique de la faculté de juger* est singulière. Cette *Critique* est, peut-être, le premier livre de Kant pensé et rédigé en langue allemande. Dans la *Critique de la raison pratique* on sent toujours affleurer le latin. Dans la *Critique de la faculté de juger*, c'est beaucoup moins évident. L'analyse des définitions permettrait de mesurer le poids respectif de la langue allemande et de la langue latine.

L'index m'a donné bien de la peine. Il y avait plusieurs fils conducteurs à suivre. Je n'ai pu opter pour une analyse purement lexicale et j'aimerais bien que le lecteur suive un article tout entier, pour apercevoir les efforts accomplis pour regrouper les thèmes de Kant dans des configurations, plus importantes que le seul ordre alphabétique.

J'ai enfin éliminé toutes les expressions entre crochets, exception faite de celles qui, à mon sens, pouvaient prévenir un contre-sens. J'ai également supprimé tous les crochets, qui entouraient la traduction des mots français et qui n'étaient là que par un scrupule de traduction. Ainsi dans l'ensemble, le texte est plus lisible, moins haché et plus aéré.

J'ai conservé intégralement mon *Introduction*. C'est que F. Alquié la jugeait bonne, sans pourtant en admettre toutes les orientations (Cf. KANT, *Œuvres philosophiques,* Bibliothèque de la Pléiade, t. II)

Alexis Philonenko,
Rouen.

INTRODUCTION

A la fin de l'année 1787, Kant informe Reinhold qu'une troisième Critique verra bientôt le jour. «Je puis, écrit Kant dans sa lettre du 18 décembre, assurer sans présomption que, plus j'avance dans ma voie, moins je crains qu'une contradiction ou même une alliance (comme il y en a maintenant si souvent), puisse jamais porter sérieusement préjudice à mon système. C'est là une conviction intime qui naît de ce que, quand je procède à de nouvelles recherches, je trouve mon système non seulement d'accord avec lui-même, mais encore que si parfois j'ai des doutes sur la méthode de recherches intéressant un nouveau sujet, il me suffit de me reporter à ce catalogue général des éléments de la connaissance et des facultés de l'âme qui y correspondent pour recevoir des éclaircissements auxquels je ne m'attendais pas. C'est ainsi que je m'applique actuellement à une Critique du goût et à l'occasion de celle-ci on découvre une nouvelle espèce de principe *a priori*. En effet les facultés de l'âme sont au nombre de trois : la faculté de connaître, le sentiment de plaisir et de peine et la faculté de désirer. J'ai trouvé dans la Critique de la Raison pure (théorique) des principes pour la première faculté – dans la Critique de la Raison pratique j'en ai trouvé pour la troisième faculté. J'en cherchais aussi pour la seconde faculté et bien que j'aie pu tenir pour impossible d'en trouver, toutefois la structure systématique que l'analyse précédente des autres facultés de l'âme m'avait fait découvrir... devait m'orienter sur la bonne voie, de telle sorte que je distingue maintenant trois parties de la philosophie, qui possèdent chacune leurs principes *a priori*... philosophie théorique, téléologie, philosophie pratique... » [1].

En cette lettre, Kant parle à la fois d'une Critique du goût et de téléologie. En 1790 paraît la *Kritik der Urteilskraft*. La méditation sur l'esthétique et sur la finalité s'est enfin liée en un tout. *Kritik der Urteilskraft* – ce simple titre est la première difficulté dans une traduction de l'ouvrage de Kant qui pose des problèmes presque insolubles au traducteur. Barni, Gibelin traduisaient ce titre par *Critique du Jugement*; nous avons estimé que cette traduction, souvent heureuse, ne pouvait être retenue – aussi bien lira-t-on une *Critique de la faculté de juger*. Cette traduction du titre de l'ouvrage ne peut prétendre être parfaite; la traduction la plus exacte serait : *Critique de la faculté judiciaire* [2] – nous ne l'avons pas retenue estimant que la langue française contemporaine donnait un sens trop précis au mot «judiciaire».

De la présente traduction nous dirons ceci : c'est une traduction qui suppose une correction attentive. Elle ne prétend point rendre inutile la lecture du texte allemand, elle veut seulement faciliter cette lecture et proposer des solutions. Cette traduction ne prétend pas non plus dépasser en mérites les traductions de Barni et de Gibelin – la traduction de Barni était élégante, mais moins fidèle que celle de Gibelin, qui nous a été d'un précieux secours. Mais les difficultés du texte de Kant sont si grandes qu'il nous a semblé qu'une troisième tentative de traduction ne serait pas entièrement inutile [3].

Notre traduction présente quelques particularités. On les apercevra aisément. Indiquons cependant la plus importante. Nous avons toujours – à quelques exceptions près – écrit le mot

1. AK X, 514-515. (Les références aux volumes de l'*Akademie Ausgabe* sont abrégées par les initiales AK, suivies du n° du tome, puis des pages).

2. Cette traduction est proposée par E. WEIL, cf. *Problèmes kantiens,* Vrin, 1963.

3. Signalons que depuis 1965, date de la première parution de la présente traduction (sans la majorité des notes), une quatrième traduction, par J.-R. Ladmiral, M. B. de Launay et J.-M. Vaysse, a vu le jour dans le tome II des *Œuvres* Kant parues dans la Bibliothèque de la Pléiade (Paris, Gallimard, 1985).

« idée » (Idee) avec un « i » majuscule. Il nous semble, en effet, que la notion d'Idée, par opposition aux concepts, possède chez Kant une valeur presque platonicienne[1]. N'ayant pu nous résoudre, par un souci d'objectivité, à écrire dans un cas « idée » et dans l'autre « Idée », nous avons toujours préféré mettre une majuscule, espérant ainsi, au moins, attirer l'attention du lecteur sur le problème posé par ce terme.

Nous avons suivi dans cette traduction trois textes : celui de Vorländer, celui de Cassirer, ainsi que le texte de l'Académie[2]. En principe le texte retenu est toujours celui qui correspond à la seconde édition de la *Critique de la faculté de juger*[3].

* * *

Le principal problème – ou si l'on préfère le plus difficile problème posé par la *Critique de la faculté de juger* – est celui qui concerne son unité. Dans cette introduction nous nous contenterons de dire *quelques mots* de ce problème. Celui-ci est difficile, comme on le verra, parce qu'il n'est pas seulement intérieur à la *Critique de la faculté de juger,* mais ne peut concrètement se séparer du problème de l'unité fondamentale du système kantien, considéré en ses trois moments essentiels définis par les trois Critiques. Schopenhauer formule brutalement le problème de la *Critique de la faculté de juger* en affirmant que Kant traitant de *la beauté* et de *la vie* a considéré « dans le même livre... deux sujets différents »[4]. Des interprètes éminents de la philosophie kantienne, tels V. Basch et A. Stadler[5] souscriront à ce jugement. Après Schopenhauer, ils admettront que la *Critique de la faculté de juger* n'est qu'une « union baroque » – « eine barocke Vereinigung ».

---

1. *Critique de la raison pure*, AK III, 246 sq.
2. Voir les références détaillées de ces trois éditions (ainsi que des principales autres éditions) à la fin de cette introduction, p. 22.
3. Les notes de Kant sont appelées par des chiffres suivis d'un astérisque (*). Les chiffres entre crochets droits [ ] dans le texte font référence à la pagination de l'*Akademie Ausgabe* (tome V).
4. SCHOPENHAUER,*Werke* (Frauenstaedt) Bd. II, p. 630.
5. V. BASCH, *Essai critique sur l'esthétique de Kant*, Paris, 1896 ; A. STADLER, *Kantsteleologie*.

Maintes déclarations de Kant peuvent, en effet, permettre d'assurer que la *Critique de la faculté de juger* réunit des considérations philosophiques susceptibles d'être exposées dans des perspectives différentes et même dans des ouvrages différents. Ainsi Kant déclare : «Dans une critique de la faculté de juger, la partie qui traite de la faculté de juger esthétique est essentielle, parce que seule celle-ci contient un principe, que la faculté de juger met absolument *a priori* au fondement de *sa* réflexion...»[1]. En d'autres termes la réflexion sur le jugement téléologique est inessentielle ! Et Kant précise : «La faculté de juger esthétique est... une faculté particulière... la faculté de juger téléologique n'est pas une faculté particulière... de par son application elle appartient à la partie théorique de la philosophie...»[2]. Kant avait été encore plus net dans sa *Préface* : «...le jugement logique suivant des concepts (entendons : le jugement téléologique) ... aurait assurément pu être ajouté à la partie théorique de la philosophie...»[3]. On sait, en effet, que dans la *Critique de la Raison pure,* l'analyse consacrée à l'usage hypothétique de la raison dans *l'Appendice à la Dialectique transcendantale* traite du jugement téléologique[4].

Lisant ces textes, V. Basch s'écrie : «Aveu formel !»[5]. Kant reconnaîtrait que la *Critique de la faculté de juger* ne possède point d'unité. L'aveu est certain – il reste à se demander quelle est sa portée. Il nous semble que Kant reconnaît que la *Critique de la faculté de juger* manque d'unité seulement dans une perspective très déterminée. Et l'on peut reconnaître par exemple que dans une perspective scolastique la *Critique de la faculté de juger* ne possède guère d'unité, sans cesser pour autant de soutenir qu'elle possède une unité dans une perspective différente et plus profonde.

1. *Critique de la faculté de juger*, Introduction, VIII, cf. Kant, *Werke* (Cassirer) Bd. V, p. 223-224 (*Première introduction à la Critique de la faculté de juger*).
2. *Critique de la faculté de juger*, Introduction VIII.
3. *Ibid.*, Préface.
4. *Critique de la raison pure*, AK III, 426-427 ; cf. surtout, AK III, 429.
5. *Essai critique sur l'esthétique de Kant*, p. 126.

Dans une perspective que nous définirons comme scolastique la *Critique de la faculté de juger* possède une certaine unité ; celle-ci toutefois n'est pas fondamentale et peut être critiquée. Cette unité se fonde sur les caractères communs au jugement esthétique et au jugement téléologique. Ces jugements possèdent, en effet, deux caractères communs. En premier lieu, ces jugements ne sont pas déterminants ; ils ne subsument pas un donné particulier sous une règle ou une loi déterminée – la détermination, comme subsomption sous une règle universelle, est l'opération schématique de l'imagination qui *a parte subjecti* réunit entendement et sensibilité et *a parte rei* l'universel et le singulier. Partant de la réalité en sa singularité les jugements esthétiques et les jugements téléologiques tentent de dégager une règle universelle ; on les définira donc comme des jugements réfléchissants. La *réflexion* est le procès inverse de celui qui caractérise le schématisme transcendantal. Le schématisme transcendantal est le procédé de l'imagination pour procurer à un concept (universel) son image (particulier) – la réflexion est le procédé de l'esprit pour procurer à ce qui est particulier (image) sa signification universelle (son concept)[1]. En second lieu les jugements esthétiques et téléologiques ne peuvent – comme le jugement mathématique, ou même le jugement physique – déterminer (construire) *a priori* leur objet ; aussi bien ils ne peuvent prétendre atteindre l'universalité objective ; leur universalité est subjective. – Ces deux caractères communs permettent de rapprocher jugements esthétiques et jugements téléologiques. Partant de ces caractères communs on ne saurait cependant conclure à une unité intime de la *Critique de la faculté de juger* ; tout au plus pourrait-on affirmer une unité extérieure, formelle. Qui ne voit, au demeurant, que les caractères communs aux jugements esthétiques et aux jugements téléologiques sont au fond négatifs ? Ce qui est commun aux deux formes de jugement, c'est surtout ce qui les sépare des jugements de la physique mathématique. Est-ce là une raison bien suffisante pour fonder leurs

---

1. *Critique de la faculté de juger*, Introduction, IV. On consultera sur ce problème l'excellent livre de A. BAUEMLER, *Kants Kritik der Urteilskraft*, Halle, 1923.

analyses dans une seule recherche ? Kant semble en douter [1].
De là son aveu.

* * *

Nous devons donc tenter de dégager la possibilité d'une
compréhension de l'unité de la *Critique de la faculté de juger*
qui s'appuie sur des pensées moins formelles, mais aussi plus
réelles. Il semble dès lors judicieux de s'interroger sur la
question capitale de la *Critique de la faculté de juger,* question
qui ne saurait naturellement trouver toute sa portée qu'en se
reliant à la problématique des deux autres Critiques. Fichte,
selon nous, a merveilleusement défini cette question. Dans ses
Leçons de 1796-1798 sur la *Doctrine de la Science,* Fichte
affirme que Kant ne s'est jamais expliqué d'une manière satisfaisante sur la question de savoir comment il m'est possible
d'admettre en dehors de moi un être raisonnable. « Dans la
Critique de la faculté de juger, note Fichte, où (Kant) parle des
lois de la réflexion de notre entendement, il s'était approché de
ce problème » [2]. En d'autres termes, la *Critique de la faculté
de juger* est une tentative pour résoudre le problème capital de
la philosophie moderne : l'intersubjectivité.

Tel est en effet le sens le plus profond, mais aussi le plus
clair de l'analyse de la *Critique de la faculté de juger,* particulièrement dans l'Esthétique. Comme l'a bien vu E. Cassirer,
l'acte esthétique est celui en lequel se révèle par excellence
l'intersubjectivité. Dans l'acte de juger esthétique, j'attribue à
mon sentiment particulier et personnel une valeur universelle.
En d'autres termes le jugement esthétique est fondamentale-
ment « pour autrui ». Dans le jugement esthétique, partant du
sentiment personnel du plaisir, j'affirme toutefois l'universalité de ce sentiment, c'est-à-dire sa vérité pour tout autre
sujet [3]. Aussi bien l'idée de communication, ou si l'on préfère

---

1. Certes, Kant est aussi très attaché à la doctrine des facultés (on
consultera la lettre que nous avons citée). Nous ne pensons pas qu'il lui
accorde assez de valeur pour fonder à elle seule l'unité de la *Critique de la
faculté de juger.*
2. *Nachgelassene Schriften*, Bd. II, p. 477.
3. *Critique de la faculté de juger*, § 36.

un langage plus moderne, l'intersubjectivité est-elle au fondement de la *Critique de la faculté de juger*[1]. Ce qui est très important, nous semble-t-il, c'est le fait que dans l'acte esthétique l'homme affirmant l'universalité de son sentiment dépasse son « moi » et rejoint « autrui ». D'où la maxime de la faculté de juger : « Penser en se mettant à la place de tout autre »[2].

De quelle nature est la communication dont Kant nous entretient dans la *Critique de la faculté de juger* ? Il existe pour Kant trois modes de communication. Le premier mode de communication est fondé par Kant dans la *Critique de la Raison pure*. Dans la *Critique de la Raison pure* Kant établit la possibilité d'une communication dans la connaissance ; ce qui caractérise cette modalité de la communication est le fait qu'elle est *indirecte* : elle s'appuie sur la médiation du concept ou de l'objet. Dans la connaissance l'homme ne rencontre pas l'homme directement. Dans la *Critique de la Raison pratique* Kant établit la possibilité d'une communication de l'homme avec l'homme comme être raisonnable. Ce qui caractérise ce mode de communication, c'est encore sa nature indirecte ; la communication morale – explicitée dans la troisième formule de l'impératif catégorique – est médiatisée par la loi morale ; se soumettant à la loi et à l'exigence d'universalité, tout sujet communique et s'accorde idéalement avec d'autres sujets possibles, tandis qu'il se pense lui-même comme membre du règne des fins. Enfin, au mode de communication indirecte fondé sur le fait, et au mode de communication indirecte fondé sur le « Sollen », Kant dans la *Critique de la faculté de juger* ajoute un troisième mode. Il s'agit de la communication *directe* de l'homme avec l'homme, du mode de communication en lequel l'homme rencontre l'homme, sans passer par le détour de l'objet (concept) ou de la loi[3].

En partant de là, on comprendra le sens de l'antinomie du jugement esthétique. Thèse et antithèse nient la possibilité d'une communication directe de l'homme avec l'homme et s'accordent seulement en cette négation. La thèse, considérant

1. *Ibid.*, §§ 20-22, § 35, 39, etc.
2. *Ibid.*, § 40.
3. Cf. E. CASSIRER, *Kant*, in E. Kants *Werke*, Bd. XI, p. 340.

la particularité des sentiments esthétiques, nie tout simplement que l'on puisse communiquer ceux-ci – l'antithèse affirme la nécessité d'une communication, mais prétend qu'elle doit se fonder sur des concepts, c'est-à-dire être indirecte. Dans les deux cas, la possibilité d'une communication directe est écartée.

Or cette possibilité est fondamentale. Si une communication directe, originaire, immédiate n'était pas donnée, alors la connaissance et l'action morale ne pourraient être intelligibles. Les modes de la communication indirecte supposent l'expérience plus originelle de la communication directe. C'est seulement sur le fond de cette expérience originelle de l'intersubjectivité humaine, que Kant analyse dans la *Critique de la faculté de juger esthétique,* que peuvent se déployer les modalités indirectes de la communication. Dans le § 22, examinant les réquisits du jugement de goût et parvenant à l'idée d'un sens commun, Kant ne se contente pas de dire qu'il constitue la condition du jugement de goût; il s'agit de « la condition nécessaire de la communicabilité universelle de notre connaissance, qui doit être présumée en toute logique et en tout principe de connaissance... » [1]. D'un autre côté, Kant insiste – comme dans l'*Anthropologie* – sur les relations entre la pensée esthétique et la pensée morale et souligne comment la première est le symbole qui, concrétement, conduit l'homme à la seconde.

On voit dès lors apparaître le sens de la *Critique de la faculté de juger* et sa relation aux deux autres Critiques. La *Critique de la faculté de juger* fonde et achève la *Critique de la Raison pure* et la *Critique de la Raison pratique* en développant l'expérience originelle présupposée en toutes deux comme réflexions sur la pensée humaine. De là sa haute portée systématique dans l'ensemble de la critique. La *Critique de la faculté de juger* remplit cette tâche systématique en se constituant comme une logique de l'intersubjectivité, c'est-à-dire comme une logique de la signification. Dans la *Critique de la faculté de juger,* c'est évidemment la partie esthétique qui est

---

1. *Critique de la faculté de juger*, § 21.

essentielle : l'idée de signification, nécessairement liée à l'acte de communication, s'enracine dans la rencontre humaine. C'est en celle-ci que se dévoile le noyau même de l'idée de signification. Aussi bien la seconde partie de la *Critique de la faculté de juger* est moins essentielle. Nous devons cependant remarquer qu'au moment même où nous dégageons la relation de la *Critique de la faculté de juger* aux deux précédentes Critiques, nous découvrons aussi son principe d'unité interne. C'est précisément comme logique du sens que la *Critique de la faculté de juger* peut se développer premièrement comme Esthétique et secondement comme Téléologie. Comme E. Weil l'a fortement montré l'être organisé est un être que l'homme «rencontre» comme un être qui a un «sens», sens qui s'explicite en finalité[1]. Aussi la logique du sens possède deux parties, l'une essentielle parce qu'elle enveloppe la réflexion sur l'expérience de la communication, l'autre importante, mais non pas essentielle, qui nous décrit la rencontre significative de l'homme et du monde. Sans doute la Téléologie précisera le statut de la communauté humaine comme communauté de sens dans le monde[2]. On ne saurait toutefois la réputer essentielle parce qu'elle n'établit pas le principe même de cette logique du sens. Cette tâche est réservée à l'Esthétique, qui pénètre jusqu'en ce lieu originel où deux êtres que tout sépare pour un regard objectif s'unissent et s'accordent dans le jugement de goût.

Dans la perspective que nous venons d'indiquer la *Critique de la faculté de juger* revêt une riche signification. On mesurera l'intérêt du problème de la communication en observant comment l'effort de Kant pour constituer une logique du sens renouvelle à l'intérieur de sa propre doctrine d'une manière géniale le problème de la métaphysique classique. Le problème de la métaphysique classique est celui de la connaissance de l'individualité – *Individuum est ineffabile*. La métaphysique classique séparant l'universel et le particulier, transforme l'individualité en réalité incompréhensible. Le génie de Kant, lui,

---

1. *Problèmes kantiens*, Paris, Vrin, 1970, p. 57-107 (Sens et fait).
2. *Ibid*. On consultera aussi le chapitre qu'E. Weil consacre au problème de l'*Histoire et de la politique chez Kant*.

montre que nier la possibilité d'un rapport entre le particulier
et l'universel revient à nier la communication : car c'est toujours «cet» homme qui rencontre «cet» autre homme et qui
communique avec lui. De là, comme l'a bien vu E. Cassirer[1],
l'effort de Kant pour élaborer la logique en laquelle l'universel
et le particulier se nouent dans la communication esthétique.
Kant formule en termes de communication et d'intersubjectivité le problème de la métaphysique classique. En ceci
nous demeurons ses héritiers.

* * *

Les réflexions qui précèdent découvrent une unité de la
Critique de la faculté de juger. Cette unité assure en quelque
sorte un lien horizontal entre les trois Critiques. Il existe un
autre lien que l'on pourrait cette fois nommer vertical.

Nous trouvons souvent sous la plume de Kant le mot :
abîme. Bien qu'il ne l'ait point systématisée nous pouvons découvrir chez lui une véritable doctrine des abîmes de l'esprit.
Deux grandes bornes marquent le chemin de l'esprit à travers
les abîmes. Au point de départ de ce chemin se présente l'esprit
humain pénétré de la puissance de ses jugements mathématiques. Dans les mathématiques, dira S. Maimon, l'homme est
semblable à Dieu[2]. L'homme qui calcule, construit son objet et
en ce sens l'homme mathématicien est comparable à un entendement archétype. Cet entendement archétype est le terme du
chemin. C'est l'idée d'un entendement pour lequel le possible
et le réel, la pensée et l'intuition seraient une seule et même
chose[3]; entendement non plus seulement constructeur donc,
mais aussi créateur. Entre ces deux entendements, entre l'homme et Dieu, se présente une série de problèmes, qui sont autant
d'abîmes de l'esprit. Ces abîmes sont ceux de l'*existence objective,* de l'*organisation,* de l'*individualité,* de la *personnalité.*

La *Critique de la Raison pure* traite du premier abîme. Cet
abîme est celui de la connaissance de l'objet. Comment puis-je

1. *Loc. cit.*
2. S. MAIMON, *Progressen,* p. 56.
3. *Critique de la faculté de juger,* § 76-77.

connaître un objet que je ne pose pas ? Comment puis-je connaître ce qui, par son *existence* même, ne dépend pas de moi ? Plus simplement encore : comment puis-je être conscience d'univers et non pas seulement conscience de soi ? C'est ce problème fondamental qui forme le cœur de la problématique de la physique comme connaissance des choses. La *Critique de la Raison pure* nous enseigne donc à voir dans l'existence même le premier abîme de la pensée : les principes de la connaissance physique seront des principes régulateurs et non des principes constitutifs.

Dans l'univers, auquel on comprend après la *Critique de la Raison pure* que l'homme puisse accéder, se dévoile un second abîme. C'est celui de l'*organisation*. On peut le saisir à un double point de vue. D'une part, on peut s'interroger sur le monde lui-même comme organisation. Le monde n'existe pas seulement – il existe comme un monde organisé. Or, cela n'est pas encore intelligible au seul niveau de la première Critique. Un monde, soumis à toutes les lois de l'entendement, à la causalité, pourrait encore être un monde absurde si chaque être était tellement constitué qu'il serait impossible de le comparer à un autre. Dans la *Critique de la Raison pure,* Kant évoque cette idée : « S'il y avait entre les phénomènes... une diversité si grande... que l'entendement humain le plus pénétrant ne pût trouver, en les comparant les uns aux autres, la moindre ressemblance (c'est là un cas qu'on peut bien concevoir), il n'y aurait plus alors place pour la loi logique des espèces... il n'y aurait plus de concepts empiriques, ni, par conséquent, d'expérience possible » [1]. Cette pensée est chère à Kant : il y revient dans la *Première Introduction à la Critique de la faculté de juger* – Timée aurait-il jamais pu concevoir l'idée d'un système, s'il avait cru toute comparaison rationnelle impossible ?[2] De ce point de vue en passant du premier au deuxième abîme nous allons de la problématique de la synthèse *(Critique de la Raison pure)* à la problématique du système [3]. – Mais, d'autre

1. *Critique de la raison pure*, AK III, 653-654.
2. *Werke* (Cassirer) Bd. V, p. 196.
3. H. Cohen a particulièrement insisté sur la différence entre le problème de la synthèse (simple application des lois transcendantales

part, le problème de l'organisation se réfléchit dans le microcosme : la plante est un «petit monde» organisé systématiquement. L'être organisé apparaît constitué par un ordre et comme appartenant à un ordre de choses que les principes de l'entendement physicien ne permettent pas de pénétrer et qui est caractérisé par la finalité interne. C'est ainsi un même problème que l'on rencontre dans le macrocosme et dans le microcosme. Considérée sous ce double aspect (monde et être organisé) l'organisation est la nature comme «système des fins»[1], qui suppose, au moins, la possibilité de l'application de la logique formelle (loi logique des espèces) à la réalité et, par conséquent, celle du jugement réfléchissant.

Mais au sein de ce monde organisé se révèle un troisième abîme. Sa portée est capitale. C'est le problème de la vie ou plus justement encore le problème de *l'individualité*. Si le problème de l'organisation est le problème de la téléologie, le problème de la vie ou de l'individualité est celui de la *Critique de la faculté de juger esthétique*. Il y a ici un point sur lequel on ne saurait trop insister : l'organisation n'est pas la vie. Dans le § 65 de la *Critique de la faculté de juger*, Kant dit que l'organisation est l'*analogon* de la vie. Dans le § 64, il choisit comme exemple d'un être organisé un arbre et non l'homme. Cela est très significatif[2]. Que manque-t-il à l'organisation pour être vie ? Nous pensons que ce qui lui manque essentiellement est l'individualité. Au niveau de la simple organisation, l'individualité n'est jamais réalisée pleinement : elle est toujours relative. On peut certes considérer un arbre comme un individu. Mais on peut aussi, nous dit Kant, «considérer chaque rameau, chaque feuille... comme un arbre existant pour lui-

constituant l'analogie universelle d'une expérience possible en générale), et le problème du système (analogie particulière). A. Bauemler a dit d'excellentes choses sur le problème de la logique dans la *Critique de la faculté de juger*.

1. *Critique de la faculté de juger*, § 67.
2. Cf. aussi la distinction établie en AK XXI, 448 : «On nomme force vitale proprement dite le principe du mouvement suivant la représentation possédée par le sujet; on nomme force vitale improprement dite, le principe du mouvement suivant un *analogon* de la représentation». Cf. KRÜGER, *Critique et morale chez Kant*, Paris, 1961, p. 70.

même, qui s'attache simplement à un autre arbre et se nourrit de lui comme un parasite...»[1]. L'individualité n'apparaît vraiment qu'au niveau supérieur de la vie, c'est-à-dire avec la conscience qui rend possible le savoir de soi comme d'un moi[2]. Ce niveau est celui de l'homme. Et alors se pose le problème de savoir comment des individualités peuvent se relier. Ce problème possède d'une part – comme nous l'avons noté – un aspect logique ; par elle-même la notion d'individualité pose le problème du rapport du singulier et de l'universel – de ce point de vue le problème logique du jugement réfléchissant se pose d'une manière beaucoup plus rigoureuse qu'au niveau précédent. Il possède d'autre part une portée capitale comme problème de l'intersubjectivité et de la communication. L'Esthétique de la *Critique de la faculté de juger* tente de résoudre ce problème et nous voyons bien clairement comment le problème métaphysique de la logique n'a véritablement son sens que dans la rencontre humaine, synthèse des individualités dans un sens universel.

Enfin, au sein de ce monde humain, source du sens, se dévoile un quatrième abîme, dont la problématique se relie à la fois à l'Esthétique et à la Téléologie. Quelle est la destination de l'homme ? Ce problème est le problème capital de la *personnalité* pour l'homme. Ce problème est celui de la raison pratique, et la *Critique de la faculté de juger* nous y conduit.

Quatre abîmes se dévoilent donc : existence, organisation, individualité, personnalité. Si l'*existence* est le problème de la *Critique de la raison pure* – la *personnalité* est le problème de la *Critique de la raison pratique*. La *Critique de la faculté de juger* traite des deux abîmes intermédiaires : l'*organisation* et l'*individualité,* dont on saisit à la fois la différence et la relation. Ce faisant la *Critique de la faculté de juger* apparaît en son unité. En même temps elle indique sa fonction en reliant nature et liberté, philosophie théorique et philosophie pratique, en développant le sens de l'individualité humaine dans la réflexion sur la communication et en permettant de com-

---

1. *Critique de la faculté de juger*, § 64.
2. *Anthropologie*, I^{es} Buch, Kap. I. (*Vermischte Schriften*, Insel, p. 297).

prendre l'organisation en laquelle elle se dévoile. La *Critique de la faculté de juger* assure donc – verticalement cette fois – l'unité de la philosophie critique. Tout de même qu'elle assure horizontalement l'unité des trois Critiques dans la communication directe, tout de même traitant de l'individualité, en considérant nécessairement le problème de l'intersubjectivité, elle assure verticalement l'unité interne du criticisme dans la doctrine des abîmes. Ainsi la philosophie critique se présente comme un tout sans fissure. Et nous la voyons découvrir son centre : c'est la problématique de l'intersubjectivité.

* * *

De tous les post-kantiens, Fichte sera peut-être celui qui apercevra le plus clairement ce principe d'unité du criticisme, que l'on pourrait exprimer en disant que le *cogito* kantien est un *cogito* plural. L'orientation de la méditation fichtéenne essentiellement appuyée sur le problème de l'intersubjectivité est ainsi fidèle à l'authentique inspiration kantienne. Et, cependant, un tournant décisif va s'opérer avec Fichte.

En effet dans la philosophie fichtéenne, le moment fondamental dans la problématique de l'intersubjectivité n'est plus l'Esthétique – c'est la philosophie du droit. C'est au début de son ouvrage consacré au droit naturel que Fichte décrit les relations constitutives de l'intersubjectivité[1]. La plupart des problèmes que pouvait susciter l'Esthétique se retrouvent dans la philosophie du droit. Nous voyons ainsi apparaître le problème de la communication, du sens ; de même les concepts d'individualité et de communauté sont essentiels. Est-il un droit pensable sans intersubjectivité ? Bien plus : le droit n'est-il pas, aussi bien que la beauté, une notion essentiellement humaine et la théorie du droit ne se situe-t-elle pas au même niveau que l'Esthétique ?[2] Enfin dans son système, Fichte donne au droit la place que Kant donne à la philosophie de la finalité dans le sien. La philosophie du droit, nous dit Fichte,

---

1. *Grundlage des Naturrechts*, SW. Bd. III.
2. Insistons sur le fait que le beau, selon Kant, n'a de sens que pour l'homme et définit donc un monde strictement humain. *Critique de la faculté de juger*, § 5.

médiatise philosophie théorique et philosophie pratique. D'une part, le droit s'attache à la réalité concrète sensible – d'autre part, il se relie à l'idéal en définissant des règles qui dépassent la nature[1]. Ainsi Fichte donne au droit la même valeur systématique que Kant à la finalité esthétique[2]. On ne peut pas dire que Fichte reprend le problème de la *Critique de la faculté de juger* – l'intersubjectivité – d'une manière partielle ; il envisage clairement sa fonction d'unité dans la philosophie.

La recherche de Fichte toutefois se distingue nettement de celle de Kant par son orientation *objective*. Ce n'est plus seulement dans l'Esthétique, qui est toujours indifférente à l'existence de son objet[3], mais dans la réalité humaine concrète et objective que se meut la réflexion. Dès lors, les limites que la pensée marxiste découvre dans la *Critique de la faculté de juger* – qui consistent essentiellement en ce que Kant ne résout le problème de la communauté humaine qu'au niveau de l'Esthétique – doivent tomber. Commentant la *Critique de la faculté de juger* des penseurs marxistes, tels Lukács et Goldmann jugent que Kant établit seulement sur un plan esthétique l'humanisme que Marx et Feuerbach fondent sur un plan épistémologique et moral[4]. Et, en effet, la célèbre sentence de Schiller – l'homme n'est pleinement homme que lorsqu'il joue et c'est seulement lorsqu'il joue que l'homme est homme – ne semble point trahir la pensée de Kant. Avec Fichte nous pénétrons déjà dans un autre monde. Le moment originel dans la communauté humaine est objectif : c'est le droit. A une philosophie qui peut être exprimée par le célèbre vers de Goethe : « C'est dans son reflet coloré que nous trouvons la vie » – succède une philosophie, qui fera de l'effort et de la lutte objective de l'homme son plus haut principe.

---

1. *Nachgelassene Schriften*, Bd. II, p. 608.
2. L'esthétique devient chez Fichte le mode de vulgarisation de la philosophie transcendantale. Elle relie philosophie et non-philosophie.
3. *Critique de la faculté de juger*, § 1-2.
4. Cf. L. GOLDMANN, *La communauté humaine et l'univers chez Kant,* Paris, 1948.

DIFFÉRENTES ÉDITIONS DU TEXTE

1) Editions du temps de Kant :
a) *Critik der Urteilskraft* von Immanuel Kant, Berlin und Libau,bey Lagarde et Friederich,1790. LVIII et 477 p.
b) *Zweyte Auflage,* Berlin, bey F.T.Lagarde, 1793. LX et 482 p.
c) *Dritte Auflage,* Berlin, bey F.T.Lagarde,1799. Identique à la précédente édition.
d) Du vivant de Kant parurent en outre trois réimpressions : 1°) Francfort et Leipzig, 1792. 2°) la même identique, 1794 et 3°) « nouvelle édition avec un registre », 2 vol., Grätz 1797.

2) Editions remarquables après la mort de Kant :
a) *Gesamtausgabe* von Rosenkranz und Schubert, Leipzig, Leop. Voss, 1838, Bd.IV, XII et 395 p.
b) *Gesamtausgabe* von G.Hartenstein,Leipzig 1839. Modes et Baumann, Bd.VII, XVI et 376 p.
c) *Gesamtausgabe in chronologischer Reihenfolgen* von Hartenstein, Bd. V, XV, pages 171 à 500
d) *Philosophischen Bibliothek* von J.H.Kirchmann, Bd.I X, Berlin, 1869, XII et 382 pages, 2ᵉ éd.1872.
e) *Kritik der Urtheilskraft von Immanuel Kant.* Herausgegeben von Karl Kerbach, Leipzig, Ph.Reclam (sans date, 1878).
f) Edition de Benno Erdmann, Berlin, 1880, 2ᵉ éd. 1884.
g) Dans la *Philosophischen Bibliothek* von Karl Vorländer, Bd.39, Leipzig, 1902, XXXVIII et 413 p.
h) *Akademie Ausgabe von Kants Werke,* von Wilhem Windelband, Bd. V, Berlin, 1908.
i) *Kant's Kritik der Urteilskraft,* von Ernst Cassirer und F.Gross, Leipzig, 1912 et suiv. (= *Kant's Werke,* éd. Cassirer, Bd.V).

Ce sont ces trois dernières éditions que nous avons utilisées pour la présente traduction.

CRITIQUE DE LA FACULTÉ DE JUGER

Les notes de Kant sont appelées par des chiffres suivis d'un astérisque (1*). Les chiffres entre crochets droits [ ] dans le texte pour indiquer la pagination de l'Académie Ausgabe (tome V).

*Les notes de Kant sont appelées par des chiffres suivis d'un astérisque (*). Les chiffres entre crochets droits [ ] dans le texte font référence à la pagination de l'*Akademie Ausgabe *(tome V).*

PRÉFACE
de la première édition, 1790

On peut appeler *raison pure* la faculté de la connaissance par des principes *a priori*, et critique de la raison pure l'examen de sa possibilité et de ses limites en général, bien que l'on n'entende par cette faculté que la raison dans son usage théorique, comme nous l'avons fait sous ce titre dans notre premier ouvrage, et sans vouloir en outre soumettre à l'examen sa faculté, comme raison pratique, suivant ses principes particuliers. Cette critique ne porte donc que sur notre faculté de connaître *a priori* les choses et ainsi elle ne s'occupe que de la *faculté de connaître*, abstraction faite du sentiment de plaisir et de peine et de la faculté de désirer ; et entre les facultés de connaître elle ne s'occupe que de *l'entendement* suivant ses principes *a priori*, à l'exclusion de la *faculté de juger* et de *la raison* (comme facultés appartenant également à la connaissance théorique), parce qu'il s'est trouvé dans le développement qu'aucune faculté de connaissance, si ce n'est l'entendement, ne peut donner des principes de la connaissance constitutifs *a priori*. La critique ainsi, qui examine toutes ces facultés et la part du capital réel de la connaissance, que chacune par rapport aux autres pourrait prétendre posséder par ses ressources propres, ne conserve que ce que l'entendement prescrit *a priori* comme loi pour la nature en tant qu'ensemble des phénomènes (dont la forme est de même donnée *a priori*) ; elle renvoie en revanche tous les autres concepts purs parmi les Idées[1] qui, transcendantes pour notre faculté de connaître théorique, ne sont toutefois ni inutiles ni susceptibles d'être écartées, mais qui servent

1. Nous écrivons le mot « idée » avec une majuscule.

comme principes régulatifs : ainsi d'une part elle met un frein aux inquiétantes prétentions de l'entendement, qui (puisqu'il peut livrer *a priori* les conditions de possibilité de toutes les choses qu'il peut connaître) [168] semble aussi par là enfermer dans ses limites la possibilité de toutes les choses en général, et d'autre part elle peut le diriger lui-même dans la considération de la nature suivant un principe de totalité, qu'il ne peut d'ailleurs jamais atteindre, et favoriser par là l'intention finale de toute connaissance.

C'était donc proprement l'entendement, ayant son propre domaine et à la vérité dans la *faculté de connaître*, dans la mesure où il comprend des principes de connaissances constitutifs *a priori*, qui devait, par la critique appelée en général Critique de la raison pure, être établi, contre tous les autres compétiteurs, dans une possession sûre, mais unique [1]. De même on a indiqué dans la Critique de la raison pratique la possession de la *raison*, qui ne contient nulle part des principes constitutifs *a priori*, sauf par rapport à *la faculté de désirer*.

Mais la faculté de juger, qui dans l'ordre de nos facultés de connaître, constitue un terme intermédiaire entre l'entendement et la raison, possède-t-elle aussi, considérée en elle-même, des principes *a priori* ; ceux-ci sont-ils constitutifs ou simplement régulateurs (n'indiquant pas ainsi de domaine propre) ; donne-t-elle *a priori* une règle au sentiment de plaisir et de peine, en tant que moyen-terme entre la faculté de connaître et la faculté de désirer (tout de même que l'entendement prescrit *a priori* des lois à la première, mais la raison à la seconde) : telles sont les questions dont s'occupe la présente Critique de la faculté de juger.

Une critique de la raison pure, c'est-à-dire de notre pouvoir de juger selon des principes *a priori*, serait incomplète, si celle consacrée à la faculté de juger, qui comme faculté de connaissance prétend aussi par elle-même à de tels principes, n'était pas traitée comme une partie spéciale de la critique ;

---

1. Sur ce passage controversé, cf. E. WEIL, *Problèmes kantiens,* Vrin, 1963, p. 32, note 11. Weil traduit : « sûre, mais unique » ; Barni propose : « sûre, mais bornée » ; Gibelin : « sûre, mais une ».

dans un système de philosophie pure ses principes ne consti-
tueraient pas cependant une partie spéciale entre les parties
théorique et pratique, mais pourraient au besoin, dans un cas
donné, être annexés à chacune des deux. Car, si un tel système, sous le nom général de métaphysique, doit un jour être
réalisé (il est possible de l'établir tout à fait complètement et
ce serait extrêmement important sous tous les rapports pour
l'usage de la raison), il faut d'abord que la critique ait sondé
le sol de cet édifice jusqu'à la profondeur où se trouvent les
premiers fondements de la faculté des principes indépendants
de l'expérience, afin qu'il ne s'effondre pas en quelque partie, ce qui entraînerait inévitablement la ruine de l'ensemble.

[169] Mais de la nature de la faculté de juger (dont le juste
usage est si nécessaire et si universellement requis que sous
les mots de bon sens, c'est cette faculté que l'on désigne et non
une autre) on peut facilement conclure qu'il doit y avoir de
grandes difficultés à découvrir un principe lui appartenant en
propre (en effet, elle doit comprendre en elle-même un quelconque principe *a priori*, parce qu'autrement elle ne serait
pas exposée même à la critique la plus vulgaire comme une
faculté de connaître particulière), qui cependant ne doit pas
être dérivé de concepts *a priori*; en effet, ils appartiennent à
l'entendement et la faculté de juger ne se propose que leur
application. Elle doit donc livrer elle-même un concept, par
lequel aucune chose n'est à proprement parler connue, et qui
ne sert de règle qu'à elle seule, mais non de règle objective,
pour y adapter son jugement, parce qu'alors une autre faculté
de juger serait à son tour nécessaire pour pouvoir discerner
si c'est ou non le cas où la règle s'applique.

Cet embarras au sujet d'un principe (que celui-ci soit subjectif ou objectif) se rencontre principalement dans les jugements que l'on nomme esthétiques et qui intéressent le beau et
le sublime de la nature ou de l'art. Et cependant c'est l'examen critique d'un principe de la faculté de juger en ceux-ci
qui constitue la partie la plus importante d'une critique de
cette faculté. En effet, bien que, considérés en eux-mêmes, ils
ne contribuent en rien à la connaissance de la chose, ils appartiennent toutefois à la faculté de connaître seule et prouvent
une relation immédiate de cette faculté au sentiment de plaisir

et de peine suivant un certain principe *a priori*, qu'il ne faut pas confondre avec ce qui peut être principe de détermination de la faculté de désirer, parce que celle-ci possède ses principes *a priori* dans des concepts de la raison. – En ce qui concerne le jugement logique sur la nature, là où l'expérience établit une légalité dans les choses, que le concept universel du sensible appartenant à l'entendement ne suffit plus à comprendre ou à expliquer, et où la faculté de juger peut tirer d'elle-même un principe de relation entre la chose naturelle et l'inconnaissable supra-sensible, ne devant en user que par rapport à elle-même en vue de la connaissance de la nature, on peut certes, et on doit appliquer un tel principe *a priori* pour la *connaissance* des êtres du monde; en même temps par ce principe on découvre des perspectives, qui sont profitables pour la raison pratique; mais ce principe n'a aucune relation immédiate au sentiment de plaisir et de peine, relation qui constitue précisément ce qu'il y a d'énigmatique dans le principe de la faculté de juger et qui est ce qui rend nécessaire dans la critique [170] une section spéciale consacrée à cette faculté, puisque le jugement logique suivant des concepts (dont on ne peut jamais tirer une conséquence immédiate pour le sentiment de plaisir et de peine) aurait assurément pu être ajouté à la partie théorique de la philosophie avec une limitation critique de ces concepts.

Comme l'examen de la faculté du goût, en tant que faculté de juger esthétique, n'est pas entrepris ici *pour* la formation et la culture du goût (car celle-ci continuera à l'avenir son chemin comme elle l'a fait jusqu'ici sans le secours de semblables recherches), mais seulement selon un dessein transcendantal, j'ose espérer qu'on la jugera avec indulgence relativement à ce qu'une telle fin a de défectueux. Mais en ce qui concerne le but visé, il faut s'attendre à l'examen le plus rigoureux. Néanmoins, la grande difficulté qu'il y a à résoudre un problème que la nature a tellement embrouillé, excusera, je l'espère, dans la solution de ce problème une certaine obscurité, qui ne saurait être entièrement évitée, si l'on montre toutefois avec assez de clarté que le principe a été justement indiqué, bien que la manière d'en déduire le phénomène de la faculté de juger n'ait pas toute la clarté que l'on peut exiger ailleurs, je veux dire dans une connaissance par concepts, et que je crois avoir atteinte dans la seconde partie de cet ouvrage.

C'est par là que je termine toute mon œuvre critique. Je vais passer promptement à la doctrine, afin de gagner, si possible, sur mon âge le temps qui peut encore être favorable à ce travail. Il va de soi que dans la doctrine il n'y aura pas de partie spéciale pour la faculté de juger, puisque pour celle-ci la critique tient lieu de théorie, mais que, suivant la division de la philosophie en philosophie théorique et en philosophie pratique et la division analogue de la philosophie pure, la métaphysique de la nature et celle des mœurs s'acquitteront de cette tâche.

INTRODUCTION

I. *De la division de la philosophie.*

Lorsqu'on divise la philosophie, en tant qu'elle comprend des principes de la connaissance rationnelle des choses par concepts (et non seulement, comme la logique, des principes de la forme de la pensée en général, abstraction faite des objets), comme à l'habitude en philosophie *théorique* et en philosophie *pratique*, on procède tout à fait correctement. Mais alors les concepts, qui indiquent leur objet aux principes de cette connaissance rationnelle, doivent aussi être spécifiquement différents, parce qu'autrement ils ne sauraient autoriser une division qui suppose toujours une opposition des principes de la connaissance rationnelle appartenant aux diverses parties d'une science.

Or, il n'y a que deux sortes de concepts[1] qui admettent autant de principes différents de la possibilité de leurs objets : les *concepts de la nature* et *le concept de la liberté*[2] Comme les premiers rendent possible une connaissance *théorique* d'après des principes *a priori*, et que le second par rapport à ceux-ci ne contient déjà dans son concept qu'un principe négatif (de la simple opposition), établissant en revanche pour la détermination de la volonté des principes qui l'élargissent et qui sont, pour cette raison, appelés pratiques, la philosophie est divisée à bon droit en deux parties,

1. Cf. *Critique de la raison pratique*, Livre I, ch. I. et *Analytique de la raison pure pratique*. Cette introduction comprenant beaucoup de définitions, notre annotation sera très discrète.
2. D'où d'une part la *Critique de la raison pure*, et de l'autre celle de la *raison pratique*. Kant s'en est expliqué longuement dans la seconde Critique. Cela rend problématique le sens d'une troisième Critique.

tout à fait distinctes suivant leurs principes, la philosophie théorique comme *philosophie de la nature* et la philosophie pratique comme *philosophie morale* (on nomme ainsi, en effet, la législation pratique de la raison d'après le concept de liberté). Or jusqu'à présent il s'est fait un grand abus de ces expressions pour la division des différents principes et avec eux de la philosophie : on tenait en effet pour identiques le pratique suivant les concepts naturels et le pratique suivant le concept de liberté et ainsi, sous les mêmes dénominations de philosophie théorique et pratique, [172] on faisait une distinction par laquelle en fait (puisque les deux parties pouvaient avoir les mêmes principes) rien ne se trouvait distingué[1].

La volonté, comme faculté de désirer, est en effet une d'entre les multiples causes naturelles dans le monde, à savoir celle qui agit d'après des concepts[2]; et tout ce qui est représenté comme possible (ou nécessaire) par une volonté se nomme pratiquement possible (ou nécessaire) à la différence de la possibilité ou de la nécessité physique d'un effet, dont la cause n'est pas déterminée à posséder de la causalité par des concepts (mais par mécanisme comme pour la matière inanimée et par instinct chez les animaux)[3]. – Ici on laisse indéterminé par rapport au pratique si le concept, qui donne la règle à la causalité de la volonté, est un concept naturel ou un concept de la liberté.

Or, cette dernière différence est essentielle. En effet, si le concept, qui détermine la causalité est un concept naturel, les principes sont *pratiques techniquement*; mais si c'est un concept de la liberté ils sont *pratiques moralement* et puisque dans la division d'une science rationnelle tout dépend de cette différence des objets, dont la connaissance exige des prin-

---

1. C'est ici que se profile la distinction de la *problématique* et du *systématique* dans le *Corpus trancendantal*. On précisera que la distinction entre le pratique purement moral et le pratique « suivant les concepts naturels » peut être assimilée à la distinction entre le *pragmatique* et le *pratique*.

2. Agir suivant les représentations de l'objet est la définition de la *vie* selon la *Critique de la raison pratique* (Préface).

3. Au point de vue de la matière et des animaux l'action procède toujours depuis l'objet jusqu'à la représentation.

cipes différents, les premiers appartiendront à la philosophie
théorique (comme théorie de la nature), tandis que les
seconds, uniquement, constitueront la seconde partie, c'est-à-
dire la philosophie pratique (comme morale).

Toutes les règles techniques-pratiques (c'est-à-dire celles
de l'art et de l'habileté en général ou aussi de la prudence
comme habileté à agir sur les hommes et leur volonté) ne
doivent, dans la mesure où leurs principes reposent sur des
concepts, être comptées que comme des corollaires de la
philosophie théorique[1]. Elles ne concernent, en effet, que la
possibilité des choses d'après des concepts naturels, dont
relèvent non seulement les moyens qu'on rencontre pour cela
dans la nature, mais encore la volonté elle-même (comme
faculté de désirer, par conséquent comme faculté naturelle),
dans la mesure où elle peut, conformément à ces règles, être
déterminée par des mobiles naturels. Cependant de telles
règles pratiques ne s'appellent pas des lois (comme les lois
physiques), mais seulement des préceptes[2], parce que la
volonté ne dépend pas seulement du concept de la nature,
mais aussi du concept de liberté, en relation auquel les principes de la volonté se nomment des lois et constituent seuls
avec leurs conséquences la seconde partie de la philosophie,
c'est-à-dire la partie pratique.

Aussi peu donc que la solution des problèmes de la géométrie pure [173] appartient à une partie particulière de celle-
ci, ou que l'arpentage mérite le nom de géométrie pratique,
différente de la géométrie pure, comme seconde partie de la
géométrie en général, aussi peu et encore moins même l'art
mécanique ou chimique des expériences ou des observations
doit-il être considéré comme une partie pratique de la doctrine de la nature, et enfin l'économie domestique, rurale,
politique, l'art des relations sociales, les prescriptions de la
diététique, même la doctrine générale du bonheur, pas même
l'art de refréner et de dompter les passions à son profit,
doivent-ils être comptés comme appartenant à la philosophie

---

1. Ces principes appartiendraient donc à l'anthropologie pragmatique.
2. Les préceptes relèvent de la table des catégories de la liberté.

pratique ou être considérés, du moins ces dernières disciplines, comme constituant la seconde partie de la philosophie en général ; c'est, en effet, qu'elles ne comprennent toutes que des règles de l'habileté, par conséquent seulement techniquement pratiques, pour produire un effet possible d'après les concepts naturels des causes et des effets, et que ces règles, puisqu'elles appartiennent à la philosophie théorique, sont soumises à ces prescriptions en tant que simples corollaires de celle-ci (de la science de la nature) et ne peuvent prétendre à occuper une place dans une philosophie particulière, dite pratique. En revanche, les préceptes moraux pratiques, qui se fondent entièrement sur le concept de liberté, à l'exclusion totale de tout principe de détermination de la volonté procédant de la nature, constituent une espèce toute particulière de prescriptions, qui, tout de même que les règles auxquelles la nature obéit, s'appellent simplement des lois ; mais elles ne reposent pas, comme celles-ci, sur des conditions sensibles, mais sur un principe supra-sensible et elles exigent pour elles seules, à côté de la partie théorique de la philosophie, une autre partie sous le nom de philosophie pratique.

On voit par là qu'un ensemble de préceptes pratiques, que donne la philosophie, ne forme pas une partie spéciale de la philosophie, à côté de la philosophie théorique, parce qu'ils sont pratiques ; car ils pourraient l'être, si leurs principes étaient entièrement tirés de la connaissance théorique de la nature (comme règles techniques pratiques) ; mais c'est parce que leur principe n'est pas du tout emprunté au concept de la nature, toujours conditionné de manière sensible, et repose par conséquent sur le supra-sensible, que seul le concept de la liberté rend connaissable par des lois formelles, et qu'ils sont ainsi moralement pratiques, c'est-à-dire non seulement des préceptes et des règles pour telle ou telle intention, mais des lois qui ne présupposent ni des fins ni des intentions.

[174] II. *Du domaine de la philosophie en général.*

L'usage de notre faculté de connaître d'après des principes et par suite la philosophie s'étend aussi loin que les concepts *a priori* possèdent une application.

Or l'ensemble de tous les objets auxquels ces concepts sont rapportés, afin d'en constituer, autant que possible, une connaissance, peut être divisé suivant le degré de suffisance ou d'insuffisance de nos facultés relativement à ce dessein.

Des concepts, dans la mesure où ils sont rapportés à des objets, sans que l'on considère si une connaissance de ceux-ci est ou non possible, possèdent leur champ, qui est déterminé seulement d'après le rapport de leur objet à notre faculté de connaître en général. – La partie de ce champ, en laquelle la connaissance est possible pour nous, est un territoire *(territorium)* pour ces concepts et la faculté de connaître exigée à cet effet. La partie de ce territoire où ils légifèrent, est le domaine *(ditio)* de ces concepts et des facultés de connaître qui leur conviennent. Les concepts de l'expérience ont leur territoire dans la nature, comme ensemble de tous les objets des sens, mais non un domaine (ils n'ont qu'un domicile, *domicilium)* ; c'est parce que s'ils sont en vérité produits d'une manière légale, mais ils ne légifèrent pas, et les règles fondées sur eux sont empiriques et par conséquent contingentes.

Notre faculté de connaître en totalité possède deux domaines, celui des concepts de la nature, et celui du concept de liberté ; elle légifère, en effet, *a priori* par ces deux genres de concepts. La philosophie se divise donc aussi, en accord avec cette faculté, en philosophie théorique et en philosophie pratique. Mais le territoire sur lequel elle établit son domaine et sur lequel elle *exerce* sa législation, est toujours seulement l'ensemble des objets de toute expérience possible, dans la mesure où ils ne sont tenus pour rien de plus que de simples phénomènes ; s'il en était autrement on ne pourrait concevoir aucune législation de l'entendement qui les concerne.

La législation par des concepts naturels s'effectue par l'entendement et elle est théorique. La législation par le concept de la liberté s'effectue par la raison et elle est simplement pratique. C'est seulement dans ce qui est pratique que la raison peut légiférer ; en ce qui concerne la connaissance théorique (de la nature) elle ne peut, partant de lois données (dont elle est instruite grâce à l'entendement), [175] que tirer par des raisonnements des conclusions, qui demeurent toujours seulement au niveau de la nature. Inversement, là où il y a des règles pratiques, la raison ne *légifère* pas pour autant car ces règles peuvent être techniques-pratiques.

L'entendement et la raison ont donc deux législations différentes sur un seul et même territoire de l'expérience, et celles-ci ne doivent pas s'y gêner l'une l'autre. En effet, le concept de la nature a aussi peu d'influence sur la législation par le concept de liberté, que celui-ci trouble peu la législation de la nature. – La *Critique de la raison pure* a démontré la possibilité de penser tout au moins sans contradiction la coexistence des deux législations et des facultés qui s'y rapportent dans le même sujet, tandis qu'elle réfutait les objections en dévoilant en celles-ci l'apparence dialectique.

Mais si ces deux domaines différents, qui se limitent sans cesse, sinon certes en leur législation, du moins cependant dans leurs effets dans le monde sensible, n'en constituent pas un *seul*, cela vient de ce que le concept de la nature représente bien ses objets dans l'intuition, non comme des choses en soi, mais comme de simples phénomènes, tandis qu'en revanche le concept de liberté représente bien dans son objet une chose en soi, mais non dans l'intuition et que par conséquent aucun des deux ne peut procurer une connaissance théorique de son objet (même du sujet pensant) comme chose en soi, ce qui serait le supra-sensible, dont on doit bien mettre l'Idée au fondement de la possibilité de tous les objets de l'expérience, sans que l'on puisse jamais élever et élargir cette Idée jusqu'à une connaissance.

Il existe ainsi pour notre faculté de connaître dans son ensemble un champ illimité, mais aussi inaccessible, je veux dire le champ du supra-sensible, où nous ne trouvons pour nous aucun territoire et en lequel nous ne pouvons avoir de domaine propre à la connaissance théorique ni pour les concepts de l'entendement, ni pour les concepts de la raison ; aussi bien au profit de l'usage théorique que pratique de la raison nous devons occuper ce champ avec des Idées, auxquelles, relativement aux lois qui découlent du concept de liberté, nous ne pouvons attribuer qu'une réalité pratique, et par là notre connaissance théorique ne se trouve pas étendue le moins du monde au supra-sensible.

Bien qu'un incommensurable abîme se trouve établi entre

le domaine du concept de la nature, le sensible, et le domaine du concept de liberté, [176] le supra-sensible, de telle sorte que du premier au second (donc au moyen de l'usage théorique de la raison) aucun passage n'est possible, tout comme s'il s'agissait de mondes différents, le premier ne devant avoir aucune influence sur le second – néanmoins ce dernier *doit* avoir une influence sur celui-là, je veux dire le concept de liberté doit rendre réel dans le monde sensible la fin imposée par ses lois ; et la nature doit en conséquence pouvoir être pensée de telle manière que la légalité de sa forme s'accorde tout au moins avec la possibilité des fins qui doivent être réalisées en elle d'après les lois de la liberté. – Il faut donc bien qu'il existe un fondement de *l'unité* du supra-sensible, qui est au principe de la nature, avec ce que le concept de liberté contient en un sens pratique, dont le concept, encore qu'il ne parvienne pas ni théoriquement ni pratiquement à en fournir une connaissance, et qu'il ne possède donc aucun domaine particulier, rend cependant possible le passage de la manière de penser suivant les principes de l'un à la manière de penser suivant les principes de l'autre.

III. *De la critique de la faculté de juger comme moyen d'unir en un tout les deux parties de la philosophie*

La critique des facultés de connaître, considérées dans ce qu'elles peuvent effectuer *a priori*, n'a proprement aucun domaine pour ce qui est des objets ; c'est, en effet, qu'elle n'est pas une doctrine, mais qu'elle doit seulement rechercher si et comment, étant donné la nature de nos facultés, une doctrine est possible grâce à elles. Son champ s'étend à toutes leurs prétentions, qu'elle doit ramener à leurs légitimes limites. Ce qui donc ne peut rentrer dans la division de la philosophie, peut rentrer toutefois, comme partie principale, dans la critique de la faculté de connaissance pure, si celle-ci contient des principes qui, considérés en eux-mêmes, ne conviennent ni à l'usage théorique, ni à l'usage pratique.

Les concepts naturels, qui comprennent le fondement pour toute connaissance théorique *a priori*, reposaient sur la législation de l'entendement. – Le concept de liberté, qui comprenait le fondement pour toutes les prescriptions pratiques *a priori* non conditionnées par le sensible, reposait sur la législation de la raison. Ainsi ces deux facultés, outre le fait que, d'après la forme logique, elles peuvent être appliquées à des principes, quelle qu'en soit l'origine, possèdent chacune une législation propre [177] suivant leur contenu, et au-dessus de laquelle il n'en existe pas d'autre *(a priori)* et c'est ce qui justifie la division de la philosophie en théorique et pratique.

Cependant, dans la famille des facultés supérieures de connaître il existe encore un moyen-terme entre l'entendement et la raison. Celui-ci est la *faculté de juger*, dont on peut supposer avec raison, suivant l'analogie, qu'elle pourrait bien aussi contenir en soi, sinon une législation qui lui soit propre, toutefois un principe particulier pour chercher des lois, en tout cas un principe *a priori* simplement subjectif, qui, alors même qu'aucun champ d'objets ne lui conviendrait comme domaine propre, peut cependant avoir quelque territoire et dans des conditions telles que ce principe seul pourrait y avoir de la valeur.

Mais (à en juger suivant l'analogie) il y a encore une raison pour établir un lien entre la faculté de juger et un autre ordre de nos facultés représentatives, et ce lien semble d'une importance encore plus grande que celui de sa parenté avec la famille des facultés de connaître. En effet, toutes les facultés ou tous les pouvoirs de l'âme peuvent se ramener à ces trois, qu'on ne peut plus déduire d'un principe commun : *la faculté de connaître, le sentiment de plaisir et de peine, et la faculté de désirer*[1*]. [178] Pour la faculté de connaître seul l'enten-

---

1*. Quand il s'agit de concepts, que l'on utilise comme principes empiriques, si l'on a quelque raison de supposer qu'ils ont un lien de parenté avec le pur pouvoir de connaissance *a priori* il est utile, précisément à cause de cette relation, d'en rechercher une définition transcendantale, c'est-à-dire par catégories pures, en tant que celles-ci seules présentent d'une manière suffisante la différence entre le concept en question et les autres. On suit en ceci l'exemple du mathématicien, qui laisse indéterminées les données empiriques de son problème et ne range sous les concepts de l'arithmétique pure que leur rapport dans leur synthèse pure, généralisant ainsi la solution. – On m'a reproché un procédé analogue (*Critique de la raison pratique*, p. 16, Préface) et l'on a critiqué la définition de la faculté de désirer, à savoir la *faculté d'être par*

dement légifère, [179] si cette faculté (comme cela doit être
lorsqu'on la considère en elle-même, indépendamment de la
faculté de désirer) est, en tant que faculté de *connaissance
théorique*, rapportée à la nature, en relation à laquelle seule
(comme phénomène) il nous est possible de donner des lois
par le moyen de concepts de la nature *a priori*, qui à proprement
parler sont de purs concepts de l'entendement.– Pour la
faculté de désirer, comme faculté supérieure conformément

ses représentations cause de !a réalité des objets de ces représentations,
car, a-t-on dit, de simples *souhaits* sont aussi bien des désirs, et chacun
se résigne à ne pas *pouvoir,* par leur seul moyen, produire leur objet. –
Mais ceci prouve seulement qu'il y a en l'homme des désirs qui le
mettent en contradiction avec lui-même, si par sa représentation seule il
vise à la production de l'objet, alors qu'il ne peut attendre aucun succès,
puisqu'il est conscient du fait que ses forces mécaniques (si je puis ainsi
nommer les forces qui ne sont pas psychologiques), qui devraient être
déterminées par cette représentation afin de produire l'objet [178] (par
conséquent médiatement), sont ou bien insuffisantes, ou bien même
tendent à quelque chose d'impossible, par exemple faire que ce qui est
arrivé ne soit pas arrivé (*O mihi præteritos,* etc.) ou anéantir dans une
attente impatiente le temps intermédiaire jusqu'au moment désiré. – Bien
qu'en de tels désirs chimériques nous soyons conscients de l'insuffisance de nos représentations (ou même de leur manque d'aptitude) à être
cause de leur objet, néanmoins leur rapport causal, par conséquent la
représentation de leur *causalité,* est contenu dans chaque *souhait* et est
surtout manifeste lorsque celui-ci est une affection, je veux dire l'ardeur
du désir. Dilatant le cœur, le desséchant, épuisant ainsi les forces, ces
affections prouvent que les forces sont à diverses reprises tendues par
des représentations, mais laissent constamment l'esprit retomber dans la
lassitude, convaincu de l'impossibilité d'aboutir. Même les prières pour
repousser de grands, et autant qu'on le puisse voir inévitables maux,
ainsi que maints moyens superstitieux pour atteindre des fins impos-
sibles à réaliser d'une manière naturelle prouvent le rapport causal des
représentations de leurs objets, puisque la conscience même de leur
insuffisance pour atteindre l'effet ne peut mettre un frein à l'effort pour y
parvenir. – C'est une question anthropologique et téléologique que de
savoir pourquoi le penchant à former des désirs, avec la conscience de
leur vanité, s'est trouvé mise dans notre nature. Or il semble que si nous
ne devions pas nous déterminer à user de nos forces avant de nous être
assurés que notre faculté est suffisant pour la production d'un objet, la
plus grande partie de ces forces resterait inutilisée. En effet, nous
n'apprenons communément à connaître nos forces qu'en les essayant.
Cette illusion intérieure aux souhaits vains est donc seulement la
conséquence d'une bienfaisante disposition de notre nature [N.d.T.
Note ajoutée dans B et C].

au concept de liberté, seule la raison (en laquelle uniquement se trouve ce concept) légifère *a priori*.– Or, entre la faculté de connaître et la faculté de désirer se trouve compris le sentiment de plaisir[1], tout de même que la faculté de juger est comprise entre l'entendement et la raison. Il faut donc supposer au moins anticipativement que la faculté de juger considérée en elle-même contient aussi un principe *a priori* et que, comme le plaisir et la peine sont nécessairement liés à la faculté de désirer (soit qu'ils en précèdent le principe comme c'est le cas pour la faculté inférieure de désirer, soit, comme pour la faculté supérieure, qu'ils résultent seulement de la détermination de celle-ci par la loi morale), elle réalisera aussi bien un passage de la pure faculté de connaître, c'est-à-dire du domaine du concept de la nature, au domaine du concept de liberté, qu'elle rend possible dans l'usage logique le passage de l'entendement à la raison.

Si donc la philosophie ne peut être divisée qu'en deux parties principales, la partie théorique et la partie pratique et bien que tout ce que nous pourrions avoir à dire des principes propres à la faculté de juger doive être rangé dans la partie théorique, c'est-à-dire attribué à la connaissance rationnelle d'après des concepts de la nature, néanmoins la critique de la raison pure, qui avant d'entreprendre un système et pour le rendre possible doit établir tout cela, consiste en trois parties : la critique de l'entendement pur, de la faculté de juger pure, et de la raison pure, facultés qui sont dites pures parce qu'elles légifèrent *a priori*.

IV. *De la faculté de juger comme faculté législative* a priori

La faculté de juger en général est la faculté qui consiste à penser le particulier comme compris sous l'universel. Si l'universel (la règle, le principe, la loi) est donné, alors la faculté de juger qui subsume sous celui-ci le particulier *est déterminante* (il en est de même lorsque, comme faculté de

---

1. C'est une des clefs de la troisième Critique ; le sentiment de plaisir n'est pas le plaisir ; il est, vulgairement parlant, la conscience que nous en prenons : l'animal ne possède pas un tel sentiment, que Kant assimilera au sentiment de *vivre*.

juger transcendantale, elle indique *a priori* les conditions conformément auxquelles seules il peut y avoir subsumption sous cet universel). Si seul le particulier est donné, et si la faculté de juger doit trouver l'universel qui lui correspond, elle est simplement *réfléchissante*.

La faculté de juger déterminante sous les lois universelles transcendantales, que donne l'entendement, ne fait que subsumer ; la loi lui est prescrite *a priori* et il ne lui est pas nécessaire de penser pour elle-même à une loi pour pouvoir subordonner le particulier dans la nature à l'universel. – Toutefois, il y a tant de formes diverses de la nature et pour ainsi dire tant de modifications des concepts transcendantaux universels dans la nature, qui restent indéterminées par les lois que l'entendement pur donne *a priori*, ces lois ne concernant que la possibilité d'une nature en général (comme objet des sens), que pour cela aussi il doit y avoir des lois, qui certes, comme lois empiriques, peuvent être contingentes au regard de *notre* entendement, [180] mais qui cependant, pour mériter d'être dites des lois (comme l'exige aussi le concept d'une nature), doivent pouvoir être considérées comme nécessaires à partir d'un principe d'unité du divers, encore que celui-ci nous soit inconnu. – La faculté de juger réfléchissante qui se trouve obligée de remonter du particulier dans la nature jusqu'à l'universel a donc besoin d'un principe, qu'elle ne peut emprunter à l'expérience précisément parce qu'il doit fonder l'unité de tous les principes empiriques sous des principes également empiriques, mais supérieurs et par suite la possibilité d'une subordination systématique de ces principes les uns aux autres. La faculté de juger réfléchissante ne peut que se donner à elle-même comme loi un tel principe transcendantal, sans pouvoir l'emprunter ailleurs (parce qu'elle serait alors faculté de juger déterminante), ni le prescrire à la nature, puisque la réflexion sur les lois de la nature se règle sur la nature et que celle-ci ne se règle pas sur les conditions suivant lesquelles nous cherchons à en acquérir un concept tout à fait contingent par rapport à elle.

Or ce principe ne peut être autre que le suivant : puisque les lois universelles de la nature ont leur fondement dans notre entendement, qui les prescrit à la nature (il est vrai seulement d'après son concept universel en tant que nature)[1], les lois empiriques particulières, relativement à ce qui demeure en elles d'indéterminé par les lois universelles, doivent être considérées suivant une unité telle qu'un entendement (non le nôtre il est vrai) aurait pu la donner au profit de notre faculté de connaître, afin de rendre possible un système de l'expérience d'après des lois particulières de la nature. Ce n'est pas que l'on doive pour cela admettre réellement un tel entendement (car c'est, en effet, à la faculté de juger réfléchissante seulement que cette Idée sert de principe pour réfléchir et non pour déterminer), mais au contraire cette faculté, ce faisant, se donne une loi seulement à elle-même, et non à la nature.

Or comme le concept d'un objet, dans la mesure où il comprend en même temps le fondement de la réalité de cet objet, se nomme une *fin* et que l'on nomme *finalité* de la forme d'une chose l'accord de celle-ci avec la constitution des choses qui n'est possible que d'après des fins, le principe de la faculté de juger, en ce qui concerne la forme des choses de la nature sous des lois empiriques en général, est *la finalité de la nature* en sa diversité, ce qui signifie que par ce concept on se représente la nature comme si [181] un entendement contenait le principe de l'unité de la diversité de ses lois empiriques.

La finalité de la nature est ainsi un concept particulier *a priori*, qui a son origine uniquement dans la faculté de juger réfléchissante. On ne saurait, en effet, attribuer aux produits de la nature une chose telle qu'une relation de la nature à des fins ; on ne peut faire usage de ce concept que pour réfléchir sur la nature au point de vue de la liaison des phénomènes en celle-ci, liaison donnée d'après des lois empiriques. Au demeurant ce concept est tout à fait distinct de la finalité pratique (de l'art humain ou même des mœurs), bien qu'il soit pensé d'après l'analogie avec celle-ci.

---

1. Barni : « ... mais au point de vue seulement du concept général de la nature en tant que telle ».

V. *Le principe de la finalité formelle de la nature est un principe transcendantal de la faculté de juger*

Un principe transcendantal est un principe par lequel est représentée la condition universelle *a priori*, sous laquelle seule des choses peuvent devenir objets de notre connaissance en général. En revanche on nomme métaphysique un principe, lorsqu'il représente la condition *a priori*, sous laquelle seule des objets, dont le concept doit être donné empiriquement, peuvent être *a priori* déterminés plus complètement. Ainsi le principe de la connaissance des corps comme substances et comme substances modifiables est transcendantal, si l'on veut dire par là que leur changement doit avoir une cause; mais il est métaphysique, si l'on veut dire par là que leur changement doit avoir une cause *extérieure*; car dans le premier cas pour connaître la proposition *a priori* le corps doit seulement être pensé par des prédicats ontologiques (concepts purs de l'entendement), par exemple comme substance, tandis que dans le second cas on doit mettre au fondement de cette proposition le concept empirique d'un corps (comme objet mobile dans l'espace), afin que l'on puisse reconnaître absolument *a priori* que ce dernier prédicat (du mouvement par le fait d'une cause extérieure seulement) convient au corps. – Ainsi, comme je le montrerai bientôt, le principe de la finalité de la nature (dans la diversité de ses lois empiriques) est un principe transcendantal. En effet, le concept des objets, dans la mesure où ils sont conçus comme soumis à ce principe, n'est que le concept pur des objets d'une connaissance possible de l'expérience et il ne comprend rien d'empirique. En revanche, [182] le principe de la finalité pratique, qui doit être pensée dans l'Idée de la *détermination* d'une *volonté* libre, est un principe métaphysique parce que le concept d'une faculté de désirer, en tant que volonté, doit pourtant être donné empiriquement (il n'appartient pas aux prédicats transcendantaux). Ces deux principes ne sont pas cependant empiriques, mais ce sont des principes *a priori*, parce que pour lier le prédicat avec le concept empirique du sujet de leurs jugements il n'est pas besoin d'une expérience complémentaire, ce lien pouvant être aperçu tout à fait *a priori.*

Que le concept d'une finalité de la nature appartienne aux principes transcendantaux, c'est là ce que l'on peut apercevoir d'une manière suffisante à partir des maximes de la faculté de juger, qui *a priori* sont mises au fondement de l'étude de la nature et qui cependant ne concernent que la possibilité de l'expérience par conséquent de la connaissance de la nature, non seulement comme nature en général, mais aussi comme nature déterminée par une multiplicité de lois particulières. Ce sont des sentences de la sagesse métaphysique qui, à l'occasion de maintes règles, dont on ne peut exposer la nécessité d'après des concepts, se présentent assez souvent, dans le cours de cette science, mais seulement éparses : « La nature prend la voie la plus courte *(lex parsimoniae)* ; néanmoins, elle ne fait pas de saut, ni dans la suite de ses transformations, ni dans l'assemblage de formes spécifiquement différentes *(lex continui in natura)* ; sa grande diversité dans des lois empiriques constitue néanmoins une unité sous peu de principes *(principia praeter necessitatem non sunt multiplicanda)*, etc. ».

Mais songer à donner l'origine de ces principes et tenter de le faire dans une voie psychologique, serait complètement contraire au sens qui est le leur. En effet, ils ne disent pas ce qui arrive, c'est-à-dire suivant quelle règle nos facultés de connaître jouent réellement et comment on juge, mais comment on doit juger, et cette nécessité logique objective n'apparaît pas si les principes sont simplement empiriques. Ainsi la finalité de la nature est pour nos facultés de connaître et leur usage, où elle se manifeste clairement, un principe transcendantal et elle a ainsi aussi besoin d'une déduction transcendantale, par laquelle le fondement de cette manière de juger doit être recherché dans les sources de connaissance *a priori.*

Nous trouvons en effet dans les fondements de la possibilité [183] d'une expérience, tout d'abord il est vrai, quelque chose de nécessaire, je veux dire les lois universelles, sans lesquelles la nature en général (comme objet des sens) ne peut pas être pensée ; et ces lois reposent sur les catégories, appliquées aux conditions formelles de toute intuition pour nous possible, pour autant que l'intuition est également donnée *a priori*. *Sous* ces lois, ainsi, la faculté de juger est déterminante ; en effet, elle n'a rien d'autre à faire que subsumer sous des lois données. Par exemple, l'entendement dit : tout changement a sa cause (loi universelle de la nature) ; la faculté de juger transcendantale n'a rien de plus à faire que d'indiquer la condition de la subsumption sous le concept de l'entendement *a priori* proposé ; et c'est la succession des déterminations d'une seule et même chose. Pour la nature en général (comme objet de l'expérience possible) cette loi est donc reconnue comme absolument nécessaire. – Or, outre cette condition formelle de temps, les objets de la connaissance empirique sont encore déterminés, ou, pour autant qu'on puisse en juger *a priori*, déterminables de manières très diverses, de telle sorte que des natures spécifiquement différentes, indépendamment de ce qu'elles ont de commun, comme appartenant à la nature en général, peuvent être des causes de manières infiniment variées ; et chacune de ces manières doit (selon le concept d'une cause en général) avoir sa règle, qui est une loi, impliquant par conséquent la nécessité, bien qu'en raison de la constitution et des bornes de notre faculté de connaître nous ne puissions pas du tout apercevoir cette nécessité. Ainsi nous devons penser dans la nature, relativement à ses lois simplement empiriques, une possibilité de lois empiriques infiniment diverses, et cependant contingentes pour notre intelligence (elles ne pourraient être connues *a priori*) ; et les considérant, nous jugeons contingente l'unité de la nature suivant des lois empiriques et la possibilité de l'unité de l'expérience (comme système d'après des lois empiriques). Mais comme une telle unité doit nécessairement être présupposée et admise, puisqu'autrement il ne pourrait y avoir aucun enchaînement complet de connaissances empiriques en vue d'un tout de l'expérience, parce que les lois universelles de la nature nous donnent bien un tel enchaînement des choses considérées génériquement comme choses de la nature en général, mais non considérées spécifiquement comme êtres particuliers de la nature, la faculté de juger doit pour son propre usage admettre comme principe *a priori*, que ce qui est contingent pour l'intelligence humaine dans les lois particulières (empiriques) de la nature comprend toutefois une unité légitime dans la liaison de leur diversité en vue d'une expérience en soi possible, qui assurément inconnaissable [1] pour nous, [184] peut toutefois être pensée. Il s'ensuit, puisque l'unité légitime dans une liaison, que nous reconnaissons certes conforme à une nécessaire intention (à un besoin) de l'entendement, mais aussi en même temps comme contingente en soi, est représentée comme finalité des objets (ici : de la nature), que la faculté de juger, qui est simplement réfléchissante par rapport aux choses soumises à des lois empiriques possibles (qui restent à découvrir), doit en ce qui touche ces dernières penser la nature d'après un *principe de finalité* pour notre faculté de connaître, principe qui s'exprime alors dans les maximes de la faculté de juger déjà indiquées. Or ce concept transcendantal d'une finalité de la nature n'est ni un concept de la nature, ni un concept de la liberté, parce qu'il n'attribue absolument rien à l'objet (à la nature), mais représente seulement l'unique manière suivant laquelle nous devons procéder dans la réflexion sur les objets de la nature en vue d'une expérience complètement cohérente, et par suite c'est un principe subjectif (maxime) de la faculté de juger ; aussi, tout comme si cela était un heureux hasard favorable à notre dessein, nous nous réjouissons (proprement débarrassés d'un besoin), lorsque nous rencontrons une telle unité systématique sous des lois simplement empiriques, bien que nous ayons dû admettre qu'il existait une telle unité, sans pouvoir cependant la pénétrer par notre intelligence [2] et la prouver [3].

---

1. Barni : « ... une unité que nous ne pouvons pénétrer » ; Gibelin : « ... insondable certes pour nous ».
2. « ... ohne daß wir sie doch einzusehen... vermochten ». Le problème est posé par la traduction de *einzusehen*. Gibelin traduit : « Quoique nous ayons dû nécessairement admettre qu'il existait une telle unité *sans pouvoir cependant nous en rendre compte*... » Nous optons pour une autre traduction, susceptible de suggérer l'opposition « connaître » / « penser » ; nous « pensons, cette unité sans la « connaître », la pénétrer par notre intelligence. Ceci est conforme à l'opposition du connaître et du penser. Cf. E. Weil, *op. cit.*, p. 9 sqq.
3. La déduction du concept comme concept transcendantal n'a pour résultat qu'un principe subjectif. Mais ce principe est lié à l'entendement

Afin de se convaincre de la justesse de la déduction de ce concept et de la nécessité de l'admettre comme principe transcendantal de connaissance, que l'on envisage seulement la grandeur du problème : constituer une expérience cohérente à partir des perceptions données d'une nature comprenant une multiplicité certainement infinie des lois empiriques, – et ce problème se trouve *a priori* dans notre entendement. Assurément, l'entendement est *a priori* en possession des lois universelles de la nature, sans lesquelles elle ne pourrait même pas être l'objet d'une expérience ; mais en outre, il a aussi besoin d'un certain ordre de la nature en ses règles particulières, qui ne peuvent lui être connues qu'empiriquement et qui sont contingentes par rapport à lui. Ces règles, sans lesquelles il n'y aurait aucun progrès depuis l'analogie universelle d'une expérience possible en général jusqu'à l'analogie particulière, il doit les penser en tant que lois (c'est-à-dire comme nécessaires) ; s'il en était autrement elles ne sauraient constituer aucun ordre naturel ; mais l'entendement ne peut cependant connaître leur nécessité, et il ne pourra jamais la pénétrer. Donc bien que l'entendement ne puisse rien déterminer *a priori* au sujet de celles-ci (des objets), [185] toutefois afin de rechercher ces lois dites empiriques, il doit mettre au fondement de toute réflexion sur la nature un principe *a priori*, à savoir qu'un ordre connaissable de la nature est possible selon ces lois, et les propositions suivantes expriment ce principe : il existe dans la nature une subordination des genres et des espèces qui nous est compréhensible ; ces genres se rapprochent à leur tour les uns des autres suivant un principe commun, et par là se trouve possible un passage de l'un à l'autre et enfin à un genre supérieur ; il semble d'abord inévitable pour notre entendement d'admettre autant d'espèces différentes de la causalité qu'il y a d'effets spécifiquement différents dans la nature, mais elles peuvent cependant être rangées sous un petit nombre de principes qu'il nous faut rechercher, etc. L'accord de la nature avec notre faculté de connaître est présupposé *a priori* par la faculté de juger au profit de sa

pur comme faculté des principes, ce qui en assure la nécessité.

réflexion sur la nature d'après ses lois empiriques; mais l'entendement considère en même temps cet accord comme objectivement contingent et c'est simplement la faculté de juger qui l'attribue à la nature en tant que finalité transcendantale (en relation à la faculté de connaître du sujet); en effet, si nous ne la présupposions pas, nous ne trouverions aucun ordre de la nature d'après des lois empiriques, par conséquent aucun fil conducteur pour une expérience et une recherche où l'on doit considérer ces lois dans toute leur diversité.

C'est qu'il est possible de penser qu'en dépit de toute l'uniformité des choses de la nature d'après les lois universelles, sans lesquelles il ne saurait même y avoir la forme d'une connaissance empirique en général, la différence spécifique des lois empiriques de la nature, ainsi que de tous leurs effets, pourrait cependant être si grande, qu'il serait impossible pour notre entendement de découvrir en elle un ordre saisissable, de diviser ses produits en genres et en espèces, afin d'appliquer les principes de la définition et de l'intelligence de l'un à la définition et à la compréhension de l'autre et de faire d'une matière aussi confuse pour nous (à proprement parler seulement infiniment diverse et ne convenant pas à la capacité de notre esprit) une expérience cohérente.

La faculté de juger possède en elle-même aussi bien, mais seulement à un point de vue subjectif, un principe *a priori* de la possibilité de la nature, grâce auquel elle prescrit une loi pour la réflexion sur la nature, non à la nature (comme autonomie), mais à elle-même (comme héautonomie) [186] et l'on pourrait la nommer *la loi de la spécification de la nature* par rapport à ses lois empiriques, loi que la faculté de juger n'aperçoit pas *a priori* en celle-ci, mais qu'elle admet, afin d'établir un ordre de la nature connaissable pour notre entendement, dans la division qu'elle opère des lois universelles de la nature, lorsqu'elle veut subordonner à celles-ci une multiplicité de lois particulières. Donc lorsqu'on dit que la nature spécifie ses lois universelles suivant le principe de la finalité pour notre faculté de connaître, c'est-à-dire pour les adapter à l'entendement humain dans son opération nécessaire, qui consiste à trouver pour le particulier que lui offre la perception l'universel et pour ce qui est différent la liaison (qui est, il est vrai, le général pour chaque espèce) qui le rattache à l'unité du principe, on ne prescrit point par là une loi à la nature, et l'on ne dégage pas non plus une loi de la nature par l'observation (bien que ce principe puisse être confirmé par celle-ci). Ce n'est point, en effet, un principe de la faculté de juger déterminante, mais seulement de la faculté de juger réfléchissante ; on veut seulement, quel que soit l'ordre de la nature suivant ses lois universelles, pouvoir absolument rechercher ses lois empiriques suivant ce principe et les maximes qui se fondent sur lui, parce que nous ne pouvons progresser dans l'expérience et acquérir une connaissance grâce à l'usage de notre entendement, que dans la mesure où ce principe est effectif.

VI. *De la liaison du sentiment de plaisir avec le concept de la finalité de la nature*

L'harmonie, ainsi pensée, de la nature dans la diversité de ses lois particulières avec notre besoin de découvrir pour elle des principes universels, doit être considérée, autant que nous en puissions juger, comme contingente, mais toutefois comme indispensable aux besoins de notre entendement, et par conséquent comme une finalité, grâce à laquelle la nature s'accorde avec notre intention, mais seulement comme dirigée vers la connaissance. – Les lois universelles de l'entendement, qui sont aussi en même temps des lois de la nature, sont aussi nécessaires à celle-ci (bien qu'elles soient issues de la spontanéité) que les lois du mouvement de la matière ; et leur production ne suppose aucune intention de nos facultés de connaître, puisque c'est seulement par ces lois que nous obtenons primitivement un concept de ce qu'est la connaissance des choses (de la nature) [187] et qu'elles conviennent nécessairement à la nature, comme objet de notre connaissance en général. Mais que l'ordre de la nature selon ses lois particulières, en toute sa diversité et son hétérogénéité pour le moins possibles qui dépassent notre faculté de saisie, soit cependant réellement approprié à celle-ci, cela est contingent, autant que nous en puissions juger ; et découvrir cet ordre est l'affaire de l'entendement, cherchant avec intention à atteindre l'une de ses fins nécessaires, je veux dire l'introduction dans la nature de l'unité des principes : fin que la faculté de juger doit ensuite attribuer à la nature, parce qu'en ceci l'entendement ne peut lui prescrire aucune loi.

La réalisation de toute intention est liée au sentiment de plaisir ; et si la condition de celle-là est une représentation *a priori*, comme ici un principe pour la faculté de juger réfléchissante en général, alors le sentiment de plaisir est aussi déterminé par un principe *a priori* et valable pour tous ; et ceci simplement par la relation de l'objet à la faculté de connaître, sans que le concept de finalité s'adresse ici le moins du monde à la faculté de désirer, se distinguant ainsi entièrement de toute finalité pratique de la nature.

Et en fait, comme dans l'union des perceptions avec les lois selon des concepts universels de la nature (les catégories), nous ne constatons, ni ne pouvons au demeurant constater en nous le moindre effet sur le sentiment de plaisir, puisque l'entendement procède en ceci nécessairement selon sa nature et sans intention, la découverte de la possibilité de l'union, sous un principe qui les comprend, de deux ou de plusieurs lois empiriques de la nature hétérogènes sera d'autre part le fondement d'un plaisir très remarquable, souvent d'une admiration, même d'une admiration qui ne cesse pas, bien que l'on en connaisse déjà suffisamment l'objet. Sans doute nous n'éprouvons plus de plaisir remarquable devant la compréhensibilité de la nature et son unité dans la division en genres et en espèces, grâce à laquelle sont seulement possibles les concepts empiriques, qui nous permettent de la connaître dans ses lois particulières : mais ce plaisir a certainement existé en son temps et c'est uniquement parce que sans lui l'expérience la plus commune n'aurait pas été possible, qu'il s'est peu à peu mêlé à la simple connaissance et n'a plus été remarqué particulièrement. – Il faut donc quelque chose qui rende notre entendement, dans le jugement sur la nature, attentif à sa finalité, que l'on cherche à ranger les lois hétérogènes de la nature sous des lois, si possible plus hautes, bien que toujours empiriques, [188] afin que nous ressentions, en cas de succès, du plaisir devant cet accord de la nature avec nos facultés de connaître que nous considérons comme simplement contingent. En revanche ce serait pour nous une représentation bien déplaisante de la nature que celle par laquelle on nous prédirait qu'en la moindre recherche dépassant la plus commune expérience nous nous heurterions à une hétérogénéité de ses lois telle, qu'elle rendrait pour notre entendement impossible l'union de ses lois particulières sous des lois générales empiriques ; c'est, en effet, parce que cela répugne au principe de la spécification subjective et finale de la nature dans les genres et, à cet égard, à notre faculté de juger réfléchissante.

Cette présupposition de la faculté de juger est néanmoins en ceci si indéterminée, lorsque la question est de savoir jusqu'où doit être étendue cette finalité idéale de la nature pour notre faculté de connaître, que si l'on nous dit qu'une connaissance plus profonde et plus étendue de la nature acquise par l'observation doit finalement se heurter à une multiplicité de lois, qu'aucun entendement humain ne peut ramener à un principe, nous nous trouvons satisfaits, bien que nous écoutions plus volontiers d'autres nous donnant l'espérance que plus nous connaîtrions la nature en son intimité ou que mieux nous pourrions la comparer avec des membres extérieurs actuellement inconnus de nous, d'autant plus nous la trouverions simple en ses principes et, en dépit de l'apparente hétérogénéité de ses lois empiriques accordée à elle-même suivant le progrès de notre expérience. Car c'est un commandement de notre faculté de juger que de procéder suivant le principe de la convenance de la nature à notre faculté de connaître, aussi loin qu'il s'étend, sans décider (puisque ce n'est pas une faculté de juger déterminante, qui nous donne cette règle) s'il a ou non quelque part des limites ; en effet, nous pouvons bien déterminer des limites en ce qui touche l'usage rationnel de nos facultés de connaître, mais il n'est point de détermination de limite possible dans le champ empirique.

VII. *De la représentation esthétique de la finalité de la nature*

Ce qui est simplement subjectif dans la représentation

d'un objet, c'est-à-dire ce qui constitue sa relation au sujet et non à l'objet, c'est sa nature esthétique; mais sa valeur logique est ce qui en elle sert ou peut servir à la détermination de l'objet (pour la connaissance). [189] Ces deux relations se présentent dans la connaissance d'un objet des sens. Dans la représentation sensible des choses en dehors de moi la qualité de l'espace, en lequel nous les intuitionnons, est ce qui est simplement subjectif dans ma représentation de celles-ci (ce faisant on ne décide point de ce que peuvent être ces choses comme objets en soi) et en raison de cette relation l'objet est simplement pensé comme phénomène; mais l'espace, nonobstant sa qualité simplement subjective, est cependant une partie de la connaissance des choses en tant que phénomènes. La *sensation* (ici il s'agit de la sensation extérieure) exprime aussi bien l'élément simplement subjectif de nos représentations des choses en dehors de nous, mais proprement elle exprime l'élément matériel (réel) de celles-ci (par lequel quelque chose d'existant est donné), tout de même que l'espace exprime la simple forme *a priori* de la possibilité de leur intuition; néanmoins on use aussi de la sensation pour la connaissance des objets en dehors de nous.

L'élément subjectif, qui dans une représentation *ne peut devenir une partie de la connaissance*, c'est le *plaisir ou* la *peine* qui y sont liés; en effet, je ne connais par eux rien de l'objet de la représentation, bien qu'ils puissent être l'effet de quelque connaissance. Or la finalité d'une chose, dans la mesure où elle est représentée dans la perception, n'est pas une qualité de l'objet lui-même (en effet, une telle qualité ne peut pas être perçue), bien qu'elle puisse être conclue à partir d'une connaissance des choses. Ainsi la finalité, qui précède la connaissance d'un objet, même lorsqu'on ne veut pas en utiliser pour la connaissance la représentation, est néanmoins immédiatement liée à elle et en constitue l'élément subjectif, qui ne peut devenir une partie de la connaissance. Ainsi l'objet est dit final seulement parce que sa représentation est immédiatement liée au sentiment de plaisir, et cette représentation elle-même est une représentation esthétique de la finalité. – Toute la question est de savoir s'il existe en général une telle représentation de la finalité.

Si le plaisir est lié avec la simple appréhension *(apprehensio)* de la forme d'un objet de l'intuition, non rattachée à un concept en vue d'une connaissance déterminée, alors la représentation se trouve par là rapportée non à l'objet, mais uniquement au sujet et le plaisir ne peut rien exprimer d'autre que la convenance de cet objet aux facultés de connaître, qui sont mises en jeu dans la faculté de juger réfléchissante [190] et dans la mesure où elles s'y trouvent, c'est-à-dire simplement une finalité subjective formelle de l'objet. En effet, cette appréhension des formes dans l'imagination ne peut jamais s'effectuer, sans que la faculté de juger réfléchissante, même inintentionnellement, ne la compare, à tout le moins, avec sa faculté de rapporter des intuitions à des concepts. Si donc en cette comparaison l'imagination (comme faculté des intuitions *a priori*) se trouve mise en accord inintentionnellement grâce à une représentation donnée avec l'entendement, comme faculté des concepts, et que par là naisse un sentiment de plaisir, alors l'objet doit être regardé comme final pour la faculté de juger réfléchissante. Un tel jugement est un jugement esthétique sur la finalité de l'objet, qui ne se fonde sur aucun concept existant de l'objet et ne procure aucun concept de l'objet. Si l'on juge que la cause du plaisir pris à la représentation d'un objet est la forme de celui-ci (et non l'élément matériel de sa représentation, en tant que sensation), dans la simple réflexion sur cette forme (sans l'intention d'acquérir un concept de cet objet), on juge aussi ce plaisir comme nécessairement lié à la représentation de cet objet, non seulement pour le sujet qui saisit cette forme, mais aussi en général pour tout sujet qui juge. L'objet est alors dit beau et la faculté de juger d'après un tel plaisir (et par conséquent de façon universellement valable) se nomme le goût. En effet, puisque le principe du plaisir est simplement placé dans la forme de l'objet pour la réflexion en général, par conséquent nullement dans une sensation de l'objet, sans relation non plus à un concept contenant une quelconque intention, c'est seulement avec la légalité dans l'usage empirique de la faculté de juger en général (unité de l'imagination avec l'entendement) dans le sujet que s'accorde la représentation de l'objet dans la réflexion, dont les conditions possèdent une valeur universelle *a priori*; et puisque cet accord de l'objet avec la faculté du sujet est contingent, il suscite la représentation d'une finalité de l'objet par rapport aux facultés de connaître du sujet.

Voici donc un plaisir, qui comme tout plaisir ou peine non produits par le concept de liberté (c'est-à-dire par la détermination préalable de la faculté supérieure de désirer par la raison pure), ne peut jamais être saisi à partir de concepts comme nécessairement lié à la représentation d'un objet, [191] mais doit toujours être reconnu par perception seulement réfléchie comme lié à cette représentation; par suite, comme tous les jugements empiriques, il ne peut indiquer aucune nécessité objective, ni élever de prétention à une valeur *a priori*. Mais comme tout autre jugement empirique, le jugement de goût élève la prétention à valoir pour chacun, ce qui est toujours possible en dépit de sa contingence interne. Ce qui est étrange et singulier c'est que ce n'est point un concept empirique, mais un sentiment de plaisir (donc nullement un concept), qui par le jugement de goût doit être attribué à chacun et lié à la représentation de l'objet, comme s'il s'agissait d'un prédicat lié à la connaissance de l'objet.

Un jugement d'expérience singulier, par exemple le jugement de celui qui perçoit une goutte d'eau mobile dans un cristal de roche, exige à bon droit que chacun l'admette, parce qu'il a été porté selon les conditions universelles de la faculté de juger déterminante d'après les lois d'une expérience possible en général. De même celui qui dans la simple réflexion sur la forme d'un objet, sans songer à un concept, éprouve du plaisir, élève à bon droit une prétention à l'assentiment de chacun, bien que ce jugement soit empirique et singulier; c'est que la cause de ce plaisir se trouve dans la condition universelle, quoique subjective, des jugements réfléchissants, je veux dire dans l'accord final d'un objet (qu'il soit un produit de la nature ou de l'art) avec le rapport, exigé pour toute connaissance empirique, des facultés de connaître entre elles (de l'imagination et de l'entendement). Le plaisir est ainsi dans le jugement de goût dépendant d'une représentation empirique et ne peut être lié *a priori* à aucun concept (on ne peut déterminer *a priori* quel objet conviendra ou non au goût, il faut en faire l'expérience); mais il est cependant le principe de détermination de ce jugement, par cela seul que l'on a conscience qu'il repose simplement sur la réflexion et les conditions universelles, quoique seulement subjectives, de l'accord de celle-ci avec la connaissance des objets en général, pour lesquelles la forme de l'objet est finale.

C'est la raison pour laquelle les jugements de goût sont quant à leur possibilité, puisque cette possibilité suppose un principe *a priori*, également soumis à une critique, bien que ce principe ne soit ni un principe de connaissance pour [192] l'entendement, ni un principe pratique pour la volonté et ne soit pas du tout par conséquent déterminant *a priori*.

La capacité de ressentir un plaisir par réflexion sur les formes des choses (de la nature comme de l'art) n'indique pas seulement une finalité des objets en rapport à la faculté de juger réfléchissante, conformément au concept de la nature dans le sujet, mais aussi inversement, suivant le concept de liberté, une finalité du sujet par rapport aux objets, en ce qui intéresse leur forme ou même leur absence de forme; et il en résulte que le jugement esthétique ne se rapporte pas seulement, en tant que jugement de goût, au beau, mais encore, comme issu d'un sentiment spirituel, au *sublime*, de telle sorte que cette critique de la faculté esthétique doit se diviser en deux parties principales qui leur correspondent.

VIII. *De la représentation logique de la finalité de la nature*

La finalité peut être représentée dans un objet donné dans l'expérience soit, à partir d'une raison simplement subjective, comme concordance de la forme de cet objet dans l'*appréhension* (*apprehensio*), antérieurement à tout concept, avec les facultés de connaître, afin d'unir dans une connaissance en général l'intuition avec des concepts; soit, à partir d'une raison objective, comme concordance de sa forme avec la possibilité de la chose elle-même, suivant un concept de cet objet, qui précède et contient le fondement de cette forme. Nous avons vu que la représentation de la finalité de la première espèce repose sur le plaisir immédiat pris à la forme de l'objet dans la simple réflexion sur elle; la représentation de la finalité de la deuxième espèce, puisqu'elle ne rapporte pas la forme de l'objet à la faculté de connaître du sujet dans l'appréhension, mais à une connaissance déterminée de l'objet sous un concept donné, n'a rien à voir avec un sentiment de plaisir pris aux choses,mais s'adresse à l'entendement pour le jugement à porter sur elles. Si le concept d'un objet est donné, l'opération de la faculté de juger, dans l'usage de ce concept en vue de la connaissance, consiste dans la *présentation (exhibitio)*, c'est-à-dire qu'elle doit placer à côté du concept une intuition correspondante, que cela s'effectue par notre propre imagination, comme dans l'art, [193] lorsque nous réalisons le concept préalablement formé d'un objet, qui pour nous est fin, ou par la nature en sa technique (par exemple, dans les corps organisés), lorsque nous lui attribuons notre concept de fin pour juger son produit; en ce cas non seulement la *finalité* de la nature est représentée dans la forme de la chose, mais son produit même est représenté comme *fin naturelle*. – Bien que notre concept d'une finalité subjective de la nature dans ses formes suivant des lois empiriques ne soit nullement un concept d'objet, mais seulement un principe de la faculté de juger pour acquérir des concepts dans cette diversité excessive (pour pouvoir s'orienter en elle), néanmoins nous attribuons par là à la nature, par analogie avec une fin, pour ainsi dire une considération pour notre faculté de connaître et ainsi nous pouvons regarder *la beauté de la nature* comme la *présentation* du concept de la finalité formelle (simplement subjective) et les *fins naturelles* comme présentations du concept d'une finalité réelle (objective), et nous les jugeons l'une par le goût (esthétiquement, grâce au sentiment de plaisir), l'autre par l'entendement et par la raison (logiquement, d'après des concepts).

Là-dessus se fonde la division de la critique de la faculté de juger en critique de la faculté de juger *esthétique* et critique de la faculté de juger *téléologique*; on entend, en effet, par la première la faculté de juger la finalité formelle (que l'on nomme aussi subjective) par le sentiment de plaisir et de peine, et par la seconde la faculté de juger la finalité réelle (objective) de la nature par l'entendement et la raison.

Dans une critique de la faculté de juger, la partie qui traite de la faculté de juger esthétique est essentielle, parce que seule celle-ci contient un principe, que la faculté de juger met absolument *a priori* au fondement de sa réflexion sur la nature, à savoir le principe d'une finalité formelle de la nature d'après ses lois particulières empiriques pour notre faculté de connaître, finalité sans laquelle l'entendement ne pourrait s'y retrouver. Mais si l'on ne peut donner de principe *a priori*, ni même indiquer la possibilité d'en dégager un du concept de la nature, en tant qu'objet de l'expérience en général aussi bien qu'en particulier, il en résulte bien clairement qu'il doit y avoir des fins objectives de la nature, c'est-à-dire des choses qui ne sont possibles que comme fins naturelles et que la faculté de juger seule, sans contenir en soi *a priori* un principe à cet effet, renferme en certains cas (lorsqu'il s'agit de certaines productions) la règle pour faire usage du concept de fin au profit de la raison, alors que ce principe transcendantal a déjà préparé l'entendement [194] à appliquer le concept d'une fin (du moins quant à la forme) à la nature.

Mais le principe transcendantal qui consiste à se représenter une finalité de la nature, en relation subjective à notre faculté de connaître, dans la forme d'une chose comme un principe pour juger cette forme, laisse tout à fait indéterminé où et en quels cas je dois juger une production suivant un principe de finalité et non pas plutôt simplement suivant les lois universelles de la nature; il abandonne à la faculté de juger *esthétique* le soin de décider dans le goût la convenance de cette production (de sa forme) à nos facultés de connaître (dans la mesure où cette faculté décide non par un accord avec des concepts, mais par le sentiment). En revanche la faculté de juger, dans son usage téléologique, présente d'une manière déterminée les conditions sous lesquelles quelque chose (par exemple un corps organisé) doit être jugé selon l'Idée d'une fin de la nature, mais elle ne peut donner aucun principe, tiré du concept de la nature, comme objet de l'expérience, qui autoriserait à attribuer à celle-ci quelque rapport à des fins *a priori* et d'en supposer de tels, même de façon indéterminée, d'après l'expérience réelle de telles productions : la raison en est que beaucoup d'expériences parti-

culières doivent être instituées et considérées sous l'unité de
leur principe pour que l'on puisse, empiriquement seulement, reconnaître une finalité objective dans un certain objet.
– La faculté de juger esthétique est ainsi une faculté particulière pour juger les choses d'après une règle et non suivant
des concepts. La faculté de juger téléologique n'est pas une
faculté particulière, mais seulement la faculté de juger réfléchissante en général, dans la mesure où elle procède, comme
partout dans la connaissance théorique, d'après des concepts,
mais en suivant par rapport à certains objets de la nature des
principes particuliers, qui sont ceux d'une faculté simplement
réfléchissante et ne déterminant pas les objets ; et ainsi de par
son application elle appartient à la partie théorique de la
philosophie et en raison de ses principes particuliers, qui ne
sont pas déterminants comme il le faut dans une doctrine, elle
doit aussi constituer une partie particulière de la critique ; au
lieu que la faculté de juger esthétique ne contribue en rien à la
connaissance de son objet et doit donc faire partie *seulement*
de la critique du sujet qui juge et de ses facultés de connaissance, dans la mesure où elles sont susceptibles de principes *a
priori*, quel qu'en soit d'ailleurs l'usage (théorique ou pratique), et cette critique constitue la propédeutique de toute
philosophie.

[195] IX. *De la liaison des législations de l'entendement et de
la raison par la faculté de juger.*

L'entendement légifère *a priori* pour la nature comme
objet des sens en vue d'une connaissance théorique de celle-ci
dans une expérience possible. La raison légifère *a priori* pour
la liberté et sa propre causalité, comme étant le supra-
sensible dans le sujet, en vue d'une connaissance pratique et
inconditionnée. Le domaine du concept de la nature sous la
première législation et celui du concept de liberté sous l'autre
législation sont complètement isolés l'un de l'autre, en dépit
de l'influence réciproque qu'ils peuvent avoir l'un sur l'autre
(chacun en suivant ses lois fondamentales), par le grand fossé
qui sépare le supra-sensible des phénomènes. Le concept de
liberté ne détermine rien par rapport à la connaissance

théorique de la nature, et de même le concept de la nature ne
détermine rien par rapport aux lois pratiques de la liberté et
il n'est pas possible, dans cette mesure, de jeter un pont d'un
domaine à l'autre. – Mais si les principes de détermination de
la causalité suivant le concept de liberté (et la règle pratique
qu'il contient) ne sont pas constatés dans la nature et si le
sensible ne peut pas déterminer le suprasensible dans le sujet,
l'inverse est pourtant possible (non sans doute par rapport à
la connaissance de la nature, mais cependant par rapport aux
conséquences qu'a le premier sur cette dernière) et déjà
contenu dans le concept d'une causalité par liberté, dont
l'*effet* doit se produire dans le monde conformément à ses
lois formelles, bien que le mot *cause* employé pour le supra-
sensible signifie seulement *la raison* qui détermine la causalité des choses de la nature à un effet qui soit conforme à leurs
propres lois naturelles, mais en accord cependant aussi avec
le principe formel des lois rationnelles; on ne peut certes
apercevoir la possibilité de ceci, mais on peut réfuter d'une
façon satisfaisante l'objection d'après laquelle une prétendue
contradiction s'y trouverait [1*]. L'effet d'après le concept de
liberté est le [196] but ultime [2], qui doit exister (ou dont le
phénomène doit exister dans le monde sensible), et pour cela
la condition de possibilité en est présupposée dans la nature
(du sujet comme être sensible, c'est-à-dire comme homme).

1*. L'une des diverses prétendues contradictions que l'on reproche
à cette séparation complète entre la causalité naturelle et la causalité par la
liberté est la suivante : lorsque je parle, dit-on, des *obstacles* que la
nature oppose à la causalité selon les lois de la liberté (lois morales), ou
du *concours* qu'elle lui fournit, j'admets cependant une *influence* de la
première sur la seconde. Mais si l'on veut seulement comprendre ce qui
a été dit, cette fausse interprétation est très facilement évitable. Ce n'est
pas entre la nature et la liberté qu'il existe résistance ou concours, mais
entre la première comme phénomène et les *effets* de la seconde comme
phénomènes dans le monde sensible; et même la causalité de la liberté
(de la raison pure et pratique) est la causalité d'une cause naturelle
subordonnée à la liberté (celle du sujet considéré comme homme, par
conséquent comme phénomène) et dont le moment intelligible, qui est
pensé sous la liberté, comprend le fondement de sa détermination d'une
manière d'ailleurs inexplicable (comme il en est de cela même qui
constitue le substrat supra-sensible de la nature).

2. E. Weil (*op. cit.*, p. 82) propose «fin ultime» pour *Endzweck*.

La faculté de juger qui la présuppose *a priori* et sans prendre égard à la pratique, fournit le concept qui médiatise les concepts de la nature et le concept de liberté, et qui dans la notion d'une *finalité* de la nature rend possible le passage de la raison pure théorique à la raison pure pratique, de la légalité suivant la première au but ultime suivant la seconde, car on reconnaît, ce faisant, la possibilité de celui-ci, qui peut se réaliser seulement dans la nature et en accord avec ses lois.

L'entendement par la possibilité de ses lois *a priori* pour la nature apporte une preuve que la nature n'est connue de nous qu'en tant que phénomène[1] et par là il nous indique en même temps par conséquent un substrat supra-sensible de cette nature, mais il le laisse tout à fait *indéterminé*. La faculté de juger grâce à son principe *a priori* pour juger la nature d'après ses lois particulières possibles procure à son substrat supra-sensible (en nous aussi bien qu'en dehors de nous) *la déterminabilité par la faculté intellectuelle*. La raison donne à ce substrat la *détermination* par sa loi pratique *a priori* ; et ainsi la faculté de juger rend possible le passage du domaine du concept de la nature à celui du concept de liberté.

Par rapport aux facultés de l'âme en général, dans la mesure où on les regarde comme supérieures, c'est-à-dire telles qu'elles enveloppent une autonomie, l'entendement est ce qui contient *les principes constitutifs a priori pour la faculté de connaître* (connaissance théorique de la nature) ; pour *le sentiment de plaisir et de peine* c'est la faculté de juger, indépendamment des concepts et des sensations, qui se rapportent à la détermination de la faculté de désirer [197] et qui par là pourraient être immédiatement pratiques ; pour *la faculté de désirer*[2], c'est la raison, qui est pratique sans la médiation d'aucun plaisir, quelle que soit son origine, et qui prescrit à cette faculté, considérée comme faculté supérieure, le but ultime, qui entraîne en même temps avec soi la pure

1. Cf. *L'Œuvre de Kant,* tome I et *L'Ecole de Marbourg*, Ire partie.
2. Comme on voit mal ce qui sépare le sentiment de plaisir et de peine de la faculté de désirer (objet de la seconde *Critique*), on manque leur divergence, tandis qu'elles sont manifestes. A elle seule la problématique de l'immortalité de l'âme, centrale dans cette Critique, recèle des thèses qui ne sont jamais abordées dans la troisième Critique.

satisfaction intellectuelle prise à l'objet. – Le concept de la faculté de juger, la finalité de la nature, appartient encore aux concepts de la nature[1], mais seulement comme principe régulateur de la faculté de connaître, bien que le jugement esthétique sur certains objets (de la nature ou de l'art), qui le met en jeu, soit par rapport au sentiment de plaisir ou de peine un principe constitutif. La spontanéité dans le jeu des facultés de connaître, dont l'accord comprend le fondement de ce plaisir, rend ce concept apte à médiatiser la liaison des domaines du concept de la nature avec le concept de liberté en ses conséquences, car elle développe en même temps la disposition de l'esprit pour le sentiment moral. – Le tableau suivant peut permettre d'embrasser plus facilement toutes les facultés supérieures dans leur unité systématique[2*].

FACULTÉS DE L'AME DANS LEUR ENSEMBLE	FACULTÉS DE CONNAISSANCE	PRINCIPES *a priori*	APPLICATIONS
Facultés de connaître	Entendement	Conformité à la loi	Nature
Sentiment de plaisir et de peine	Faculté de juger	Finalité	Art
Faculté de désirer	Raison	But ultime	Liberté

1. De là l'affirmation de Kant que toute la seconde partie de la *Critique de la faculté de juger* aurait pu appartenir à la seconde partie de la *doctrine des éléments* dans la *Critique de la raison pure*, cf. § 61.

2*. On a fait des réserves sur mes divisions presque toujours tripartites en philosophie pure. Cela tient cependant à la nature de la chose même. Si une division doit être faite *a priori* ou bien elle sera *analytique,* d'après le principe de contradiction, et alors elle a toujours deux parties (*quodlibet ens est aut A aut non A*); ou bien elle sera *synthétique* et si dans ce cas elle doit être effectuée à partir de concepts *a priori* (et non, comme dans la mathématique, à partir de l'intuition correspondant *a priori* au concept) il faut, selon ce qui est en général exigé pour l'unité synthétique, à savoir : 1) la condition, 2) un conditionné, 3) le concept qui résulte de l'union du conditionné avec sa condition, que la division soit nécessairement une trichotomie.

DIVISION GÉNÉRALE DE L'OUVRAGE

PREMIÈRE PARTIE
Critique de la faculté de juger esthétique

SECTION I

Anatytique de la faculté de juger esthétique

Livre I : Analytique du beau.
Livre II : Analytique du sublime.

SECTION II

Dialectique de la faculté de juger esthétique

DEUXIÈME PARTIE
Critique de la faculté de juger téléologique

SECTION I

Analytique de la faculté de juger téléologique

SECTION II

Dialectique de la faculté de juger téléologique

APPENDICE

Méthodologie de la faculté de juger téléologique

Première Partie

CRITIQUE
DE LA FACULTÉ DE JUGER ESTHÉTIQUE

Première Section

ANALYTIQUE DE LA FACULTÉ DE JUGER ESTHÉTIQUE

LIVRE I

ANALYTIQUE DU BEAU

Premier moment :
Du jugement de goût [1*] considéré
au point de vue de la qualité

§ 1. *Le jugement de goût est esthétique.*

Pour distinguer si une chose est belle ou non, nous ne rapportons pas au moyen de l'entendement la représentation à l'objet en vue d'une connaissance, mais nous la rapportons par l'imagination (peut-être liée à l'entendement) au sujet et au sentiment de plaisir et de peine de celui-ci. Le jugement de goût n'est donc pas un jugement de connaissance ; par conséquent il n'est pas logique, mais esthétique ; esthétique signifie : ce dont le principe déterminant *ne peut être que subjec-*

[1*]. La définition du goût qui sert de point de départ est la suivante : c'est la faculté de juger le beau. L'analyse des jugements de goût doit dégager ce qui est nécessaire pour dire beau un objet. J'ai recherché, en suivant les fonctions logiques du jugement, les moments auxquels s'attache cette faculté de juger dans sa réflexion (il y a, en effet, toujours dans le jugement de goût, un rapport à l'entendement). J'ai examiné d'abord le moment de la qualité parce que c'est celui que le jugement esthétique sur le beau considère en premier lieu. [N.d.T. Kant va donc suivre les titres catégoriaux (qualité, quantité, relation, modalité) pour définir le jugement esthétique].

tif.[1] Tout rapport des représentations, même celui des sensations, peut être objectif (ce rapport signifie en ce cas : ce qui est réel dans une représentation empirique) ; mais non [204] le rapport des représentations au sentiment de plaisir et de peine qui ne désigne rien dans l'objet et en lequel le sujet sent comment il est affecté par la représentation.

Saisir par la faculté de connaître (suivant un mode de représentation clair ou confus) un édifice régulier, répondant à une fin, est tout autre chose que d'être conscient de cette représentation en éprouvant une sensation de satisfaction[2]. En ce cas la représentation est entièrement rapportée au sujet et à vrai dire à son sentiment vital[3], qu'on désigne sous le nom du sentiment de plaisir et de peine ; celui-ci fonde une faculté de discerner et de juger, qui ne contribue en rien à la connaissance, mais qui se borne à rapprocher la représentation donnée dans le sujet de toute la faculté des représentations dont l'esprit a conscience dans le sentiment de son état. Des représentations données dans un jugement peuvent être empiriques (donc esthétiques) ; toutefois le jugement porté par le moyen de celles-ci est logique, si elles ne sont dans le jugement rapportées qu'à l'objet. Inversement, même si les représentations données étaient rationnelles, le jugement serait toujours esthétique dans la mesure où les représentations ne seraient en celui-ci rapportées qu'au sujet (à son sentiment).

§ 2. *La satisfaction qui détermine le jugement de goût est désintéressée.*

On nomme intérêt la satisfaction que nous lions avec la représentation de l'existence d'un objet. Elle a donc toujours

---

1. On voit par là que l'objet de la troisième Critique peut être considéré comme étant l'homme, c'est-à-dire la subjectivité.
2. Plus loin Kant opposera le contentement scientifique et le contentement esthétique.
3. Il faut bien comprendre, pour entendre Kant, que le sentiment (ou la conscience) de vivre n'appartient qu'à l'homme, qui, seul, se sait et s'éprouve vivant, tandis que l'animal ne fait qu'exister. Cf. § 65.

une relation avec la faculté de désirer, que celle-ci soit son principe déterminant, ou soit nécessairement liée à celui-ci. Lorsque toutefois la question est de savoir si une chose est belle, on ne désire pas savoir si nous-mêmes, ou toute autre personne portons ou même pourrions porter un intérêt à l'existence de la chose, mais comment nous la jugeons en la considérant simplement (qu'il s'agisse d'intuition ou de réflexion)[1]. Si l'on me demande si je trouve beau le palais que je vois devant moi, je puis sans doute répondre : je n'aime pas ces choses qui ne sont faites que pour les badauds, ou encore répondre comme ce sachem iroquois qui n'appréciait à Paris que les rôtisseries ; je peux bien encore déclamer, tout à la manière de Rousseau[2], contre la vanité des grands qui abusent du travail du peuple pour des choses aussi inutiles ; enfin je puis me persuader bien facilement [205] que si je me trouvais dans une île inhabitée, sans espoir de jamais revenir parmi les hommes, et que j'eusse le pouvoir par le simple fait de le souhaiter d'y transporter magiquement un tel palais, je n'en prendrais même pas la peine, supposé que je possède une masure assez confortable pour moi. On peut m'accorder tout cela et l'approuver ; toutefois ce n'est pas ici la question. On désire uniquement savoir si la seule représentation de l'objet est accompagnée en moi par une satisfaction, aussi indifférent que je puisse être à l'existence de l'objet de cette représentation. On voit aisément que ce qui importe pour dire l'objet *beau* et prouver que j'ai du goût, c'est ce que je découvre en moi en fonction de cette représentation et non ce par quoi je dépends de l'existence de l'objet. Chacun doit reconnaître qu'un jugement sur la beauté en lequel se mêle le plus petit intérêt est très partial et ne peut être un jugement de goût pur. Pour jouer le rôle de juge en matière de goût il ne faut pas se

---

1. Cette distinction sera reprise par Sartre dans son ouvrage capital, *L'imaginaire*. La conscience qui imagine l'objet n'est pas thétique au sens où par là son objet serait posé.
2. Cf. *J.-J. Rousseau et la pensée du malheur*, 3 vol., Vrin, 1984. Kant vise ici tout particulièrement le *Discours sur les sciences et les arts*.

soucier le moins du monde de l'existence de l'objet, mais bien au contraire être indifférent en ce qui y touche[1].

Nous ne pouvons mieux commenter cette proposition, qui est d'une importance capitale qu'en opposant à la satisfaction pure et désintéressée[2*] dans le jugement de goût, celle qui est liée à l'intérêt, surtout quand nous pouvons aussi être certains qu'il n'existe pas d'autres sortes d'intérêt que celles qui vont être indiquées.

§ 3. *La satisfaction relative à l'agréable est liée à un intérêt.*

Est agréable ce qui plaît aux sens dans la sensation. Aussitôt se présente l'occasion de critiquer et de souligner la confusion tout à fait habituelle des deux sens que peut avoir le mot sensation. Toute satisfaction (dit-on ou pense-t-on) est elle-même sensation (la sensation d'un plaisir). Par conséquent [206] tout ce qui plaît, précisément parce qu'il plaît, est agréable (et suivant les différences de degré et les rapports avec les autres sensations agréables, *gracieux*, *charmant*, *délicieux*, *ravissant*..., etc.). Si l'on accorde cela, dès lors les impressions des sens qui déterminent l'inclination, les principes de la raison qui déterminent la volonté, les simples formes réfléchies de l'intuition qui déterminent la faculté de juger, seront par rapport à l'effet sur le sentiment de plaisir parfaitement identiques. Cet effet serait l'agrément éprouvé dans la sensation de notre état; et puisqu'enfin tout travail de nos facultés doit tendre à ce qui est pratique et y concourir comme à son but, on ne pourrait concevoir pour celles-ci aucune autre appréciation des choses et de leur valeur que celle qui consiste dans le plaisir qu'elles promettent. Il ne

---

1. C'est ici l'origine de la thèse de Schiller qui substitue à l'existence le jeu. Cf. *Lettres sur l'éducation esthétique de l'homme*, XV et XXI.

2*. Un jugement sur un objet de satisfaction peut être parfaitement *désintéressé* et cependant très *intéressant*, c'est-à-dire : un tel jugement ne se fonde sur aucun intérêt, mais produit un intérêt ; les purs jugements moraux sont tous tels. Mais les jugements de goût ne fondent aucun intérêt. Ce n'est que dans la société qu'il devient *intéressant* d'avoir du goût, on en donnera la raison par la suite.

serait pas question de savoir comment le but a été atteint ; dès lors comme en ceci seul le choix des moyens peut fonder une différence, les hommes pourraient bien s'accuser réciproquement de sottise et d'inintelligence, mais jamais de bassesse et de méchanceté – tous, en effet, chacun suivant sa manière de voir les choses, tendent à un même but, qui est le plaisir.

Lorsque j'appelle sensation une détermination du sentiment de plaisir et de peine, le terme signifie tout autre chose que lorsque j'appelle sensation la représentation d'une chose (par les sens, en tant que réceptivité appartenant à la faculté de connaître). En ce dernier cas la représentation est rapportée à l'objet, dans le premier cas elle n'est rapportée qu'au sujet et ne sert à aucune connaissance, pas même à celle par laquelle le sujet *se connaît* lui-même.

Dans la définition donnée nous entendons par le mot sensation une représentation objective des sens et afin de ne pas risquer sans cesse d'être mal compris nous désignerons par le mot, d'ailleurs usuel, de sentiment ce qui doit toujours demeurer simplement subjectif et qui ne peut d'aucune manière constituer une représentation d'un objet [1]. La couleur verte des prés est une *sensation objective*, en tant que perception d'un objet des sens ; son caractère agréable est une sensation *subjective,* par laquelle aucun objet n'est représenté ; c'est-à-dire un sentiment suivant lequel l'objet est considéré comme objet de satisfaction (ce qui n'est pas une connaissance de celui-ci).

Que mon jugement, sur un objet que je déclare agréable, exprime [207] un intérêt pour celui-ci, cela est clair par le simple fait qu'il suscite par la sensation un désir pour les objets semblables. Par conséquent la satisfaction ne suppose pas seulement le simple jugement sur l'objet, mais encore la relation de l'existence de cet objet à mon état, dans la mesure où je suis affecté par un tel objet. C'est pourquoi on ne dit pas seulement de ce qui est agréable : *cela plaît,* mais aussi : *cela*

---

1. On voit ici comment Kant sépare le sentiment sous sa face objective, où il est le plaisir immédiat, et sa face subjective, qui est la conscience des facultés, si bien que dans l'imagination par exemple, il faut tenir compte du « Je » implicite dans *j'imagine.*

fait plaisir. Il ne s'agit donc pas d'une simple approbation de l'objet par moi, car une inclination est produite. Et il n'y a même pas de jugement sur la nature de l'objet, lorsqu'il s'agit de ce qui est le plus vivement agréable. Aussi bien ceux qui ne se soucient que de jouissance (c'est là le mot qui désigne l'élément intime du plaisir) se dispensent volontiers de juger.

§ 4. *La satisfaction relative au bien est liée à un intérêt.*

Est *bon* ce qui, grâce à la raison, par le simple concept, plaît. Nous disons *bon-à-quelque-chose* (utile) ce qui ne plaît qu'à titre de moyen ; nous disons *bon-en-soi* ce qui plaît par lui-même. En l'un et l'autre cas il y a toujours le concept d'un but, par conséquent le rapport de la raison à un acte de volonté (tout au moins possible), et par suite une satisfaction concernant *l'existence* d'un objet ou d'une action, c'est-à-dire un certain intérêt. Pour trouver une chose bonne, il est toujours nécessaire que je sache ce que l'objet devrait être, c'est-à-dire que je possède un concept de cet objet. Cela n'est pas nécessaire pour que je découvre en lui de la beauté. Des fleurs, des dessins libres, les traits entrelacés sans intention les uns dans les autres, et nommés rinceaux, ne signifient rien, ne dépendent d'aucun concept déterminé et cependant plaisent[1]. La satisfaction qui procède du beau doit dépendre de la réflexion sur un objet qui conduit à un quelconque concept (elle n'est pas déterminée à un concept) et par là elle se distingue aussi de l'agréable qui repose entièrement sur la sensation.

Certes l'agréable semble en bien des cas identique au bon. Aussi dit-on communément : tout plaisir (particulièrement celui qui dure) est en soi bon ; ce qui revient à peu près à ceci : ce qui demeure agréable et ce qui est bon sont une seule et même chose. Mais l'on peut aisément remarquer qu'il ne s'agit que d'une vicieuse confusion de mots[2] ; en effet les

---

1. Kant fait allusion aux motifs qui décorent les appartements.
2. Dans la Préface de la *Critique de la raison pratique,* Kant dénonce le verbalisme et les philosophies fondée sur des confusions verbale. Il se flatte de n'écrire dans aucune langue nouvelle ; c'est ce qui

concepts, qui se rattachent proprement à ces termes ne peuvent nullement [208] être substitués les uns aux autres. L'agréable, qui en tant que tel ne représente l'objet que par rapport au sens, doit, pour être appelé bon comme objet de la volonté, être d'abord ramené sous les principes de la raison au moyen du concept d'une fin. Et qu'il s'agisse d'un tout autre rapport à la satisfaction, lorsque je dis que ce qui fait plaisir est en même temps *bon,* on le comprendra par le fait qu'au sujet du bon la question est toujours de savoir, si ce qui est bon l'est médiatement seulement ou immédiatement (utile ou bon en soi), et qu'en revanche une semblable question n'a pas de sens en ce qui concerne ce qui est agréable, puisque le terme agréable signifie toujours quelque chose qui plaît immédiatement (il en est de même avec ce que j'appelle beau).

Dans les propos les plus vulgaires eux-mêmes on distinguera l'agréable du bon. Sans hésiter on dit d'un plat, qui excite le goût par des épices et autres ingrédients, qu'il est agréable et en même temps l'on avoue qu'il n'est pas bon. C'est qu'il convient immédiatement aux sens, mais déplaît considéré médiatement, c'est-à-dire par la raison, qui envisage les conséquences. Dans l'appréciation de la santé elle-même on peut encore observer cette différence. Elle est, pour qui la possède immédiatement, agréable (négativement tout au moins, c'est-à-dire comme absence de douleur corporelle). Mais pour la dire bonne, il faut de plus la considérer, par la raison, en rapport avec des fins et comme l'état qui nous rend dispos pour toutes nos occupations. Enfin pour ce qui est du bonheur on croit pouvoir nommer un vrai bien, et même le bien suprême, la plus grande somme d'agréments dans la vie (sous le rapport de la quantité et de la durée). Mais la raison se refuse à cela. L'agrément est jouissance. S'il ne s'agissait que de celle-ci, ce serait une absurdité que d'être scrupuleux dans le choix des moyens qui nous la procurent, que ce soit passivement de par la générosité de la nature, ou activement par notre propre action. Toutefois la raison ne se laissera jamais persuader que l'existence d'un homme qui ne

se reproduit dans la troisième Critique.

vit que pour *jouir (si* grande que puisse être l'activité qu'il
déploie dans ce but) ait une valeur en soi, même si cet
homme, comme moyen, était très utile aux autres dans la
poursuite du même but, pour le motif que par sympathie il
jouirait lui aussi de tous ces plaisirs. L'homme ne donne à son
existence, comme existence d'une personne[1], une valeur
absolue que par ce qu'il agit, sans songer à la jouissance, [209]
en pleine liberté et indépendamment de ce que la nature peut
lui procurer sans effort de sa part et le bonheur, avec toute la
plénitude de son agrément, est loin d'être un bien incondi-
tionnel[2*].

Toutefois, abstraction faite de cette différence entre
l'agréable et le bon, ils s'accordent en ceci qu'ils sont toujours liés à un certain intérêt relatif à leur objet et je ne parle
pas seulement de ce qui est agréable (§ 3) ou de ce qui est bon
médiatement (l'utile), qui plaît comme moyen d'un agrément
quelconque, mais encore de ce qui est bon absolument et à
tous les points de vue, le bien moral qui contient l'intérêt le
plus haut. En effet le bien est l'objet de la volonté (c'est-à-
dire de la faculté de désirer déterminée par la raison). Or
vouloir quelque chose et trouver une satisfaction à son existence, c'est-à-dire y prendre quelque intérêt, cela est
identique.

§ 5. *Comparaison des trois genres de satisfaction spécifiquement différents.*

L'agréable et le bon ont l'un et l'autre une relation avec la
faculté de désirer et entraînent par suite avec eux, le premier
une satisfaction pathologiquement conditionnée (par des
excitations, *stimulos*) le second une pure satisfaction pra-

---

1. La troisième Critique ne s'élevera donc qu'à l'*individu*, qu'il
faut bien distinguer de la personne. Cf. ici mon *Introduction*.

2*. Une obligation de jouir est une évidente absurdité. De même en
est-il de l'obligation prétendue à des actions qui ont uniquement pour fin
le plaisir, que celui-ci soit intellectualisé (ou relevé) autant qu'on le
voudra, ou même soit une jouissance mystique qu'on est convenu
d'appeler céleste.

tique; celle-ci n'est pas seulement déterminée par la représentation de l'objet, mais encore par celle du lien qui attache le sujet à l'existence de l'objet. Ce n'est pas seulement l'objet, mais aussi son existence qui plaît[1]. En revanche le jugement de goût est seulement *contemplatif*; c'est un jugement qui, indifférent à l'existence de l'objet, ne fait que lier sa nature avec le sentiment de plaisir et de peine. Toutefois cette contemplation elle-même n'est pas réglée par des concepts; en effet le jugement de goût n'est pas un jugement de connaissance (ni théorique, ni pratique)[2], il n'est pas *fondé* sur des concepts, il n'a pas non plus *des concepts pour fin*[3].

L'agréable, le beau, le bon désignent donc trois relations différentes[4] des représentations au sentiment de plaisir et de peine, [210] en fonction duquel nous distinguons les uns des autres les objets ou les modes de représentation. Aussi bien les expressions adéquates pour désigner leur agrément propre ne sont pas identiques. Chacun appelle *agréable* ce qui lui FAIT PLAISIR; *beau* ce qui lui PLAIT simplement; *bon* ce qu'il ESTIME, *approuve*[5], c'est-à-dire ce à quoi il attribue une valeur objective. L'agréable a une valeur même pour des animaux dénués de raison : la beauté n'a de valeur que pour les hommes[6], c'est-à-dire des êtres d'une nature animale, mais cependant raisonnables, et cela non pas seulement en tant qu'êtres raisonnables (par exemple des esprits), mais aussi en

1. Cette phrase est ajoutée en B.

2. « Ni pratique » est ajouté en B.

3. La question est alors de savoir quel rôle peut jouer le jugement de goût dans la *problématique kantienne* et quel est son apport à la *systématique kantienne*.

4. C'est le reflet des transcendantaux (le vrai, le beau, le bien) considérés d'un point de vue subjectif.

5. Gebilligt : B.

6. La *Critique de la raison pratique* postule au moins deux types d'êtres raisonnables : d'une part les hommes, d'autre part les défunts, dont Kant postule l'immortalité. Ici le seul mis en question est l'*homme vivant*. C'est à partir de cette constatation qu'on peut dire que la troisième Critique est une théorie de l'humain et se rattache à la systématique kantienne dans la mesure où l'homme n'est pas seulement un sujet connaissant (*Critique de la raison pure*) et un être raisonnable (d'un point de vue pratique), mais encore un sujet vivant.

même temps en tant qu'ils ont une nature animale [1] ; le bien
en revanche a une valeur pour tout être raisonnable. Cette
proposition ne pourra être complètement justifiée et éclaircie
que plus tard. On peut dire qu'entre ces trois genres de
satisfaction, celle du goût pour le beau est seule une satisfaction désintéressée et *libre* ; en effet aucun intérêt, ni des
sens, ni de la raison, ne contraint l'assentiment [2]. C'est pourquoi l'on pourrait dire de la satisfaction que, dans les trois cas
indiqués, elle se rapporte à l'*inclination*, à la *faveur* ou au
respect. La FAVEUR est l'unique satisfaction libre [3]. Un objet
de l'inclination ou un objet qu'une loi de la raison nous impose de désirer ne nous laissent aucune liberté d'en faire pour
nous un objet de plaisir. Tout intérêt présuppose un besoin ou
en produit un, et comme principe déterminant de l'assentiment, il ne laisse plus le jugement sur l'objet être libre.

On dit de l'intérêt de l'inclination relative à ce qui est
agréable : la faim est le meilleur cuisinier et les gens, qui ont
un appétit sain, aiment tout ce qui est comestible ; une telle
satisfaction ne prouve donc aucun choix par goût. Ce n'est
que lorsque le besoin est satisfait qu'il est possible de distinguer entre beaucoup d'hommes qui a du goût et qui n'en a
pas. De même il y a des mœurs (conduite) sans vertu, une
politesse sans bienveillance, de la décence sans honorabili-
té..., etc. C'est que lorsque la loi morale parle, il n'est plus
objectivement de libre choix sur ce qui doit être fait ; faire
preuve de goût en sa conduite (ou dans l'appréciation de celle
d'autrui) est tout autre chose que manifester sa propre pensée
morale ; en effet celle-ci enveloppe un commandement et
produit un besoin, tandis que le goût éthique ne fait que jouer
avec les objets de la satisfaction, sans s'attacher à l'un d'eux.

---

1. Depuis « et cela non pas... » jusqu'à « nature animale » manque
dans A.
2. C'est l'amorce de la dialectique interne du jugement de goût.
D'une part il est arbitraire ; d'autre part, comme tout ce qui est arbitraire,
il est nécessaire étant ce qu'il est purement parce qu'il l'est.
3. La liberté de l'homme se manifeste dans son jugement esthétique
regardé d'un point de vue factice.

[211] DÉFINITION DU BEAU DÉDUITE DU PREMIER MOMENT

LE GOÛT est la faculté de juger d'un objet ou d'un mode de représentation, *sans aucun intérêt,* par une satisfaction ou une insatisfaction. On appelle *beau* l'objet d'une telle satisfaction.

Deuxième moment :

Du jugement de goût considéré au point de vue de la quantité.

§ 6. *Le beau est ce qui est représenté sans concept comme objet d'une satisfaction universelle.*

Cette définition du beau peut être déduite de la précédente suivant laquelle le beau est l'objet d'une satisfaction désintéressée. Car qui a conscience que la satisfaction produite par un objet est exempte d'intérêt, ne peut faire autrement qu'estimer que cet objet doit contenir un principe de satisfaction pour tous. En effet puisque la satisfaction ne se fonde pas sur quelque inclination du sujet (ou quelque autre intérêt réfléchi), mais qu'au contraire celui qui juge se sent entièrement *libre* par rapport à la satisfaction qu'il prend à l'objet, il ne peut dégager comme principe de la satisfaction aucune condition d'ordre personnel, dont il serait seul à dépendre comme sujet. Il doit donc considérer que la satisfaction est fondée sur quelque chose qu'il peut aussi supposer en tout autre. Et par conséquent il doit croire qu'il a raison d'attribuer à chacun une satisfaction semblable. Il parlera donc du beau, comme si la beauté était une structure de l'objet et comme si le jugement était logique (et constituait une connaissance de celui-ci par des concepts de l'objet), alors que le jugement n'est qu'esthétique et ne contient qu'un rapport de la représentation de l'objet au sujet; c'est que le jugement esthétique ressemble toutefois en ceci au jugement logique qu'on peut le supposer valable pour chacun. Cependant cette universalité ne peut résulter de concepts[1]. Il n'existe en effet pas de passage des concepts au sentiment de plaisir ou de peine (exception faite dans les pures lois pratiques qui entraînent un intérêt, tandis que le pur jugement de goût n'est lié à rien de tel). Il [212] s'ensuit que la prétention de posséder une valeur pour tous doit être liée au jugement de goût et à la conscience d'être dégagé de tout intérêt, sans que cette prétention dépende d'une universalité fondée objectivement ; en d'autres termes, la prétention à une universalité subjective doit être liée au jugement de goût.

§ 7. *Comparaison du beau avec l'agréable et le bon d'après le caractère précédent.*

Lorsqu'il s'agit de ce qui est agréable, chacun consent à ce que son jugement, qu'il fonde sur un sentiment personnel et en fonction duquel il affirme d'un objet qu'il lui plaît, soit restreint à sa seule personne. Aussi bien disant : « Le vin des Canaries est agréable », il admettra volontiers qu'un autre corrige l'expression et lui rappelle qu'il doit dire : cela *m'est* agréable. Il en est ainsi non seulement pour le goût de la langue, du palais et du gosier, mais aussi pour tout ce qui peut être agréable aux yeux et aux oreilles de chacun. La couleur violette sera douce et aimable pour celui-ci, morte et éteinte pour celui-là. Celui-ci aime le son des instruments à vent, celui-là aime les instruments à corde. Ce serait folie que de discuter à ce propos, afin de réputer erroné le jugement d'autrui, qui diffère du nôtre, comme s'il lui était logiquement opposé ; le principe : « A *chacun son goût* » (s'agissant des sens) est un principe valable pour ce qui est agréable.

Il en va tout autrement du beau. Il serait (tout juste à

1. Toute la spécificité du jugement de goût pourrait être fondée ici. L'universalité dont il se réclame, ou encore l'intersubjectivité, ne repose pas sur un concept, mais sur le sentiment du jeu harmonieux des facultés de connaître comme sentiment des forces vitales ou de la vie. C'est – par la prétention (quantité) à l'universalité (intersubjectivité) – là où l'individu prétend rompre sa solitude. L'intersubjectivité est donc subjective au niveau de l'individu. Dans la morale où il s'agit de personne agissant selon l'impératif catégorique, elle est objective.

l'inverse) ridicule que quelqu'un, s'imaginant avoir du goût, songe en faire la preuve en déclarant : cet objet (l'édifice que nous voyons, le vêtement que porte celui-ci, le concert que nous entendons, le poème que l'on soumet à notre appréciation) est beau *pour moi*. Car il ne doit pas appeler beau, ce qui ne plaît qu'à lui. Beaucoup de choses peuvent avoir pour lui du charme et de l'agrément ; personne ne s'en soucie ; toutefois lorsqu'il dit qu'une chose est belle, il attribue aux autres la même satisfaction ; il ne juge pas seulement pour lui, mais pour autrui et parle alors de la beauté comme si elle était une propriété des choses. C'est pourquoi il dit : *la chose* est belle et dans son jugement exprimant sa satisfaction, *il exige* l'adhésion des autres, loin de compter sur leur adhésion, [213] parce qu'il a constaté maintes fois que leur jugement s'accordait avec le sien[1]. Il les blâme s'ils jugent autrement et leur dénie un goût, qu'ils devraient cependant posséder d'après ses exigences ; et ainsi on ne peut dire : « A chacun son goût ». Cela reviendrait à dire : le goût n'existe pas, il n'existe pas de jugement esthétique qui pourrait légitimement prétendre à l'assentiment de tous.

Cependant on trouve par rapport à l'agréable qu'il peut y avoir une unanimité parmi les hommes dans l'appréciation de celui-ci, unanimité en fonction de laquelle on dénie aux uns le goût qu'on accorde aux autres, non pas comme sens organique, mais comme faculté d'apprécier l'agréable en général. C'est ainsi qu'on dit d'une personne s'entendant à divertir ses hôtes par divers agréments (selon le plaisir de tous les sens [2]) qu'elle a du goût. Mais il ne s'agit ici que d'universalité par comparaison ; aussi bien il n'y a là que des règles *générales* (comme sont toutes les règles empiriques), et non des règles *universelles* comme celles auxquelles le jugement de goût se conforme, ou peut en appeler. Dans la mesure où elle s'appuie sur des règles empiriques il s'agit donc d'un juge-

---

1. Le jugement de goût n'est pas le fruit d'une universalité fondée sur des comparaisons objectives et empiriques, mais le moment transcendantal où s'exprime (à travers l'exigence adressée à autrui) l'intersubjectivité subjective pure.
2. Manque dans A.

ment se rapportant à la société. Par rapport au bon les jugements prétendent aussi à bon droit posséder une valeur pour tous ; toutefois le bon n'est représenté comme objet d'une satisfaction universelle *que par un concept* ; ce qui n'est le cas ni de l'agréable, ni du beau.

§ 8. *L'universalité de la satisfaction n'est représentée que subjectivement dans un jugement de goût.*

Ce caractère particulier d'universalité d'un jugement esthétique, et qui se rencontre dans un jugement de goût, est chose remarquable, non certes pour le logicien, mais bien pour le philosophe transcendantal ; elle suppose de sa part un effort, qui n'est pas négligeable, pour en découvrir l'origine. En récompense il découvre une propriété de notre faculté de connaître, qui sans cette analyse serait demeurée inconnue [1].

Il faut tout d'abord se convaincre entièrement que par le jugement de goût [214] (sur le beau) on attribue à *tout un chacun* la satisfaction procurée par un objet, sans se fonder cependant sur un concept (en ce cas il s'agirait du bien), – et que cette prétention à l'universalité appartient si essentiellement à un jugement, par lequel nous affirmons que quelque chose est *beau,* que si l'on ne pensait pas à celle-ci, il ne viendrait à personne à l'idée d'user de ce terme ; on mettrait au compte de l'agréable tout ce qui plaît sans concept. Or lorsqu'il s'agit de l'agréable on laisse à chacun son point de vue, aucun ne supposant de la part d'autrui l'adhésion à son jugement de goût, alors que c'est là ce qui arrive toujours dans le jugement de goût sur la beauté. Le premier genre de goût peut s'appeler goût des sens, le second goût de la réflexion, puisque le premier ne consiste qu'à porter des jugements d'ordre personnel, tandis que le second en porte

---

1. Cette propriété est le sentiment de vie (supérieur à l'organisation, cf. § 65), la conscience d'être un être vivant. Kant retourne en tous sens cette idée : c'est dans la désignation de la chose belle que se manifeste le plus clairement le sentiment de vie comme sentiment d'exister. Aussi pour être conséquent faudrait-il écrire que seul l'homme *existe*, tandis que l'animal n'est qu'un étant.

qui prétendent être universels (publics), mais tous deux fondent des jugements esthétiques (non pratiques) sur un objet, ne concernant que le rapport de sa représentation au sentiment de plaisir et de peine. Ceci toutefois est fort surprenant : alors que l'expérience montre à propos du goût des sens, non seulement que le jugement (touchant le plaisir ou la peine résultant d'une chose) n'a pas de valeur universelle, mais encore que chacun est de lui-même assez modeste pour ne pas exiger l'assentiment d'autrui (bien qu'il se rencontre à la vérité fort souvent une unanimité très considérable même en ces jugements), néanmoins le goût réfléchi – si souvent repoussé dans sa prétention à l'universalité de son jugement (sur le beau) comme l'enseigne l'expérience – estime qu'il est possible (ce qu'il fait d'ailleurs réellement) de former des jugements susceptibles d'exiger un tel assentiment universellement et en fait chacun suppose cet assentiment pour tous ses jugements de goût, sans que les sujets qui jugent s'opposent sur la possibilité d'une telle prétention, car ce n'est qu'en ce qui concerne la juste application de cette faculté dans des cas particuliers qu'ils ne parviennent pas à s'accorder[1].

Il convient de remarquer tout d'abord qu'une universalité qui ne repose pas sur des concepts de l'objet (même seulement empiriques) n'est pas du tout logique, mais esthétique, c'est-à-dire qu'elle ne renferme aucune quantité objective du jugement, mais seulement une quantité subjective ; pour la désigner j'use de l'expression *valeur commune* qui indique pour chaque sujet la valeur du rapport d'une représentation au sentiment de plaisir et de peine et non à la faculté de connaître. (On peut aussi se servir de cette expression pour la quantité logique du jugement, [215] à condition d'ajouter : valeur universelle *objective,* afin de la distinguer de la valeur universelle simplement subjective qui est toujours esthétique).

Or un *jugement objectif de valeur universelle* est aussi

---

1. Application des résultats jusque-là obtenus : dans la conscience du libre jeu de mes facultés de connaître, je reconnais une universalité que je dénie au simple jugement sur l'agréable et c'est ce rapport de mes facultés (dont chacun accorde la possibilité) qui peut ou non être reçu.

toujours subjectif ; autrement dit lorsque le jugement a une valeur pour tout ce qui est compris sous un concept donné, il possède également une valeur pour tous ceux qui se représentent un objet par ce concept. En revanche on ne peut conclure d'une *universatité subjective,* c'est-à-dire esthétique, ne reposant sur aucun concept, à une universalité logique ; en effet ce genre de jugement ne porte pas sur l'objet. Aussi bien l'universalité esthétique, attribuée à un jugement, doit être d'un genre particulier, puisqu'elle ne lie pas le prédicat de beauté au concept de *l'objet* considéré dans toute sa sphère logique, et cependant l'étend à toute la sphère des *sujets qui jugent.*

Au point de vue de la quantité logique tous les jugements de goût sont des jugements *singuliers*[1]. En effet puisque je dois rapporter immédiatement l'objet à mon sentiment de plaisir ou de peine, et non par des concepts, ces jugements ne peuvent avoir la quantité de jugements objectifs de valeur universelle ; cependant lorsque la représentation singulière de l'objet du jugement de goût est transformée en concept, par comparaison suivant les conditions qui déterminent ce jugement, un jugement logique universel peut en résulter. Soit cette rose que je vois ; par un jugement de goût j'affirme qu'elle est belle. En revanche ce jugement qui résulte de la comparaison de nombreux jugements singuliers : les roses sont belles – n'est plus seulement exprimé comme un jugement esthétique, mais comme un jugement logique fondé sur un jugement esthétique. Quant au jugement : la rose est agréable (à l'odorat)[2], il est sans doute esthétique et singulier ; toutefois ce n'est pas un jugement de goût, c'est un jugement relevant des sens. Il se distingue du premier en ceci que le jugement de goût comprend une *quantité esthétique* d'universalité, c'est-à-dire de valeur pour chacun, qu'on ne peut trouver dans le jugement portant sur l'agréable. Seuls les jugements sur le bien, bien qu'ils déterminent la satisfaction résultant d'un objet, ont une universalité logique et non pas

1. C'est l'individu qui seul énonce son jugement de goût et qui, conscient de sa subjectivité, prétend néanmoins s'élever à l'universalité subjective.
2. Nous suivons la correction d'Erdmann.

seulement esthétique; en effet ils ont une valeur également au point de vue de l'objet, en tant que connaissance de celui-ci, et par conséquent ils sont valables pour tous.

Dès que l'on porte un jugement sur des objets uniquement d'après des concepts, toute représentation de beauté disparaît[1]. On ne peut donc indiquer une règle d'après laquelle quelqu'un pourrait être obligé de reconnaître la beauté d'une chose. [216] On ne veut pas se laisser dicter son jugement par quelque raison ou par des principes lorsqu'il s'agit de savoir si un habit, une maison, ou une fleur sont beaux. On veut examiner l'objet de ses propres yeux, comme si la satisfaction qu'on y prend dépendait de la sensation; et cependant, si l'on déclare alors que l'objet est beau, on croit avoir pour soi toutes les voix et l'on prétend à l'adhésion de chacun, bien que toute sensation personnelle ne soit décisive que pour le sujet et sa satisfaction propre.

Par où l'on voit que dans le jugement de goût on ne postule rien que cette *universalité des voix* par rapport à la satisfaction, sans la médiation des concepts; par conséquent on postule *la possibilité* d'un jugement esthétique qui puisse être considéré comme valable en même temps pour tous. Le jugement de goût ne *postule* pas lui-même l'adhésion de chacun (seul un jugement logique universel peut le faire, parce qu'il peut présenter des raisons) il ne fait *qu'attribuer* à chacun cette adhésion comme un cas de la règle dont il attend la confirmation de l'accord des autres et non pas de concepts. L'assentiment universel est donc seulement une Idée[2] (dont on ne recherche pas encore ici le fondement). – Que celui qui croit porter un jugement de goût juge conformément à cette Idée, cela peut paraître douteux, mais qu'il rapporte son jugement à celle-ci et qu'il le considère donc comme un jugement de goût, il l'indique par le terme de beauté. Il peut d'ailleurs en être certain en dégageant par sa conscience la

1. Kant donne ici la démonstration négative suivant laquelle le jugement de goût repose sur le rapport du libre jeu des facultés de connaître et non sur un concept qui, par exemple, en morale, exige l'universalité objective.
2. Il faut revenir ici sur la distinction du *connaître* et du *penser*.

satisfaction qu'il éprouve de tout ce qui appartient à l'agréable et au bon – et c'est de cela seul qu'il se promet l'assentiment de chacun : prétention à laquelle sous ces conditions il serait autorisé, alors que les négligeant le plus souvent, il porte pour ces raisons des jugements de goût erronés.

§ 9. *Examen de la question de savoir si dans le jugement de goût le sentiment de plaisir précède la considération de l'objet ou si c'est l'inverse.*

La solution de ce problème est la clef de la critique du goût et mérite par conséquent toute l'attention.

Si le plaisir, résultant de l'objet, précédait et si la possibilité de le communiquer à tous devait seule [217] dans le jugement de goût être attribuée à la représentation de l'objet, une telle démarche serait en contradiction avec elle-même. Car un tel plaisir ne serait rien d'autre que le simple agrément dans la sensation, de par sa nature il ne pourrait avoir qu'une valeur individuelle, puisqu'il dépendrait immédiatement de la représentation par laquelle l'objet *est donné*.

C'est donc la communicabilité universelle de l'état d'esprit dans la représentation donnée qui, en tant que condition subjective du jugement de goût, doit être au fondement de celui-ci et avoir comme conséquence le plaisir relatif à l'objet. Mais rien ne peut être communiqué universellement, si ce n'est la connaissance, et la représentation dans la mesure où elle dépend de la connaissance. C'est en effet dans cette mesure seulement que la représentation est objective et comprend un moment universel auquel la faculté de représentation chez tous est contrainte de s'accorder. Si le principe déterminant du jugement, concernant cette communicabilité universelle de la représentation doit être pensé comme seulement subjectif, c'est-à-dire sans un concept de l'objet, ce ne peut être alors que l'état d'esprit qui se présente dans le rapport réciproque des facultés représentatives[1], pour autant

---

1. Il y a ici une difficulté de traduction insurpassable : *Vorstellungkraft,* signifie bien faculté de représentation ; mais par là n'est pas rendu l'idée de *force* <Kraft>, qui signifie la vie comme puissance de la repré-

qu'elles mettent une représentation donnée en relation avec la connaissance en général.

Les facultés de connaissance mises en jeu par cette représentation sont en ce cas appelées à jouer librement, puisqu'aucun concept déterminé ne les limite à une règle particulière de connaissance. Ainsi l'état d'esprit dans cette représentation doit être celui qui comprend le sentiment du libre jeu des facultés représentatives dans une représentation donnée en vue d'une connaissance en général. Or *l'imagination* dont procède la composition du divers de l'intuition et *l'entendement* constituant l'unité du concept, qui unifie les représentations, sont requis pour que d'une représentation qui donne un objet, une connaissance s'ensuive. Cet état d'un *libre jeu* des facultés de connaissance dans une représentation, par laquelle un objet est donné, doit pouvoir se communiquer universellement; en effet la connaissance comme détermination de l'objet, avec laquelle doivent s'accorder des représentations données (dans quelque sujet que ce soit) est le seul mode de représentation qui possède une valeur pour tous[1].

L'universelle communicabilité subjective du mode de représentation dans un jugement de goût, devant se produire sans présupposer un concept déterminé, ne peut être autre chose que l'état d'esprit [218] dans le libre jeu de l'imagination et de l'entendement (pour autant qu'ils s'accordent entre eux comme cela est requis pour une connaissance en général). Nous avons alors conscience que ce rapport subjectif, qui convient à la connaissance en général, doit être aussi valable pour chacun, et par conséquent universellement communicable, que l'est toute connaissance déterminée, qui d'ailleurs repose sur ce rapport qui est sa condition subjective.

Cet acte de juger simplement subjectif (esthétique) de l'objet, ou de la représentation par laquelle il est donné, précède le plaisir concernant l'objet et est le fondement du plaisir venant de l'harmonie des facultés de connaissance; or

sentation, idée sur laquelle H. Cohen a beaucoup insisté. Cf. *Kants Begründung der Aesthetic,* Marbourg, 1889.

1. En somme, c'est ce que nous appelons *l'état d'âme* qui doit pouvoir être communiqué, ou du moins dont Kant exige la communicabilité.

c'est seulement sur cette universalité des conditions subjectives du jugement porté sur les objets que se fonde cette valeur subjective universelle de la satisfaction que nous attachons à la représentation de l'objet que nous disons beau.

Qu'il y ait un plaisir à pouvoir communiquer son état d'esprit, ne serait-ce qu'en ce qui concerne les facultés de connaître, c'est ce qu'on pourrait facilement montrer par l'inclination naturelle de l'homme pour les rapports sociaux (empiriquement et psychologiquement). Cela ne suffit pas cependant à notre dessein. Le plaisir que nous ressentons, nous le supposons comme nécessaire en tout autre dans le jugement de goût, comme si lorsque nous disons qu'une chose est belle, il s'agissait d'une propriété de l'objet déterminée en lui par des concepts; alors que cependant sans relation au sentiment du sujet la beauté n'est rien en soi. Nous devons réserver l'étude de ce problème et répondre d'abord à la question : des jugements esthétiques *a priori* sont-ils possibles et comment le sont-ils ?

Nous nous appliquerons à présent à une question moins importante : de quelle manière prenons-nous conscience dans le jugement de goût d'un accord subjectif et réciproque des facultés de connaissance ? – Est-ce esthétiquement par le sens interne et la sensation, ou intellectuellement par la conscience de notre activité intentionnelle qui les met en jeu ?

Si la représentation donnée, qui est l'occasion du jugement de goût, était un concept, unifiant l'entendement et l'imagination dans la considération de l'objet en vue de la connaissance de celui-ci, la conscience de ce rapport serait intellectuelle (comme dans le schématisme objectif de la faculté de juger dont traite la Critique). Mais alors le jugement ne serait plus porté en relation au plaisir et à la peine [219] et il ne s'agirait donc pas d'un jugement de goût : or le jugement de goût détermine l'objet relativement à la satisfaction et au prédicat de beauté indépendamment des concepts. Il s'ensuit que l'unité subjective du rapport ne peut se manifester que par la sensation. Ce qui incite les deux facultés (l'imagination et l'entendement) à une activité non déterminée[1] mais cependant commune en fonction de la représentation donnée – c'est-à-dire à l'activité requise pour une connaissance en général, – c'est la sensation dont le jugement de goût postule l'universelle communicabilité. Il est vrai qu'un rapport objectif ne peut qu'être pensé ; toutefois, dans la mesure où il est subjectif par ses conditions, il peut être ressenti dans son effet sur l'esprit ; et lorsqu'il s'agit d'un rapport qui ne se fonde sur aucun concept (comme le rapport des facultés représentatives à une faculté de connaître en général), il n'est point d'autre conscience possible de celui-ci que celle qui résulte de la sensation de l'effet consistant dans le jeu des deux facultés (imagination et entendement) devenu plus facile grâce à l'accord réciproque qui les anime[2]. Une représentation, qui isolée et sans être comparée avec d'autres, s'accorde cependant avec les conditions de l'universalité, laquelle constitue la fonction de l'entendement en général, met les facultés de connaissance dans cet état d'accord proportionné, que nous exigeons pour toute connaissance et que nous considérons par suite comme valable pour quiconque est appelé à juger par l'entendement et les sens réunis (pour tout homme)[3].

DÉFINITION DU BEAU DÉDUITE DU SECOND MOMENT

Est *beau* ce qui plaît universellement sans concept.

1. La correction de Vorländer (p. 57) ne paraît pas nécessaire. L'activité est certes une activité précise, mais elle n'est pas déterminée par le concept. Je traduis «unbestimmter Tätigkeit» par «activité non déterminée» afin d'éviter dans la mesure du possible l'idée de «vague».

2. C'est de ce jeu que nous avons conscience en tant qu'êtres vivants éprouvant leur vie, et c'est aussi le fondement de la maxime de Schiller : «L'homme n'est homme que lorsqu'il joue et c'est seulement lorsqu'il joue que l'homme est homme»

3. On remarquera bien que Kant parle d'une représentation isolée ; l'objet de la satisfaction n'a pas besoin d'être lié à d'autres représentations de manière systématique pour que les conditions de la communicabilité soient réunies. De ce point de vue le *cours du temps* repoussé dans la *Critique de la raison pure* retrouve une pleine dignité : il est inutile pour que le jugement esthétique soit valide de le situer dans l'*ordre du temps*.

Troisième moment :
Des jugements de goût au point de vue de la relation des fins,
qui sont considérées en ceux-ci

§ 10. *De la finalité en général.*

Si l'on veut définir une fin d'après ses déterminations transcendantales (sans présupposer quelque chose d'empirique, par exemple le sentiment de plaisir) [220] on dira : l'objet d'un concept est fin [1], dans la mesure où le concept en est la cause (le fondement réel de sa possibilité) ; et la causalité d'un concept par rapport à son objet est la finalité *(forma finalis)* [2]. On conçoit donc une fin quand on pense non seulement la connaissance d'un objet, mais encore l'objet lui-même (la forme ou l'existence de celui-ci) en tant qu'effet possible seulement par un concept de l'effet lui-même. La représentation de l'effet est alors le principe déterminant de sa cause et la précède. La conscience de la causalité d'une représentation pour conserver le sujet dans le même état, peut désigner ici d'une manière générale ce que l'on appelle plaisir ; au contraire la peine est la représentation qui contient la raison déterminante pour changer en son contraire l'état des représentations (en les détournant ou en les éliminant) [3].

La faculté de désirer, dans la mesure où elle n'est déterminable que par des concepts, c'est-à-dire conformément à la représentation d'une fin, serait la volonté [4]. Mais un objet ou

1. Hartenstein : « der Zweck ».
2. Dans l'importante *Préface* à la *Critique de la raison pratique*, Kant définissait la vie comme le pouvoir d'être par sa représentation cause de l'objet. Cette structure est ici étendue à la finalité, ce qui autorisera Kant à passer de l'esthétique à la téléologie.
3. Kant simplifie volontairement en ramenant le jugement empirique aux deux pôles que sont le plaisir et la peine.
4. La faculté de désirer, qui est l'expression du moment vital, ne se dépasse en personnalité ou volonté que dans la mesure où elle se soumet à des concepts pratiques (moraux). C'est la volonté qui définit la personne. Le jugement esthétique ne permet que de définir l'individu.

un état d'esprit ou bien encore un acte, est dit final, alors même que sa possibilité ne suppose pas nécessairement la représentation d'une fin, pour la seule raison que nous ne pouvons expliquer et comprendre cette possibilité, que dans la mesure où nous admettons à son fondement une causalité d'après des fins, c'est-à-dire une volonté qui en aurait ordonné la disposition d'après la représentation d'une certaine règle. La finalité peut donc être sans fin[1], dans la mesure où nous ne posons pas les causes de cette forme en une volonté[2]; bien que nous ne puissions obtenir une explication compréhensible de sa possibilité, qu'en dérivant celle-ci d'une volonté. Or il ne nous est pas toujours nécessaire de saisir par la raison (en sa possibilité), ce que nous observons[3]. Ainsi nous pouvons tout au moins observer une finalité au point de vue de la forme, sans mettre à son fondement une fin (comme étant la matière du *nexus finalis),* et la remarquer dans les objets, mais, il est vrai, seulement par réflexion.

[221] § 11. *Le jugement de goût n'a rien d'autre à son fondement que la forme de la finalité d'un objet (ou de son mode de représentation).*

Toute fin, si on la considère comme principe de la satisfaction, implique toujours un intérêt comme principe déterminant du jugement sur l'objet du plaisir. Aussi aucune fin subjective ne peut-elle être au fondement du jugement de goût. Mais aussi aucune représentation d'une fin objective, c'est-à-dire de la possibilité de l'objet lui-même suivant les principes de la liaison finale, donc aucun concept de ce qui est bon ne peut déterminer le jugement de goût[4]; c'est, en effet,

1. Formulation de la thèse fondamentale. On peut l'exprimer aussi en disant (psychologiquement) que le jugement esthétique n'est pas par rapport à l'objet conscience thétique.
2. On peut relire à ce propos le texte de 1766 : *Observations sur le sentiment du beau et du sublime.*
4. Première formulation du jugement de goût selon la relation; c'est un jugement sans concept (même moral) et par conséquent la finalité qui se manifeste en lui est une finalité sans fin. L'intérêt que suscite le jeu libre et harmonieux des facultés de connaître est le

un jugement esthétique et non un jugement de connaissance, qui ne concerne aucun concept de la nature ou de la possibilité interne ou externe de l'objet par telle ou telle cause, mais simplement le rapport des facultés représentatives entre elles, pour autant qu'elles sont déterminées par une représentation.

Or ce rapport est, dans la détermination d'un objet comme beau, lié au sentiment d'un plaisir, qui est en même temps affirmé par le jugement de goût comme valable pour tous; par conséquent l'agrément accompagnant la représentation ne peut pas plus contenir le principe déterminant du jugement de goût que ne le peut la représentation de la perfection de l'objet ou le concept du bien. Ce ne peut donc être que la finalité subjective dans la représentation d'un objet, sans aucune fin (ni objective, ni subjective), c'est-à-dire par conséquent la simple forme de la finalité dans la représentation, par laquelle un objet nous est donné, dans la mesure où nous en sommes conscients, qui peut constituer la satisfaction que nous estimons, sans concept, universellement communicable et qui peut être le principe déterminant du jugement de goût.

§ 12. *Le jugement de goût repose sur des principes* a priori.

Il est absolument impossible d'établir *a priori* la liaison du sentiment de plaisir ou de peine en tant qu'effet avec une représentation quelconque (sensation ou concept) comme cause; ce serait un rapport causal[1] (entre objets de l'expérience) [222] qui ne peut jamais être connu qu'*a posteriori* et au moyen de l'expérience elle-même. Certes dans la *Critique de la Raison pratique* nous avons effectivement dérivé *a priori* de concepts moraux universels le sentiment du respect (comme une modification originale de ce sentiment qui ne correspond exactement ni au sentiment de plaisir ni à celui de peine que nous procurent les objets empiriques). Mais nous pouvons également alors dépasser les limites de l'expérience

---

sentiment de vie qui émerge du plaisir suscité par là.
    1. A : un rapport causal particulier.

et faire appel à une causalité, celle de la liberté, qui reposait sur l'essence supra-sensible du sujet. En fait même là nous ne dérivions pas à proprement parler ce sentiment de l'Idée de la moralité comme cause; seule la détermination de la volonté en était dérivée. Or l'état d'esprit où la volonté est déterminée en une manière quelconque est déjà en soi un sentiment de plaisir, identique à celui-ci, et il ne le suit donc pas comme effet. On ne pourrait l'admettre que si le concept de moralité comme concept d'un bien précédait la détermination de la volonté par la loi. Mais en ce cas le plaisir, qui serait lié au concept, serait vainement dérivé de celui-ci comme d'une simple connaissance.

Il en va de même du plaisir dans le jugement esthétique, mais il n'y est que purement contemplatif, sans susciter d'intérêt pour l'objet; en revanche dans le jugement moral il est pratique. La conscience de la finalité purement formelle dans le jeu des facultés de connaître du sujet, à l'occasion d'une représentation par laquelle un objet est donné, est le plaisir même. En effet elle contient un principe qui détermine l'activité du sujet, en ce qui regarde l'animation de ses facultés de connaître, et ainsi une causalité interne (finale) par rapport à la connaissance en général, mais qui n'est pas limitée à une connaissance déterminée, et par conséquent une simple forme de la finalité subjective d'une représentation dans un jugement esthétique [1]. Ce plaisir n'est en aucune manière pratique, ni comme le plaisir procédant du principe pathologique de l'agréable, ni comme le plaisir résultant du principe intellectuel du bien représenté. Il comprend cependant en lui-même une causalité consistant à *conserver* sans autre intention l'état de la représentation même et l'activité des facultés de connaître [2]. Nous nous *attardons* à la contemplation du beau, parce que cette contemplation se fortifie et se reproduit elle-même; c'est un état analogue (mais non pas identique) à l'arrêt de l'esprit, lorsqu'une propriété

1. Tout ce passage ne vise qu'à articuler les différents moments suscités par la considération du jugement esthétique.
2. Après avoir examiné l'orientation de la faculté de désirer, on définit son objet : le plaisir.

attrayante dans la représentation de l'objet éveille à plusieurs reprises l'attention, – état en lequel l'esprit est passif.

[223] § 13. *Le pur jugement de goût est indépendant de l'attrait et de l'émotion.*

Tout intérêt corrompt le jugement de goût et lui ôte son impartialité et notamment lorsqu'il ne place pas la finalité avant le sentiment de plaisir, de même que l'intérêt de la raison, mais fonde celle-là sur celui-ci; c'est toujours le cas dans le jugement esthétique porté sur une chose en tant qu'elle fait plaisir ou est pénible. C'est pourquoi des jugements, ainsi affectés, ou bien ne peuvent élever aucune prétention à une satisfaction universellement valable, ou bien peuvent d'autant moins le faire que dans les motifs déterminants du goût se trouvent d'autant plus de sensations de ce genre. Le goût demeure toujours barbare, lorsqu'il a besoin du mélange des *attraits* et des *émotions* à la satisfaction; et bien plus s'il en fait la mesure de son assentiment.

Cependant les attraits souvent ne sont pas seulement mis au compte de la beauté (qui ne devrait cependant concerner que la forme) comme contribution à la satisfaction esthétique universelle, mais encore on les fait passer en eux-mêmes pour des beautés, donnant ainsi la matière de la satisfaction au lieu de la forme. C'est un malentendu, au fondement duquel, comme de tant d'autres, se trouve toutefois quelque chose de vrai, et qui peut être dissipé par une définition soigneusement faite de ces concepts. Un jugement de goût, sur lequel l'attrait et l'émotion n'ont aucune influence (bien qu'on puisse les lier avec la satisfaction résultant du beau), et qui ainsi a simplement pour principe déterminant la finalité de la forme, est un *jugement de goût pur* [1].

---

1. Distinction de la matière et de la forme dans le plaisir. Pour Kant, la matière importe peu ici; tout l'intérêt philosophique se porte sur la forme qui n'est autre que le libre jeu des facultés de connaître.

§ 14. *Eclaircissement par des exemples.*

Les jugements esthétiques peuvent, aussi bien que les jugements théoriques (logiques), être divisés en empiriques et purs. Les premiers sont ceux qui expriment ce qu'un objet ou son mode de représentation a d'agréable ou de désagréable; les seconds expriment ce qu'il a de beau; ceux-là sont des jugements des sens (jugements esthétiques matériels), ceux-ci seuls (en tant que formels) sont d'authentiques jugements de goût. [224]

Un jugement de goût n'est donc pur que si aucune satisfaction purement empirique ne se mêle au principe déterminant. C'est ce qui arrive toutes les fois que l'attrait ou l'émotion ont part au jugement, par lequel on veut affirmer qu'une chose est belle.

Nous retrouvons ici nombre d'objections qui finalement font briller à nos yeux l'attrait non pas seulement comme nécessaire ingrédient de la beauté, mais encore comme étant chose suffisante par ellemême pour être appelée belle[1].

Ainsi la plupart déclarent belles en elles-mêmes une simple couleur, par exemple le vert d'une pelouse, un simple son (distinct de la résonance ou du bruit), par exemple celui d'un violon; cependant ces deux choses ne paraissent avoir pour principe que la matière des représentations, c'est-à-dire uniquement la sensation et pour cette raison elles ne méritent que d'être dites agréables. On remarquera cependant que les sensations de couleur, aussi bien que de son, ne sont tenues pour belles à bon droit que dans la mesure où elles sont *pures*; c'est là une détermination qui concerne déjà la forme, et c'est aussi la seule chose qui puisse être communiquée universellement avec certitude dans ces représentations. En effet on ne peut admettre sans difficulté que la qualité des sensations concorde dans tous les sujets, et que chacun estime

---

1. Définitions qui tendent à montrer que le jugement de goût est indépendant de toute matière susceptible d'être conditionnée *a posteriori* comme c'est le cas de l'attrait et de l'émotion. La «Critique de la faculté de juger esthétique» n'est donc pas une «physiologie du goût».

de la même manière[1] telle couleur plus agréable qu'une autre ou tel son d'un instrument de musique plus agréable que celui d'un autre.

Si l'on admet avec Euler[2] que les couleurs sont des vibrations *(pulsus)* de l'éther se succédant à intervalles égaux, comme les sons sont des vibrations régulières de l'air ébranlé, et, ce qui est le plus important, que l'esprit ne perçoit pas seulement par le sens leur effet sur l'activité de l'organe, mais perçoit aussi par la réflexion le jeu régulier des impressions (par suite la forme dans la liaison de représentations différentes) – ce dont je ne doute nullement[3] – dès lors couleurs et sons ne seraient pas de pures sensations, mais déjà une détermination formelle de l'unité d'un divers de sensations et elles pourraient être comptées parmi les belles choses.

Dans un mode de sensation simple la pureté signifie que l'uniformité de ce mode n'est pas troublée ou détruite par une sensation d'un genre différent; elle n'appartient donc qu'à la forme; en effet il est possible en ceci de faire abstraction de la qualité de ce mode de sensation s'il représente une couleur et laquelle, un son et lequel?). Aussi toutes les couleurs simples sont considérées comme belles dans la mesure où elles sont pures; les couleurs composées [225] n'ont pas ce privilège; c'est que, puisqu'elles ne sont pas simples, on ne possède aucune mesure pour estimer s'il faut les dire pures ou impures.

Mais penser que la beauté attribuée à l'objet en raison de sa forme puisse être augmentée par l'attrait, c'est là une erreur commune et très nuisible au goût authentique, intègre et sérieux; et sans doute on peut ajouter à la beauté des attraits afin d'intéresser l'esprit par la représentation de

---

1. C.
2. Euler (1707-1783), célèbre philosophe et mathématicien allemand.
3. A et B : « woran ich doch gar sehr zweifle », « ce dont je doute fort ». Windelband (AK V, 527 sq) a montré que la leçon de la troisième édition était plus vraisemblable. Cf. cependant, Schöndorffer, *Alt preuss. Monatsschrift.* Bd. 48, p. 16, et E.v. Aster, *Kantstudien*, Bd. XIV, p. 47 sq.

l'objet, en dehors de la satisfaction pure et dépouillée, et ainsi pour faire valoir le goût et sa culture, surtout lorsqu'il est encore grossier et sans exercice. Cependant ils nuisent effectivement au jugement de goût, lorsqu'ils attirent l'attention sur eux comme principes d'appréciation de la beauté. Car ils sont si loin de contribuer à la beauté qu'ils ne doivent être admis qu'avec indulgence, lorsque le goût est encore faible et inexercé, et dans la mesure où ils ne gâtent pas la beauté de la forme, comme étant bien plutôt étrangers à la beauté [1].

Dans la peinture, la sculpture, et même dans tous les arts plastiques [2], dans l'architecture, l'art des jardins, dans la mesure où ce sont de beaux-arts, *le dessin* est l'essentiel; dans le dessin ce n'est pas ce qui fait plaisir dans la sensation, mais seulement ce qui plaît par sa forme, qui constitue pour le goût la condition fondamentale. Les couleurs qui enluminent le trait appartiennent aux attraits; certes elles peuvent rendre l'objet lui-même vivant pour la sensation; elles ne sauraient le rendre digne d'être contemplé et beau; bien plus : elles sont le plus souvent limitées par ce que la belle forme exige et même, lorsque l'attrait est toléré, c'est par la belle forme seule qu'elles sont ennoblies [3].

Toute forme des objets des sens (aussi bien des sens externes, que médiatement du sens interne) est ou bien *figure*, ou bien *jeu*; et dans ce dernier cas ou bien jeu des figures (dans l'espace : la mimique et la danse) ou bien simple jeu des sensations (dans le temps) [4]. L'attrait des cou-

---

1. Non seulement le sentiment de vie qui s'attache au lien dynamique et harmonieux est formel, mais encore la beauté passe toute entière du côté de la forme. Kant va fournir un exemple : le dessin qui constitue un jardin; on peut regretter le formalisme de Kant dans la mesure où l'idée de plénitude d'un objet est par là même méconnue.

2. LITTRÉ, t. V, p. 1981, 3e éd.

3. C'est un paradoxe que d'assigner à la couleur un rôle secondaire, à moins de donner au dessin une place primordiale. Mais que faire alors des impressionistes ?

4. Le simple jeu des sensations dans le temps désigne la musique. On est en droit de penser que cet art, dont Kant parle si peu, réduit l'essence à l'essentiel. C'est dans cette direction que s'orientera

leurs ou du son agréable de l'instrument peut s'y ajouter, mais l'objet propre du jugement de goût est dans le premier cas *le dessin* et dans l'autre la composition; que maintenant la pureté des couleurs aussi bien que des sons, ainsi que leur diversité et leur contraste, semblent contribuer à la beauté, cela ne signifie pas véritablement que ces choses, parce qu'elles sont agréables en elles-mêmes, procurent un complément de même nature à la satisfaction résultant de la forme, mais qu'elles ne font que rendre la forme plus exacte, plus précise, plus complète [226] dans l'intuition parce qu'animant la représentation par leur attrait, elles suscitent et soutiennent l'attention portée à l'objet[1].

Et même ce que l'on nomme *ornements* (parerga), c'est-à-dire ce qui ne fait pas partie intégrante de la représentation tout entière de l'objet, mais n'est qu'une addition extérieure et augmente la satisfaction du goût, n'accroît cette satisfaction que par sa forme, comme les cadres des tableaux, ou[2] les vêtements des statues, les colonnades autour des édifices somptueux. Si l'ornement lui-même ne consiste pas en une belle forme[3] si, comme le cadre doré, il n'a été disposé qu'afin de recommander le tableau à notre assentiment, on le nomme alors *parure* et il porte préjudice à la beauté authentique.

L'émotion, sensation en laquelle l'agrément n'est suscité que par un arrêt momentané suivi d'un jaillissement plus fort de la force vitale, n'appartient pas à la beauté[4]. Le sublime

Schopenhauer.
1. Kant axe sans cesse ses exemples sur les arts qui supposent un dessin, un tracé; curieusement il ne dit rien de la musique en sa spécificité.
2. «Les cadres des tableaux». Ajout de B.
3. On voit ici s'étendre la domination de la forme sur la matière. Par là le jugement goût s'approche du jugement moral.
4. Conséquence inéluctable de la domination de la forme : l'*émotion*, que nous regardons souvent comme le signe sûr de la beauté (lorsque, par exemple, nous pleurons en achevant de lire une histoire tragique), est chassée par Kant du champ esthétique. H. Cohen dans ses écrits d'esthétique (*Werke*, Bd.VIII-1 IX, Olms Verlag) a rencontré toutes les difficultés du monde pour rester dans le sillage de Kant.

(auquel est lié le sentiment de l'émotion [1]) [2] exige une autre mesure du jugement que celle que le goût met à son fondement. Le pur jugement de goût n'a comme principe déterminant ni l'attrait, ni l'émotion, ni en un mot aucune sensation en tant que matière du jugement esthétique.

§ 15. *Le jugement de goût est entièrement indépendant du concept de perfection.*

La finalité *objective* ne peut être connue que par la relation du divers à une fin déterminée, et ainsi seulement par un concept. Il apparaît clairement par cela seul, que le beau, dont le jugement n'a à son fondement qu'une finalité simplement formelle, c'est-à-dire sans fin, est tout à fait indépendant de la représentation du bon puisque celui-ci présuppose une finalité objective, c'est-à-dire la relation de l'objet à une fin déterminée.

La finalité objective est ou bien finalité externe : *l'utilité,* ou bien finalité interne : *la perfection* de l'objet. On peut voir suffisamment d'après les deux moments précédents [3] [227] que la satisfaction, qui résulte d'un objet et en fonction de laquelle nous le disons beau, ne peut reposer sur la représentation de son utilité : s'il en était ainsi ce ne serait pas une satisfaction immédiate, ce qui est l'essentielle condition du jugement sur la beauté. Toutefois une finalité objective interne, c'est-à-dire la perfection, se rapproche déjà davantage du prédicat de la beauté ; aussi des philosophes célèbres l'ont considérée identique à la beauté, en ajoutant toutefois : *si elle est pensée confusément* [4]. Il est de la plus haute importance de décider, dans une critique du goût, si la beauté peut effectivement se résoudre dans le concept de la perfection.

Afin de porter un jugement sur la finalité objective, nous

---

1. Kant cherche à récupérer l'émotion au niveau du sublime ; mais le sublime ne permet que des émotions « fortes » et non la douce émotion que fait naître en nous une simple mélodie.

2. La parenthèse n'est pas en A.

3. Cf. §§ 1-9.

4. C'est Leibniz qui est visé.

avons toujours besoin du concept d'une fin et – si cette finalité ne doit pas être une finalité externe (utilité), mais bien une finalité interne – du concept d'une fin interne, qui contienne le principe de la possibilité interne de l'objet. Puisque la fin, en général, est ce dont le *concept* peut être regardé comme le principe de la possibilité de l'objet lui-même, il s'ensuit que pour se représenter la finalité objective d'une chose, le *concept de ce que cette chose doit être* devra être préalablement possédé; l'accord de la diversité dans la chose suivant le concept (qui donne la règle de la liaison de ce divers en celle-ci) est *la perfection qualitative de la chose,* et la perfection *quantitative,* comme intégralité[1] de chaque chose en son genre en est tout à fait différente et n'est qu'un simple concept de quantité (celui de la totalité). *Ce que la chose doit être* est déjà à l'avance pensé comme déterminé d'après ce concept et la question est seulement de savoir si la chose comprend *tout* ce qui est exigible à ce point de vue. Le moment formel dans la représentation d'une chose, c'est-à-dire l'accord de la diversité suivant une unité (sans que soit déterminé ce que celle-ci doit être) ne nous fait par lui-même connaître absolument aucune finalité objective. En effet puisqu'il est fait abstraction de cette unité comme *fin* (ce que la chose doit être), il ne subsiste en l'esprit du sujet intuitionnant rien d'autre que la finalité subjective des représentations. Celle-ci désigne bien une certaine finalité de l'état représentatif dans le sujet et en cet état une aisance du sujet à saisir une forme donnée dans l'imagination, mais non la perfection d'un objet quelconque, qui n'est pas en ce cas pensé par le concept d'une fin[2]. Si par exemple dans une forêt je découvre une pelouse, avec des arbres formant

---

1. Le mot « intégrité » permet une traduction plus élégante, mais moins exacte, puisqu'un sens biologique et un sens moral se lient au sens du terme « intégrité ». Cf. LITTRÉ, t. IV, p. 1066, intégrité, 2°, 3°.
2. Si le concept de la chose = X ne nous est pas donné en totalité (le concept de la perfection), un jugement de goût, suscité par le jeu harmonieux des facultés de connaître, est encore possible. C'est là que le primat de la forme est le plus décisif. Rien ne subsiste, sinon une certaine finalité de l'état représentatif.

autour de celle-ci un cercle et que je ne me représente pas pour ceci une fin, par exemple un bal campagnard, la forme seule ne me donnera pas le moindre concept [228] de perfection. Or se représenter une finalité formelle *objective* sans fin, c'est-à-dire la simple forme *d'une perfection* (sans aucune matière, ni concept de ce avec quoi il y a accord, même s'il ne s'agissait que de l'idée d'une légalité en général [1]), c'est une véritable contradiction.

Or le jugement de goût est un jugement esthétique, c'est-à-dire un jugement qui repose sur des principes subjectifs et dont le principe déterminant ne peut être un concept, ni par conséquent le concept d'une fin déterminée. Ainsi par la beauté, en tant que finalité formelle subjective, on ne pense nullement une perfection de l'objet, comme finalité soi-disant formelle et cependant objective. Aussi la différence entre les concepts du beau et du bon [2], comme une différence des deux concepts seulement suivant la forme logique, le premier étant un concept confus, le second un concept distinct de la perfection, tandis qu'ils seraient identiques en leur contenu et leur origine, est une différence sans valeur. S'il en était autrement il n'y aurait entre ces concepts aucune différence *spécifique,* mais le jugement de goût serait tout aussi bien un jugement de connaissance que le jugement par lequel on affirme que quelque chose est bon; il en irait tout de même que lorsque l'homme du peuple dit que la tromperie est injuste; il fonde son jugement sur des principes confus; le philosophe, lui, fonde son jugement sur des principes distincts, et au fond tous deux s'appuient sur des principes rationnels identiques. J'ai déjà dit qu'un jugement esthétique est unique en son genre et ne donne aucune connaissance de l'objet (pas même une connaissance confuse [3]), ce qui ne peut se faire que par un jugement logique. Et comme le jugement esthétique rapporte uniquement au sujet la représentation [4]

1. « Même... général » Ajout de BC.
2. Kant s'oppose ici à Platon qui, dans le *Banquet,* unifie le jugement de goût et le jugement objectif, dans la contemplation du Beau.
3. Leibniz disait de la musique que c'était une mathématique confuse.
4. La troisième Critique est donc une théorie de la subjectivité dans

par laquelle un objet est donné, il ne permet de remarquer aucune propriété de l'objet, mais seulement la forme finale dans la détermination des facultés représentatives qui s'occupent avec cet objet. Aussi bien le jugement s'appelle esthétique parce que son principe déterminant n'est pas un concept, mais le sentiment (du sens interne) de l'accord dans le jeu des facultés de l'esprit, dans la mesure où celui-ci ne peut qu'être senti. En revanche si l'on voulait appeler esthétiques des concepts confus et le jugement objectif qui se fonde sur ceux-ci, on aurait un entendement jugeant de manière sensible, ou une sensibilité représentant ses objets par des concepts et les deux choses sont contradictoires. La faculté des concepts, qu'ils soient confus ou distincts, est l'entendement; et bien que l'entendement soit requis pour le jugement de goût, en tant que jugement esthétique (comme pour tous les jugements), [229] ce n'est point cependant comme faculté de la connaissance d'un objet qu'il est supposé, mais comme faculté de la détermination de celui-ci et de sa représentation (sans concept)[1], d'après le rapport de celle-ci au sujet et à son sentiment interne et cela dans la mesure où ce jugement est possible d'après une règle universelle.

§ 16. *Le jugement de goût qui déclare un objet beau sous la condition d'un concept déterminé n'est pas pur.*

Il existe deux espèces de beauté : la beauté libre *(pulchritudo vaga) ou* la beauté simplement adhérente *(pulchritudo adhaerens)*. La première ne présuppose aucun concept de ce que l'objet doit être; la seconde suppose un tel concept et la perfection de l'objet d'après lui. Les beautés de la première espèce s'appellent les beautés (existant par elles-mêmes) de telle ou telle chose; l'autre beauté, en tant que dépendant d'un concept (beauté conditionnée), est attribuée à des objets

la représentation, qui suppose, pour être complète, une théorie de l'intersubjectivité que Kant trouvera dans le *sensus communis.* Cf. § 40 sqq.

1. Barni : «... mais comme faculté déterminant un jugement sur l'objet ou sur sa représentation».

compris sous le concept d'une fin particulière[1].

Des fleurs sont de libres beautés naturelles. Ce que doit être une fleur peu le savent hormis le botaniste et même celui-ci, qui reconnaît dans la fleur l'organe de la fécondation de la plante[2], ne prend pas garde à cette fin naturelle quand il en juge suivant le goût. Ainsi au fondement de ce jugement il n'est aucune perfection de quelque sorte, aucune finalité interne, à laquelle se rapporte la composition du divers. Beaucoup d'oiseaux (le perroquet, le colibri, l'oiseau de paradis), une foule de crustacés marins sont en eux-mêmes des beautés, qui ne se rapportent à aucun objet déterminé quant à sa fin par des concepts, mais qui plaisent librement et pour elles-mêmes[3]. Ainsi les dessins à la grecque[4], des rinceaux pour des encadrements ou sur des papiers peints, etc., ne signifient rien en eux-mêmes; ils ne représentent rien, aucun objet sous un concept déterminé et sont de libres beautés[5]. On peut encore ranger dans ce genre tout ce que l'on nomme en musique improvisation (sans thème) et même toute la musique sans texte[6].

Dans l'appréciation d'une libre beauté (simplement suivant la forme) le jugement de goût est pur. On ne suppose pas le concept de quelque fin pour laquelle serviraient les divers éléments de l'objet donné [230] et que celui-ci devrait

1. Par exemple un beau cheval de course dont on admire la fine musculature et l'aptitude à gagner des courses (beauté conditionnée).

2. Allusion à Linné dont Kant vantera dans l'analytique téléologique les éminentes recherches.

3. Les comparaisons de Kant sont audacieuses; si la langouste est comprise dans la «foule de crustacés marins», on risque de confondre l'agréable et le bon...

4. En français dans le texte.

5. Kant eût-il admis les impressionistes et l'art moderne? Il est permis d'en douter. O. Chedin a tenté de réconcilier, sans grande conviction, Kant et Giacometti.

6. Kant se débarrasse ici de l'épineux problème consistant à savoir si une musique s'appuyant sur des paroles peut revendiquer d'être aussi pure que celle qui s'appuie uniquement sur les instruments. Il eut été intelligent de montrer que ce problème ne se pose pas, mais, lié par sa conception opposant la matière et la forme, Kant ne peut que l'évoquer sans le résoudre à fond.

ainsi représenter, de telle sorte que par cette fin la liberté de l'imagination, qui joue en quelque sorte dans la contemplation de la figure, ne saurait qu'être limitée. Mais la beauté de l'homme (et dans cette espèce, celle de l'homme proprement dit[1], de la femme ou de l'enfant), la beauté d'un cheval, d'un édifice (église, palais, arsenal, ou pavillon) suppose un concept d'une fin, qui détermine ce que la chose doit être et par conséquent un concept de sa perfection; il s'agit donc de beauté adhérente. Tout de même que la liaison de l'agréable (de la sensation) avec la beauté, qui ne concerne véritablement que la forme, était un obstacle à la pureté du jugement de goût, de même la liaison du bon (c'est-à-dire de ce pour quoi la diversité est bonne pour l'objet lui-même, selon sa fin) avec la beauté porte préjudice à la pureté de celle-ci[2].

On pourrait adapter à un édifice maintes choses plaisant immédiatement dans l'intuition, si cet édifice ne devait être une église; on pourrait embellir une figure humaine avec toutes sortes de dessins en spirale et avec des traits légers, bien que réguliers, comme en usent les Néo-Zélandais avec leurs tatouages, s'il ne s'agissait d'un homme; et celui-ci pourrait avoir des traits plus fins et un visage d'un contour plus gracieux et plus doux, s'il ne devait représenter un homme ou même un guerrier.

Or la satisfaction qui résulte de la diversité dans une chose en relation à la fin interne, qui détermine sa possibilité, est une satisfaction fondée sur un concept; la satisfaction résultant de la beauté ne suppose en revanche aucun concept et elle est immédiatement liée à la représentation par laquelle l'objet est donné (et non à celle par laquelle il est pensé)[3]. Si

1. Kant dit dans le *Nachlass* des années 1780 que la beauté de l'homme est absolue, tandis que celle de la femme est relative. Cf. Alexis Philonenko, *La théorie kantienne de l'histoire*, Vrin, 1985.

2. Reprenons, avec Kant, l'exemple du «beau cheval»; ce qui gâte son appréciation purement esthétique est le concept objectif de fin, à savoir son aptitude à gagner des courses.

3. Par «pensé» Kant entend ici la vision objective du phénomène (qui le constitue en objet dans l'ordre du temps); par opposition, l'objet de la représentation esthétique, ne supposant aucune construction conceptuelle, est un *datum* donné dans le cours du temps.

donc par rapport à l'objet le jugement de goût est dépendant de la fin contenue dans le concept comme dans un jugement rationnel et si de ce fait il est limité, ce n'est plus un jugement de goût libre et pur.

Certes par cette liaison de la satisfaction esthétique et de la satisfaction intellectuelle le goût gagne à être fixé et s'il ne devient pas universel, néanmoins des règles, relatives à certains objets déterminés suivant des fins, peuvent lui être prescrites. Ces règles ne sont toutefois pas des règles de goût, mais des règles portant sur l'union du goût avec la raison, c'est-à-dire du beau avec le bien[1]. Par ces règles le beau devient utilisable comme instrument du bien; on peut appuyer sur cet état d'esprit qui se conserve par lui-même [231] et possède une valeur subjective universelle[2], cette manière de penser, qui ne peut être maintenue que par une résolution pénible, mais qui a une valeur universelle objective. A vrai dire la perfection ne gagne rien grâce à la beauté, et la beauté ne gagne rien grâce à la perfection; mais puisqu'on ne peut éviter, lorsqu'on compare suivant un concept la représentation par laquelle un objet nous est donné et l'objet (relativement à ce qu'il doit être)[3], de la rapprocher en même temps de la sensation du sujet, si ces deux états d'esprit s'accordent, la faculté représentative ne peut qu'y gagner *dans son ensemble*[4].

Un jugement de goût portant sur un objet lié à une fin interne déterminée ne pourrait donc être pur, que si celui qui le juge n'avait aucun concept de cette fin ou en faisait abstraction dans son jugement. Mais en ce cas, même s'il portait un jugement de goût juste, puisqu'il considère l'objet comme beauté libre, il serait cependant blâmé et accusé de

1. Kant montrera plus loin (§ 59) que la beauté est le symbole de la moralité.

2. Affirmation de l'intersubjectivité.

3. Il en va comme de l'obligation : le devoir (pureté de l'intention) reste imparfait en morale puisqu'il ne suppose pas la considération des phénomènes et le devoir parfait (droit + morale) est celui qui tient compte à la fois de la perfection interne et du donné extérieur juridique.

4. De même, la conjugaison du droit et de la morale ne peut que servir la faculté pratique dans son ensemble.

mauvais goût par un autre qui ne considérerait la beauté de l'objet que comme une qualité adhérente (qui aurait égard à la fin de l'objet) : cependant tous deux jugent comme il faut, chacun à sa manière ; le premier d'après ce qui se présente à ses sens ; le second d'après ce qu'il a dans sa pensée [1]. Cette distinction peut servir à écarter maint conflit sur la beauté entre les juges du goût, car on peut leur montrer que l'un considère la beauté libre, l'autre la beauté adhérente, et que le premier porte un jugement de goût et le second un jugement de goût appliqué.

§ 17. *De l'Idéal de beauté.*

Il ne peut y avoir de règle objective du goût qui détermine par un concept ce qui est beau. Car tout jugement issu de cette source est esthétique, c'est-à-dire : son principe déterminant est le sentiment du sujet, non un concept de l'objet. Chercher un principe du goût, qui indiquerait par des concepts déterminés le critérium universel du beau, est une entreprise stérile, car ce que l'on recherche est impossible et en lui-même contradictoire [2]. La communicabilité universelle de la sensation (de satisfaction ou d'insatisfaction), qui se réalise sans concept ; l'unanimité, aussi parfaite que possible, de tous les temps et de [232] tous les peuples concernant le sentiment donné dans la représentation de certains objets, est le critérium empirique, faible certes et à peine suffisant pour permettre de supposer que le goût, ainsi garanti par des exemples, a pour origine le principe profondément caché et commun à tous les hommes de l'accord qui doit exister entre eux dans le jugement qu'ils portent sur les formes, sous lesquelles les objets leur sont donnés [3].

---

1. Il y avait là matière à une antinomie : doit-on juger la chose belle uniquement dans la sensation ou dans son rapport avec l'entendement et ses concepts ? Comme on le verra (§§ 55 sq), l'antinomie reprendra en partie cette opposition, dans la mesure où elle opposera l'empirisme et le conceptualisme.
2. Kant vise ici l'esthétique de Baumgarten. Cf. L. FERRY, *Homo aestheticus*, Grasset, 1990.
3. L'universelle communicabilité subjective repose sur l'imagina-

C'est pourquoi l'on regarde quelques productions de goût comme *exemplaires*; et non comme si le goût était susceptible d'être acquis par l'imitation – le goût doit, en effet être une faculté personnelle. Celui qui imite un modèle fait certes préuve d'habileté s'il y parvient; il ne fait preuve de goût que s'il peut lui-même juger ce modèle [1*]. Il s'ensuit que le modèle suprême, le prototype du beau est une simple Idée que chacun doit produire en soi-même et d'après laquelle il doit juger tout ce qui est objet du goût, tout ce qui est exemple du jugement de goût et même le goût de tout un chacun. *Idée* signifie proprement : un concept de la raison, et *Idéal :* la représentation d'un être unique en tant qu'adéquat à une Idée. Aussi ce prototype du goût, qui évidemment repose sur l'Idée indéterminée que la raison nous donne d'un maximum et qui ne peut être représenté par des concepts, mais seulement dans une présentation particulière, peut plus justement être appelé l'Idéal du beau; et quoique nous ne le possédions pas, nous tendons cependant à le produire en nous [2]. Ce ne sera cependant qu'un Idéal de l'imagination, précisément parce qu'il ne repose pas sur des concepts, mais sur la présentation; or l'imagination est la faculté de la présentation. – Comment donc parvenons-nous à un tel Idéal de beauté? *A priori* ou empiriquement? Et tout de même : quel genre de beau est-il susceptible d'un Idéal?

Il est bon de commencer par remarquer que la beauté

tion et désigne, dans les ordres du réel, la communauté des individus (non des personnes); ce rôle joué par l'imagination (en laquelle Heidegger voit la racine inconnue de nos facultés de connaître) est considérable.

1*. Les modèles du goût dans les arts oratoires doivent être pris dans une langue morte et savante : dans une langue morte pour ne pas subir la transformation qui est inévitable dans une langue vivante, les expressions nobles devenant plates, tandis que les expressions communes vieillissent et que des termes nouvellement créés sont mis en usage pour peu de temps; dans une langue savante de telle sorte qu'elle possède une grammaire, qui ne soit pas soumise au changement capricieux de la mode et qui conserve ses règles immuables.

2. Kant ne sera jamais aussi clair qu'ici en ce qui concerne l'opposition de l'*Idée* (un être adéquat à une représentation de la raison, soit Dieu) et l'*Idéal* de beauté qui, considéré subjectivement, signifie un maximum dans le jeu harmonieux des facultés de connaître.

pour laquelle un Idéal doit être recherché ne doit pas être *vague,* mais être une beauté *fixée* par un concept de finalité objective, et par conséquent ne pas appartenir à l'objet d'un jugement de goût pur, mais à celui d'un jugement de goût en partie intellectualisé. [233] En d'autres termes, une Idée de la raison d'après des concepts déterminés, qui détermine *a priori* la fin sur laquelle repose la possibilité interne de l'objet, doit être au fondement en toute espèce de principes du jugement où un Idéal doit avoir sa place. Un Idéal de belles fleurs, d'un bel ameublement, d'une belle vue est chose inconcevable [1]. On ne peut pas non plus se représenter un Idéal s'il s'agit d'une beauté dépendant d'une fin déterminée, par exemple : d'une belle demeure, d'un bel arbre, d'un beau jardin, etc. Sans doute est-ce parce que les fins ne sont pas assez déterminées et fixées par leurs concepts et que la finalité est presqu'aussi libre que dans la beauté *vague.* Seul ce qui a en lui-même la fin de son existence, *l'homme,* qui peut déterminer lui-même ses fins par la raison, ou qui lorsqu'il doit les dégager de la perception externe peut les unir avec les fins essentielles et universelles et juger esthétiquement cet accord : seul donc, parmi tous les objets du monde, cet être qui est l'homme est capable d'un *Idéal de beauté,* tout de même qu'en sa personne comme intelligence l'humanité est capable d'un *Idéal de perfection.*

A cet effet deux choses sont nécessaires : *premièrement,* l'*Idée normale*; intuition singulière (de l'imagination), qui représente la mesure-type du jugement sur l'homme comme être appartenant à une espèce animale particulière; secondement, l'*Idée de la raison* qui fait des fins de l'humanité, dans la mesure où elles ne peuvent être représentées sensiblement, le principe du jugement de sa forme, par laquelle celles-ci se révèlent comme par leur effet dans le phénomène. L'Idée-normale doit dégager de l'expérience les éléments propres à la forme d'un animal d'une espèce particulière; mais la plus

---

1. Il est inutile de chercher du côté de l'objet fini et particulier (un beau cheval, de belles fleurs) l'idéal de beauté. Cf. PLATON, *Hippias mineur* où la recherche sur le beau s'attarde sur la « belle marmite » comme illustration du beau.

haute finalité dans la construction de la forme, qui serait susceptible de servir d'étalon universel pour la considération esthétique de chaque individu de cette espèce, le type qui a été en quelque sorte mis au fondement par la technique de la nature et auquel seule l'espèce en son ensemble est adéquate, et non tel ou tel individu particulier[1], c'est là ce qui ne se trouve que dans l'Idée de celui qui juge, mais qui peut être représenté cependant en tant qu'Idée esthétique, avec ses proportions, parfaitement *in concreto* dans une image modèle. Afin de rendre compréhensible en quelque manière comment cela s'effectue (qui peut, en effet, arracher entièrement son secret à la nature?), nous tenterons de donner une explication psychologique.

Il convient d'observer que d'une manière pour nous tout à fait incompréhensible[2] [234] l'imagination peut non seulement rappeler à l'occasion les signes des concepts, même après un temps très long, mais encore reproduire l'image et la forme de l'objet à partir d'un nombre inexprimable d'objets de différentes espèces ou d'une seule et même espèce. Bien plus, lorsque l'esprit est disposé à effectuer des comparaisons, l'imagination peut effectivement, selon toute vraisemblance, bien qu'on ne puisse en avoir conscience, faire venir une image sur une autre et obtenir par la congruence de plusieurs images d'un même genre, un type moyen qui servira de mesure commune pour toutes[3]. Chacun a vu mille personnes adultes de sexe masculin. Veut-il porter un juge-

---

1. Nette séparation du champ esthétique et du champ moral ; en esthétique, aucun individu ne peut prétendre imposer son individualité (encore qu'il estime que son jugement de goût possède une valeur universelle non seulement subjective, mais encore objective) ; en morale, en revanche, l'individu en tant que personne peut, par la réflexion sur ses maximes, atteindre la forme objective universelle. Ce qui fournit un point de passage entre les deux champs, c'est l'espèce à laquelle l'individu peut tendre à se conformer et cette même espèce qui est incompréhensible sans le sens moral. Cf. ma *Théorie kantienne de l'histoire*, ch.II.

2. C'est en un sens l'incompréhensibilité du pouvoir de l'imagination qui fera sa fortune dans l'idéalisme allemand, Cf. V. DELBOS, *De Kant aux post-kantiens*, Paris, Aubier, 1992.

3. Feuerbach fera grand usage de l'imagination comme principe du genre et de la généralité.

ment sur la grandeur normale qui doit être appréciée comparativement ; l'imagination (à mon avis) fait coïncider un grand nombre d'images (peut-être ce millier d'images) et s'il m'est permis d'user d'une analogie avec l'optique, dans l'espace où la plupart des images s'unissent et à l'intérieur du cercle, où la surface est le plus vivement illuminée par la lumière projetée, la *grandeur moyenne* est connaissable, grandeur qui en hauteur et en largeur est également éloignée des limites extrêmes déterminant les plus grandes et les plus petites statures. Et c'est là la stature convenant à un bel homme. (On pourrait obtenir ce même résultat en mesurant ce millier d'hommes, en additionnant entre elles les hauteurs, les largeurs (les grosseurs), et en divisant la somme par mille[1]. Mais l'imagination fait justement cela par un effet dynamique qui résulte de l'impression multiple de ces formes sur l'organe du sens interne). Lorsqu'on recherche de semblable manière pour cet homme moyen la tête moyenne, puis pour celle-ci le nez moyen..., etc., c'est la forme de l'Idée-normale du bel homme pour le pays, en lequel cette comparaison est faite, qui se trouve au fondement[2]. C'est pourquoi un nègre doit nécessairement, sous ces conditions empiriques, avoir une autre Idée-normale de la beauté de la forme[3] que le blanc, et le Chinois en aura une différente de celle de l'Européen. Il en serait de même pour le type d'un beau cheval ou d'un beau chien (d'une race donnée). – Cette *Idée-normale* n'est pas dérivée de proportions dégagées de l'expérience en tant que *règles déterminées* ; mais au contraire c'est elle qui rend tout d'abord possibles les règles du jugement. C'est pour toute l'espèce l'image qui flotte[4] entre les intuitions singulières des individus qui diffèrent de beaucoup de

1. Assertion étrange qui confère à l'entendement le moyen indirect (mais mathématiquement sûr) de s'élever à la généralité.

2. B.

3. Cf. L'essai de Kant sur la classification des races, et A. P., *La théorie kantienne de l'histoire*. Cf. aussi Adickes, *Kant als Naturforscher*, Berlin, 1924, t. II.

4. Cette expression (<das schwebende Bild>) est très importante. Cf. FICHTE, *Œuvres choisies de philosophie première*, p. 101.

manières; la nature l'a choisie comme prototype de ses productions dans une même espèce, [235] mais ne semble pas l'avoir réalisée complètement dans un individu. Cette image n'est pas le *prototype achevé de la beauté* dans cette espèce; ce n'est que la forme, qui constitue l'indispensable condition de toute beauté et par conséquent seulement *l'exactitude* dans la présentation de l'espèce. Elle est, comme on le disait du fameux doryphore de Polyclète, *la règle* (à quoi pouvait aussi servir dans son genre la vache de Myron[1]). C'est précisément pour cette raison qu'elle ne peut rien contenir de spécifique et de caractéristique; sinon elle ne serait pas *l'Idée-normale* pour l'espèce. Sa représentation ne plaît point par sa beauté, mais parce qu'elle ne s'oppose à aucune des conditions suivant lesquelles seules un être de cette espèce peut être beau[2] La représentation n'est que correcte[3*].

De *l'Idée-normale* du beau se distingue encore *l'Idéal* du beau qu'on ne peut s'attendre à découvrir que dans *la forme humaine* suivant les raisons précédemment indiquées[4]. En

---

1. Myron, sculpteur grec né à Eleusis au Ve siècle avant J.-C., est en particulier célèbre pour une vache d'airain, si parfaitement imitée, dit-on, que les hommes aussi bien que les troupeaux s'y trompaient. Une foule de poète firent l'éloge de l'artiste et de son œuvre. Polyclète est un autre statuaire grec du Ve siècle, né à Argos.

2. L'idée normale (formelle) est donc une condition *sine qua non* de la beauté, sans pour autant en être la condition positive.

3*. On trouvera qu'un visage parfaitement régulier, qu'un peintre désirerait volontiers avoir comme modèle, est d'ordinaire sans expression. C'est qu'il ne contient rien de caractéristique et ainsi exprime plutôt l'Idée de l'espèce que ce qui est spécifique dans une personne. L'élément caractéristique de ce type, lorsqu'il est exagéré, c'est-à-dire porte préjudice à l'Idée normale même (à la finalité de l'espèce), se nomme *caricature*. L'expérience montre également que ces visages tout à fait réguliers révèlent communément un homme intérieurement médiocre. Sans doute (s'il faut admettre que la nature exprime dans les formes extérieures les proportions de ce qui est intérieur) est-ce parce que si aucune des dispositions de l'âme ne dépasse la proportion requise pour donner un homme sans défaut, on ne peut s'attendre à rien de ce que l'on nomme *génie*, et où la nature semble s'écarter des conditions habituelles des facultés de l'esprit au profit d'une seule.

4. Cf. le début du §. L'homme seul peut être beau parce qu'il porte en lui-même la fin de son existence et s'élève ainsi à l'idéal de beauté.

celle-ci l'Idéal consiste dans l'expression de ce qui est *éthique* et sans cela l'objet ne plairait ni universellement, ni positivement (pas même simplement négativement dans une présentation correcte). L'expression visible d'Idées éthiques, qui gouvernent intérieurement l'homme, ne peut, il est vrai, être dégagée que de l'expérience. Mais afin de rendre en quelque sorte visible dans une expression corporelle (comme effet de l'intériorité) la liaison de ces Idées avec tout ce que notre raison unit au bien éthique dans l'Idée de la finalité suprême, ainsi la bonté de l'âme, la pureté, la force, la sérénité, il faut que des Idées pures de la raison et une grande puissance de l'imagination s'unissent en celui qui veut uniquement les juger et encore bien plus en celui qui veut en donner une présentation. La justesse d'un tel [236] Idéal de la beauté trouve sa confirmation en ce qu'il ne permet à aucun attrait des sens de se mêler à la satisfaction résultant de son objet, mais suscite cependant un extrême intérêt pour celui-ci. Cet intérêt prouve qu'un jugement effectué suivant une telle mesure ne peut jamais être un jugement esthétique pur et que le jugement d'après un Idéal de beauté n'est pas un simple jugement de goût.

DÉFINITION DU BEAU CONCLUE DE CE TROISIÈME MOMENT

La *beauté* est la forme de la *finalité* d'un objet, en tant qu'elle est perçue en celui-ci sans *représentation d'une fin*[1]*.

Prise *stricto sensu* la thèse de Kant est insoutenable : nous admirons aussi des animaux qui nous paraissent s'élever, en leur genre, à l'idéal de beauté – cela posé si l'on fait entrer par la notion d'idéal *l'éthique* dans la beauté, la thèse de Kant redevient plausible et se range sous la question générale : *Que sont les hommes regardés ontologiquement comme des individus* ?

[1]*. On pourrait objecter à cette définition qu'il y a des choses en lesquelles on remarque une forme finale, sans y reconnaître une fin, par exemple les ustensiles en pierre qu'on retire souvent des anciennes tombes et qui ont une ouverture comme pour un manche. La forme de ces ustensiles indique clairement une finalité, dont on ne connaît pas la fin ; on ne les dit pas cependant beaux. Mais le fait de les considérer comme des produits de l'art suffit pour être contraint d'avouer que l'on rapporte leur figure à quelque intention et à un but déterminé. C'est

Quatrième moment
Du jugement de goût considéré d'après la modalité
de la satisfaction résultant de l'objet.

§ 18. *Ce qu'est la modalité d'un jugement de goût.*

On peut dire de toute représentation qu'il est tout au moins *possible* qu'elle soit (en tant que connaissance) liée à un plaisir. Je dis que ce que je nomme *agréable* produit *effectivement* en moi du plaisir. Mais l'on pense que le *beau* possède une *relation nécessaire* à la satisfaction. Or cette nécessité est d'un genre particulier : ce n'est pas une nécessité théorique objective en laquelle on pourrait connaître *a priori* [237] que chacun ressentira cette satisfaction en présence de l'objet que je déclare beau ; ce n'est pas non plus une nécessité pratique, en laquelle de par les concepts d'une pure volonté rationnelle, qui sert de règle aux êtres agissant librement, la satisfaction est la conséquence nécessaire d'une loi objective et signifie uniquement que l'on doit absolument (sans autre dessein) agir d'une certaine manière. Comme nécessité, conçue dans un jugement esthétique, elle ne peut être appelée *qu'exemplaire,* c'est-à-dire, c'est la nécessité de l'adhésion de *tous* à un jugement, considéré comme un exemple d'une règle universelle *que* l'on ne peut énoncer[1]. Comme un jugement esthétique n'est pas un jugement objectif et de connaissance, cette nécessité ne peut être déduite à partir de concepts déterminés et elle n'est donc pas apodictique. Elle peut encore moins être

---

pourquoi il n'y a aucune satisfaction immédiate à leur vue. En revanche une fleur, par exemple une tulipe, est tenue pour belle parce qu'en sa perception se rencontre une certaine finalité qui, jugée comme nous faisons, ne se rapporte à aucune fin.

1. Le jugement de goût prétend à une universalité de la satisfaction procurée par l'objet ; mais il ne peut qu'y prétendre, car, appuyé sur l'imagination, il ne possède ni la nécessité de la connaissance (entendement), ni celle de la morale. La nécessité contenue dans le jugement de goût n'est qu'exemplaire et on ne saurait en tirer une règle objective. Il demeure que sa prétention à l'universalité (subjective) rejoint le problème de l'intersubjectivité.

conclue à partir de l'universalité de l'expérience (d'une complète unanimité des jugements sur la beauté d'un certain objet). Non seulement l'expérience nous fournirait difficilement beaucoup d'exemples d'un pareil accord, mais encore on ne peut fonder aucun concept de la nécessité de ces jugements sur des jugements empiriques.

§ 19. *La nécessité subjective, que nous conférons au jugement de goût est conditionnée.*

Le jugement de goût prétend obtenir l'adhésion de tous ; et celui qui déclare une chose belle estime que chacun *devrait* donner son assentiment à l'objet considéré et aussi le déclarer comme beau. *L'obligation* dans le jugement esthétique n'est ainsi, même avec toutes les données exigées pour l'appréciation, exprimée que conditionnellement. On sollicite l'adhésion de chacun, parce que l'on possède un principe qui est commun à tous [1] ; et l'on pourrait toujours compter sur cette adhésion, si l'on était toujours assuré que le cas présent est correctement subsumé sous ce principe comme règle de l'assentiment.

§ 20. *La condition de la nécessité, à laquelle prétend un jugement de goût, est l'Idée d'un sens commun.*

Si les jugements de goût (comme les jugements de connaissance) possédaient un principe objectif déterminé, [238] celui qui les porterait d'après celui-ci, prétendrait attribuer une nécessité inconditionnée à son jugement. S'ils étaient sans aucun principe, comme les jugements du simple goût des sens, il ne viendrait à l'esprit de personne qu'ils aient quelque nécessité. Ils doivent donc posséder un principe subjectif, qui détermine seulement par sentiment et non par concept, bien que d'une manière universellement valable, ce

---

1. Ce principe est l'imagination entendue comme sens commun où l'entendement intervient librement. Kant distingue ce moment de l'entendement de l'acception vulgaire où il est pris comme *gemeiner Verstand* (cf. § 40 et suivant).

qui plaît ou déplaît. Un tel principe ne pourrait être considéré que comme un sens commun, qui serait essentiellement distinct de l'entendement commun, qu'on nomme aussi parfois sens commun (*sensus communis*) ; en effet, ce dernier ne juge pas d'après le sentiment, mais toujours par concepts et ainsi qu'il arrive le plus ordinairement seulement d'après ceux-ci comme des principes obscurément représentés[1].

Ce n'est donc que sous la présupposition qu'il existe un sens commun (et par là nous n'entendons pas un sens externe, mais l'effet résultant du libre jeu des facultés de connaître)[2], ce n'est, dis-je, que sous la présupposition d'un tel sens commun que le jugement de goût peut être porté.

§ 21. *Peut-on avec quelque fondement présupposer un sens commun ?*

Des connaissances et des jugements doivent pouvoir être communiqués universellement, ainsi que la conviction qui les accompagne sinon il n'y aurait pas d'accord entre eux et leur objet ; connaissances et jugements ne seraient dans leur ensemble qu'un simple jeu subjectif des facultés représentatives, comme le veut précisément le scepticisme. Si des connaissances doivent pouvoir être communiquées, il faut aussi que l'état d'esprit, c'est-à-dire l'accord des facultés représentatives en vue d'une connaissance en général – et en particulier cette proportion qui convient à une représentation (par laquelle un objet nous est donné), pour qu'elle devienne une connaissance –, puisse être communiqué universellement ; sans cet accord, en tant que condition subjective de l'acte de connaître, la connaissance considérée en tant qu'effet ne saurait se produire. C'est aussi bien ce qui arrive effectivement chaque fois qu'un objet donné par l'intermé-

---

1. Texte difficile. Dans A on lit « nach Begriffen, wiewohl gemeiniglich nach ihnen als nur dunkel vorgestellten Prinzipien... » — c'est-à-dire : « d'après des concepts... en tant que principes obscurément représentés ».
2. Nouvelle définition du principe : liée à l'entendement dans le libre jeu des facultés de connnaître, l'imagination est le sens commun.

diaire des sens suscite l'activité de l'imagination qui en compose le divers, et que celle-ci à son tour suscite l'activité de l'entendement afin qu'il l'unifie dans des concepts [1]. Mais cet accord des facultés de connaître possède, suivant la différence des objets qui sont donnés, une proportion différente. Il faut toutefois qu'il existe une proportion, en laquelle ce rapport intérieur qui les anime (l'une par l'autre) soit le plus approprié aux deux facultés en vue d'une connaissance (d'objets donnés) [239] en général. Cet accord ne peut pas être déterminé autrement que par le sentiment (non d'après des concepts). Or, puisque cet accord lui-même doit être communicable universellement, le sentiment de cet accord (à l'occasion d'une représentation donnée) doit également l'être – et la communicabilité universelle d'un sentiment présupposant un sens commun, c'est avec raison que celui-ci pourra être admis, sans que l'on s'appuie sur des observations psychologiques, comme la condition nécessaire de la communicabilité universelle de notre connaissance, qui doit être présumée en toute logique et en tout principe de connaissance, qui n'est pas sceptique [2].

§ 22. *La nécessité de l'adhésion universelle, qui est conçue en un jugement de goût, est une nécessité subjective, qui sous la présupposition d'un sens commun est représentée comme objective.*

Dans tous les jugements par lesquels nous disons une chose belle nous ne permettons à personne d'avoir une opinion différente de la nôtre ; et cela bien que nous ne fondions pas notre jugement sur des concepts, mais sur notre sentiment, que nous mettons ainsi au fondement non en tant que sentiment personnel, mais comme sentiment commun. Or ce sens commun ne peut, dans ce but, être fondé sur l'expérience ; en effet, il veut autoriser des jugements qui contien-

---

1. « diese aber den Verstand zur Einheit derselben... » Vorländer corrige « derselben » en « desselben ».
2. On peut considérer tout ce § comme un résumé des recherches développées jusqu'ici.

nent une obligation; il ne dit pas que chacun *admettra* notre jugement, mais que chacun *doit* l'admettre. Ainsi le sens commun, dont je donne comme exemple mon jugement de goût, lui conférant pour cette raison une valeur *exemplaire,* est une simple norme idéale. En présupposant celle-ci on pourrait à bon droit établir comme règle, pour chacun, un jugement qui s'accorderait avec elle, ainsi que la satisfaction résultant d'un objet et exprimée en ce jugement : c'est que le principe, il est vrai seulement subjectif, mais cependant admis comme universellement-subjectif (comme une Idée nécessaire à chacun), pourrait exiger, en ce qui concerne l'unanimité des différents sujets jugeants, une adhésion universelle tout de même qu'un principe objectif. Il faudrait toutefois être assuré d'avoir correctement subsumé sous ce principe.

Cette norme indéterminée d'un sens commun est effectivement présupposée par nous; notre prétention à porter des jugements de goût le prouve. [240] Existe-t-il, en fait, un tel sens commun en tant que principe constitutif de la possibilité de l'expérience, ou bien un principe encore plus élevé de la raison nous impose-t-il comme principe seulement régulateur de produire en nous tout d'abord un sens commun pour des fins plus élevées?[1] Le goût est-il ainsi une faculté originaire et naturelle, ou bien seulement l'Idée d'une faculté encore à acquérir et factice, en sorte qu'un jugement de goût avec sa prétention à une adhésion universelle ne soit, en fait, qu'une exigence de la raison, exigence de produire une telle unanimité de sentiment, et que l'obligation, c'est-à-dire la nécessité objective de la fusion du sentiment d'autrui avec le sentiment particulier de chacun, ne signifie que la possibilité de s'accorder, le jugement de goût proposant seulement un exemple de l'application de ce principe? – c'est ce que nous ne voulons, ni ne pouvons encore examiner maintenant. Il nous faut actuellement seulement résoudre la faculté du goût

---

1. Puisque la nécessité subjective immanente au jugement de goût fonde seulement une obligation universelle à mon point de vue (X *doit* reconnaître comme moi la beauté d'une chose) on ne peut parler d'un principe constitutif, mais seulement régulateur.

en ses éléments, avant d'unir ceux-ci finalement dans l'Idée
d'un sens commun.

DÉFINITION DU BEAU DÉDUITE DU QUATRIÈME MOMENT

Est *beau,* ce qui est reconnu sans concept comme objet
d'une satisfaction nécessaire.

REMARQUE GÉNÉRALE
SUR LA PREMIÈRE SECTION DE L'ANALYTIQUE

Si l'on tire le résultat des précédentes analyses, on trouve
que tout aboutit au concept du goût : c'est une faculté de
juger d'un objet en relation à la *libre légalité*[1] de l'imagination. Si donc dans les jugements de goût l'imagination doit
être considérée dans sa liberté, elle ne sera pas comprise en
premier lieu comme reproductive, comme lorsqu'elle est
soumise aux lois de l'association[2], mais comme productive et
spontanée (en tant que créatrice de formes arbitraires d'intuitions possibles) ; et bien que dans la saisie d'un objet des sens
donné elle soit liée à une forme déterminée de cet objet et
dans cette mesure n'ait pas un libre jeu (comme dans la
poésie), on comprend néanmoins fort bien, que l'objet puisse
justement lui fournir une forme comprenant [241] une
composition du divers telle que l'imagination, si elle était
livrée à elle-même, en liberté, serait en état de l'esquisser en
harmonie avec la *légalité de l'entendement* en général. Mais
que *l'imagination* soit *libre* et cependant se conforme d'elle-
même à une loi, c'est-à-dire qu'elle implique une autonomie,
c'est là une contradiction. Seul l'entendement donne la loi.
Mais si l'imagination est contrainte de procéder suivant une

1. L'idée de « libre légalité » résume toute l'originalité du développement de Kant.
2. Dans la première Critique, une expression de la déduction transcendantale est obsure ; on ne sait s'il faut lire « produktive Einbildungskraft » ou « reproduktive Einbildungskraft ». Le texte de la troisième
Critique permet d'apprécier la correction de Mellin (fin de la seconde
synthèse, dans la déduction transcendantale subjective) et fait pencher la
balance vers « reproduktive Einbildungskraft ».

loi déterminée, alors son produit est déterminé, suivant la forme, en ce qu'il doit être d'après des concepts ; dès lors la satisfaction, comme on l'a montré plus haut, n'est plus la satisfaction qui résulte du beau, mais celle qui résulte du bien (de la perfection, en tout cas de la perfection simplement formelle) et le jugement n'est pas un jugement par le goût. Par conséquent c'est une légalité sans loi, et un accord subjectif de l'imagination avec l'entendement sans accord objectif, puisqu'en ce dernier cas la représentation est reliée à un concept déterminé de l'objet, qui pourront seuls se concilier avec la libre légalité de l'entendement (qui a été aussi nommée finalité sans fin) et avec le caractère particulier d'un jugement de goût[1].

Ordinairement des figures géométriques régulières, un cercle, un carré, un cube, etc., sont citées par les critiques du goût comme les plus simples et les plus indubitables exemples de la beauté ; et cependant on ne les nomme régulières que parce que l'on ne peut se les représenter autrement qu'en les considérant comme simples présentations d'un concept déterminé, qui prescrit la règle à cette figure (et d'après laquelle seule cette figure est possible). Ainsi il faut que l'une ou l'autre de ces assertions soit erronée : ou bien le jugement du critique, qui consiste à attribuer de la beauté à des figures conçues, ou bien notre jugement, suivant lequel on trouve nécessaire pour la beauté une finalité sans concept.

Personne n'admettra facilement qu'un homme de goût soit nécessaire pour trouver plus de satisfaction dans un cercle qu'en un contour griffonné, dans un quadrilatère à côtés et angles égaux plutôt qu'en un quadrilatère oblique aux côtés inégaux et en quelque sorte déformé ; pour cela une intelligence commune suffit et il n'est point besoin de goût. Mais si l'on a l'intention par exemple d'apprécier la grandeur d'un lieu, ou de faire saisir le rapport des parties entre elles et avec le tout dans une division, des figures régulières, et même celles de la plus simple espèce, sont alors nécessaires ;

---

1. « ...mit der freien Gesetzmässigkeit des Verstandes ». Gibelin : « ... avec la libre conformité à la loi de l'entendement ».

et la satisfaction ne repose pas immédiatement sur l'intuition de la figure, mais sur l'usage [242] qui peut être fait de celle-ci pour toute sorte de projets possibles. Une pièce, dont les murs forment des angles obliques, un emplacement de jardin semblable, et même tout défaut de symétrie, aussi bien dans la forme des animaux (par exemple s'ils sont borgnes) que dans celle des édifices ou des parterres de fleurs, déplaît, parce que cela répugne à la fin des choses non seulement pratiquement, au point de vue d'un usage déterminé des choses, mais encore à l'égard de leur appréciation sous tous les points de vue possibles ; cela n'est pas le cas dans le jugement de goût, qui, s'il est pur, lie immédiatement la satisfaction ou la non-satisfaction à la simple *contemplation* de l'objet, sans en considérer l'usage ou la fin.

La régularité, qui conduit au concept d'un objet, est sans doute la condition indispensable *(conditio sine qua non),* pour saisir l'objet dans une représentation unique et déterminer le divers dans la forme de celui-ci. Au point de vue de la connaissance cette détermination est une fin ; et en rapport à celle-ci elle est toujours liée à la satisfaction (qui accompagne la réalisation d'un projet, même simplement problématique). Il ne s'agit alors que de l'approbation donnée à une solution satisfaisante d'un problème, et non d'une libre occupation, sans fin déterminée, des facultés de l'esprit à ce que nous nommons beau et en laquelle l'entendement est au service de l'imagination et non l'imagination au service de celui-ci.

Dans une chose, qui n'est possible que par un projet, un édifice, un animal même, la régularité qui consiste dans la symétrie, doit exprimer l'unité de l'intuition, qui accompagne le concept de la fin et elle appartient à la connaissance. Mais lorsqu'il ne s'agit que d'entretenir un libre jeu des facultés représentatives (sous la condition toutefois que l'entendement n'en souffre pas), ainsi dans les jardins d'agrément, la décoration d'intérieurs, les meubles de tout style, etc., la régularité, qui se révèle comme contrainte, doit être autant que possible évitée ; de là le goût des jardins anglais, le goût du baroque pour les meublès, qui entraînent la liberté de l'imagination presque jusqu'au grotesque[1], et c'est en ce détachement de toute contrainte fondée en des règles que se présente l'occasion en laquelle le goût peut montrer dans les conceptions de l'imagination sa plus haute perfection.

Toute raideur dans la régularité (qui se rapproche de la régularité mathématique) est en elle-même contraire au bon goût : c'est qu'on ne se promet point de s'occuper longuement en sa contemplation, [243] mais qu'elle ennuie, à moins d'avoir explicitement pour but la connaissance ou une fin pratique déterminée. En revanche, ce avec quoi l'imagination peut jouer naïvement et suivant la finalité, est pour nous toujours nouveau et l'on ne se lasse point de le regarder. Marsden[2], dans sa description de Sumatra, remarque que les libres beautés de la nature y entourent le spectateur de toute part et n'ont plus de ce fait pour lui beaucoup d'attrait; en revanche, lorsqu'il rencontrait au cœur d'une forêt un champ de poivre, où les perches, au long desquelles grimpe cette plante, forment entre elles des allées parallèles, celui-ci avait beaucoup de charme pour lui; il en conclut que la beauté sauvage, en apparence dépourvue de règle, ne plaît par contraste qu'à celui qui se trouve avoir vu jusqu'à satiété la beauté régulière. Toutefois – il aurait dû tenter de demeurer toute une journée devant son champ de poivre, pour se convaincre que lorsque l'entendement, grâce à la régularité, se trouve disposé à l'ordre, dont il a partout besoin, l'objet ne saurait l'occuper plus longtemps, mais bien plutôt impose à l'imagination une pénible contrainte; et que tout au contraire la nature de là-bas, prodigue de variétés jusqu'à la luxuriance, et qui n'est soumise à aucune contrainte par des règles artificielles, pouvait constamment offrir une nourriture à son goût. – Même le chant des oiseaux que nous ne pouvons ramener à aucune règle musicale, paraît comprendre plus de liberté et pour cette raison contenir plus pour le goût que le chant humain, qui est dirigé suivant toutes les règles de l'art

---

1. Hegel, et Feuerbach après lui, verront dans les arts de l'extrême-Orient l'expression achevée du grotesque.
2. Marsden, *History of Sumatra*. Cf. *Métaphysique des mœurs*, AK VI, 304.

musical ; c'est que l'on se lasse bien plus tôt de ce dernier lorsqu'il est répété souvent et longtemps. Mais ici sans doute nous confondons notre sympathie pour la joyeuse nature d'un petit animal qui nous est cher, avec la beauté de son chant ; car imité par l'homme très exactement (comme il arrive parfois pour le chant du rossignol), il paraît à notre oreille tout à fait insipide.

Il convient encore de distinguer les belles choses des belles apparences des choses (qui souvent en raison de l'éloignement ne peuvent plus être nettement distinguées). En ce qui concerne ces dernières, le goût semble moins s'attacher à ce que l'imagination *saisit* en ce champ, qu'à ce qui lui procure alors l'occasion de se livrer à *la poésie,* c'est-à-dire aux visions proprement imaginaires, auxquelles s'occupe l'esprit, tandis qu'il est continuellement tenu en éveil, par la diversité qui frappe son regard. Il en est ainsi dans la vision des changeantes figures d'un feu en une cheminée, ou d'un ruisseau qui chante doucement, car ces choses qui ne sont point des beautés, comprennent néanmoins pour l'imagination un charme, puisqu'elles en soutiennent le libre jeu.

ANALYTIQUE DU SUBLIME

§ 23. *Passage de la faculté de juger du beau à celle de juger le sublime.*

Le beau et le sublime s'accordent en ceci[1], qu'ils plaisent par eux-mêmes. En outre, chacun d'eux présuppose un jugement de réflexion et non un jugement des sens ou un jugement logique déterminant; par conséquent la satisfaction ne dépend point d'une sensation, comme lorsqu'il s'agit de ce qui est agréable, ni d'un concept déterminé, comme pour la satisfaction qui dépend du bien; néanmoins, la satisfaction est rapportée à des concepts, indéterminés il est vrai, et par conséquent c'est à la simple présentation ou à la faculté dont elle procède que la satisfaction est liée; et par là la faculté de présentation ou l'imagination est considérée, dans une intuition donnée, comme étant en harmonie avec *la faculté des concepts* de l'entendement ou de la raison, au profit de cette dernière. C'est pourquoi les jugements en l'un et l'autre cas sont *singuliers*[2] et se donnent cependant comme des juge-

---

1. Kant réunit dans la faculté de juger le jugement sur le beau et sur le sublime; c'est une idée très ancienne chez lui, comme nous le prouvent ses *Observations sur le sentiment du beau et du sublime* et les nombreuses notes du *Nachlass*, AK XX, 1-192.

2. Le jugement de goût, comme l'a montré la section précédente, aussi bien dans le sentiment du beau qu'en celui du sublime, ne dépasse pas la prétention objective mais seulement subjective à l'universalité et c'est pourquoi il est dit singulier, tant au point de vue du beau que du sublime.

ments universellement valables à l'égard de chaque sujet, bien qu'ils n'élèvent aucune prétention concernant la connaissance de l'objet, mais seulement une prétention intéressant le sentiment de plaisir.

Toutefois, il est aussi des différences considérables entre le beau et le sublime qui sautent aux yeux. Le beau de la nature concerne la forme de l'objet, qui consiste dans la limitation; en revanche, le sublime pourra être trouvé aussi en un objet informe, pour autant que l'*illimité* sera représenté en lui ou grâce à lui et que néanmoins s'y ajoutera par la pensée la notion de sa totalité; ainsi le beau semble convenir à la présentation d'un concept indéterminé de l'entendement, et le sublime à celle d'un concept indéterminé de la raison[1]. Ainsi la satisfaction relative au beau est liée à la représentation de la *qualité,* et dans l'autre cas elle est liée à celle de la *quantité*[2]. C'est aussi d'une manière spécifique que la satisfaction relative au sublime diffère de la première : en effet, celle-ci (le beau)[3] entraîne directement un sentiment d'épanouissement de la vie et de ce fait est susceptible d'être unie avec l'attrait et une imagination qui joue; [245] celle-là en revanche (le sentiment du sublime)[4] est un plaisir, qui ne jaillit qu'indirectement, étant produit par le sentiment d'un arrêt des forces vitales durant un bref instant immédiatement suivi par *un épanchement* de celles-ci d'autant plus fort; et

---

1. Le jugement de goût sur le sublime correspond à une satisfaction résultant de l'illimitation (non-formalité) de son objet; en quoi il est indéterminé – par exemple une tempête sur la mer ou un ouragan qui par leur violence nous étonnent et nous ravissent. Le jugement de goût, en revanche, se limite à l'intérieur de la forme, bien qu'il ne puisse déterminer son objet réellement et pose l'essentiel dans l'harmonie (formelle et finie) des facultés de connaître. Par là le goût se scinde en Idées de la raison et notions de l'entendement. Le sublime pour autant qu'il correspond aux Idées de la raison (et donc à l'infini) reçoit un certain privilège.

2. Premier effort de Kant pour relier l'architectonique de la *Critique de la raison pure* et celle de la troisième Critique. Les titres catégoriaux (qualité et quantité) introduisent une différence entre le sublime et le beau. On peut fournir beaucoup d'exemples de cette division. Par exemple le *Cid* de Corneille se veut moins beau que grand.

3. Additions de B et C.

4. Additions de B et C.

par conséquent en tant qu'émotion, il ne semble pas être un jeu, mais une chose sérieuse[1] dans l'occupation de l'imagination[2]. C'est pourquoi ce plaisir est inconciliable avec l'attrait; et puisque l'esprit n'est pas seulement attiré par l'objet, mais que tour à tour, il se trouve toujours repoussé, la satisfaction qui procède du sublime ne comprend pas tellement un plaisir positif que bien plutôt admiration ou respect, et elle mérite ainsi d'être dite un plaisir négatif[3].

La différence interne et la plus importante entre le sublime et le beau est toutefois celle-ci : si, comme il convient, nous ne considérons que le sublime relatif aux objets naturels (le sublime dans l'art est, en effet, toujours soumis aux conditions d'un accord avec la nature), la beauté naturelle – libre – comprend en sa forme une finalité, par laquelle l'objet semble être à l'avance comme déterminé pour notre faculté de juger; en revanche[4], ce qui suscite en nous le sentiment du sublime, sans que nous raisonnions, en la simple appréhension, peut paraître à la vérité en sa forme rien moins que final[5] pour notre faculté de juger, inapproprié à notre faculté de présentation et, pour ainsi dire, violant l'imagination, et être néanmoins, pour cette raison, jugé d'autant plus sublime[6].

1. Chez Hegel le «sérieux du concept» et chez Clausewitz «le sérieux de la vie» extrapolent le concept du sérieux chez Kant.
2. «... mithin als Rührung kein Spiel, sondern Ernst in der Beschaftigung der Einbildungskraft». — La traduction ne cherche qu'à rendre sensible l'allusion au rôle attribué par Kant à l'imagination dans la conservation des forces vitales. Cf. ici même, § 67, et *Vermischte Schriften*, Insel, p. 371
3. Avec le sublime, entrant dans les choses sérieuses, nous voyons apparaître les choses sérieuses. L'admiration est différente du respect; non seulement, elle ne se rapporte pas nécessairement à des personnes, mais encore elle peut subsister après la perte du respect, comme il en va pour Voltaire selon la *Critique de la raison pratique*.
4. C. L'alinéa comprend quatre corrections.
5. Il n'existe pas de terme francais correspondant à «zweckwidrig»; il faudrait, si cela était possible, traduire par «anti-final».
6. Le jugement sur le sublime, loin d'être un accord avec le jeu libre et harmonieux de l'imagination, est plutôt un écrasement de l'imagination; en ce sens il introduit une rupture dans la finalité. C'est pourquoi si le beau s'adresse à l'individu comme être individuel raisonnable,

Par où l'on voit immédiatement que nous nous exprimons d'une manière généralement incorrecte, lorsque nous nommons sublime *un objet de la nature,* tandis que nous pouvons très justement appeler beaux beaucoup d'objets de la nature; comment, en effet, ce qui est saisi comme opposé à la finalité peut-il être désigné par un terme exprimant l'assentiment? Nous ne pouvons rien dire de plus que ceci: l'objet est propre à la présentation de quelque chose de sublime, qui peut être rencontré en l'esprit; en effet, le sublime authentique ne peut être contenu en aucune forme sensible; il ne concerne que les Idées de la raison, qui, bien qu'aucune présentation adéquate n'en soit possible, sont néanmoins rappelées en l'esprit et ravivées de par cette inadéquation même, dont une présentation sensible est possible. Ainsi le vaste océan, soulevé par la tempête, ne peut être dit sublime. Son aspect est hideux; et il faut que l'esprit soit bien rempli d'idées diverses, [246] pour qu'il puisse être déterminé par une telle intuition à un sentiment qui est lui-même sublime, puisque l'esprit est appelé à se détacher de la sensibilité et à se consacrer aux Idées, qui comprennent une finalité supérieure[1].

La beauté naturelle indépendante nous découvre une technique de la nature, qui la rend représentable comme un système d'après des lois dont nous ne rencontrons pas le principe dans notre entendement tout entier: ce principe est celui d'une finalité, en rapport à l'usage de la faculté de juger dans la considération des phénomènes, de telle sorte que ceux-ci peuvent être jugés non seulement en tant qu'appartenant à la nature dans son mécanisme sans finalité, mais aussi à la nature considérée par analogie avec l'art. Cette finalité n'élargit donc pas effectivement notre connaissance des objets de la nature, mais notre concept de la nature qui, de

le sérieux du sublime le rapproche de sa destination pratique, inscrite dans les Idées de la raison pure. C'est l'inadéquation de l'Idée et de l'imagination, qui tente en vain de la saisir, qui exprime le mieux le rapport du sublime au pratique. C'est aussi ici même qu'il faut se souvenir des choses qui dominent l'âme éprouvant « admiration et respect » : le ciel étoilé et la loi morale (AK V, 161-162).

1. Sur l'Océan, cf. *Critique de la raison pure*, Analytique des principes, ch. III, AK III, 202.

concept de la nature en tant que simple mécanisme, est étendu jusqu'au concept de la nature en tant qu'art, qui invite à de profondes recherches sur la possibilité d'une telle forme[1]. Or en ce que nous avons coutume de nommer sublime il n'est rien qui conduise à des principes objectifs particuliers et à des formes de la nature conformes à ceux-ci, si bien que c'est plutôt, si seulement grandeur et force s'y manifestent, en son chaos ou en son désordre, en ses ravages les plus sauvages et les plus déréglés, que la nature suscite le mieux les Idées du sublime. Nous voyons par là que le concept du sublime de la nature est bien moins important et riche en conséquences que celui du beau dans la nature et qu'il n'indique en général rien de final dans la nature elle-même, mais seulement dans *l'usage* possible de ses intuitions, afin de rendre, en nous-mêmes, sensible une finalité tout à fait indépendante de la nature. Pour le beau de la nature nous devons chercher en dehors de nous un principe; pour le sublime nous devons seulement chercher en nous un principe comme principe de la manière de penser[2] qui introduit le sublime dans la représentation de la nature. C'est là une remarque préliminaire très nécessaire, qui sépare complètement les Idées du sublime de celle d'une finalité de la *nature* et qui fait de la théorie du sublime un simple appendice à l'analyse du jugement esthétique de la finalité de la nature, puisqu'en ceci aucune forme particulière dans la nature n'est représentée, et qu'on développe simplement un usage final, que l'imagination fait de sa représentation[3].

1. Kant indique ici la téléologie et plus particulièrement la botanique dont Linné fut le héros, cf. mon *Introduction*. Là sont fournis un système compréhensif de la nature et des principes téléologiques régulateurs. En revanche, de par son désordre, l'Océan ne peut fournir aucune forme téléologique et c'est pourquoi Kant dit que le sublime est bien moins riche en enseignements sur la nature que le beau.

2. Le principe du beau dans la nature (par exemple la distribution systématique des espèces végétales) suppose un principe en dehors de nous, tandis que le sublime n'exige qu'une production d'une disposition de l'âme prétendant, elle aussi, à l'universalité dans le jugement. On pourrait ici citer Baudelaire : *Homme libre, toujours tu chériras la mer* ; la mer est de par son mouvement le symbole moral de ma liberté.

3. *Stricto sensu* la théorie du sublime n'est qu'un appendice à la

[247] § 24. *De la division d'une recherche*
sur le sentiment du sublime.

En ce qui concerne la division des moments du jugement esthétique des objets en relation au sentiment du sublime, l'analytique pourra se développer suivant le même principe que dans la décomposition des jugements de goût. En effet, en tant que jugement de la faculté de juger esthétique réfléchissante, la satisfaction relative au sublime, comme celle relative au beau, doit être selon la *quantité* universellement valable, selon la *qualité* sans intérêt et elle doit rendre selon la *relation* une finalité subjective représentable et selon *la modalité* représentable comme nécessaire[1]. Ainsi en ceci la méthode ne s'écartera pas de celle appliquée dans le précédent livre ; on devrait donc bien tenir compte de ce que, lorsque le jugement esthétique concernait la forme de l'objet, nous débutions par l'étude de la qualité, tandis que maintenant, considérant le caractère dépourvu de forme[2], qui peut être propre à ce que nous nommons sublime, c'est de la quantité, comme premier moment du jugement esthétique sur le sublime que nous allons partir ; on en verra la raison d'après le précédent paragraphe.

Mais l'analyse du sublime exige une division dont celle du beau n'avait pas besoin : c'est celle du sublime en sublime-*mathématique* et en sublime-*dynamique*.

En effet, le sentiment du sublime se caractérise par un *mouvement* de l'esprit lié à la considération de l'objet, tandis que le goût pris à ce qui est beau présuppose que l'esprit soit dans un état de *calme* contemplation et l'y maintient, or ce

---

doctrine du beau et une simple préparation à la morale, mais comme c'est un mouvement en lequel se contracte l'individualité humaine, Kant ne peut le négliger.

1. La théorie du sublime devrait donc se développer selon les titres catégoriaux : quantité, qualité, relation, modalité. On se rappelera ici que l'analytique du beau se développait à partir de la *qualité*. Kant justifie le point de départ selon la quantité, en s'appuyant sur l'absence de forme de l'objet esthétique sublime (l'Océan).

2. « Formlosigkeit » doit être rapproché d'une autre expression de Kant : « Rechtlosigkeit » (status iustitia vacuus) (AK VI, 312).

mouvement doit être apprécié comme final subjectivement (en effet, le sublime plaît). Il sera par conséquent rapporté par l'imagination soit *à la faculté de connaître, soit à la faculté de désirer,* mais dans l'une et l'autre de ces relations la finalité de la représentation donnée ne sera considérée qu'au point de vue de ces facultés (sans fin ou intérêt); et alors dans le premier cas la finalité sera attribuée à l'objet, en tant que disposition mathématique de l'imagination, et dans le second comme disposition dynamique de l'imagination [1] et c'est pourquoi l'objet est représenté comme sublime selon cette double manière de penser [2].

[248] A. DU SUBLIME MATHÉMATIQUE

§ 25. *Définition nominale du sublime* [3].

Nous nommons *sublime* ce qui est *absolument grand.* Etre grand et être une grandeur, ce sont là des concepts tout à fait différents *(magnitudo et quantitas).* De même dire *simplement (simpliciter)* que quelque chose est grand est tout autre chose que de dire que cela est *absolument grand (absolute, non comparative magnum).* Dans ce dernier cas il s'agit de *ce qui est grand au-delà de toute comparaison.* – Que signifie donc l'expression : cette chose est grande, petite,

---

1. Ce qui sépare le beau du sublime, c'est qu'il est le *calme,* tandis que le sublime est un mouvement de l'esprit (une é-motion) qui, s'il se rapporte à la faculté de connaître, est une disposition mathématique de celle-ci, et, s'il se rapporte à la faculté de désirer, une disposition dynamique de l'imagination. Cette distinction que Kant explicitera par des exemples n'est pas évidente, en ce sens que la conscience du ciel étoilé au-dessus de moi est simultanément mathématique et dynamique. Le problème est ici de savoir si l'on peut diversifier les structures de l'émotion.

2. Texte très difficile. Kant admet que l'esprit aperçoit en quelque sorte dans l'objet son propre mouvement, puisque dans la représentation du sublime il s'opère une projection de l'« état » interne, qui est saisi dans et par l'objet.

3. La définition génétique est celle qui permet de reproduire l'objet; la définition nominale est celle qui permet de distinguer l'objet par une qualité qui lui appartient : par exemple l'or est jaune.

moyenne? Ce n'est pas un concept pur de l'entendement qui est indiqué par là; encore moins une intuition des sens; et tout aussi peu un concept de la raison, car cette expression n'implique aucun principe de la connaissance. Ce doit donc être un concept de la faculté de juger ou un concept qui en dérive et il doit y avoir au fondement une finalité subjective de la représentation en relation à la faculté de juger. Qu'une chose soit une grandeur *(quantum),* c'est là ce qui peut être connu à partir de la chose elle-même, sans aucune comparaison avec d'autres choses; il suffit, en effet, que la pluralité de l'homogène constitue, composée, une unité. Savoir *combien* une chose est grande, suppose toujours quelque chose d'autre, qui soit également une grandeur afin qu'on puisse la mesurer. Puisque dans la considération de la grandeur il ne s'agit pas seulement de la pluralité (nombre), mais aussi de la grandeur de l'unité (de la mesure) et que la grandeur de cette dernière suppose toujours à son tour quelque chose d'autre comme mesure, à laquelle elle peut être comparée, nous voyons que toute détermination de grandeur des phénomènes ne peut en aucun cas fournir le concept absolu d'une grandeur, mais toujours simplement un concept comparatif[1].

Or quand je dis simplement que quelque chose est grand, il semble que je n'aie aucune notion de comparaison en l'esprit, ou du moins d'aucune comparaison avec une mesure objective, puisque, ce faisant, la grandeur de l'objet n'est pas déterminée. Et bien que la mesure de la comparaison soit uniquement subjective, le jugement n'en prétend pas moins à une adhésion universelle. Les jugements : l'homme est beau – et : il est grand, ne se bornent pas au sujet qui juge, mais, comme les jugements théoriques, exigent l'adhésion de chacun[2].

[249] Cependant puisque dans un jugement, en lequel quelque chose est tout simplement caractérisé comme grand, on ne veut pas seulement dire que l'objet possède une gran-

---

1. Toutes ces distinctions trouvent leur racine dans la théorie des axiomes de l'intuition exposée dans l'*Analytique des principes* de la *Critique de la raison pure.*
2. Comparer *Critique de la raison pratique* (AK V, 76-77), citation de Fontenelle.

deur, mais que celle-ci lui est attribuée en même temps par préférence à beaucoup d'autres objets du même genre, sans justifier précisément ce privilège, il faut qu'il y ait au fondement de ce jugement une mesure que l'on présuppose susceptible d'être admise comme identique pour tous, bien qu'elle ne soit propre à aucune appréciation logique (mathématiquement déterminée), mais seulement à l'appréciation esthétique de la grandeur, parce qu'il s'agit d'une mesure simplement subjective, se trouvant au fondement du jugement réfléchissant sur la grandeur. Cette mesure peut en outre être soit une mesure empirique [1], par exemple la grandeur moyenne des hommes que nous connaissons, des animaux d'une certaine espèce, des arbres, des maisons, des montagnes, etc., soit une mesure donnée *a priori,* qui est limitée par les insuffisances du sujet jugeant aux conditions subjectives d'une présentation *in concreto*; ainsi en est-il au point de vue pratique de la grandeur d'une certaine vertu ou de la liberté publique et de la justice dans un pays; et au point de vue théorique de la grandeur de l'exactitude ou de l'inexactitude d'une observation ou d'une mesure effectuées... etc.

Il est donc bien remarquable que, lors même que nous n'avons aucun intérêt pour l'objet, c'est-à-dire que son existence nous est indifférente, la simple grandeur de celui-ci, même quand l'objet est considéré comme dépourvu de forme, puisse toutefois susciter une satisfaction, qui est universellement communicable et qui par conséquent enveloppe la conscience d'une finalité subjective dans l'usage de notre faculté de connaître; aussi ne s'agit-il pas d'une satisfaction relative à l'objet même, comme pour le beau (car ici l'objet peut être sans forme), en laquelle la faculté de juger réfléchissante se trouve, en relation à la connaissance en général, disposée d'une manière finale, mais d'une satisfaction rela-

---

1. Les exemples de Kant peuvent paraître mauvais. Par exemple la grandeur moyenne des hommes connus n'est nullement, dira-t-on, un simple objet de la faculté de connaître (raison théorique) au point de vue subjectif. A lire les statistiques de Buffon, celles que Kant pouvait lire, on sera porté à tempérer ce jugement. De toute manière Kant veut dire que le jugement statistique n'étant par principe adéquat à aucun objet déterminé est, même en temps que grandeur empirique, informel.

tive à l'extension de l'imagination elle-même[1].

Quand (sous la condition restrictive indiquée plus haut) nous disons simplement d'un objet : il est grand – il ne s'agit pas d'un jugement mathématiquement déterminant, mais d'un simple jugement de la réflexion sur la représentation de l'objet, qui possède une finalité subjective pour un certain usage de nos facultés de connaître dans l'évaluation de la grandeur. Nous lions alors toujours à la représentation une sorte de respect tout de même que nous attachons un certain mépris à ce que nous déclarons, sans plus, petit. En outre, la considération des choses en tant que grandes ou petites s'étend à tout ; elle s'étend même à toutes les propriétés de ces choses ; c'est pourquoi nous disons la beauté elle-même grande ou petite ; [250] il faut en chercher la raison en ceci : ce que nous présentons dans l'intuition suivant la prescription de la faculté de juger (et que nous représentons par conséquent esthétiquement) est toujours phénomène, et en conséquence est aussi un quantum.

Quand cependant nous ne disons pas seulement grande une chose, mais que nous la déclarons grande simplement, absolument[2], sous tous les rapports (au-delà de toute comparaison), c'est-à-dire sublime, on voit aussitôt que nous ne permettons pas que l'on cherche en dehors de cette chose une mesure qui lui serait appropriée, mais nous voulons qu'on la trouve seulement en cette chose elle-même. C'est une grandeur qui n'est égale qu'à elle-même. Il s'ensuit que le sublime ne doit pas être cherché dans les choses de la nature, mais seulement en nos Idées – la question de savoir en lesquelles il

---

1. *universellement communicable* : Kant revient sur le thème majeur de la *Critique de la faculté de juger* dans sa partie essentielle qui est l'édification de la *Critique de la faculté de juger esthétique*, à savoir le *Cogito pluriel* ou l'intersubjectivité et l'analyse de la représentation esthétique qui ne se montre, peut-être, que lorsqu'il s'agit d'une satisfaction de l'imagination (donc du sujet).

2. *absolument*. Le caractère absolu de la grandeur esthétique (le *Fakum* de l'Esthétique dirait H. Cohen), caractère qui ne se révèle que dans le sublime et qui, pour les raisons précitées, n'a aucun rapport avec l'objectivité, conduira certains post-kantiens à une philosophie où l'Esthétique renfermera l'Absolu. On peut citer Schelling.

se trouve doit être réservée pour la déduction.

On peut aussi exprimer ainsi la définition précédente : *Est sublime ce en comparaison de quoi tout le reste est petit.* On voit ici facilement qu'il n'est rien en la nature qui puisse être donné, quelque grand que nous le jugions, qui considéré dans un autre rapport ne soit susceptible d'être dégradé jusqu'à l'infiniment petit et qu'inversement il n'est rien de si petit, que par comparaison avec d'autres mesures plus petites encore, il ne puisse pour notre imagination être agrandi jusqu'à la dimension d'un monde. Les télescopes nous donnent une riche matière pour la première observation et les microscopes pour la seconde. Rien donc, de tout ce qui peut être objet des sens, ne peut, considéré en ce sens, être dit sublime[1]. Mais précisément parce qu'il y a en notre imagination un effort au progrès à l'infini et en notre raison une prétention à la totalité absolue comme à une Idée réelle, le fait que notre faculté d'évaluation de la grandeur des choses du monde sensible ne convienne pas à cette Idée éveille le sentiment d'une faculté supra-sensible en nous; et c'est l'usage que la faculté de juger fait naturellement de certains objets en vue de ce dernier (le sentiment), et non l'objet des sens, qui est absolument grand, tandis que par rapport à lui tout autre usage est petit. Il ne faut donc pas nommer sublime l'objet, mais la disposition de l'esprit suscitée par une certaine représentation, qui occupe la faculté de juger réfléchissante.

Nous pouvons ainsi ajouter aux autres formules de la définition du sublime la suivante : *Est sublime ce qui, par cela seul qu'on peut le penser, démontre une faculté de l'âme, qui dépasse toute mesure des sens.*

---

1. La grandeur dans le phénomène est toujours relative. Kant s'appuie ici sur Pascal (le ciron). Elle ne peut donc exprimer le rapport soit mathématique, soit dynamique de l'imagination au sublime. Bien comprise cette définition signifie que rien de ce qui est sensible ne peut *exprimer* une Idée de la raison. Evidemment le thème de la prépondérance de l'imagination peut se nourrir ici : l'imagination est puissance d'absolu.

[251] § 26. *De l'évaluation de la grandeur des choses de la nature qui est nécessaire pour l'Idée du sublime.*

L'évaluation de la grandeur par des concepts numériques (ou par les signes de ceux-ci en algèbre) est mathématique ; en revanche celle effectuée dans la simple intuition (mesurée d'un coup d'œil) est esthétique. Nous pouvons obtenir certes des concepts déterminés de la grandeur d'une chose seulement par les nombres (en tous cas des approximations grâce à des séries numériques allant à l'infini), dont la mesure est l'unité ; et en ce sens toute évaluation logique de la grandeur est mathématique. Seulement puisque la grandeur de la mesure doit être admise comme connue, si celle-ci devait être à son tour évaluée seulement par des nombres, dont l'unité devrait être une autre mesure, c'est-à-dire être évaluée mathématiquement, nous ne pourrions jamais avoir une mesure première ou mesure fondamentale, ni par conséquent aucun concept déterminé d'une grandeur donnée. Aussi bien l'évaluation de la grandeur de la mesure fondamentale peut seulement consister en ceci : on peut la saisir immédiatement dans une intuition et en faire usage par l'imagination pour la présentation des concepts numériques ; c'est dire que toute évaluation de la grandeur des objets de la nature est en fin de compte esthétique (c'est-à-dire subjectivement et non objectivement déterminée) [1].

Or il n'existe pas en vérité de maximum pour l'évaluation mathématique de la grandeur (en effet, la capacité des nombres va à l'infini) ; mais pour l'évaluation esthétique de la grandeur il y a bien un maximum, et j'affirme de celui-ci, que lorsqu'on le considère, comme mesure absolue, par rapport à laquelle il n'est rien qui puisse être subjectivement plus grand (pour le sujet qui juge), il implique l'Idée du sublime et produit cette émotion qu'aucune évaluation mathématique de la grandeur par les nombres ne saurait susciter (sauf si cette mesure esthetique fondamentale est alors maintenue d'une

---

1. Le premier alinéa est un rappel des conclusions qu'il faut tirer de l'*Esthétique transcendantale* dans la *Critique de la raison pure* : l'espace est une grandeur infinie donnée.

manière vivante dans l'imagination) ; en effet l'évaluation mathématique présente toujours seulement la grandeur relative par comparaison avec d'autres grandeurs de même espèce, tandis que l'évaluation esthétique présente la grandeur absolument, pour autant que l'esprit peut la saisir dans une intuition[1].

Pour qu'un *quantum* puisse être intuitivement saisi dans l'imagination, afin de pouvoir être utilisé comme mesure ou comme unité de l'évaluation de la grandeur par les nombres, deux opérations de cette facultés sont supposées : l'appréhension *(apprehensio)* et la compréhension *(comprehensio aesthetica)*. L'appréhension ne fait aucune difficulté, car elle peut se poursuivre [252] à l'infini ; mais la compréhension devient toujours plus difficile à mesure que l'appréhension progresse et elle parvient vite à son maximum, qui est la mesure fondamentale, la plus grande esthétiquement, de l'évaluation de la grandeur. En effet, lorsque l'appréhension en est arrivée au point où les représentations partielles de l'intuition des sens initialement saisies commencent déjà à s'évanouir dans l'imagination, tandis que celle-ci progresse dans l'appréhension des suivantes, elle perd d'un côté autant que ce qu'elle gagne de l'autre, et il existe alors dans la compréhension un maximum que l'imagination ne peut dépasser.

Ainsi s'explique que Savary[2] remarque dans ses Lettres d'Egypte qu'il ne faille ni trop s'approcher, ni être trop éloigné des Pyramides, afin de ressentir toute l'émotion que procure leur grandeur. Car si l'on est trop éloigné les parties qui sont appréhendées (les pierres superposées) ne sont représentées qu'obscurément et leur représentation n'exerce aucune action sur le jugement esthétique du sujet. Si l'on est trop près l'œil a besoin d'un certain temps pour achever

1. Dans l'intuition théorique toute grandeur est relative, mais l'intuition esthétique, saisie par le statut de l'imagination, peut présenter un maximum. L'exemple fourni par Kant (les Pyramides) tend à expliquer qu'à un juste moment il y a comme un équilibre de l'imagination, chancelante devant l'immensité du monument, et c'est cet équilibre qui définit le maximun de la grandeur donnée dans l'intuition esthétique.
2. Savary, célèbre égyptologue, né à Vitré (1750).

l'appréhension depuis la base jusqu'au sommet; dans cette opération les premières perceptions s'évanouissent toujours en partie avant que l'imagination ne saisisse les dernières et la compréhension n'est jamais parfaite. – Ceci peut aussi suffire pour rendre compte de la stupeur ou de cette sorte d'embarras qui, comme on le rapporte, saisit le spectateur lorsqu'il pénètre pour la première fois dans l'église de Saint-Pierre à Rome. En effet, il éprouve ici le sentiment de l'impuissance de son imagination pour présenter l'Idée d'un tout; en ceci l'imagination atteint son maximum et dans l'effort pour le dépasser, elle s'abîme en elle-même, et ce faisant est plongée dans une satisfaction émouvante [1].

Je ne veux pas dès maintenant traiter de la cause de cette satisfaction, qui est liée avec une représentation, dont on ne devrait guère l'attendre, celle justement qui nous fait voir dans l'évaluation de la grandeur l'impuissance et par conséquent aussi le défaut de finalité subjective de la représentation pour la faculté de juger, mais je remarquerai seulement que si l'on doit indiquer un jugement esthétique pur (c'est-à-dire qui ne soit pas lié avec un jugement téléologique comme jugement de la raison) et ainsi un exemple tout à fait approprié à une critique de la faculté de juger esthétique, on ne doit pas montrer le sublime dans les produits de l'art (par exemple des édifices, des colonnes, etc.), en lesquels une fin humaine détermine aussi bien la forme que la grandeur, ni dans les choses de la nature, *dont le concept enveloppe déjà une fin déterminée* [253] (par exemple des animaux d'une destination naturelle connue), mais bien dans la nature brute – et en celle-ci seulement dans la mesure où en elle-même elle ne comprend aucun charme, ni ne suscite d'émotion par un réel danger, – pour autant qu'elle contient de la grandeur [2].

1. Le sublime est ce en quoi s'écrase l'imagination; Kant parle de stupeur, résultant de l'incapacité de l'imagination à saisir le tout à partir des parties. Le sublime est donc une totalité échappant à l'esprit.
2. Le beau est présent dans l'art pour autant qu'une finalité humaine le gouverne; en revanche, l'absence de finalité formelle fait glisser le sublime vers la nature. Il s'agit moins toutefois ici d'une opposition que d'une divergence puisque les Pyramides sont des objets sublimes, mais érigées selon une finalité humaine. On dira donc qu'un

En effet en ce genre de représentations la nature ne contient rien de monstrueux [1] (ni rien de magnifique ou de hideux); la grandeur, qui est appréhendée, peut être aussi considérable qu'on le voudra, si elle peut être comprise dans un tout par l'imagination. Un objet est monstrueux lorsque par sa grandeur il réduit à néant la fin, qui en constitue le concept. On nomme *colossale,* en revanche, la simple présentation d'un concept, qui est presque trop grand pour toute présentation (qui est à la limite du monstrueux relatif); c'est, en effet, que la fin de la présentation d'un concept est rendue difficile par le fait que l'intuition de l'objet est presque trop grande pour notre faculté d'appréhension. – Un jugement pur sur le sublime, s'il doit être esthétique et être distingué de tout jugement d'entendement ou de raison, ne doit toutefois avoir aucune fin appartenant à l'objet comme raison de détermination.

Comme il faut que tout ce qui doit plaire à la simple faculté de juger réfléchissante, sans intérêt, enveloppe dans sa représentation une finalité subjective et comme telle universellement valable et puisqu'il n'y a pas ici (comme lorsqu'il s'agit du beau) au fondement du jugement une finalité de la forme de l'objet, la question est de savoir quelle est cette finalité subjective et pourquoi elle doit être prescrite comme norme, pour que soit fournie une raison d'une satisfaction universellement valable dans la simple évaluation de la grandeur, celle-là même qui aboutit à l'impuissance de notre faculté d'imagination dans la présentation du concept d'une grandeur?

L'imagination, spontanément, progresse jusqu'à l'infini dans la compréhension qui est exigible pour la représentation de la grandeur, sans que rien lui fasse obstacle; or l'entende-

objet est monstrueux lorsque sa grandeur annihile son concept final.
    1. Le terme «monstrueux» <ungeheuer> indique ici simplement : une relation en laquelle la grandeur est inconciliable avec la finalité. Au point de vue téléologique. Le «monstrueux» est «anomal» et «anormal» (§ 64). On parle d'un animal «monstrueux».

ment la guide par des concepts numériques, auxquels elle doit
donner le schème; et en ce processus, qui est supposé par
l'évaluation logique de la grandeur, il y a bien quelque chose
d'objectivement final, suivant le concept même de fin (il en
est ainsi pour toute mesure), mais il n'est rien qui soit final et
plaisant pour la faculté de juger esthétique réfléchissante. Il
n'est rien non plus dans cette finalité intentionnelle, [254] qui
oblige à élever la grandeur de la mesure, par conséquent de la
compréhension de la pluralité dans une intuition, jusqu'aux
limites de la faculté de l'imagination et aussi loin qu'il est
possible à celle-ci d'aller dans ses présentations. En effet dans
l'évaluation des grandeurs au point de vue de l'entendement
(de l'arithmétique) on va tout aussi loin, que l'on porte la
compréhension des unités jusqu'au nombre 10 (dans la
décade), ou seulement jusqu'à 4 (dans la tétractique[1]) et que,
par ailleurs, on effectue la production ultérieure de la grandeur dans la composition[2], ou, si le quantum est donné dans
l'intuition, dans l'appréhension, simplement progressivement
(et non compréhensivement) d'après un principe de progression admis. En cette évaluation mathématique de la grandeur
l'entendement sera aussi bien servi et satisfait, si l'imagination choisit comme unité une grandeur que l'on peut saisir
d'un coup d'œil, par exemple un pied ou une verge, ou, en
revanche un mille allemand, ou même un diamètre terrestre,
dont l'appréhension certes est possible, mais non la compréhension dans une intuition de l'imagination (soit : non pas
par la *comprehensio aesthetica,* bien que cela soit possible en
fait par *comprehensio logica* dans un concept numérique).
Dans les deux cas l'évaluation de la grandeur se poursuit
jusqu'à l'infini sans obstacle[3].

Or l'esprit entend en lui-même la voix de la raison, qui,

1. Tétractique : manière de disposer les sons par quatre.
2. Cf. *Critique de la raison pure*, Anticipations de la perception,
AK III, 152 sq. Le premier cas envisagé par Kant répond à l'idée de
grandeur intensive; le second, en lequel on suppose le quantum donné
dans l'intuition, correspond à l'idée de grandeur extensive.
3. On éclairera ce texte en se reportant aux notes de Kant relatives
au calcul infinitésimal. Cf. H.Cohen, *Kant's Theorie der Erfahrung*,
Berlin, 1918.

pour toutes les grandeurs données, et même pour celles qui ne peuvent jamais être complètement appréhendées, mais que l'on considère cependant comme entièrement données (dans la représentation sensible), exige la totalité, par conséquent la compréhension dans *une* intuition et réclame une *présentation* pour tous les membres d'une série continuement croissante, sans même exclure de cette exigence l'infini (l'espace et le temps écoulé), faisant bien plutôt de la pensée de l'infini (dans un jugement de la raison commune) comme entièrement donné (dans sa totalité) quelque chose d'inévitable [1].

Cependant l'infini est absolument (et non pas simplement comparativement) grand. En comparaison avec celui-ci, tout le reste (de la même sorte de grandeur) est petit. Mais, et voici ce qui est le plus important : que l'on puisse seulement penser l'infini, comme *un tout,* c'est là ce qui indique une faculté de l'esprit, qui dépasse toute mesure des sens. Il faudrait à cet effet exiger une compréhension, qui livrerait une mesure en tant qu'unité possédant un rapport déterminé à l'infini, susceptible d'être exprimé en nombres ; et cela est impossible. Toutefois *pouvoir,* sans contradiction, *même seulement penser* l'infini *donné,* ceci suppose en l'esprit humain une faculté, [255] qui elle-même est supra-sensible. En effet c'est seulement par cette faculté et son Idée d'un noumène, qui lui-même n'autorise aucune intuition, mais qui est toutefois en tant que substrat mis au fondement de l'intuition du monde <Weltanschauung> comme simple phénomène, que l'infini du monde sensible est *entièrement* compris *sous* un concept dans l'évaluation intellectuelle pure de la grandeur, bien qu'il ne puisse jamais être entièrement pensé par des *concepts numériques* dans l'évaluation mathématique. Et même une faculté de pouvoir penser l'infini de l'intuition supra-sensible, en tant que donné (dans son substrat intelligible), dépasse toute mesure de la sensibilité et est, rapportée à la faculté de l'évaluation mathématique, grande au-delà de toute comparaison, non pas évidemment dans une perspective théorique intéressant la faculté de connaître, mais

---

1. La « voix de la raison » est celle qui s'exprime dans la thèse de la première antinomie dans l'Antithétique de la raison pure.

bien sûr comme élargissement de l'esprit, qui se sent capable de dépasser les bornes de la sensibilité dans une autre perspective (qui est pratique)[1].

La nature est ainsi sublime dans ceux de ses phénomènes, dont l'intuition suscite l'Idée de son infinité. Cela ne peut se produire d'aucune manière, si ce n'est par l'impuissance même de l'effort le plus grand de l'imagination dans l'évaluation de la grandeur d'un objet. Or au point de vue de l'évaluation mathématique de la grandeur l'imagination peut s'égaler à tout objet, afin de donner à l'évaluation une mesure qui suffise, parce que les concepts numériques de l'entendement, par progression, peuvent rendre n'importe quelle mesure susceptible de convenir à une grandeur donnée quelconque. C'est donc dans l'évaluation *esthétique* de la grandeur que l'effort pour obtenir la compréhension, qui dépasse la faculté qu'a l'imagination de comprendre l'appréhension progressive dans un tout de l'intuition, est senti, tandis qu'en même temps est perçue l'impuissance de cette faculté – sans limites si l'on considère la progression – à saisir la mesure fondamentale convenant au plus petit travail de l'entendement dans l'évaluation de la grandeur et à user de cette mesure dans l'évaluation de la grandeur. Or la mesure fondamentale propre et invariable de la nature est le tout absolu de celle-ci, qui est infinité totale en elle en tant que phénomène. Et comme cette mesure fondamentale est un concept contradictoire (en raison de l'impossibilité de la totalité absolue d'un progrès sans terme), cette grandeur d'un objet de la nature, auquel l'imagination applique en vain toute sa faculté de compréhension, doit conduire le concept de la nature à un substrat supra-sensible (qui se trouve en même temps au fondement de celle-ci et de notre faculté de penser), grand par-delà toute mesure des sens, et qui par conséquent permet [256] non pas de considérer l'objet même, mais bien plutôt la

---

1. L'intuition d'une totalité infinie étant refusée à l'intuition sensible, Kant va se diriger vers une faculté outrepassant les sens et saisissant l'infini dans une Idée (au point de vue pratique); il s'agit de l'imagination qui assure ici un lien entre raison théorique et raison pratique.

disposition de l'âme comme *sublime* dans l'évaluation de l'objet.

Ainsi, tout de même que la faculté de juger esthétique dans la considération du beau rapporte l'imagination en son libre jeu à *l'entendement*, afin de l'accorder avec les concepts de celui-ci en général (sans détermination de ceux-ci), de même rapporte-t-elle à la *raison* cette même faculté dans le jugement d'une chose comme sublime, afin qu'elle s'accorde subjectivement avec les Idées de la raison (sans déterminer lesquelles), c'est à dire afin de produire une disposition de l'âme, qui est conforme à celle que l'influence d'Idées déterminées (les Idées pratiques) sur le sentiment engendrerait et en harmonie avec elle[1].

D'où l'on voit que le vrai sublime n'est qu'en l'esprit de celui qui juge et qu'il ne faut point le chercher dans l'objet naturel, dont la considération suscite cette disposition du sujet. Qui appellerait donc sublimes des masses montagneuses sans forme, entassées les unes sur les autres en un sauvage désordre, avec leurs pyramides de glace, ou bien encore la sombre mer en furie, etc.? Mais l'esprit se sent grandir dans sa propre estime, si en cette contemplation il s'abandonne, sans prêter attention à la forme de ces choses, à l'imagination et à la raison, qui ne fait qu'élargir l'imagination à laquelle elle se trouve liée, bien que ce ne soit pas du tout avec une fin déterminée, et si alors il trouve la puissance de l'imagination inférieure aux Idées de la raison.

Des exemples du sublime-mathématique de la nature dans la simple intuition nous sont présentés par tous les cas, en lesquels il nous est donné non pas tant un très grand concept numérique, que bien plutôt une grande unité en tant que

1. Kant nuance ici sa pensée. D'une part en mathématique l'infini est symboliquement concevable comme le montre le calcul intégral. D'autre part, l'imagination, dans le mouvement où elle chancelle, peut procurer une intuition qui suscite l'Idée de l'infinité et elle obéit en un sens pratique à la voix théorique de la raison. On dira donc que dans le premier cas (le beau) tout se rapporte à l'entendement (et au libre jeu des facultés de connaître) et que dans le second cas (le sublime) la raison se rapporte à l'imagination. C'est le lieu où passe très clairement la distinction kantienne entre *Verstand* (entendement) et *Vernunft* (raison).

mesure (afin d'abréger les séries numériques) pour l'imagination. Un arbre, que nous évaluons suivant la grandeur de
l'homme, donnera assurément la mesure pour une montagne ; et si celle-ci est haute d'un mille environ, elle pourra
servir d'unité pour le nombre, qui exprime le diamètre
terrestre, de telle sorte que celui-ci puisse être rendu susceptible d'être intuitionné, le diamètre terrestre servira pour le
système planétaire que nous connaissons ; celui-ci pour la
voie lactée ; et la multitude, non mesurable, des systèmes
semblables à la voie lactée, qu'on nomme nébuleuses et qui
vraisemblablement composent entre elles un même système,
ne nous impose aucune limite. Dans le jugement esthétique
d'un ensemble ainsi incommensurable le sublime se situe
moins dans la grandeur du nombre que dans le fait que nous
parvenons toujours en progressant à des unités de plus en plus
grandes [1] ; la division systématique du monde y contribue,
[257] car elle nous représente tout ce qui est grand dans la
nature comme petit à son tour et nous représente en fait notre
imagination en tout ce qu'elle a d'illimité et avec celle-ci la
nature comme s'évanouissant devant les Idées de la raison,
lorsqu'il faut en donner une présentation qui leur convienne.

§ 27. *De la qualité de la satisfaction*
dans le jugement du sublime.

Le sentiment de l'impuissance de notre faculté à atteindre
une Idée, *qui pour nous est loi,* est RESPECT. Or l'Idée de la
compréhension de tout phénomène, susceptible de nous être
donné dans l'intuition d'un tout, est une Idée qui nous est
imposée par une loi de la raison, qui ne connaît aucune autre
mesure déterminée, valable pour tous et immuable que le tout
absolu. Notre imagination, même en sa suprême tension,
pour parvenir à la compréhension d'un objet donné dans un
tout de l'intuition (par conséquent à la présentation d'une
Idée de la raison), comme il est exigé d'elle, prouve ses

1. Le sublime est, phénoménologiquement décrit, une infinité qui
se redouble sans cesse. Kant a bien lu Fontenelle, cf. A. Niderst,
Fontenelle, Paris, Plon, 1991.

bornes et son impuissance, mais en même temps aussi sa destination qui est la réalisation de son accord avec cette Idée comme avec une loi. Ainsi le sentiment du sublime dans la nature est le respect pour notre propre destination, que par une certaine subreption (substitution du respect pour l'objet au respect pour l'Idée de l'humanité en nous comme sujets) nous témoignons à l'objet, qui nous rend pour ainsi dire intuitionnable la supériorité de la destination rationnelle de notre faculté de connaître sur le pouvoir le plus grand de la sensibilité[1].

Le sentiment du sublime est ainsi un sentiment de peine, suscité par l'insuffisance de l'imagination dans l'évaluation esthétique de la grandeur pour l'évaluation par la raison; et en même temps il se trouve en ceci une joie, éveillée justement par l'accord entre les Idées rationnelles et ce jugement sur l'insuffisance de la plus puissante faculté sensible, dans la mesure même où c'est pour nous une loi que l'effort de tendre vers ces Idées. C'est, en effet, pour nous une loi (de la raison) et qui est propre à notre destination que d'estimer tout ce que la nature comme objet des sens contient pour nous de grand, comme petit en comparaison avec les Idées de la raison; et ce qui suscite en nous le sentiment de cette destination supra-sensible, s'accorde avec cette loi. Or l'effort le plus grand de l'imagination dans la présentation de l'unité, qui sera celle de l'évaluation de la grandeur, est une relation *à l'absolument-grand*, c'est donc aussi une relation à la loi de la raison [258] de n'admettre que celui-ci comme suprême mesure des grandeurs. Ainsi la perception interne de l'insuffisance de toute mesure sensible au point de vue de l'évaluation de la grandeur par la raison, est un accord avec les lois de celle-ci et une peine, qui, éveillant en nous le sentiment de notre destination supra-sensible, selon laquelle il est final de trouver toute mesure de la sensibilité insuffisante pour les

---

1. N'étant pas objectif le sentiment du sublime, qui se déploie dans l'imagination, atteste notre supériorité morale par rapport à la nature et l'imagination, lieu de l'émotion; il fait apparaître la supériorité de la raison sur la sensibilité. Ici l'on peut parler de l'anti-pascalisme de Kant.

Idées de la raison, est par conséquent aussi plaisir[1].

L'esprit se sent *mis en mouvement* dans la représentation du sublime dans la nature ; en revanche dans le jugement esthétique sur le beau dans la nature, il est dans une *calme* contemplation. Ce mouvement (en son début particulièrement) peut être comparé à un ébranlement, c'est-à-dire à la rapide succession de la répulsion et de l'attraction par un même objet. Le transcendant est pour l'imagination (qui s'y trouve poussée dans l'appréhension de l'intuition), en quelque sorte un abîme en lequel elle a peur de se perdre elle-même ; mais il est conforme à la loi et non transcendant pour l'Idée rationnelle du supra-sensible que de produire un tel effort de l'imagination ; et c'est là ce qui, alors, est attirant dans l'exacte mesure où il avait été repoussant pour la simple sensibilité. En ceci le jugement lui-même ne demeure toujours qu'esthétique, car il représente seulement, sans posséder à son fondement un concept déterminé d'un objet, le jeu subjectif des forces de l'esprit (imagination et raison) comme harmonieux même de par leur contraste[2]. Ainsi tout de même que imagination et *entendement* par leur union dans le jugement sur le beau produisaient une finalité subjective, de même ici imagination et raison la produisent par leur conflit : c'est-à-dire le sentiment, que nous possédons une *raison* pure, indépendante, ou une faculté d'évaluation des grandeurs, dont l'éminence ne saurait être rendue sensible par rien, hormis la déficience de la faculté même, qui est sans limites, dans la présentation des grandeurs (des objets

1. L'imagination, dans le mouvement par lequel, devant l'objet suscitant le sentiment du sublime, elle « touche » l'infinité éthique, nous procure le plaisir de ressentir notre supériorité par rapport à la nature et à tout ce qui relève du sensible.
2. La description de Kant est, au beau sens du terme, *phénoménologique*. C'est dans le conflit de l'imagination et de la raison soutenue par la loi morale que s'engendre le jeu subjectif des forces de l'esprit. Ici, Kant retrouve Pascal qui fait finalement de l'angoisse un sentiment de plaisir, dès lors que le « Dieu perdu » (Br.441) est retrouvé. On doit aussi se remémorer les textes de Pascal où il est question de l'imagination comme d'une puissance « superbe » qui s'inclinera devant les lumières de la foi, tout de même que chez Kant la défaite de l'imagination provoque le sentiment de la supériorité de la raison.

sensibles). La mesure d'un espace (en tant qu'appréhension) est en même temps la description de celui-ci, c'est-à-dire donc un mouvement objectif dans l'imagination et une *progression*; la compréhension de la pluralité dans l'unité, non de la pensée, mais de l'intuition, par conséquent la compréhension du successivement saisi en un instant est, en revanche, une *régression,* qui inversement supprime la condition temporelle [259] dans le progrès de l'imagination et rend intuitionnable la coexistence. Aussi bien est-ce (puisque la succession temporelle est une condition du sens interne, liée à toute intuition) un mouvement subjectif de l'imagination, par lequel elle fait violence au sens interne, violence qui doit être d'autant plus sensible, que le quantum, que l'imagination comprend dans une intuition, est grand. Ainsi cet effort, visant à retenir dans une unique intuition une mesure pour les grandeurs, dont l'appréhension suppose un temps considérable, est un genre de représentation, qui subjectivement considéré est opposé à la finalité, mais qui est requis objectivement pour l'évaluation de la grandeur et qui par conséquent est final; en ceci cette même violence, qui est faite au sujet par l'imagination, est considérée comme finale *pour la destination de l'esprit tout entière*[1].

La *qualité* du sentiment du sublime est donc la suivante : il s'agit d'un sentiment de peine qui concerne la faculté esthétique de juger en rapport à un objet, et qui est toutefois en cela en même temps représenté comme final ; ceci est possible par le fait que l'impuissance propre du sujet dévoile la conscience d'une faculté sans bornes du même sujet et que l'esprit ne peut juger esthétiquement cette faculté que par son impuissance[2].

Dans l'évaluation logique de la grandeur on reconnaissait

1. Les mots en italiques ont inspiré le titre de l'ouvrage le plus populaire de Fichte : *Die Bestimmung des Menschen* (1800).
2. La qualité du sublime est donc fondée dans l'impuissance qui se manifeste dans le jugement esthétique. La totalité infinie provoque d'abord un sentiment d'angoisse dans l'imagination que réduit le sentiment de la supériorité de notre raison sur le monde sensible. La description est *phénoménologique* en ce sens que son arrière-plan est la présence <Daseyn> humaine au monde.

comme objective l'impossibilité de parvenir jamais à la totalité absolue par le progrès de la mesure des choses du monde sensible dans le temps et l'espace ; c'est-à-dire comme l'impossibilité de *penser* l'infini comme entièrement donné, et non en tant que simplement subjective, c'est-à-dire comme impuissance à le *saisir* ; c'est qu'en ceci il ne s'agit que d'un concept numérique et qu'il n'est pas tenu compte du degré de la compréhension dans une intuition en tant que mesure. En revanche dans une évaluation esthétique de la grandeur le concept de nombre doit être écarté ou transformé, et de ce point de vue seule est utile la compréhension de l'imagination donnant l'unité de mesure (par conséquent en faisant abstraction des concepts d'une loi de production successive des concepts de grandeur). – Lorsqu'une grandeur approche donc le maximum de notre pouvoir de compréhension dans une intuition, tandis que l'imagination est sollicitée par des grandeurs numériques – en rapport auxquelles nous avons conscience que notre faculté ne connaît pas de limites – à une compréhension esthétique dans une unité maximale, nous nous sentons alors dans notre esprit comme esthétiquement enfermés en des limites ; et cependant nous trouvons une certaine finalité dans le déplaisir ressenti en fonction de l'extension de l'imagination qui est nécessaire pour qu'elle convienne à ce qui est illimité en notre faculté de raison, [260] c'est-à-dire l'Idée du tout absolu, par conséquent donc dans la l'absence de finalité du pouvoir de l'imagination pour les Idées de la raison et l'évocation de celles-ci. Le jugement esthétique lui-même devient précisément par là subjectivement final pour la raison, comme source des Idées, c'est-à-dire d'une compréhension intellectuelle telle, que de son point de vue toute compréhension esthétique est petite, et l'objet est saisi comme sublime avec une joie, qui n'est possible que par la médiation d'une peine[1].

---

1. Résumé de tout le §. Le plaisir dans le sublime (la grandeur de notre destination) est médiatisé par un sentiment de peine.

B. DU SUBLIME DYNAMIQUE DE LA NATURE

§ 28. *La nature comme force.*

La *force* <Macht> est un pouvoir supérieur à de grands obstacles. La force est dite *puissance* <Gewalt> [1], lorsqu'elle l'emporte sur la résistance même de ce qui possède aussi une force. La nature dans le jugement esthétique, considérée comme une force, qui n'a pas de puissance sur nous, est *sublime-dynamiquement.*

Lorsque la nature doit être considérée comme sublime par nous en un sens dynamique, elle doit être représentée comme suscitant la peur (bien que tout objet engendrant la peur ne soit pas inversement trouvé sublime dans notre jugement esthétique). En effet, dans le jugement esthétique (sans concept) la supériorité sur l'obstacle ne peut être appréciée qu'en raison de la grandeur de la résistance. Or ce à quoi nous nous efforçons de résister est un mal, et lorsque nous ne trouvons pas notre force égale à celui-ci, il s'agit d'un objet qui fait peur. Ainsi pour la faculté de juger esthétique réfléchissante la nature ne peut posséder une valeur comme force, être sublime dynamiquement, que dans la mesure où elle est considérée comme objet de peur.

Or on peut considérer un objet comme *susceptible de faire peur,* sans avoir peur *devant* lui, si nous le jugeons justement en telle manière, que nous ne fassions que *penser* le cas, en lequel nous voudrions lui opposer quelque résistance, alors que toute résistance serait tout à fait vaine. Ainsi l'homme vertueux craint Dieu, sans éprouver devant Lui la peur, parce qu'il pense que vouloir résister à Dieu et à ses commandements n'est nullement un cas dont il puisse se soucier. [261] Mais à chaque cas semblable, qu'il ne pense pas comme étant en soi impossible, il Le reconnaît source de peur [2].

---

1. *Gewalt* se rattache à *walten* qui signifie *régner*, au besoin par la force.
2. Le texte de Kant le plus éloquent sur la peur se trouve dans la *Critique de la raison pratique*, L. II, ch. 2, sect. IX.

Celui qui prend peur ne saurait pas plus porter un jugement sur le sublime de la nature que celui qui est dominé par l'inclination et l'appétit ne peut porter un jugement sur le beau. Il fuit la vue d'un objet qui lui inspire de la crainte; et il est impossible de trouver de la satisfaction dans une terreur sérieuse. L'agrément qui naît de la cessation d'une situation pénible est un sentiment de joie. Mais en raison précisément de la délivrance d'un danger, il s'agit d'une humeur joyeuse avec la résolution de ne plus jamais s'exposer à celui-ci; bien plus : loin d'en rechercher l'occasion, on ne prend pas plaisir à repenser à cette sensation.

Des rochers se détachant audacieusement et comme une menace sur un ciel où d'orageux nuages s'assemblent et s'avancent dans les éclairs et les coups de tonnerre, des volcans en toute leur puissance dévastatrice, les ouragans que suit la désolation, l'immense océan dans sa fureur, les chutes d'un fleuve puissant, etc., ce sont là choses qui réduisent notre pouvoir de résister à quelque chose de dérisoire en comparaison de la force qui leur appartient. Mais, si nous nous trouvons en sécurité, le spectacle est d'autant plus attrayant qu'il est plus propre à susciter la peur[1]; et nous nommons volontiers ces objets sublimes, parce qu'ils élèvent les forces de l'âme au-dessus de l'habituelle moyenne et nous font découvrir en nous un pouvoir de résistance d'un tout autre genre, qui nous donne le courage de nous mesurer avec l'apparente toute-puissance de la nature.

En effet de même que nous avons trouvé notre limite propre en ce qui est incommensurable dans la nature et dans l'incapacité de notre faculté à saisir une mesure proportionnée à l'évaluation esthétique de la grandeur de son *domaine,* et cependant aussi en même temps découvert en notre raison une autre mesure non sensible, qui comprend sous elle comme unité cette infinité, par rapport à laquelle tout en la nature est petit, si bien que nous avons découvert en notre

1. Dans l'ensemble Kant traite le thème du *Suave mari magno.* Ainsi l'Océan tempétueux est un objet qui fait peur, mais non pas pour le spectateur qui le contemple du haut d'un rocher. Dans ce cas c'est plutôt un sentiment de satisfaction qui se dégage.

esprit une supériorité sur la nature même en son immensité –
tout de même sa force irrésistible nous fait connaître en tant
qu'êtres de la nature notre faiblesse physique, mais en même
temps elle dévoile une faculté, qui nous permet de nous
considérer comme indépendants par rapport à elle, et une
supériorité sur la nature, sur laquelle se fonde une conservation de soi-même toute différente de celle qui est attaquée
par la nature qui nous est extérieure et qui peut être mise en
péril, [262] de telle sorte que l'humanité en notre personne
n'est pas abaissée, même si l'homme devait succomber devant
cette puissance [1]. En ce sens la nature n'est pas considérée
comme sublime dans notre jugement esthétique dans la
mesure où elle engendre la peur, mais parce qu'elle constitue
un appel à la force qui est en nous (mais qui n'est pas nature),
force qui nous permet de regarder tout ce dont nous nous
soucions (les biens, la santé et la vie) comme de petites choses
et par conséquent de ne pas voir en celle de la nature (à
laquelle nous sommes certes soumis en toutes ces choses) en
ce qui nous concerne nous et notre personnalité une puissance
devant laquelle nous devrions nous incliner, lorsqu'il s'agit
de nos principes suprêmes et de leur maintien ou de leur
abandon. La nature est donc dite en ceci sublime, uniquement
parce qu'elle élève l'imagination à la présentation de ces
situations, en lesquelles l'esprit peut se rendre sensible ce qui
est proprement sublime en sa destination et supérieur même à
la nature [2].

L'estime que nous nous portons n'est en rien diminuée,
par le fait que nous devons nous voir en sécurité, afin
d'éprouver cette satisfaction exaltante; et par conséquent le
fait que le danger ne soit pas pris au sérieux n'implique point
(comme il le pourrait sembler) que l'on ne prenne pas au
sérieux ce qu'il y a de sublime en notre faculté spirituelle.
C'est que la satisfaction ne concerne ici que *la destination* de
notre faculté, qui se découvre en une telle situation, en tant

1. Le thème est formellement le même que précédemment : devant
l'incommensurable dans la nature, notre imagination défaille, mais elle
fait ainsi surgir le sentiment de notre supériorité comme êtres moraux.
2. La nature excite le sentiment moral.

que la disposition à celle-ci est en notre nature, tandis que le développement et l'exercice de cette faculté nous sont laissés et que cela demeure une obligation. Et ceci est vrai, quelle que soit la clarté avec laquelle, si sa réflexion s'étend jusque-là, l'homme peut avoir conscience de son impuissance actuelle et effective.

Certes ce principe semble être cherché bien trop loin, selon un raisonnement bien subtil, et en conséquence être transcendant pour un jugement esthétique ; cependant l'observation de l'homme prouve le contraire : ce principe peut se trouver au fondement des plus communes considérations, bien que l'on n'en possède pas toujours la conscience. En effet qu'est-ce qui est l'objet de la plus grande admiration pour le sauvage ? Un homme, qui ne s'effraye pas, qui ne prend pas peur, que le danger ne fera donc pas plier, et qui en même temps avec une réflexion entière se met énergiquement à l'ouvrage. Même dans l'état le plus civilisé on conserve cette estime particulière pour le guerrier ; seulement on exige de plus qu'il montre toutes les vertus pacifiques, douceur, compassion et même en ce qui touche sa personne un souci du convenable ; c'est qu'on reconnaît précisément en cela une âme inaccessible au danger. On peut donc discuter tant qu'on le voudra en comparant l'homme d'Etat et le chef de guerre lequel des deux mérite plus particulièrement notre respect ; [263] le jugement esthétique décide en faveur du second. La guerre elle-même, lorsqu'elle est conduite avec ordre et un respect sacré des droits civils, a quelque chose de sublime en elle-même et elle rend d'autant plus sublime la forme de penser du peuple qui la conduit ainsi, qu'il fut exposé à d'autant plus de périls en lesquels il a pu se maintenir courageusement[1] ; en revanche une longue paix rend souverain le pur esprit mercantile en même temps que l'égoïsme vil, la lâcheté, et la mollesse, abaissant ainsi la manière de penser du peuple.

On pourrait, semble-t-il, opposer à cette analyse du

---

1. Cet éloge de la guerre et du chef de guerre sera repris par Clausewitz (cf. notre article « Clausewitz ou l'esprit de la guerre, l'œuvre inachevée », *Revue de Métaphysique et de morale*, 1990, n°4).

concept du sublime, pour autant que celui-ci est attribué à la force, que nous avons coutume de nous représenter Dieu en sa colère dans l'orage, la tempête, les tremblements de terre, et cependant se manifestant en même temps en sa nature sublime et qu'en ce sens ce serait une folie et un sacrilège que de s'imaginer la supériorité de notre esprit sur les manifestations et, comme il le semble, sur les intentions d'une telle puissance. Il ne semble pas en ceci que ce soit le sentiment du sublime propre à notre nature, mais bien plutôt la soumission, l'accablement, le sentiment de la complète impuissance qui constituent la disposition d'esprit, qui s'accorde avec le phénomène d'un tel objet et qui aussi est ordinairement lié à l'Idée de cet objet à l'occasion d'événements de la nature de ce genre. Dans la religion en général il semble que se prosterner, adorer la tête inclinée, avec des gestes et une voix remplis de crainte et d'angoisse, soit la seule attitude qui convienne en présence de la divinité, et la plupart des peuples ont aussi bien adopté cette attitude et l'observent encore. Mais cette disposition d'esprit est bien loin d'être en soi liée et nécessaire à l'Idée du *sublime* d'une religion et de son objet. L'homme, qui a effectivement peur, parce qu'il en découvre la cause en lui-même, ayant conscience d'offenser par son intention coupable une puissance, dont la volonté est en même temps irrésistible et juste, ne se trouve pas dans l'état d'esprit pour admirer la grandeur divine, car c'est là ce qui exige une disposition à la calme contemplation et un jugement entièrement libre. C'est donc seulement lorsqu'il a conscience que ses intentions sont droites et agréables à Dieu, que les manifestations de cette force, éveillent en lui l'Idée de la nature sublime de cet Etre, dans la mesure où il reconnaît en lui-même dans son intention quelque chose de sublime qui est conforme à la volonté de celui-ci, et est ainsi élevé au-dessus de la peur, suscitée par de telles manifestations de la nature, en lesquelles il ne voit plus [264] le déchaînement de la colère divine. L'humilité elle-même, jugement sans indulgence sur nos défauts, qui d'ailleurs dans une conscience aux intentions bonnes peuvent facilement être compris dans la fragilité de la nature humaine, est une disposition d'esprit sublime, en

laquelle on se soumet spontanément à la douleur des reproches intérieurs, afin d'en éliminer peu à peu les causes.
C'est ainsi seulement que la religion se distingue de la superstition; celle-ci ne fonde pas dans l'esprit la crainte respectueuse pour ce qui est sublime, mais seulement la peur et
l'angoisse devant l'Etre tout puissant, à la volonté duquel
l'homme terrifié se voit soumis, sans pourtant l'honorer; il
ne peut en résulter que la recherche de la faveur et la flatterie, au lieu d'une religion d'une vie suivant le bon chemin.

Ainsi le sublime n'est contenu en aucune chose de la
nature, mais seulement en notre esprit, dans la mesure où
nous pouvons devenir conscients d'être supérieurs à la nature
en nous, et, ce faisant, à la nature en dehors de nous (pour
autant qu'elle exerce son action sur nous). Tout ce qui en
nous suscite ce sentiment, comme la *force* de la nature, qui
sollicite nos forces, est donc dit sublime (mais improprement); et c'est seulement sous la présupposition de cette Idée
en nous et en relation à celle-ci que nous sommes capables de
parvenir à l'Idée de la nature sublime de cet Etre, qui fait
naître en nous un respect profond non seulement par la force,
qu'il manifeste en la nature, mais encore et surtout par la
faculté, qui est en nous, de juger celle-ci sans peur et de
penser que notre destination est encore plus sublime.

§ 29. *De la modalité du jugement sur le sublime de la nature.*

Il y a d'innombrables choses de la belle nature, au sujet
desquelles nous admettons derechef la concordance du jugement de tout un chacun avec le nôtre et nous pouvons même
nous y attendre, sans risquer véritablement de nous tromper;
en revanche nous ne pouvons pas nous promettre que notre
jugement sur le sublime en la nature sera aussi bien reçu par
autrui. En effet il semble qu'une culture beaucoup plus développée non seulement de la faculté de juger esthétique, mais
encore des facultés de connaissance qui se trouvent à son
fondement, soit indispensable, afin de pouvoir porter un

jugement sur cet aspect si remarquable des objets naturels[1].

[265] La disposition de l'esprit supposée par le sentiment du sublime exige une ouverture de celui-ci aux Idées ; c'est, en effet, dans l'inadéquation de la nature à celles-ci, par conséquent seulement sous la présupposition des Idées et de l'effort de l'imagination pour traiter la nature comme un schème pour celles-ci, que consiste ce qui est effrayant pour la sensibilité et cependant en même temps attrayant : c'est qu'en ceci la raison exerce avec violence sa puissance sur la sensibilité, à seule fin de l'élargir à la mesure de son domaine propre (qui est pratique) et de lui faire jeter un regard sur l'infini, qui est pour elle un abîme. En fait sans développement des Idées éthiques, ce que, préparés par la culture, nous nommons sublime ne paraîtra qu'effrayant à l'homme inculte[2]. Dans les preuves gigantesques de la puissance de la nature, en ses destructions, dans la mesure si grande de sa force par rapport à laquelle les siennes sont anéanties, il verra uniquement les peines, les dangers et la détresse, dont l'homme serait entouré, s'il se trouvait prisonnier de telles circonstances. Aussi bien le bon paysan savoyard (comme le rapporte M. de Saussure)[3], qui était d'ailleurs plein de bon sens, traitait sans scrupule de fous les amateurs de glaciers. Qui sait, s'il aurait eu complètement tort, si cet observateur avait affronté les dangers auxquels il s'exposait uniquement par fantaisie, comme la plupart des voyageurs, ou afin de pouvoir par la suite en donner de pathétiques descriptions ? Mais son projet était d'instruire les hommes, et cet homme excellent ressentait des sensations qui transportent l'âme et

---

1. Kant aborde un problème redoutable dans sa philosophie : celui de la culture qui semble présupposée par le jugement esthétique, qui devrait, semble-t-il, dépendre de la seule nature de l'âme humaine et du jeu des facultés de connaître. Si la culture est présupposée par le jugement esthétique, la question de l'*a priori* devra être reformulée.

2. Texte capital où Kant récupère la culture en la faisant dépendre des Idées éthiques (par exemple l'immortalité de l'âme), si bien que l'*a priori* est immédiatement retrouvé.

3. H. de Saussure (1709-1790), géographe célèbre, auteur des *Voyages dans les Alpes* (traduits en allemand en 1781).

les communiquait, par-dessus le marché, aux lecteurs de ses voyages.

Mais parce que le jugement sur le sublime de la nature a besoin d'une certaine culture (plus que le jugement sur le beau), il n'est pas toutefois pour cette raison primitivement produit par la culture et introduit comme quelque chose de seulement conventionnel en la société ; au contraire il possède son fondement dans la nature humaine et à la vérité en cela même que l'on peut avec le bon sens supposer et exiger en chacun, c'est-à-dire dans la disposition au sentiment pour les Idées (pratiques), soit au sentiment moral [1].

C'est en cela que se fonde donc la nécessité de l'accord du jugement d'autrui sur le sublime avec le nôtre, et nous la comprenons en même temps dans le nôtre. En effet de même que dans le jugement d'un objet de la nature, que nous trouvons beau, nous reprochons à celui qui est indifférent un manque de *goût,* de même nous disons de celui qui reste sans réaction devant ce que nous jugeons sublime qu'il n'a aucun *sentiment.* Or nous exigeons ces deux qualités en tout homme et nous les supposons chez un homme qui possède quelque culture ; [266] avec cette différence toutefois que nous exigeons strictement la première qualité, puisqu'en ceci la faculté de juger ne fait que rapporter l'imagination à l'entendement comme faculté des concepts, tandis que nous exigeons la seconde qualité, puisque l'imagination y est rapportée à la raison comme faculté des Idées, seulement selon une présupposition subjective (que nous nous croyons autorisés à admettre de chacun), qui est celle du sentiment moral en l'homme et par là nous attribuons la nécessité à ce jugement esthétique.

Dans cette modalité des jugements esthétiques, c'est-à-dire dans la nécessité qui leur est attribuée, se situe un moment capital pour la critique de la faculté de juger. C'est qu'elle fait reconnaître en eux un principe *a priori* et les dégage de la psychologie empirique, en laquelle ils reste-

---

1. Le sentiment du sublime (ou plus précisément le jugement) même si, dépendant de la culture, il se trouve conditionné par la société, trouve en dernier ressort son fondement dans la nature de l'âme humaine.

raient autrement ensevelis sous les sentiments de bien-être et de douleur (avec l'insignifiant épithète de sentiment *plus fin*), pour les mettre, et grâce à eux la faculté de juger, dans la classe des jugements qui ont à leur fondement des principes *a priori*, et les intégrer comme tels dans la philosophie transcendantale [1].

Remarque générale sur l'exposition des jugements esthétiques réfléchissants

En relation au sentiment de plaisir un objet doit être estimé comme appartenant à ce qui est soit *agréable*, soit *beau*, soit *sublime ou* enfin *bien* (absolument) *(iucundum, pulchrum, sublime, honestum)*.

L'agréable, en tant que mobile des désirs, est toujours identique en son genre, quelle que soit son origine et si différente spécifiquement que puisse être la représentation (du sens et de la sensation considérés objectivement). Aussi bien lorsqu'on considère son influence sur l'esprit, c'est uniquement la quantité des excitations (simultanées et successives) qui importe et pour ainsi dire seulement la masse de la sensation agréable; et c'est là ce qui ne peut être compris que par la *quantité*. Ce qui est agréable ne cultive donc point, mais appartient à la simple jouissance. – En revanche le *beau* exige la représentation d'une certaine *qualité* de l'objet, qui peut être rendue intelligible et être ramenée à des concepts (bien que cela ne s'effectue pas dans le jugement esthétique); et cela nous cultive, en nous enseignant à prêter attention à la finalité dans le sentiment de plaisir. – Le *sublime* consiste seulement en la *relation*, en laquelle [267] le sensible de la représentation de la nature est jugé propre pour un usage suprasensible possible de celui-ci. – Le *bien-absolu*, consi-

1. La nécessité de la présupposition subjective définit la modalité du jugement sur le sublime; il doit être communicable à autrui, c'est-à-dire être la présupposition d'un *sentiment moral a priori* comme le respect. Par là est écartée, au profit de la phénoménologie, tout le caractère en apparence empirique et socialement conditionné de la psychologie du jugement de goût.

déré subjectivement selon le sentiment qu'il inspire (l'objet du sentiment moral), en tant que déterminabilité des forces du sujet par la représentation *d'une loi qui oblige absolument,* se définit principalement par la modalité d'une nécessité reposant sur des concepts *a priori,* qui ne contient pas seulement la *prétention* à l'adhésion de tout un chacun, mais aussi *le commandement* à celle-ci[1]; il n'appartient donc pas en vérité à la faculté de juger esthétique, mais à la faculté de juger intellectuelle et pure; ce n'est donc pas dans un simple jugement réfléchissant, mais dans un jugement déterminant qu'il est attribué non à la nature, mais à la liberté. Cependant la *déterminabilité du sujet* par cette Idée, et d'un sujet tel qu'il peut éprouver en sa sensibilité *un obstacle,* en même temps que sa supériorité sur celle-ci en triomphant d'elle en *modifiant son état,* c'est-à-dire le sentiment moral, est toutefois tellement apparentée à la faculté de juger esthétique et *à ses conditions formelles,* qu'elle peut servir à représenter la légalité de l'action faite par devoir comme esthétique aussi, c'est-à-dire sublime, ou même comme belle, sans en altérer la pureté, cela ne se ferait point si l'on voulait mettre cette action dans une liaison naturelle au sentiment de l'agréable[2].

Si l'on dégage le résultat des précédentes expositions des deux formes de jugements esthétiques, on obtiendra les brèves définitions suivantes :

Le *beau* est ce qui plaît dans le simple jugement (donc sans la médiation de la sensation du sens d'après un concept de l'entendement). Il s'ensuit évidemment qu'il doit plaire sans aucun intérêt.

Le *sublime* est ce qui plaît immédiatement par la résistance qu'il oppose à l'intérêt des sens[3].

1. Série de définitions tirées des principaux moments de l'Analytique du beau et du sublime.
2. Pour autant que le jugement esthétique se dirige vers le bien absolu, il renferme un *a priori.* Kant cherche à établir un parallélisme entre le jugement moral et celui portant sur le sublime. La déterminabilité du sujet, ou aptitude à se déterminer selon l'Idée nouménale du *devoir* ou selon la qualité sensible, fait apparaître ici et là un triomphe sur la sensibilité ou une défaite.
3. Le beau plaît immédiatement sans intérêt, puisque la question de

Toutes deux, en tant que définitions de jugements esthétiques universellement valables, se rapportent à des principes subjectifs, d'une part en relation à la sensibilité, dans la mesure où elle favorise l'entendement contemplatif, d'autre part en opposition à la sensibilité, de par leur rapport aux fins de la raison pratique, et sont toutefois unies en un même sujet et possèdent un caractère final en relation au sentiment moral. Le beau nous prépare à aimer quelque chose d'une façon désintéressée, même la nature, et le sublime à l'estimer contre notre intérêt (sensible).

[268] On peut décrire ainsi le sublime : *c'est un objet (de la nature) qui prépare l'esprit à penser l'impossibilité d'atteindre la nature en tant que présentation des Idées*[1].

Prises à la lettre et considérées logiquement[2] les Idées ne peuvent pas être présentées. Mais nous élargissons pour l'intuition de la nature notre faculté de représentation empirique (mathématique ou dynamique), et aussitôt la raison ne manque pas de s'y joindre, comme faculté de l'indépendance de la totalité absolue et suscite l'effort, il est vrai stérile, de l'esprit pour accorder la représentation des sens aux Idées. Cet effort et le sentiment que l'Idée est inaccessible par l'imagination constituent eux-mêmes une présentation de la finalité subjective de notre esprit dans l'usage de l'imagination en ce qui touche sa destination supra-sensible et nous oblige à *penser* subjectivement la nature elle-même en sa totalité comme présentation de quelque chose de supra-sensible, sans pouvoir *objectivement* réaliser cette présentation[3].

---

son existence (qualité) ne se pose pas, tandis que le sublime plaît par la médiation de la résistance qu'il oppose aux intérêts des sens.

1. Sans les Idées de la raison, distinctes des concepts de l'entendement, le sublime n'aurait aucun sens. On ne pourrra pas, explique Kant plus loin, séparer le sentiment du sublime et le sentiment moral.

2. *Prises à la lettre.* Il ne s'agit pas ici d'une restriction.

3. *penser = denken* et non pas *begreifen*. L'idée majeure est que la nature en son immensité même peut être l'objet d'une visée, au sein de laquelle le sublime jaillira, selon les dispositions de la sensibilité et de la raison. La possibilité de cette visée, même si elle n'appartient qu'au sublime comme annexe de la faculté de juger esthétique, signifie, d'un point de vue éthique, le primat du sublime sur le beau.

En effet, nous sommes bien vite convaincus que ni l'inconditionné, ni par conséquent aussi la grandeur absolue, n'appartiennent à la nature dans l'espace et dans le temps, tandis que c'est là ce qu'exige la plus commune raison. Ce faisant, il nous revient à l'esprit que nous n'avons affaire qu'à une nature comme phénomène et que celle-ci ne devrait elle-même être considérée qu'en tant que pure présentation d'une nature en soi (qui appartient comme Idée à la raison). Or cette Idée du supra-sensible, que nous ne déterminons pas à la vérité, et par conséquent aussi la nature comme présentation de celle-ci, nous ne la *connaissons* pas, mais nous pouvons seulement la *penser* et elle est évoquée en nous par un objet dont le jugement esthétique étend l'imagination jusqu'à ses limites, soit en son extension (mathématique) soit selon sa force sur l'esprit (dynamique), puisqu'il se fonde sur le sentiment d'une destination de celui-ci, qui dépasse complètement le domaine de l'imagination (par rapport au sentiment moral), et au point de vue duquel la représentation de l'objet est considérée comme subjectivement finale [1].

On ne peut pas en fait penser un sentiment pour le sublime de la nature sans y rattacher une disposition de l'esprit qui est semblable au sentiment moral et bien que l'immédiat plaisir pris à ce qui est beau en la nature présuppose et cultive une certaine *libéralité* dans la manière de penser, c'est-à-dire l'indépendance de la satisfaction par rapport à la simple jouissance des sens, toutefois la liberté est plutôt par là représentée dans le *jeu* que soumise à une *activité* conforme à la loi, [269] ce qui constitue l'authentique forme de l'activité éthique de l'homme en laquelle la raison doit faire violence à la sensibilité; cependant dans le jugement esthétique sur le sublime cette violence est représentée comme exercée par l'imagination elle-même en tant qu'instrument de la raison [2].

1. La nature comme déterminité *phénoménale* dans la mesure où elle est légale (et elle l'est toujours) est, pour ainsi dire, la présentation d'une nature en soi (le règne des fins). On ne peut pas parler de schème d'une nature en soi dans la mesure ou la nature n'est que phénoménale.
2. Le sublime naît toujours d'une opposition entre sensibilité d'une part et raison et imagination d'autre part. Cette opposition n'est pas une contradiction logique, mais un conflit de puissances. D'où la traduction

La satisfaction prise au sublime de la nature n'est que *négative* (tandis que celle qui touche le beau est *positive*); il s'agit d'un sentiment en lequel l'imagination se prive elle-même de la liberté, puisqu'elle est déterminée en un sens final suivant une autre loi que celle de l'usage empirique. Ce faisant elle acquiert une portée et une force plus grandes que celles qu'elle a sacrifiées, mais dont le fondement lui demeure caché et plutôt que celui-ci c'est le sacrifice ou la spoliation qu'elle *sent* en même temps que la *cause* à laquelle elle est soumise. *L'étonnement,* qui confine à l'effroi, l'horreur et le frisson sacré qui saisissent le spectateur à la vue de montagnes s'élevant jusqu'aux cieux, de gorges profondes en lesquelles les eaux sont déchaînées, de solitudes abritées par une ombre épaisse qui incitent à la méditation mélancolique, etc., ne peuvent donner naissance à une peur véritable puisque le spectateur se sait en sécurité, mais sont une tentative à laquelle nous nous abandonnons par l'imagination, afin de sentir la force de cette même faculté pour lier le mouvement de l'âme ainsi suscité avec son repos même et pour dominer ainsi aussi bien en nous qu'en dehors de nous la nature, dans la mesure où elle peut posséder une influence sur le sentiment de notre bien-être. C'est que l'imagination suivant les lois de l'association rend l'état en lequel nous ressentons une joie paisible dépendant au point de vue physique; mais l'imagination elle-même est d'après les principes du schématisme de la faculté de juger (par conséquent dans la mesure où elle est subordonnée à la liberté) l'instrument de la raison et de ses Idées, et en tant que telle, c'est une force qui peut affirmer notre indépendance contre l'influence qu'exerce la nature, faire déchoir dans la petitesse ce qui est grand en celle-ci et poser l'absolument grand uniquement en la destination propre du sujet. Cette réflexion de la faculté de juger esthétique, pour rendre conforme l'imagination à la raison, sans en posséder un concept déterminé, représente l'objet comme subjectivement final toutefois par l'insuffisance objective de l'imagination, même en sa plus grande extension, pour la raison (en tant que

---

de *Gewalt* par *violence.*

faculté des Idées)[1].

En ceci il convient de manière générale de prêter attention au fait que, comme on l'a déjà rappelé plus haut dans l'esthétique transcendantale de la faculté de juger, [270] il ne saurait être question que de jugements esthétiques purs et en conséquence qu'il ne faut point prendre comme exemples les objets beaux ou sublimes de la nature qui présupposent le concept d'une fin ; car en ce cas il s'agirait ou bien de finalité téléologique ou de finalité se fondant sur les simples sensations produites par un objet (contentement ou douleur) et ainsi dans le premier cas il ne serait pas question de finalité esthétique et dans le second cas il n'y aurait pas une finalité seulement formelle. Lorsqu'on dit sublime la vue du ciel étoilé[2], il ne faut pas mettre au principe du jugement les concepts des mondes, habités par des êtres raisonnables, et considérer les points brillants, qui remplissent l'espace au-dessus de nous, comme leurs soleils en mouvement selon des cercles qui leur sont très appropriés, mais le regarder simplement comme on le voit, comme une vaste voûte qui comprend tout ; et c'est seulement sous la condition d'une telle représentation que nous saisirons le sublime qu'un jugement esthétique pur attribue à cet objet. Il n'en va pas autrement avec le spectacle de l'océan qui ne doit pas être vu comme nous le pensons, l'enrichissant de toute sorte de connaissances, ainsi comme un vaste empire de créatures aquatiques, comme le grand réservoir pour les vapeurs, qui remplissent l'air de nuages bien utiles pour les terres, ou bien encore comme l'élément, qui séparant en fait les continents les uns des autres, rend cependant possible la plus grande communication entre eux ; car en tout ceci il ne s'agit que de purs

1. Le schématisme théorique consiste en une méthode destinée à procurer à un concept son image ; le schématisme du sublime consiste à rendre adéquat l'imagination (sensible) à la raison. C'est l'incapacité de l'imagination à se représenter le tout qui indique la finalité de ce schématisme.

2. Pour l'explication du « ciel étoilé », cf. *Critique de la raison pratique*, Conclusion (AK V, 161-162). Il ne faut pas confondre la visée théorique, qui présupposera une fin, et la satisfaction immédiate qui habite la raison pratique réanimée par l'effort de l'imagination.

jugements téléologiques; mais il faut parvenir à voir l'océan seulement, comme le font les poètes, selon le spectacle qu'il donne à l'œil, soit, lorsqu'il est contemplé au repos tel un clair miroir d'eau qui n'est limité que par le ciel et, lorsqu'il est agité, soit comme un abîme menaçant de tout engloutir, qu'il nous est quand même possible de trouver sublime. On peut dire la même chose de ce qui est sublime et de ce qui est beau dans la forme humaine; nous ne devons pas considérer les concepts des fins, qui sont le «pourquoi» de l'existence de tous ses membres, comme des raisons de détermination de notre jugement et leur harmonie avec ces fins ne doit exercer aucune influence sur notre jugement esthétique (qui dès lors ne serait plus pur), bien que cette harmonie soit une condition nécessaire de la satisfaction esthétique. La finalité esthétique est la légalité de la faculté de juger en sa *liberté*. La satisfaction qui résulte de l'objet dépend de la relation en laquelle nous voulons mettre l'imagination; il faut seulement que d'elle-même elle soutienne l'esprit en une libre activité. En revanche si quelque chose d'autre détermine le jugement, qu'il s'agisse d'une sensation ou d'un concept de l'entendement, [271] il y a bien une certaine légalité, mais il n'y a plus de jugement d'une libre faculté de juger.

Par conséquent lorsqu'on parle de beauté ou de sublimité intellectuelle, *premièrement* ces expressions ne sont pas tout à fait exactes, car ce sont des modes de représentations esthétiques, qui ne se rencontreraient vraiment pas en nous, si nous n'étions que de pures intelligences[1] (ou si encore par la pensée nous nous placions dans cette condition); *deuxièmement,* bien que ces deux modes de représentation, comme objets d'une satisfaction intellectuelle (morale), puissent être unis à la satisfaction esthétique, dans la mesure même où ils ne *reposent* sur aucun intérêt, ils demeurent en revanche en cela même difficiles à unir avec elle, parce qu'ils doivent *susciter* un intérêt; or si la présentation doit s'accorder avec

---

1. Si nous étions de pures intelligences, la sensibilité nous faisant défaut, un des éléments du jeu des facultés de l'âme disparaîtrait (l'imagination) et avec lui le sublime. Le sentiment du sublime caractérise donc l'homme.

la satisfaction dans le jugement esthétique, cela ne peut jamais s'effectuer autrement que par un intérêt des sens, qu'on lie à cet effet dans la présentation; mais cela nuit à la finalité intellectuelle et elle perd sa pureté.

L'objet d'une satisfaction intellectuelle pure et inconditionnée est la loi morale dans la puissance qu'elle exerce en nous sur tous les mobiles de l'âme et sur chaque mobile qui la *précède*; et puisque cette puissance ne se fait proprement connaître esthétiquement que par des sacrifices (c'est là une privation, bien qu'au profit de la liberté intérieure se révèle en revanche en nous l'insondable profondeur de cette faculté supra-sensible avec toutes ses conséquences infinies) : la satisfaction est négative au point de vue esthétique (en relation à la sensibilité), c'est-à-dire contraire à cet intérêt-là, tandis que considérée au point de vue intellectuel elle est positive et liée à un intérêt. Il s'ensuit que le bien (moral) intellectuel, en lui-même final, considéré esthétiquement ne doit pas tellement être représenté comme beau que comme sublime, de telle sorte qu'il éveille plutôt le sentiment de respect (qui méprise l'attrait) que l'amour ou l'inclinaison familière; c'est que ce n'est pas par elle-même, mais seulement par la violence faite par la raison à la sensibilité, que la nature humaine s'accorde avec ce bien. Inversement, ce que nous nommons sublime dans la nature hors de nous ou aussi en nous (par exemple certaines affections) ne peut être représenté et, ce faisant, devenir intéressant, que comme une force de l'esprit capable de s'élever, grâce à des principes moraux, au-dessus de certains obstacles de la sensibilité.

Je m'arrêterai un peu à ceci. L'Idée du bien [272] accompagnée d'émotion se nomme *enthousiasme*[1]. Cet état d'âme semble à ce point sublime que l'on prétend communément que sans lui on ne peut rien faire de grand. Or toute affection[2*] est aveugle, soit dans le choix de son but, soit, lorsque

1. Sur *enthousiasme* cf. L. Lévy-Bruhl, *La philosophie de Jacobi*, Paris, Alcan, 1896. – Ici Kant oppose l'attitude stoïcienne à la *Schwärmerei*.
2*. Les affections sont spécifiquement différentes des passions les premières se rapportent au sentiment; les secondes appartiennent à la

ce but est indiqué par la raison, dans la réalisation de celui-ci ; il s'agit, en effet, de ce mouvement de l'âme, qui la rend incapable d'engager une libre réflexion sur les principes pour, ce faisant, se déterminer d'après ceux-ci[1]. Ainsi l'enthousiasme ne peut d'aucune manière servir à une satisfaction de la raison. Néanmoins, esthétiquement l'enthousiasme est sublime, parce qu'il est une tension des forces par les Idées, qui donnent à l'âme un élan qui agit de manière bien plus puissante et durable que l'impulsion par des représentations sensibles. Mais (ce qui paraît étrange), même *l'absence d'affections (apatheica, phlegma in significatu bono)* d'une âme suivant avec énergie ses principes immuables est sublime, et même d'une façon bien supérieure, parce qu'elle a pour elle en même temps la satisfaction de la raison pure. Un tel état d'âme se dit seul noble ; ce terme est appliqué de manière dérivée aussi aux choses, par exemple des édifices, un vêtement, une manière d'écrire, un certain maintien du corps, etc., lorsque celles-ci suscitent moins *l'étonnement* (affection dans la représentation de la nouveauté qui dépasse ce que l'on attend) que *l'admiration* (étonnement qui ne cesse pas avec la disparition de la nouveauté) ; et c'est là ce qui arrive quand des Idées dans leur présentation s'accordent sans intention et sans art en vue d'une satisfaction esthétique[2].

Toute affection du *genre vigoureux* (celui qui éveille la conscience de nos forces, de vaincre toute résistance) *(animi strenui)* est *esthétiquement sublime,* par exemple la colère, ou même le désespoir (le désespoir *révolté,* non pas le déses-

---

faculté de désirer et sont des penchants qui rendent difficile ou impossible toute déterminabilité du libre arbitre par des principes. Celles-là sont tumultueuses et irréfléchies, celles-ci sont durables et réfléchies ; ainsi l'indignation comme colère est une affection, tandis que la haine (soif de vengeance) est une passion. Cette dernière ne peut jamais sous aucun rapport être dite sublime, parce que si dans l'affection la liberté de l'esprit est à vrai dire entravée, dans la passion elle est *supprimée*.

1. A : « Qui rend incapable de se déterminer par des principes suivant une libre réflexion ».

2. Kant oppose l'affection et la passion, par exemple la colère et la haine. Dans la colère on peut voir se surpasser l'âme, non dans la haine, qui en est un mouvement continu et non une explosion qui étonne.

poir *découragé).* L'affection du genre *languissant (animum languidum),* qui fait de l'effort pour résister un objet de déplaisir, n'a en soi rien de noble, [273] mais peut toutefois être comptée comme beauté de type sensible. C'est pourquoi les *émotions* qui peuvent grandir jusqu'à l'affection sont aussi très diverses. Il y en a de fortes et il y en a de tendres. Ces dernières lorsqu'elles grandissent jusqu'à devenir des affections sont vaines : le penchant à de telles affections se nomme *sensiblerie.* Une douleur résultant de la sympathie, qui ne veut point de consolation ou à laquelle nous nous abandonnons volontairement, lorsqu'elle concerne un mal imaginaire, jusqu'à le croire réel par une illusion de l'imagination <Phantasie>, prouve et forme une âme douce, mais aussi faible, qui montre un beau côté, et même plein d'imagination <phantatisch>, mais qu'on ne saurait jamais dire enthousiaste. Des romans, des comédies larmoyantes, des préceptes moraux qui jouent avec des sentiments dits (quoique faussement) nobles, mais qui en fait rendent le cœur sec et insensible pour la vigoureuse règle du devoir et incapable de tout respect pour la dignité de l'humanité en notre personne, pour le droit des hommes (qui est tout autre chose que leur bonheur) et de manière générale pour tous les principes fermes ; un discours religieux même, qui recommande la basse recherche de la faveur et la flatterie, qui abandonne toute confiance en notre propre pouvoir de résistance au mal qui est en nous, à la place de la décision courageuse de réunir, afin de triompher des penchants, les forces qui nous restent encore en dépit de toute notre faiblesse ; la fausse humilité qui voit dans le mépris de soi, dans le repentir pleurard et hypocrite et dans un état d'âme tout passif la seule façon en laquelle on puisse être agréable à l'Etre suprême : tout cela ne s'accorde pas avec ce que l'on peut compter dans la beauté et encore bien moins avec ce que l'on peut considérer comme sublime dans la manière d'être de l'âme.

Mais aussi des mouvements tumultueux de l'âme, que ceux-ci soient liés avec les idées de la religion sous le nom d'édification, ou qu'ils soient, comme appartenant à la culture, liés à des Idées, qui enveloppent un intérêt social, ne peuvent absolument pas, si fortement qu'ils puissent exciter l'imagination, prétendre à l'honneur d'une présentation *sublime,* s'ils ne laissent pas l'âme dans une disposition qui, bien qu'indirectement seulement, influe sur la conscience qu'elle a de ses forces et de sa résolution pour ce qui possède une finalité intellectuelle pure (pour le supra-sensible) [1]. C'est qu'autrement toutes ces affections n'appartiennent qu'à l'exercice, que l'on apprécie pour la santé. [274] L'agréable fatigue, qui suit ces secousses produites par le jeu des affections, est une jouissance du bien-être provenant du rétablissement de l'équilibre des différentes forces vitales en nous, qui aboutit au même résultat que le sentiment de jouissance que les Orientaux voluptueux prisent tant, lorsqu'ils se font pour ainsi dire pétrir le corps, presser et plier tous les muscles et les articulations avec douceur; il y a seulement cette différence que là le principe moteur est en grande partie en nous, tandis qu'ici en revanche, il est tout à fait en dehors de nous. Tel se croit édifié par un sermon en lequel cependant rien n'est édifié (aucun système de bonnes maximes); ou bien encore il se croit rendu meilleur par une tragédie, alors qu'il est seulement content d'avoir heureusement chassé l'ennui. Ainsi le sublime doit toujours avoir un rapport à *la manière de penser,* c'est-à-dire à des maximes qui visent à procurer à ce qui est intellectuel et aux Idées de la raison la domination sur la sensibilité.

Il ne faut pas redouter que le sentiment du sublime ne soit perdu par un mode de présentation aussi abstrait, qui par rapport au sensible est tout à fait négatif; car bien que l'imagination ne trouve rien au-delà du sensible, à quoi elle puisse se rattacher, elle se sent toutefois illimitée en raison de la disparition de ses bornes; et cette abstraction est ainsi une présentation de l'infini, qui, précisément pour cette raison, ne peut jamais être qu'une simple présentation négative, qui cependant élargit l'âme. Peut-être n'y a-t-il aucun passage plus sublime dans l'Ancien Testament que le commande-

---

1. Kant tempère son propos : la colère par exemple n'est sublime que si, agissant sur l'âme, elle suscite en elle indirectement un éveil de la supériorité de l'éthique.

ment : Tu ne te feras point d'image taillée, ni de représentation quelconque des choses qui sont en haut dans les cieux, qui sont en bas sur la terre, et qui sont dans les eaux plus bas que la terre...[1]. Seul ce commandement peut expliquer l'enthousiasme que le peuple juif pendant sa période florissante éprouvait pour sa religion quand il se comparaît avec d'autres peuples, ou l'orgueil qu'inspire la religion mahométane. Il en va de même aussi de la représentation de la loi morale et de la disposition à la moralité en nous. C'est un souci tout à fait vain que de croire que privée de tout ce qui peut la recommander aux sens, celle-ci ne rencontrerait qu'une approbation froide et sans vie et ne s'accompagnerait ni de force impulsive, ni d'émotion. C'est tout le contraire ; car lorsque les sens ne voient plus rien devant eux et que cependant demeure l'idée de la moralité, qui ne peut être ni méconnue ni détruite, il serait bien plutôt nécessaire de modérer l'élan d'une imagination sans limites, pour ne pas la laisser croître jusqu'à l'enthousiasme, que craignant la faiblesse de ces Idées de leur chercher du secours dans des images et dans un appareil enfantin. C'est pourquoi aussi des gouvernements ont volontiers autorisé de pourvoir la religion avec de semblables colifichets [275] et cherché ainsi à ôter à leurs sujets non seulement la peine, mais encore le pouvoir d'étendre les facultés de l'âme au-delà des limites qu'on peut leur imposer arbitrairement, car on peut plus facilement en user avec l'homme purement passif[2].

Cette présentation pure, simplement négative qui élève l'âme n'entraîne en revanche aucun danger de *Schwärmerei*[3], *qui est une illusion qui consiste à voir quelque chose*

---

1. Kant cite de mémoire : Exode, ch. XX, v. 4 (trad. de Luther).

2. La moralité, bien loin d'être froide et sans cœur, remplirait notre esprit d'une ferveur et d'une émotion toujours renouvelées, si nos sens ne voyaient plus rien devant eux que la sainteté de la loi morale. La remarque visant les gouvernements est parfaitement dans le ton de l'*Aufklärung*.

3. Nous ne traduirons pas ici le terme de *Schwärmerei* qui signifie *enthousiasme, fanatisme* et qui ne possède pas de véritable équivalent dans la langue française. Cf. *Qu'est-ce que s'orienter dans la pensée ?*, pp. 38-39.

par-delà toutes les limites de la sensibilité, c'est-à-dire
vouloir rêver suivant des principes (délirer avec la raison)
justement parce que la présentation n'est que négative. En
effet le *caractère insondable de l'Idée de liberté* rend
complètement impossible toute présentation positive; la loi
morale est en elle-même suffisante et originairement déterminante en nous, de telle sorte qu'il n'est pas même permis de
chercher une raison de détermination en dehors de celle-ci.
Si l'enthousiasme doit être comparé à la *démence,* c'est à la
folie même que doit être comparée la *Schwärmerei*[1], et c'est
la folie qui peut le moins s'accorder avec le sublime, car ses
rêveries creuses la rendent ridicule. Dans l'enthousiasme
comme affection l'imagination est déchaînée, dans la *Schwärmerei,* elle est déréglée comme une passion profondément
enracinée. Dans le premier cas il s'agit d'un accident passa-
ger, qui peut atteindre l'entendement le plus sain; dans le
second cas il s'agit d'une maladie qui l'ébranle[2].

La *simplicité* (finalité sans art) est pour ainsi dire le style
de la nature dans le sublime ainsi que de la moralité, qui est
une seconde nature (supra-sensible), dont nous ne connaissons que les lois sans pouvoir atteindre par intuition la faculté
supra-sensible en nous, qui contient le principe de cette
législation.

Il faut encore remarquer que bien que la satisfaction
concernant le beau, ainsi que celle concernant le sublime,
soient différentes nettement des autres jugements esthétiques,
non seulement par le fait d'être *universellement communi-
cables,* mais encore parce qu'elles possèdent de par cette pro-

1. Dans l'*Anthropologie* Kant traduit « Wahnsinn » par « *Demen-
tia* » (nous traduisons donc par démence); dans la démence l'imagination fait tenir les représentations qu'elle forge pour de vraies représentations. Kant traduit « *Wahnwitz* » par « *insania* ». C'est le trouble propre
à la faculté de juger. (*Anthropologie*, Ire partie, Livre I Chap. II, D.)
2. La liberté est la clef de voûte de la Critique, mais cependant nous
ne la connaissons que par la médiation de la loi morale. Comme l'autorité politique elle est *insondable* et l'on ne doit pas s'égarer en cherchant
son origine. Le kantisme apparaît ici comme une philosophie *négative* de
la liberté. On peut considérer cet alinéa comme une condamnation de tout
mysticisme éthique.

priété un intérêt en rapport à la société (en laquelle elle peut être communiquée), néanmoins *l'isolement de toute société* est considéré comme quelque chose de sublime, lorsqu'il repose sur des Idées qui dépassent tout intérêt sensible. Se suffire à soi-même, n'avoir pas besoin de la société, sans cependant être insociable, c'est-à-dire la fuir, est quelque chose qui s'approche du sublime, comme toute élévation au-dessus des besoins. En revanche fuir les hommes par *misanthropie,* parce qu'on les hait, ou par *anthropophobie* (peur des hommes), parce qu'on les redoute comme des ennemis, c'est là ce qui est en partie laid et en partie méprisable. [276] Il existe toutefois une misanthropie (très improprement dénommée), et la disposition à celle-ci vient assez souvent avec l'âge à l'esprit de beaucoup d'hommes bien pensants ; elle est bien assez philanthropique en ce qui touche la bienveillance, mais par une longue et triste expérience elle est bien éloignée de la satisfaction que peuvent donner les hommes ; la tendance à la retraite, le vœu chimérique de passer sa vie dans une maison de campagne écartée, ou (chez les personnes jeunes) de vivre toute sa vie avec une petite famille sur une île inconnue du reste du monde, rêve que les romanciers et les poètes faiseurs de « robinsonades » savent si bien utiliser, en donnent la preuve. La fausseté, l'ingratitude, l'injustice, la puérilité des fins qui sont considérées par nous comme importantes et grandes et dans la poursuite desquelles les hommes se font les uns aux autres tout le mal possible, se trouvent dans une telle contradiction avec l'Idée de ce qu'ils pourraient être, s'ils le voulaient, et sont si contraires au vif désir de les voir meilleurs, que pour ne point haïr les hommes, puisqu'on ne peut les aimer, le renoncement à toutes les joies de la société parait seulement un petit sacrifice. Cette tristesse, non pas sur les maux que le destin réserve à d'autres hommes (tristesse dont la sympathie est la cause), mais sur les maux que les hommes s'infligent eux-mêmes (elle repose alors sur l'antipathie dans les principes), est sublime parce qu'elle se fonde sur des Idées, tandis que l'autre peut tout au plus passer pour belle. – M. de Saussure, esprit aussi spirituel que profond, dit dans la description de son voyage dans les

Alpes au sujet du Bonhomme, qui est une montagne de Savoie : « Il y règne une certaine tristesse *insipide* ». Il connaissait donc bien aussi une *intéressante* tristesse, qu'inspire la vue d'un désert, en lequel l'homme voudrait bien se retirer pour ne plus rien entendre, ni savoir du monde, et qui ne doit pas être à ce point inhospitalier qu'il ne puisse offrir à l'homme qu'un lieu de repos si pénible. – Je fais cette remarque seulement pour rappeler que le chagrin même (non la tristesse de l'abattement) peut être compté parmi les émotions *vigoureuses,* s'il possède son fondement dans les Idées morales ; mais s'il se fonde sur la sympathie et s'il est aussi comme tel aimable, alors il appartient seulement aux émotions *tendres* et par là je veux attirer l'attention sur la disposition de l'esprit qui n'est sublime que dans le premier cas[1].

* * *

[277] On peut comparer la présente exposition transcendantale des jugements esthétiques avec l'exposition physiologique[2], à laquelle un Burke[3*] et beaucoup d'hommes ingénieux parmi nous ont apporté leurs soins, afin de voir à quoi peut conduire une simple exposition empirique du sublime et du beau. Burke, qui mérite d'être cité comme l'auteur le plus remarquable en ce genre, parvient selon cette méthode à ceci (p. 223 de son ouvrage) : « Le sentiment du sublime se fonde sur l'instinct de conservation et sur la *peur,* c'est-à-dire sur une douleur, qui, parce qu'elle ne va pas jusqu'à la véritable destruction des parties du corps, provoque des mouve-

---

1. Cet alinéa est une admirable description des sentiments éthico-sublimes ; ce que Kant dit en particulier du chagrin et de la tristesse est remarquable.

2. A : psychologique. La correction apportée dans la seconde édition est significative. L'empirisme le plus fin, ne s'appuyant pas sur les Idées éthiques, se dégrade de *psychologie* en *physiologie*. Vulgairement dit : on passe de l'état d'âme à la sensation (corporelle).

3*. Voir la traduction allemande de son livre : *Recherches philosophiques sur l'origine de nos concepts du beau et du sublime*. Riga, chez Hartknoch, 1773. [N.d.T. E. Burke (1729-1797). Auteur des célèbres *Réflexions sur la Révolution française*. Le traducteur de l'ouvrage de Burke était Ch. Garve.]

ments, qui, puisqu'ils purifient les vaisseaux délicats ou
même importants des engorgements dangereux ou pénibles,
sont propres à susciter d'agréables sensations, non de la joie
certes, mais une sorte de frisson agréable, un certain calme,
qui se mêle à la terreur». Il ramène (pp. 251-252) le beau,
qu'il fonde sur l'amour (il le distingue toutefois du désir),
«au relâchement, à la détente, à l'amolissement des fibres du
corps, par conséquent à un fléchissement, une désagrégation,
un épuisement, un dépérissement, un alanguissement par
plaisir». Et il confirme ce type d'explication non seulement
par des exemples où l'imagination liée à l'entendement peut
susciter en nous le sentiment du beau aussi bien que celui du
sublime, mais encore par ceux en lesquels elle le peut même
liée avec les sensations. – Comme observations psychologiques ces analyses des phénomènes de notre esprit sont fort
belles et fournissent une riche matière aux recherches les plus
appréciées de l'anthropologie empirique. Il est également
incontestable que toutes les représentations en nous, qu'elles
soient objectivement simplement sensibles ou entièrement
intellectuelles, peuvent toutefois subjectivement être liées au
plaisir ou à la douleur, si imperceptibles qu'ils soient l'un et
l'autre (les représentations affectent toutes en effet le sentiment vital et il n'en est aucune qui, en tant que modification
du sujet, puisse être indifférente); il est même incontestable,
comme le soutenait Epicure, qu'en définitive, le *plaisir et la
douleur* sont toujours corporels, qu'ils débutent par l'imagination ou même par des représentations de l'entendement,
parce que la vie [278] sans le sentiment de l'organe corporel
n'est que conscience de son existence, et non sentiment du
bien-être ou de son contraire, c'est-à-dire de la stimulation
ou de l'arrêt des forces vitales; c'est que l'esprit est en soi-
même uniquement vie (c'est le principe vital lui-même), si
bien qu'il faut chercher les obstacles et les secours en dehors
de l'esprit, dans l'homme lui-même, par conséquent dans
l'union de l'âme et du corps.

Mais si l'on place la satisfaction prise à un objet toute
entière en ceci, que cet objet, ou par son attrait ou par l'émotion qu'il suscite, soit source de contentement, il ne faut pas

attendre de quelqu'un *d'autre* qu'il adhère au jugement esthétique que nous portons; car là-dessus c'est à bon droit que chacun ne consulte que son sens particulier. Aussi bien toute censure du goût disparaît complètement[1]; il faudrait alors faire de l'exemple, que donnent d'autres sujets par l'accord contingent de leur jugement, un *commandement* de notre approbation; mais il est à présumer que nous nous dresserions contre ce principe et que nous nous réclamerions du droit naturel de soumettre à son propre sens et non à celui d'autrui le jugement, qui repose sur le sentiment immédiat du bien-être personnel.

Si donc le jugement de goût ne doit pas valoir *égoïstement*[2], mais d'après sa nature interne, c'est-à-dire pour lui-même, et non en raison des exemples, que d'autres peuvent donner de leur goût, et par conséquent valoir nécessairement d'une manière *plurale*; si on le considère comme digne de pouvoir exiger en même temps que tout un chacun doive y donner son assentiment : alors il doit y avoir à son fondement un principe *a priori* quelconque (que celui-ci soit objectif ou subjectif) que l'on n'obtiendra jamais par la découverte des lois empiriques des modifications de l'esprit; c'est que ces dernières ne font que faire connaître la manière dont on juge et n'ordonnent pas la façon dont il faut juger, et cela de telle sorte que le commandement soit *inconditionné*; or c'est là ce que supposent les jugements de goût puisqu'ils veulent lier *immédiatement* la satisfaction avec une représentation. C'est pourquoi l'exposition empirique des jugements esthétiques peut toujours être donnée en premier, pour présenter la matière d'une recherche supérieure; une étude transcendantale de cette faculté est toutefois possible et appartient par essence à la Critique du goût[3]. En effet si le goût ne possédait pas des principes *a priori,* il lui serait impossible de diriger

---

1. Sur le terme *Zensur*, cf. *Critique de la raison pure*, AK III, 497.
2. Sur le terme «égoïsme», voir la préface de l'«Anthropologie». Reinhold, Fichte (*Œuvres choisies de philosophie première*, p. 311) utilisent le terme dans le même sens que Kant.
3. A : «... pour présenter la matière d'une recherche supérieure de telle sorte qu'une étude transcendantale de cette faculté appartient par essence à la critique du goût; en effet si... ».

les jugements d'autrui et de prononcer avec une apparence de raison des sentences qui les approuvent ou les rejettent.

Les autres développements appartenant à la critique de la faculté de juger esthétique comprennent tout d'abord la[1]

[279] DÉDUCTION DES JUGEMENTS ESTHÉTIQUES PURS[2]

§ 30. *La déduction des jugements esthétiques,*
portant sur les objets de la nature, ne doit pas être dirigée sur
ce que nous nommons sublime dans la nature,
mais seulement sur le beau.

La prétention d'un jugement esthétique à posséder une valeur universelle pour chaque sujet a besoin, en tant que jugement qui doit s'appuyer sur quelque principe *a priori,* d'une déduction (c'est-à-dire d'une légitimation de son exigence), qui doit s'ajouter à son exposition lorsqu'il concerne une satisfaction ou un déplaisir résultant de la *forme de l'objet.* Les jugements de goût sur le beau de la nature sont de ce type. En effet, la finalité possède, en ce cas, dans l'objet et dans sa forme son fondement, bien qu'elle n'indique pas la relation de cet objet à d'autres objets d'après des concepts (selon des jugements de connaissance), mais ne concerne en général que l'appréhension de cette forme, pour autant qu'elle s'indique dans l'esprit[4] comme conforme aussi bien à la *faculté* des concepts qu'à celle de la présentation de ceux-ci (qui est identique à la faculté de l'appréhension)[5]. On peut

1. Toute la phrase manque dans A. En revanche la déduction qui suit est indiquée dans A sous le titre IIIe livre. Kant avait indiqué lui-même : troisième section (dritter Abschnitt) et admis le changement effectué par Kiesewetter. Mais il devait juger cependant qu'il valait mieux effacer complètement le titre et le demanda à Kiesewetter. (*Kants Briefwechsel,* AK XI, 136, 152.)

2. Le mot « pur » manque dans A.

4. A : « est dans l'esprit ».

5. Un jugement suppose a) sa décomposition philosophique (sujet, objet), et c'est son analytique ; b) une légitimation, et c'est sa déduction : montrer par exemple comment la catégorie de causalité est à bon droit applicable. C'est ce droit du concept qui constitue son apriorité.

donc par rapport au beau de la nature poser de nombreuses questions, qui intéressent les causes de cette finalité de ses formes : par exemple comment expliquer que la nature ait répandu partout avec tant de prodigalité la beauté, même dans le fond de l'océan, où l'œil humain (pour lequel seul cependant la beauté est finale) ne parvient que très rarement et autres questions de ce genre.

Mais le sublime de la nature – lorsque nous portons à son sujet un jugement esthétique pur, qui n'est pas mêlé avec des concepts de perfection ou de finalité objective, auquel cas il s'agirait d'un jugement téléologique – peut être considéré comme informe ou sans figure et cependant comme l'objet d'une satisfaction pure et indiquer une finalité subjective de la représentation donnée. Et alors la question se pose de savoir, si un jugement esthétique de ce genre, outre l'exposition de ce qui est pensé en lui, peut encore exiger une déduction de sa prétention à quelque principe (subjectif) *a priori*.

[280] On répondra ici que le sublime de la nature n'est qu'une expression impropre et que le sublime ne doit être proprement attribué qu'à la manière de penser ou bien plutôt à son fondement dans la nature humaine. L'appréhension d'un objet d'ailleurs informe et sans finalité ne donne que l'occasion d'en prendre conscience et l'objet est ainsi *utilisé* d'une manière subjectivement finale, et non jugé *pour lui-même* et en raison de sa forme (pour ainsi dire *species finalis accepta, non data*). C'est pourquoi notre exposition des jugements sur le sublime de la nature était en même temps leur déduction. En effet, lorsque nous décomposions en ceux-ci la réflexion de la faculté de juger, nous y trouvions un rapport final des facultés de connaître, qui doit être mis *a priori* au fondement de la faculté des fins (la volonté) et qui est donc lui-même *a priori* final et cela comprend la déduction, c'est-à-dire la justification de la prétention d'un tel jugement à une valeur universelle et nécessaire [1].

Nous ne devons donc rechercher que la déduction des ju-

1. Le sublime dépassant toute forme se ramène à un état d'esprit qui mérite seulement d'être indiqué, et n'a pas besoin d'être déduit.

gements de goût, c'est-à-dire des jugements sur la beauté des
choses de la nature et ainsi résoudre en son ensemble le problème posé pour la faculté esthétique de juger en totalité [1].

§ 31. *De la méthode de la déduction des jugements de goût.*

L'obligation d'une déduction, c'est-à-dire de la garantie
de la légitimité d'une espèce de jugements ne se présente, que
si le jugement élève une prétention à la nécessité ; c'est là
aussi le cas, lorsque le jugement exige une universalité subjective, c'est-à-dire l'adhésion de chacun, bien qu'il ne
s'agisse pas d'un jugement de connaissance, mais seulement
du plaisir ou de son contraire résultant d'un objet donné,
c'est-à-dire de la prétention à une finalité subjective absolument valable pour tous, et qui ne doit pas se fonder sur un
quelconque concept de la chose, puisqu'il s'agit d'un jugement de goût [2].

Comme en ce dernier cas nous n'avons affaire ni à un
jugement de connaissance, ni à un jugement théorique, qui
suppose à son fondement le concept d'une nature *en général*
donné par l'entendement, ni à un jugement (pur) pratique,
qui suppose à son fondement l'Idée de la *liberté* comme
donnée *a priori* par la raison, et comme il ne s'agit pas de
justifier la valeur *a priori* d'un jugement qui représente ce
qu'est une chose, ni d'un jugement qui nous prescrit ce que
nous devons faire pour la produire : il faudra seulement
exposer la *valeur universelle* d'un [281] jugement *singulier* [3],
qui exprime la finalité subjective d'une représentation empirique de la forme d'un objet, pour la faculté de juger en géné-

---

1. La phrase est un peu trompeuse : le *en totalité* (on pourrait aussi
traduire *toute entière*) donne le sentiment que le problème est très vaste ;
c'est une impression dont il faut se garder.
2. Qu'est-ce donc qui justifie la prétention du jugement esthétique à
une valeur universelle ? Ou encore : quel est le fondement, au niveau de
l'individualité, qui justifie l'intersubjectivité ? Tel est le thème central du
débat qu'engage Kant.
3. On retiendra particulièrement ce segment de phrase : la valeur
universelle d'un jugement *singulier*. C'est bien le problème de la
communauté et de l'ipséité qui se pose.

ral, afin d'expliquer comment il est possible que quelque chose puisse plaire dans le jugement (sans sensation ni concept), et que tout de même que la considération d'un objet en vue d'une connaissance en général possède des règles universelles, tout de même la satisfaction d'un chacun puisse être énoncée comme règle pour tout autre.

Si donc cette universalité ne peut se fonder sur la réunion des avis et sur une enquête auprès des autres pour connaître leur manière de sentir[1], mais doit se fonder pour ainsi dire sur une autonomie du sujet jugeant du sentiment de plaisir (résultant de la représentation donnée), c'est-à-dire reposer sur son goût propre, sans devoir toutefois être déduite de concepts, alors un tel jugement – et il en est ainsi du jugement de goût – possède une double caractéristique logique : *premièrement* donc une universalité *a priori,* non une universalité logique d'après des concepts, mais l'universalité d'un jugement singulier ; *deuxièmement* une nécessité (qui doit toujours reposer sur des principes *a priori*), mais qui ne dépend pas de raisons probantes *a priori,* par la représentation desquelles l'assentiment que le jugement de goût présume de chacun pourrait être imposé[2].

La résolution de ces caractéristiques logiques, par lesquelles un jugement de goût se distingue de tous les jugements de connaissances, si nous faisons tout d'abord ici abstraction de tout contenu de ce jugement, c'est-à-dire du sentiment de plaisir et si nous ne comparons que la forme esthétique avec la forme des jugements objectifs, telle que la logique la prescrit, suffira à elle seule à la déduction de cette singulière faculté. Nous exposerons donc, en les éclairant par des

---

1. On ne peut résoudre le problème posé par cette universalité en se fondant sur une enquête (un sondage) auprès des autres ; le résultat serait toujours empirique et par conséquent on écartera la pensée statistique.

2. Le jugement de goût prétend à l'*universalité* (valoir pour tous) et à une *nécessité* (sentiment en lequel j'entends contraindre autrui à penser comme moi). La déduction consistera alors à exposer ces propriétés (caractéristiques) du jugement de goût. Dans cet effort pour faire paraître le propre du jugement de goût Kant s'approche de la phénoménologie husserlienne. Montrer les choses, c'est les déduire.

exemples, ces propriétés caractéristiques du goût.

§ 32. *Première caractéristique du jugement de goût.*

Le jugement de goût détermine son objet (en tant que beauté) du point de vue de la satisfaction, en prétendant à l'adhésion de *chacun,* comme s'il était objectif.

Dire : cette fleur est belle, signifie aussi bien dire [282] sa prétention à la satisfaction de chacun. Le caractère agréable de son odeur ne lui donne aucun droit. Car si son parfum est agréable à celui-là, il prend la tête à celui-ci. Que pourrait-on en conclure, si ce n'est que la beauté doit être tenue pour une propriété de la fleur elle-même, qui ne se règle pas sur la différence des têtes et de tant de sens divers, mais d'après laquelle ceux-ci doivent se régler s'ils veulent en juger ? Et cependant il n'en est pas ainsi. En effet, le jugement de goût consiste précisément en ceci, qu'il ne déclare belle une chose que selon la propriété d'après laquelle elle s'accorde avec notre manière de la saisir [1].

Il est de plus exigé de tout jugement, qui doit prouver le goût du sujet, que celui-ci juge de lui-même, sans qu'il lui soit nécessaire de s'orienter à tâtons par l'expérience parmi les jugements des autres et de se renseigner préalablement sur le plaisir ou le déplaisir que leur procure un objet, qu'il porte donc son jugement *a priori* et non par imitation [2], parce qu'une chose plait réellement universellement [3]. On pourrait néanmoins penser qu'un jugement *a priori* doit contenir le

---

1. Il ne s'agit ici que du jugement esthétique et non du jugement téléologique. L'essentiel pour Kant est que la rose est dite belle en dehors de toute relation objective. L'objet est pris au-delà de la synthèse catégoriale et de la systématique téléologique dans son être particulier. Donc a) un sujet particulier : moi b) un objet particulier : cette rose et c) dans le sentiment de plaisir pris en rapport à l'objet la prétention d'un jugement singulier à une valeur universelle.

2. L'évidence esthétique, seule apte à mettre en lumière le jugement de goût qui ne doit pas se gouverner à tâtons (empirisme), est ici visée.

3. La phrase est légèrement différente dans A : «etwas» à la place de «ein Ding», «folglich a priori ausgesprochen werden solle» plutôt que «sondern a priori aussprechen solle». La différence dans la traduction ne peut être très sensible.

concept d'un objet et envelopper le principe de la connaissance de cet objet ; le jugement de goût toutefois ne se fonde pas sur des concepts et n'est en aucun cas un jugement de connaissance, mais un jugement esthétique.

C'est pourquoi un jeune poète demeure persuadé[1] que son poème est beau en dépit du jugement du public ou de celui de ses amis ; et si jamais il les écoute, cela n'arrive point parce qu'il juge maintenant autrement, mais parce qu'il trouve dans son désir d'être approuvé des raisons de s'accommoder de l'illusion commune (et cela contre son propre jugement), quand bien même (par rapport à son goût personnel) le public tout entier aurait mauvais goût. Ce n'est que plus tard, lorsque son jugement aura été aiguisé par l'exercice, qu'il rejettera volontairement son premier jugement ; et c'est ainsi qu'il en use avec ses jugements, qui dépendent entièrement de la raison. Le goût ne prétend qu'à l'autonomie. Faire de jugements étrangers les principes déterminants du sien serait de l'hétéronomie.

Que l'on puisse louer à bon droit les œuvres des Anciens comme des modèles et qu'on nomme leurs auteurs classiques, comme s'ils formaient une certaine noblesse entre les écrivains, qui par son exemple donne au peuple des lois, c'est là ce qui semble indiquer des sources *a posteriori* du goût et réfuter l'autonomie de celui-ci en chaque sujet. Mais l'on pourrait alors tout aussi [283] bien dire que les anciens mathématiciens, tenus jusqu'à présent pour des modèles presque indispensables de la clarté et de l'élégance de la méthode synthétique, prouvent en ce qui nous concerne que notre raison est toute d'imitation et impuissante à produire d'elle-même selon des preuves rigoureuses avec la plus haute intuition par construction de concepts. Il n'existe aucun usage de nos forces, si libre qu'il puisse être et même de la raison (qui doit puiser tous ses jugements de la source *a priori* commune), qui ne serait pas engagé dans de fausses recherches, si chaque sujet devait toujours partir en tout point des dispositions

---

1. J'ai voulu conserver l'idée de « persuasion » : « Ueberredung », cf. *Critique de la raison pure,* AK III, 532.

brutes de sa nature, et si d'autres sujets ne l'avaient précédé dans leurs propres recherches; non pour que leurs successeurs deviennent de simples imitateurs, mais pour en mettre d'autres sur la voie par leur méthode, afin qu'ils cherchent en eux-mêmes les principes, et suivent ainsi leur propre démarche souvent meilleure. Dans la religion elle-même, où assurément chacun doit prendre en lui-même la règle de sa conduite, puisqu'il demeure lui-même responsable de cela et ne peut imputer à d'autres, en tant que maîtres ou précurseurs, la faute de ses péchés, on ne fera jamais avec des préceptes généraux, que l'on peut avoir reçu de prêtres ou de philosophes, ou bien encore avoir pris en soi-même, ce que peut un exemple de vertu ou de sainteté, qui, fixé dans l'histoire, ne rend pas inutile l'autonomie de la vertu à partir de l'Idée propre et originaire de la moralité (*a priori*) ni ne la transforme en un mécanisme d'imitation. *Succession*, se rapportant à un précédent, et non imitation, telle est la juste expression pour l'influence que les productions d'un créateur exemplaire peuvent avoir sur les autres; et cela signifie seulement : puiser aux sources mêmes où il puisait et emprunter seulement à son prédécesseur la manière de procéder. Or parmi toutes les facultés et tous les talents le goût est justement celui, qui, parce que son jugement n'est pas déterminable par des concepts et des préceptes, a le plus besoin des exemples de ce qui dans le développement de la culture a reçu le plus longtemps l'approbation, s'il ne veut pas redevenir grossier et retomber dans l'état inculte du premier essai[1].

[284] § 33. *Seconde caractéristique du jugement de goût.*

Le jugement de goût n'est pas déterminable par des raisons démonstratives, comme s'il était seulement subjectif[2].

1. Le jugement de goût doit être autonome. Mais l'on doit se garder de l'évidence esthétique et l'affiner par une culture toujours plus développée.
2. On remarquera la rédaction de cette phrase, qui répond à la première phrase du § 32. Le jugement de goût n'est pas un jugement

Premièrement, quand quelqu'un ne trouve pas beau un édifice, un paysage, un poème, il ne se laisse pas imposer intérieurement l'assentiment par cent voix, qui toutes louent ces choses. Certes il peut faire comme si cela lui plaisait à lui aussi, afin de ne pas passer pour dépourvu de goût et il peut même commencer à douter d'avoir assez formé son goût par la connaissance d'un nombre suffisant de choses de ce genre (tout de même que celui qui croit de loin voir une forêt, tandis que d'autres aperçoivent une ville, doute du jugement de sa propre vue). Mais ce qu'il voit bien clairement, c'est que l'assentiment d'autrui ne constitue pas une preuve valable pour le jugement sur la beauté ; et que si d'autres peuvent voir et observer pour lui, et que si ce que beaucoup ont vu d'une même manière peut constituer une raison démonstrative suffisante pour lui au point de vue théorique et par conséquent logique[1], même s'il croit avoir vu autrement, en revanche jamais ce qui a plu à un autre ne saurait servir de fondement à un jugement esthétique. Le jugement d'autrui défavorable à notre égard peut sans doute à bon droit nous rendre incertain sur le nôtre, mais il ne saurait jamais nous convaincre qu'il n'est pas légitime[2]. Ainsi il n'existe aucune *raison démonstrative* empirique pour imposer le jugement de goût à quelqu'un.

Deuxièmement une preuve *a priori* d'après des règles déterminées peut encore moins déterminer le jugement sur la beauté. Si quelqu'un me lit son poème, ou me conduit à un spectacle, qui finalement ne convient pas à mon goût, il pourra bien invoquer Batteux[3] ou Lessing ou des critiques du goût encore plus anciens et encore plus célèbres, ainsi que toutes les règles établies par ceux-ci afin de prouver que son

---

simplement subjectif que l'on pourrait étayer par des raisons. *Purement* subjectif, il ne peut être prouvé par rien.

1. «... et par conséquent logique » manque dans A.
2. Le jugement esthétique porté par autrui ne peut s'imposer à moi, comme un théorème mathématique ; il peut seulement insinuer en mon esprit un doute sur mes capacités esthétiques et la valeur de mon jugement.
3. Charles Batteux, célèbre esthéticien français (1713-1780).

poème est beau ; il se peut aussi que certains passages, qui justement me déplaisent, s'accordent parfaitement avec les règles de la beauté (comme elles sont données par ces auteurs et généralement reçues) : je me bouche les oreilles, je ne veux entendre aucune raison, aucun argument et j'admettrai plutôt que les règles des critiques sont fausses, ou du moins que ce n'est pas ici qu'il faut les appliquer, que d'accepter de laisser déterminer mon jugement par des raisons démonstratives *a priori,* puisqu'il doit s'agir d'un jugement du goût et non d'un jugement de l'entendement ou de la raison.

Il semble que ce soit une des principales raisons, pour lesquelles on a désigné cette faculté d'appréciation esthétique précisément par le nom de goût. Il se peut, en effet, que quelqu'un m'énumère tous les ingrédients d'un certain mets, qu'il remarque que chacun m'est en lui-même agréable et par-dessus vante à bon droit le caractère sain de ce plat ; je reste sourd à toutes ces raisons, j'essaie ce plat avec *ma* langue et mon palais et ensuite (mais non suivant des principes universels) je juge.

En fait le jugement de goût est absolument toujours énoncé comme un jugement singulier à propos d'un objet. L'entendement peut par la comparaison de l'objet, au point de vue de la satisfaction, avec le jugement d'autrui forger un jugement général, par exemple : les tulipes sont belles ; mais il ne s'agit pas en ce cas d'un jugement de goût, mais d'un jugement logique, qui fait de la relation d'un objet au goût un prédicat des choses d'un certain genre ; seul le jugement par lequel je déclare belle une tulipe singulière donnée, c'est-à-dire par lequel je trouve que la satisfaction que j'en retire est universelle, est le jugement de goût. Ce jugement a ceci de caractéristique, que ne possédant qu'une valeur simplement subjective, il prétend néanmoins valoir pour *tous* les sujets, comme cela pourrait se faire s'il était un jugement objectif, qui repose sur des principes de connaissance et qui peut être imposé par une preuve[1].

1. En revanche, s'il n'y a pas de science ni de preuve en esthétique, on y trouvera des illustrations des types pratiques.

§ 34. *Il n'y a pas de principe objectif du goût possible.*

On pourrait comprendre comme principe du goût un principe sous la condition duquel on pourrait subsumer le concept d'un objet et ensuite par un raisonnement conclure qu'il est beau. Mais cela est absolument impossible. Je dois en effet éprouver immédiatement du plaisir à la représentation de l'objet et celui-ci ne peut m'être donné par aucun bavardage à l'aide d'arguments. Bien que, comme le dit Hume, les critiques sachent tous en apparence mieux disserter que les cuisiniers, ils en partagent toutefois le destin. Ils ne peuvent attendre la raison qui déterminera leur jugement de la force des arguments, mais seulement [286] de la réflexion du sujet sur son propre état (le plaisir ou son contraire), abstraction faite de tous préceptes et de toutes règles.

Mais ce sur quoi les critiques peuvent et doivent cependant raisonner, afin de parvenir à une justification et à un élargissement de nos jugements de goût, ne peut consister à exposer la raison déterminante de cette sorte de jugements esthétiques dans une formule universelle utilisable, car cela est impossible ; ils doivent au contraire faire une recherche sur les facultés de connaître et leur opération dans ces jugements et analyser dans des exemples la finalité subjective réciproque, dont la forme, comme on l'a montré plus haut, dans une représentation donnée constitue la beauté de son objet. Ainsi la critique du goût n'est elle-même que subjective en rapport à la représentation par laquelle un objet nous est donné : en effet elle est l'art ou la science de ramener sous des règles le rapport réciproque de l'entendement et de l'imagination dans la représentation donnée (sans relation à une sensation précédente ou à un concept), donc de régler leur accord ou leur désaccord, et de les déterminer par rapport à leurs conditions. Lorsqu'elle ne montre ceci que par des exemples, c'est un *art* ; c'est une *science* lorsqu'elle dérive la possibilité d'un tel jugement de la nature de ces facultés, en tant que facultés de la connaissance en général. C'est à cette science seule que nous avons ici affaire en tant que critique transcendantale. Elle doit développer et justifier le principe du goût comme un principe *a priori* de la faculté de juger. Comme art la critique recherche seulement l'application des règles physiologiques (c'est-à-dire ici psychologiques), donc empiriques, d'après lesquelles le goût procède effectivement (sans réfléchir sur leur possibilité), au jugement de ses objets et critique les productions des beaux-arts, comme la *science* critique la faculté de les juger.

§ 35. *Le principe du goût est le principe subjectif de la faculté de juger en général.*

Le jugement de goût se distingue en ceci du jugement logique, que ce dernier subsume une représentation sous des concepts de l'objet, tandis que le premier ne subsume pas du tout sous un concept, puisqu'autrement l'assentiment universel nécessaire pourrait être imposé par des preuves. Toutefois il est semblable au jugement logique en ceci qu'il prétend à une universalité [287] et à une nécessité, mais non d'après des concepts de l'objet, et par conséquent purement subjectives. Puisque les concepts constituent dans un jugement son contenu (ce qui appartient à la connaissance de l'objet), et que le jugement de goût n'est pas déterminable par des concepts, il se fondera donc seulement sur la condition subjective formelle d'un jugement en général. La condition subjective de tous les jugements est la faculté de juger elle-même ou la faculté judiciaire. L'usage de cette faculté, par rapport à une représentation par laquelle un objet est donné, requiert l'accord de deux facultés représentatives : celui de l'imagination (pour l'intuition et la composition du divers) et de l'entendement (pour le concept comme représentation de l'unité de cette compréhension). Or comme aucun concept de l'objet ne se trouve ici au fondement du jugement, cet accord ne peut consister que dans la subsumption de l'imagination elle-même (dans une représentation, par laquelle un objet est donné) sous la condition selon laquelle l'entendement passe en général de l'intuition aux concepts. C'est-à-dire comme la liberté de l'imagination consiste précisément en ceci qu'elle schématise sans concepts, il faut que le jugement de goût repose sur une simple sensation de l'animation réciproque de l'imagination dans sa *liberté* et de l'entendement dans sa *légalité,* par conséquent donc sur un sentiment, qui permet de juger l'objet d'après la finalité de la représentation (par laquelle un objet est donné) en ce qui concerne l'incitation à l'activité de la faculté de connaître en son libre jeu. Le goût, en tant que faculté de juger subjective, comprend un principe de la subsumption, non pas des intuitions sous des *concepts,* mais de la faculté des intuitions ou présentations (c'est-à-dire de l'imagination) sous la *faculté* des concepts (c'est-à-dire l'entendement), pour autant que la première en sa *liberté* s'accorde avec la *seconde* en sa légalité[1].

Afin de découvrir ce principe de droit par une déduction des jugements de goût, seules les caractéristiques formelles de ce genre de jugements peuvent nous servir de fil conducteur, dans la mesure où en ceux-ci on ne considère que la forme logique[2].

§ 36. *Du problème d'une déduction des jugements de goût.*

Le concept d'un objet en général peut être immédiatement lié en vue d'un jugement de connaissance à la perception d'un objet, qui en contient les prédicats empiriques [288] et ainsi un jugement d'expérience peut être produit. Afin que ce jugement soit pensé comme détermination d'un objet, des concepts *a priori* de l'unité synthétique du divers de l'intuition se trouvent à son fondement; et ces concepts (les catégories) exigent une déduction, qui a été aussi donnée dans la « Critique de la raison pure » et grâce à laquelle pouvait être résolue la question : comment des jugements de connais-

---

1. Puisque le jugement ne peut être fondé sur son rapport objectif à l'objet qu'il vise, son principe sera à rechercher dans la disposition réciproque des facultés de connaître. La pensée de Kant varie peu ; son thème est que dans le jugement de goût la liberté de la faculté imaginative se subsume sous la légalité qui caractérise l'entendement.
2. Les caractéristiques formelles sont d'une part la prétention à l'universalité, et d'autre part la nécessité visée dans le jugement de goût.

sance synthétiques *a priori* sont-ils possibles? Cette question concernait ainsi les principes *a priori* de l'entendement pur et ses jugements théoriques[1].

Or avec une perception un sentiment de plaisir (ou de peine) et de satisfaction peut aussi être immédiatement lié, qui accompagne la représentation de l'objet et qui lui tient lieu de prédicat; et ainsi un jugement esthétique, qui n'est pas un jugement de connaissance, peut être produit. Il faut qu'un tel jugement, s'il n'est pas un jugement de sensation, mais bien un jugement de réflexion formel qui attribue cette satisfaction comme nécessaire à chacun, possède à son fondement quelque chose en tant que principe *a priori,* qui certes peut n'être que subjectif (puisqu'un principe objectif devrait être impossible pour cette sorte de jugement), mais qui aussi, comme tel, a besoin d'une déduction, afin que l'on puisse comprendre comment un jugement esthétique peut prétendre à la nécessité. Ici se fonde le problème, dont nous nous occupons maintenant : comment des jugements de goût sont-ils possibles? Ainsi ce problème intéresse les principes *a priori* de la faculté pure de juger dans les jugements esthétiques, c'est-à-dire ceux en lesquels elle ne doit pas (comme dans les jugements théoriques) simplement subsumer sous des concepts objectifs de l'entendement et se trouve soumise à une loi, mais où elle est pour elle-même subjectivement objet aussi bien que loi.

Ce problème peut aussi être ainsi posé : comment un jugement est-il possible, qui uniquement à partir du sentiment *personnel* du plaisir que procure un objet, indépendamment de son concept, juge *a priori* ce plaisir comme dépendant en *tout autre sujet* de la représentation de cet objet, c'est-à-dire sans devoir attendre une approbation étrangère?[2]

---

1. La lecture heideggerienne de l'*a priori* (ce qui vient 'avant') rend strictement inintelligible ce texte. L'*a priori* ne vient pas 'avant', sauf si on le pense comme une *essence* (condition de possibilité) qui rend possible une déterminité (ici un jugement). L'essence du jugement de goût (sa condition de possibilité *a priori*) est le libre jeu des facultés de connaître. Autrement dit l'âme humaine possède une structure essentielle.
2. L'essence du sujet qui se manifeste dans le jugement esthétique

Il est facile de voir que les jugements de goût sont des jugements synthétiques, parce qu'ils dépassent le concept et même l'intuition de l'objet et lui ajoutent quelque chose, qui n'est aucunement connaissance, en tant que prédicat, à savoir le sentiment de plaisir (ou de peine). Bien que le prédicat (celui du plaisir *personnel* lié à la représentation) soit empirique, toutefois en ce qui touche l'adhésion, qui est exigée de *chacun*, [289] ce sont des jugements *a priori* ou des jugements qui prétendent être considérés comme tels, comme en témoignent les expressions qui rendent leur prétention. Ainsi ce problème de la critique de la faculté de juger appartient au problème général de la philosophie transcendantale : comment des jugements synthétiques *a priori* sont-ils possibles ?[1]

§ 37. *Qu'affirme-t-on exactement* a priori *d'un objet dans un jugement de goût ?*

Le fait que la représentation d'un objet soit immédiatement liée à un plaisir ne peut être perçu qu'intérieurement et donnerait, si l'on ne voulait rien démontrer d'autre, un simple jugement empirique. Je ne puis, en effet, *a priori* lier un sentiment déterminé (celui de plaisir ou de peine) avec aucune représentation, exception faite du cas où la raison comprend en soi un principe *a priori* déterminant la volonté ; puisque le plaisir (dans le sentiment moral) est alors conséquence, il ne peut, précisément pour cette raison, être comparé avec le plaisir dans le goût, et cela parce qu'il exige un concept déterminé d'une loi ; en revanche le plaisir dans l'autre cas doit être immédiatement lié avec le jugement, avant tout concept. Aussi bien tous les jugements de goût sont des jugements singuliers, parce qu'ils ne lient pas leur prédicat de satisfaction avec un concept, mais avec une

---

est ce que j'appelle le *Cogito pluriel*.

1. Le jugement esthétique est synthétique dans la mesure où il ajoute à la représentation de l'objet le sentiment de plaisir. La structure essentielle se réalise par là : comment est-il possible d'exiger la valeur universelle du jugement singulier ? Telle est la question synthétique *a priori*.

représentation empirique singulière donnée[1].

Ainsi ce n'est pas le plaisir, mais *l'universalité de ce plaisir,* perçue comme liée dans l'esprit au simple jugement d'un objet, qui est représentée dans un jugement de goût *a priori* comme règle universelle pour la faculté de juger, comme règle valable pour chacun. Il s'agit d'un jugement empirique, lorsque je perçois et considère avec plaisir un objet. Il s'agit d'un jugement *a priori* lorsque je le trouve beau et que je puis attribuer à chacun cette satisfaction comme nécessaire[2].

§ 38. *Déduction des jugements de goût.*

Si l'on accorde que dans un jugement de goût pur la satisfaction résultant de l'objet est liée au simple jugement sur sa forme, il n'y a alors rien d'autre que la finalité subjective [290] de celle-ci pour la faculté de juger, et que nous sentons liée dans l'esprit avec la représentation de l'objet. Or comme la faculté de juger au point de vue des règles formelles du jugement, sans aucune manière (ni sensation des sens, ni concept), ne peut se rapporter qu'aux conditions subjectives de l'usage de la faculté de juger en général (qui n'est pas appropriée à une forme particulière de sentir ni à un concept particulier de l'entendement), c'est-à-dire par conséquent à ce moment subjectif, que l'on doit présupposer en tout homme (comme indispensable pour la connaissance possible en général), il faut pouvoir admettre l'accord d'une représentation avec ces conditions de la faculté de juger comme valable pour chacun *a priori*. C'est dire que le plaisir ou la

---

1. Dans un jugement de goût, précise Kant, ce n'est à proprement parler ni à l'objet, ni au concept que le sentiment de plaisir s'ajoute, mais à une représentation empirique singulière donnée, par exemple à « cette » cerise, dont la couleur me paraît belle.

2. Ce n'est pas le plaisir singulier pris par moi qui constitue le jugement esthétique, mais la prétention à l'universalité de ce plaisir. Cette prétention à la communicabilité du plaisir est l'instauration de l'intersubjectivité sans la médiation du concept (connaissance) ou de la loi (morale). Le *Cogito pluriel* se veut *immédiat* et c'est la forme de l'intersubjectivité qui ne suppose pas le concept philosophique du *travail* se fondant bien plutôt dans le *jeu* (Schiller).

finalité subjective de la représentation pour le rapport des facultés de connaître dans le jugement d'un objet sensible en général doit pouvoir être attribué légitimement à chacun [1*] [2].

Remarque.

C'est parce qu'il ne lui est pas nécessaire de justifier la réalité objective d'un concept que cette déduction est si facile [3] ; en effet, la beauté n'est pas un concept d'objet et le jugement de goût n'est pas un jugement de connaissance. Il affirme seulement que nous sommes autorisés à présupposer d'une manière universelle en tout homme les mêmes conditions de la faculté de juger que nous trouvons en nous et de plus que nous avons correctement subsumé sous ces conditions l'objet donné. Bien que ceci implique d'inévitables

[1*]. Afin d'être en droit de prétendre à l'adhésion universelle à un jugement de la faculté de juger esthétique reposant sur de simples principes subjectifs, il suffit que l'on admette : 1) que chez tous les hommes les conditions subjectives de cette faculté sont les mêmes, en ce qui concerne le rapport des facultés de connaître en ceci mises en action à une connaissance en général ; cela doit être vrai, parce qu'autrement les hommes ne pourraient pas communiquer leurs représentations, ni même leurs connaissances ; 2) que le jugement ne porte que sur ce rapport (par conséquent sur la *condition formelle* de la faculté de juger) et est un jugement pur, c'est-à-dire qui n'est pas mêlé à des concepts de l'objet ou à des sensations comme raisons déterminantes. Si en ce qui concerne ce dernier point une erreur a été commise, elle n'intéresse que l'application inexacte d'un droit <Befugnis>, que nous donne une loi, à un cas particulier ; mais ce droit n'est pas supprimé pour autant.

2. Cette déduction est la contraction de tous les moments précédents. La note de Kant est précieuse : il pose comme condition que la structure essentielle de la raison est la même en tout homme. Les différences d'esthétique ne sont que des différences de culture (cf. AP. *La jeunesse de Feuerbach, 1828-1841*, t. 2, p. 396).

3. La déduction est aisée parce que le principe cherché se trouve être seulement la structure essentielle de la raison humaine. Donc l'esthétique répond à la question de sa possibilité par la réponse suivante à la question *Qu'est-ce que l'homme ?* l'homme est essentiellement liberté. Le *Cogito plural* se renforce comme liberté immédiate. Naturellement cette déduction ne vaut que pour l'homme et non pour l'être raisonnable en général : par exemple les défunts qui possèdent peut-être une autre structure rationnelle que les vivants.

difficultés que ne présente pas la faculté de juger logique (en cette dernière, en effet, on subsume sous des concepts, tandis que dans la faculté de juger esthétique [291] on subsume sous un rapport, qui ne peut être que senti, de l'imagination et de l'entendement s'accordant réciproquement dans la forme représentée de l'objet, et en ce cas la subsumption peut être facilement trompeuse), la légitimité de la prétention de la faculté de juger, comptant sur une adhésion universelle, demeure entière, quand elle affirme seulement l'exactitude du principe consistant à juger à partir de raisons subjectives d'une manière valable pour chacun. Car pour la difficulté et le doute portant sur l'exactitude de la subsumption sous ce principe, cela rend tout aussi peu douteux la légitimité de la prétention à cette valeur d'un jugement esthétique en général et par conséquent le principe lui-même, que la subsumption également fautive de la faculté de juger logique (ce qui toutefois n'arrive pas si souvent, ni si facilement) sous son principe peut rendre celui-ci, qui est objectif, douteux. Si la question posée était la suivante : comment est-il possible de considérer la nature *a priori* comme un ensemble des objets du goût ? – ce serait un problème qui est en relation à la téléologie, parce qu'il faudrait regarder comme fin de la nature, appartenant essentiellement à son concept, le fait d'établir pour notre faculté de juger des formes finales. Or il est possible de douter largement de l'exactitude d'une telle hypothèse, tandis que la réalité des beautés naturelles est accessible à l'expérience.

§ 39. *De la communicabilité d'une sensation.*

Quand la sensation, comme étant le réel de la perception, est rapportée à la connaissance, elle se nomme alors sensation des sens et on ne peut se représenter ce qui est spécifique de sa qualité comme toujours communicable de la même manière, que si l'on admet que chacun possède un sens identique au nôtre ; mais on ne peut absolument pas présupposer cela d'une sensation des sens. C'est ainsi qu'à celui qui n'a pas d'odorat, on ne peut communiquer cette espèce de sensation ;

et même si l'odorat ne lui manque pas, on ne peut pas cependant être sûr qu'il ait d'une fleur la même sensation que celle que nous avons. Mais nous devons nous représenter les hommes comme bien plus différents encore en ce qui touche le *caractère agréable* ou *désagréable* de la sensation d'un seul et même objet des sens, et on ne peut absolument pas demander que tout un chacun avoue trouver du plaisir aux mêmes objets. On peut nommer plaisir [292] de *jouissance* le plaisir de cette espèce, parce qu'il nous est transmis à l'esprit par le sens et que nous sommes en ceci passifs[1].

La satisfaction en revanche retirée d'une action pour sa nature morale n'est pas un plaisir de jouissance, mais un plaisir procédant de l'activité personnelle et de sa conformité à l'idée de sa destination. Ce sentiment, qui se nomme éthique, suppose toutefois des concepts et ne présente pas une libre finalité, mais une finalité conforme à une loi ; il ne peut donc être communiqué universellement que par la raison, et, si le plaisir doit être le même en chacun, par des concepts pratiques très déterminés.

Le plaisir pris au sublime de la nature, comme plaisir de la contemplation, en laquelle on raisonne, prétend également il est vrai à être partagé universellement, mais il suppose toutefois encore un autre sentiment, qui est celui de la destination supra-sensible et, si obscur qu'il puisse être, ce dernier possède un fondement moral. Je ne suis toutefois absolument pas autorisé à présupposer que d'autres hommes y prêteront attention et trouveront dans la contemplation de la sauvage grandeur de la nature une satisfaction (qu'on ne peut véritablement pas attribuer à son aspect, qui est plutôt effrayant). Néanmoins, considérant qu'en toute occasion propice il faudrait prêter attention à cette disposition morale, je puis attribuer cette satisfaction à chacun, mais seulement par la médiation de la loi morale, qui pour sa part se fonde à son tour sur des concepts de la raison.

---

1. La sensation, sans laquelle le jugement esthétique est inconcevable, constitue la limite extrême de la singularité : nul ne pourra jamais expliquer pourquoi la vue d'un serpent lui plaît plutôt que celle d'un aigle et c'est pourtant ce dont on exige la communicabilité.

Le plaisir pris à la beauté en revanche n'est ni un plaisir de jouissance, ni celui d'une activité conforme à une loi, ni celui de la contemplation qui médite d'après des Idées, mais c'est le plaisir de la simple réflexion. Sans avoir pour guide quelque fin ou quelque principe ce plaisir accompagne l'appréhension commune d'un objet par l'imagination, comme faculté de l'intuition, en relation à l'entendement, comme faculté des concepts, par la médiation d'un procédé de la faculté de juger que celle-ci doit également mettre en œuvre au profit de l'expérience la plus vulgaire; la seule différence est qu'ici il ne s'agit que d'un concept empirique objectif, tandis que là (dans le jugement esthétique) il s'agit pour elle de percevoir la convenance de la représentation à l'opération harmonieuse (subjectivement finale) de deux facultés de connaître en leur liberté, c'est-à-dire de sentir avec plaisir l'état représentatif. Ce plaisir doit nécessairement en chacun reposer sur les mêmes conditions, parce qu'elles sont les conditions subjectives de la possibilité d'une connaissance en général, et la proportion [293] de ces facultés de connaître, qui est exigée pour le goût, l'est aussi pour l'entendement commun et sain, que l'on doit présumer en chacun. C'est pourquoi celui qui juge avec goût (supposé seulement qu'intérieurement il ne se trompe pas et ne prenne pas la matière pour la forme et l'attrait pour la beauté) peut attribuer la finalité subjective, c'est-à-dire sa satisfaction procédant de l'objet à tout autre homme et admettre que son sentiment est communicable universellement et cela sans la médiation des concepts[1].

---

1. L'intersubjectivité directe est donc possible, mais échappant à la contemplation, au plaisir de jouissance, à la loi morale (dont elle prépare cependant l'accès), elle tombe du côté de la *vie* et s'oppose de toute manière à la *spéculation*. Le *Cogito pluriel est libre immédiateté vivante et pré-spéculative*.

§ 40. *Du goût comme d'une sorte de sensus communis* [1].

Lorsqu'on remarque moins la réflexion que le résultat de la faculté de juger, on donne souvent à celle-ci le nom de sens et on parle d'un sens de la vérité, d'un sens des convenances, de la justice, etc., bien que l'on sache, ou que l'on doive raisonnablement savoir tout au moins, qu'il n'y a pas un sens en lequel ces concepts pourraient avoir leur siège et qu'un tel sens ne saurait posséder la moindre aptitude pour décider des règles générales et qu'au contraire nous n'aurions jamais à l'esprit une représentation semblable de la vérité, de la convenance, de la beauté ou de la justice, si nous ne pouvions nous élever au-dessus des sens jusqu'aux facultés supérieures de la connaissance. *L'entendement commun,* qui, lorsqu'il n'est qu'un entendement sain (encore inculte), est considéré comme la qualité inférieure, que l'on peut toujours attendre de celui qui prétend au nom d'homme, a donc l'honneur mortifiant d'être désigné par le nom de sens commun (*sensus communis*) et de telle sorte que sous ce terme *commun* (non seulement en notre langue qui sur ce point contient effectivement une ambiguïté, mais encore en beaucoup d'autres langues) on comprend le *vulgare,* qui se rencontre partout et dont la possession n'est absolument pas un mérite ou un privilège.

Sous cette expression de *sensus communis* on doit comprendre l'Idée d'un sens commun à tous [2], c'est-à-dire

---

1. On est en droit de considérer ce paragraphe comme un des plus importants de la troisième Critique. Le sens commun désigne la raison non spéculative et vivante et Kant définit le goût comme un *sensus communis.* Toutefois si le goût se définit par le sens commun, dans la mesure où il est vivant, il n'est pas toute la vie et c'est pourquoi les principes de la vie (1° Penser par soi-même ; 2° Penser en se mettant à la place de tout autre ; 3° Toujours penser en accord avec soi-même) ne sont pas les objets de la critique du goût, même si elle les illustre. La seconde maxime du sens commun est le principe de la faculté de juger ; point qui renforce considérablement la théorie de l'intersubjectivité comme pensée élargie.

2. Feurbach donnera une portée ontologique à cette idée. *Sein ist Gemeinschaft.* C'était la source de la lecture de L. Goldmann, *L'univers et la communauté humaine chez Kant,* Paris 1951. On comprendra que,

d'une faculté de juger, qui dans sa réflexion tient compte en pensant *(a priori)* du mode de représentation de tout autre homme, afin de rattacher pour ainsi dire son jugement à la raison humaine tout entière et échapper, ce faisant, à l'illusion, résultant de conditions subjectives et particulières pouvant aisément être tenues pour objectives, qui exercerait une influence néfaste sur le jugement. [294] C'est là ce qui est obtenu en comparant son jugement aux jugements des autres, qui sont en fait moins les jugements réels que les jugements possibles et en se mettant à la place de tout autre, tandis que l'on fait abstraction des bornes, qui de manière contingente sont propres à notre faculté de juger ; on y parvient en écartant autant que possible ce qui dans l'état représentatif est matière, c'est-à-dire sensation, et en prêtant uniquement attention aux caractéristiques formelles de sa représentation ou de son état représentatif. Sans doute cette opération de la réflexion paraît être bien trop artificielle pour que l'on puisse l'attribuer à cette faculté que nous nommons le sens *commun* ; toutefois elle ne paraît telle, que lorsqu'on l'exprime dans des formules abstraites ; il n'est en soi rien de plus naturel que de faire abstraction de l'attrait et de l'émotion, lorsqu'on recherche un jugement qui doit servir de règle universelle.

Les maximes suivantes du sens commun n'appartiennent pas à notre propos en tant que parties de la critique du goût ; néanmoins elles peuvent servir à l'explication de ses principes. Ce sont les maximes suivantes : 1. Penser par soi-même ; 2. Penser en se mettant à la place de tout autre ; 3. Toujours penser en accord avec soi-même. La première maxime est la maxime de la pensée *sans préjugés,* la seconde maxime est celle de la pensée *élargie,* la troisième maxime est celle de la pensée *conséquente.* La première maxime est celle d'une raison qui n'est jamais *passive.* On appelle *préjugé* la tendance à la passivité et par conséquent à l'hétéronomie de la raison ; de tous les préjugés le plus grand est celui qui

frôlant le problème de la société, Kant défende l'*Aufklärung.* C'est une section de la vie qui dépasse le *sensus communis*

consiste à se représenter la nature comme n'étant pas soumise aux règles que l'entendement de par sa propre et essentielle loi lui donne pour fondement et c'est la *superstition*. On nomme *Aufklärung*[1] la libération de la superstition[2*]; en effet, bien que cette dénomination convienne aussi à la libération des préjugés en général, la superstition doit être appelée de préférence *(in sensu eminenti)* un préjugé, puisque l'aveuglement en lequel elle plonge l'esprit, et bien plus qu'elle exige comme une obligation, [295] montre d'une manière remarquable le besoin d'être guidé par d'autres et par conséquent l'état d'une raison passive. En ce qui concerne la seconde maxime de la pensée nous sommes bien habitués par ailleurs à appeler étroit d'esprit (borné, le contraire d'élargi) celui dont les talents ne suffisent pas à un usage important (particulièrement à celui qui demande une grande force d'application). Il n'est pas en ceci question des facultés de la connaissance, mais de la *manière de penser* et de faire de la pensée un usage final ; et si petit selon l'extension et le degré que soit le champ couvert par les dons naturels de l'homme, c'est là ce qui montre cependant un homme *d'esprit ouvert* que de pouvoir s'élever au-dessus des conditions subjectives du jugement, en lesquelles tant d'autres se cramponnent, et de pouvoir réfléchir sur son propre jugement à partir d'un *point de vue universel* (qu'il ne peut déterminer qu'en se plaçant au point de vue d'autrui). C'est la troisième maxime, celle de la manière de penser *conséquente,* qui est la plus

1. Nous conservons le terme allemand ; traduire par *les Lumières* n'est pas toujours satisfaisant.
2*. On s'aperçoit bien vite que si *in thesi* l'*Aufklärung* est chose facile, elle est *in hypothesi* difficile et longue à réaliser; certes n'être point passif en tant que raison, mais se donner en tout temps sa propre loi, est chose bien facile pour l'homme, qui ne veut qu'être en accord avec sa fin essentielle et qui ne cherche pas à connaître ce qui dépasse son entendement; mais comme l'aspiration à une telle connaissance est presqu'inévitable et qu'il ne manquera jamais de gens prétendant avec beaucoup d'assurance pouvoir satisfaire cette soif de savoir, il doit être très difficile de maintenir ou d'établir dans la forme de pensée (surtout en celle qui est publique) ce moment simplement négatif (qui constitue l'*Aufklärung* proprement dite).

difficile à mettre en œuvre ; on ne le peut qu'en liant les deux premières maximes et après avoir acquis une maîtrise rendue parfaite par un exercice répété. On peut dire que la première de ces maximes est la maxime de l'entendement, la seconde celle de la faculté de juger, la troisième celle de la raison.

Je reprends le fil interrompu par cet épisode et je dis que l'on pourrait donner avec plus de raison le nom de *sensus communis* au goût qu'au bon sens [1] et que la faculté esthétique de juger, plutôt que celle qui est intellectuelle, mériterait le nom de sens commun à tous [2], si l'on veut bien appeler sens un effet de la simple réflexion sur l'esprit ; on entend alors en effet par sens le sentiment de plaisir. On pourrait même définir le goût par la faculté de juger ce qui rend notre sentiment, procédant d'une représentation donnée, *universellement communicable* sans la médiation d'un concept [3].

L'aptitude des hommes à se communiquer leurs pensées suppose aussi un rapport de l'imagination et de l'entendement afin d'associer aux concepts des intuitions et inversement aux intuitions des concepts, qui s'unissent dans une connaissance ; mais en ce cas l'accord des deux facultés de l'âme est *légal* et soumis à la contrainte [296] de concepts déterminés. Ce n'est que lorsque l'imagination en sa liberté éveille l'entendement et que celui-ci incite sans concept l'imagination à un jeu régulier, que la représentation se communique, non comme pensée, mais comme sentiment intérieur d'un état final de l'esprit [4].

---

1. Le fondement de l'intersubjectivité ne saurait être recherché dans le *bon* (sain) sens <der gesunde Verstand>, simple orientation de la structure essentielle.

2. « eines gemeinschaftlichen Sinnes ». On pourrait désigner le goût comme *sensus communis aestheticus* et l'entendement commun comme *sensus communis logicus*.

3. Cf. E. Cassirer, *Kants Leben und Lehre,* Darmstadt, 1975, p. 333. L'absence de médiation conduira Hegel à caractériser la beauté comme dépourvue de forces (Préface à la *Phénoménologie de l'Esprit*).

4. C'est la structure phénoménologique du jugement (de goût) qui est ici exposée. Elle suppose la liberté de l'imagination soumise à la légalité de l'entendement.

Le goût est ainsi la faculté de juger *a priori* de la communicabilité des sentiments, qui sont liés avec une représentation donnée (sans médiation d'un concept)[1].

Si l'on pouvait admettre que la simple communicabilité universelle de son sentiment possède déjà en soi un intérêt pour nous (mais l'on n'est pas en droit de le conclure à partir de la nature d'une faculté de juger simplement réfléchissante), on pourrait s'expliquer pourquoi le sentiment dans les jugements de goût est supposé de tous pour ainsi dire comme un devoir[2].

§ 41. *De l'intérêt empirique concernant le beau.*

On a suffisamment montré plus haut que le jugement de goût, par lequel quelque chose est déclaré beau, ne devait avoir aucun intérêt comme *principe déterminant*. Mais il ne s'ensuit pas, qu'une fois qu'il a été porté comme jugement esthétique pur, aucun intérêt ne puisse y être lié. Cette liaison ne pourra toutefois jamais être qu'indirecte; autrement dit le goût doit tout d'abord être représenté comme lié avec quelque chose d'autre afin que l'on puisse encore lier à la satisfaction de la simple réflexion sur l'objet *un plaisir relatif à l'existence* de celui-ci (en quoi tout intérêt consiste). En effet, ce qui est dit des jugements de connaissance (sur les choses en général) vaut ici des jugements esthétiques : *a posse ad esse non valet consequentia*[3]. Cette autre chose peut être empirique, ainsi une inclination propre à la nature humaine, ou quelque chose d'intellectuel comme la propriété de la volonté de pouvoir être déterminée *a priori* par la raison; l'un et l'autre enveloppent une satisfaction relative à l'existence d'un objet et peuvent ainsi fonder un intérêt

---

1. L'essence du goût est la communicabilité des sentiments (non des concepts) et se réalise dans le *Cogito pluriel* comme immédiateté.
2. L'idée de communauté profile en soi l'idée de totalité comme règne des fins – mais on ne peut aller plus loin parce que, comme dans tout jugement esthétique, il manque (qualité du jugement) l'intérêt à l'existence de l'objet.
3. Du possible à l'être la conséquence n'est point bonne.

concernant ce qui a déjà plu par lui-même sans la considération d'un quelconque intérêt [1].

Le beau n'intéresse empiriquement que dans la *société* ; et si l'on admet que la tendance à la société est naturelle à l'homme, mais que l'aptitude et le penchant pour la société, c'est-à-dire la *sociabilité*, [297] sont nécessaires à l'homme en tant que créature destinée à vivre en société, et constituent une propriété appartenant à l'humanité, on ne peut manquer de considérer le goût comme une faculté de juger ce qui permet de communiquer même son sentiment à tout autre et par conséquent comme un moyen de réaliser ce qu'exige l'inclinaison naturelle de chacun [2].

Un homme abandonné sur une île déserte ne tenterait pour lui-même d'orner ni sa hutte, ni lui-même ou de chercher des fleurs, encore moins de les planter pour s'en parer ; ce n'est que dans la société qu'il lui vient à l'esprit de n'être pas simplement homme, mais d'être aussi à sa manière un homme raffiné (c'est le début de la civilisation) ; on considère ainsi en effet celui qui tend et est habile à communiquer son plaisir aux autres et qu'un objet ne peut satisfaire, lorsqu'il ne peut en ressentir la satisfaction en commun avec d'autres. De même chacun attend et exige de chacun qu'il tienne compte de cette communication universelle en raison d'un contrat originaire pour ainsi dire, qui est dicté par l'humanité elle-même ; et sans doute il ne s'agit au début que de choses attrayantes, par exemple des couleurs pour se peindre (le rocou chez les Caraïbes, le cinabre chez les Iroquois), ou des fleurs, des coquillages, des plumes d'oiseaux de belle couleur, et avec le temps ce sont aussi de jolies formes (comme celles des canots, des vêtements, etc.), qui ne procurent aucun contentement, c'est-à-dire aucune satisfaction de jouissance, qui furent dans la société importantes et

1. L'intérêt qui se porte au jugement de goût, qui comme jugement réfléchissant n'a aucun *principe déterminant,* ne peut que lui être ajouté *après,* soit qu'il convienne à une inclination propre à la nature humaine, soit qu'il convienne à la volonté morale.
2. Dans la mesure où l'homme est sociable la communicabilité du jugement de goût ne peut que renforcer l'être-en-commun.

liées à un grand intérêt; jusqu'à ce que la civilisation enfin parvenue au plus haut point fasse de ces formes presque le but essentiel d'une inclination raffinée et n'accorde de valeur aux sensations que dans la mesure où elles peuvent être universellement communiquées; et alors, même si le plaisir, que chacun peut retirer d'un tel objet, est insignifiant et ne possède en lui-même aucun intérêt remarquable, l'idée de sa communicabilité universelle en accroît presqu'infiniment la valeur[1].

Cet intérêt qui s'attache au beau par l'inclination à la société, et qui par conséquent est empirique, est pour nous sans importance, puisque nous ne devons considérer que ce qui peut posséder une relation, même si cela n'est qu'indirectement, au jugement de goût *a priori*. En effet, si un intérêt lié à cette forme devait y être découvert, le goût révélerait un passage de notre faculté de juger de la jouissance des sens au sentiment moral et outre le fait qu'on ne saurait être mieux guidé [298] que par là à donner au goût une activité finale, on exposerait aussi un anneau central de la chaîne des facultés humaines *a priori,* dont toute législation doit dépendre[2]. Ce que l'on peut bien dire de l'intérêt empirique aux objets du goût et du goût lui-même, c'est que celui-ci, puisqu'il se livre à l'inclination, si raffinée qu'elle puisse être, peut bien se confondre avec toutes les tendances et toutes les passions, qui dans la société atteignent leur plus forte diversité et leur plus haut degré et que l'intérêt relatif au beau, lorsqu'il se fonde là-dessus, ne peut fournir qu'un passage très équivoque de l'agréable au bon. Nous devons rechercher si ce passage ne pourrait pas toutefois être réalisé par le goût lorsqu'il est considéré dans sa pureté.

1. Pour expliquer sa pensée Kant se livre à une mise entre parenthèses en imaginant un homme livré à la solitude; il en dégage le principe de l'intérêt social du beau. Mais celui-ci n'est jamais qu'empirique. Cf. dans ma *Théorie kantienne de l'histoire* le chapitre sur la guerre domestique.

2. Schelling dans son *Système de l'idéalisme transcendantal* voudra précisément faire du jugement esthétique le moment central. Schiller l'avait devancé.

§ 42. *De l'intérêt intellectuel concernant le beau.*

Rendons hommage aux bonnes intentions de ceux, qui voulant ramener toutes les activités des hommes, auxquelles ceux-ci sont poussés par une disposition naturelle intérieure, plutôt à la fin ultime de l'humanité, c'est-à-dire le bien moral, considéraient comme le signe d'un caractère moral bon que de prendre un intérêt au beau en général. Mais non sans raison d'autres, appuyés sur l'expérience, leur ont objecté que les virtuoses du goût non seulement souvent, mais même habituellement sont vains, têtus, abandonnés à de pernicieuses passions et pourraient bien moins encore que d'autres prétendre au privilège d'être attachés à des principes moraux; et il semble donc que non seulement (comme c'est le cas réellement) le sentiment pour le beau est spécifiquement différent du sentiment moral, mais encore que l'intérêt, que l'on peut y lier, est difficilement susceptible d'être uni au sentiment moral et en aucun cas ne peut l'être en raison d'une affinité intérieur [1].

J'accorderai volontiers que l'intérêt relatif *aux beautés de l'art* (parmi lesquelles je compte aussi l'usage artificiel des beautés de la nature pour la parure, donc pour la vanité) ne donne aucune preuve d'une pensée attachée au bien moral, ou seulement même d'une pensée qui y tende. En revanche je soutiens que prendre un *intérêt immédiat* à la beauté de la *nature* (et non point avoir seulement du goût pour en juger) est toujours le signe d'une âme qui est bonne et que, si cet intérêt est habituel, il indique tout au moins une disposition de l'esprit favorable au sentiment moral, s'il se lie volontiers à la *contemplation de la nature.* [299] Mais l'on doit bien se rappeler que je ne pense véritablement qu'aux belles *formes* de la nature et qu'en revanche j'écarte les *attraits,* qui d'ordinaire se lient si abondamment à celles-ci, parce que l'intérêt qui s'y porte est sans doute aussi immédiat, mais toutefois

---

1. On ne peut rien décider sur le sens moral à partir du bon. Rien ne prouve qu'un virtuose accorde un intérêt intellectuel (moral) au beau. D'où la différence entre le sentiment esthétique et le sentiment intellectuel.

empirique [1].

Celui, qui dans la solitude (et sans l'intention de vouloir communiquer à d'autres ses observations) contemple la belle forme d'une fleur sauvage, d'un oiseau, d'un insecte, etc., afin de les admirer, de les aimer, qui en regretterait l'absence en la nature en général, et qui loin de voir en cela quelque avantage briller pour lui, en retirerait plutôt du dommage, celui-là prend un intérêt immédiat et en vérité intellectuel à la beauté de la nature. C'est dire que non seulement le produit de la nature lui plaît selon la forme, mais encore que l'existence de celui-ci lui plaît, sans qu'aucun attrait sensuel n'intervienne, ou qu'il le lie à quelque fin [2].

Il est toutefois remarquable en ceci que si l'on avait secrètement trompé cet amoureux du beau et planté en terre des fleurs artificielles (que l'on peut fabriquer toutes semblables aux fleurs naturelles) ou placé sur les branches des arbres des oiseaux artistement sculptés et que là-dessus il découvrît la supercherie, l'intérêt immédiat qu'il portait auparavant à ces choses disparaîtrait aussitôt et un autre lui succéderait; je veux dire l'intérêt de la vanité, ainsi d'orner de ces choses son appartement pour des yeux étrangers. La pensée que la nature a produit cette beauté doit accompagner l'intuition et la réflexion; et c'est là-dessus seulement que se fonde l'intérêt immédiat que l'on y prend. Autrement il ne reste soit qu'un simple jugement de goût sans aucun intérêt, soit qu'un jugement de goût lié à un intérêt indirect, relatif à la société, qui ne donne aucun indice sûr d'une pensée

---

1. Seule la contemplation de la nature, telle qu'elle est immédiatement, indique une disposition de l'esprit favorable au sentiment moral. Cette thèse de Kant s'inscrit dans les tendances du *Sturm und Drang*. Il va de soi que l'intérêt intellectuel est détruit par tout ce qui est artificiel, cf. La *Remarque générale sur la première section de l'Analytique* (le rossignol). Il s'ensuit que cette contemplation fournissant un intérêt immédiat, dès lors qu'elle est en présence d'un moment supplémentaire, s'évanouit et ne se déploie que dans la *solitude innocente* ; de ce point de vue c'est le contraire de l'intérêt empirique visant le beau (société).

2. L'intérêt porté dans la contemplation solitaire est désintéressé ; la belle forme est aimée pour elle-même immédiatement, et c'est pour cela que, désintéressée, la contemplation est immédiate.

moralement bonne.

Ce privilège de la beauté naturelle sur celle de l'art (même si celle-ci l'emporte sur la première par sa forme) d'inspirer seule un intérêt immédiat, s'accorde avec la manière de pensée éclairée et sérieuse de tous les hommes, qui ont cultivé leur sentiment moral[1]. Si un homme, qui possède assez de goût pour juger des produits des beaux-arts avec la plus grande exactitude et la plus grande finesse, [300] abandonne volontiers la chambre, en laquelle se rencontrent ces beautés qui entretiennent la vanité ou tout au moins les joies d'ordre social, afin de se tourner vers le beau dans la nature et d'y trouver pour son esprit la volupté en une méditation qu'il ne saurait jamais complètement achever, nous devons considérer avec respect le choix qui est le sien et supposer en lui une belle âme, à laquelle ne peut prétendre aucun connaisseur de l'art, ni aucun amateur, en raison de l'intérêt qu'il porte à ses objets. – Quelle est donc la différence de deux appréciations si distinctes de deux sortes d'objets, qui selon le jugement du simple goût pourraient à peine se disputer la supériorité ?

Nous possédons une faculté de juger simplement esthétique pour juger sans concepts des formes et trouver une satisfaction dans le simple jugement de celles-ci ; nous faisons de cette satisfaction une règle pour chacun, sans que le jugement se fonde sur un intérêt ou en produise un. – D'un autre côté nous possédons aussi une faculté de juger intellectuelle, afin de déterminer pour de simples formes de maximes pratiques (dans la mesure où elles se qualifient d'elles-mêmes comme législation universelle) une satisfaction *a priori,* dont nous faisons pour chacun une loi, sans que notre jugement se fonde sur un quelconque intérêt ; *mais alors il en produit* un.

---

1. Il s'agit d'un des moments stratégiques de la troisième Critique. Kant, dans le domaine du beau, accorde une supériorité à la nature sur l'art. Ceci s'explique de différentes manières, dont l'une consiste à soutenir que la nature est le langage de Dieu. Aimer l'art plutôt que la nature c'est mettre l'homme au-dessus de Dieu. L'exemple qui suit (volupté en une méditation) tend à montrer que la contemplation est proche de la prière.

Dans le premier jugement le plaisir ou la peine sont propres au goût et dans le second au sentiment moral.

Mais comme la raison porte aussi un intérêt à ce que les Idées (pour lesquelles elle suscite dans le sentiment moral un intérêt immédiat) possèdent aussi de la réalité objective, c'est-à-dire que la nature montre au moins une trace ou fournisse un indice qu'elle contient en soi un principe permettant d'admettre un accord légitime de ses produits avec notre satisfaction indépendante de tout intérêt – que nous reconnaissons comme loi *a priori* pour chacun sans pouvoir l'appuyer sur des preuves –, il faut que la raison prenne un intérêt à toute manifestation naturelle d'un semblable accord; par conséquent l'esprit ne peut réfléchir sur la *beauté* de la nature, sans se trouver en même temps intéressé. Or de par ses attaches cet intérêt est moral; et celui, qui prend cet intérêt au beau de la nature, ne peut le faire que dans la mesure où il a déjà solidement fondé son intérêt au bien moral. On a donc quelque raison de supposer à tout le moins une disposition à la bonne intention morale chez celui que la beauté de la nature [301] intéresse immédiatement[1].

On dira que cette interprétation des jugements esthétiques, qui leur attribue une parenté avec le sentiment moral, paraît trop subtile pour être considérée comme la véritable explication du langage chiffré, par lequel la nature nous parle symboliquement dans ses belles formes[2]. Mais premièrement cet intérêt immédiat au beau de la nature n'est pas effectivement commun, mais seulement propre à ceux dont la manière de penser est déjà formée au bien ou tout particulièrement disposé à recevoir cette formation; et ensuite l'analogie entre le pur jugement de goût, qui, sans dépendre d'aucun intérêt, fait sentir une satisfaction et la représente en même temps *a priori* comme convenant à l'humanité en général, et le jugement moral, qui aboutit au même résultat par les

---

1. Le rapport entre le sentiment esthétique désintéressé et le sentiment moral ne dépasse pas le niveau de l'analogie.

2. Confirmation de l'hypothèse : la nature, esthétiquement considérée, est langage ; elle nous *parle* selon un chiffre qu'il convient de décoder, comme le savait Leibniz, *Critique de la raison pratique*, AK V, 160.

concepts, sans aucune réflexion précise, subtile et préalable, conduit à accorder un intérêt égal immédiat à l'objet du premier comme à celui du second, avec cette seule différence que celui-là est un intérêt libre, tandis que celui-ci est un intérêt fondé sur une loi objective[1]. A cela s'ajoute l'admiration de la nature, qui en ses belles productions se montre comme art <als Kunst>, non point par hasard, mais pour ainsi dire intentionnellement, d'après un ordre légal et en tant que finalité sans fin; et comme nous ne rencontrons au dehors nulle part cette fin, nous la cherchons naturellement en nous-mêmes et au vrai en ce qui constitue la fin ultime de notre existence, c'est-à-dire notre destination morale (il sera question de cette enquête sur le fondement de la possibilité d'une telle finalité de la nature <Naturzweckmässigkeit>, mais seulement dans la téléologie).

Il est également facile d'expliquer pourquoi la satisfaction relative aux beaux-arts dans le pur jugement de goût n'est pas aussi bien liée à un intérêt immédiat que la satisfaction qui s'attache à la belle nature. En effet, ou bien l'art est une imitation telle de la nature qu'elle va jusqu'à l'illusion et, en ce cas, c'est en tant que beauté naturelle (étant pris comme telle) qu'il a un effet; ou bien il s'agit d'un art dirigé de manière visible à l'intention de notre satisfaction et alors la satisfaction prise à ce produit par le goût serait bien immédiate, mais il n'y aurait pas d'autre intérêt qu'un intérêt médiat[2] pour la cause se trouvant au principe, je veux dire l'art, qui ne peut jamais être intéressant que par sa fin et jamais en lui-même. On dira peut-être que c'est aussi le cas

---

1. Le sentiment moral (l'intérêt pour la moralité) et le sentiment du beau (intérêt libre) sont semblables dans leur immédiateté et dans leur rapport au divin. Kant précise que le beau étant une finalité sans fin, nous pouvons en trouver la fin en nous-mêmes, ce qui nous reconduit à la moralité, au moins par le sentiment de notre liberté.

2. Première position du problème de l'art : ou il imite la nature et se nie comme art, ou il est dirigé pour notre satisfaction et si l'intérêt est immédiat pour le tableau (La Cène de Vinci), il n'est que médiat (par la médiation du chef d'œuvre) pour son auteur. L'art en lui-même n'est pas intéressant, seul compte son produit et l'on fait ici abstraction de ses conditions (le matériau, la technique de l'artiste)

des objets de la nature qui n'intéressent par leur beauté qu'autant qu'une Idée morale s'y trouve jointe ; mais ce qui intéresse [302] alors immédiatement ce n'est point l'objet, mais la propriété de la nature en elle-même d'être susceptible d'une union, qui lui convient ainsi de manière interne.

Les attraits dans la belle nature, qui sont pour ainsi dire si fréquemment confondus avec la belle forme, appartiennent soit aux modifications de la lumière (dans la coloration) ou du son (dans les tons). En effet ce sont les seules sensations, qui ne permettent pas seulement un sentiment sensible, mais aussi la réflexion sur la forme de ces modifications des sens et qui comprennent en quelque sorte une langue, qui rapproche la nature de nous et qui paraît posséder une signification plus haute. La couleur blanche du lis semble disposer l'esprit aux idées de l'innocence et en suivant l'ordre des sept couleurs, du rouge jusqu'au violet : 1. à l'idée de la sublimité, 2. du courage, 3. de la franchise, 4. de la douceur, 5. de la modestie, 6. de la fermeté et 7. de la tendresse. Le chant des oiseaux annonce l'allégresse et le contentement de l'existence. Du moins est-ce ainsi que nous interprétons la nature, que telle soit ou non son intention. Mais cet intérêt, que nous prenons ici à la beauté, exige absolument qu'il s'agisse de la beauté de la nature et il disparaît entièrement, dès que l'on remarque qu'on est trompé et que ce n'est que de l'art et à tel point que le goût ne peut plus rien y trouver de beau, ni la vue quelque chose d'attrayant. Est-il chose plus goûtée des poètes que le chant beau et enchanteur du rossignol dans un buisson solitaire par un calme soir d'été sous la douce lumière de la lune ? Il est toutefois des exemples où aucun chanteur de ce genre ne pouvant se trouver, quelque hôte malicieux a trompé, à leur très grande satisfaction d'ailleurs, ses invités venus chez lui jouir de l'air de la campagne, en cachant dans un buisson un jeune espiègle sachant parfaitement imiter (avec un roseau ou un jonc dans la bouche) ce chant d'après nature. Mais dès que l'on est convaincu qu'il s'agit d'une tromperie, personne ne supporte d'entendre longtemps ce chant tenu auparavant pour si attrayant ; et il en va de même avec tout autre oiseau chanteur. Afin que nous puissions

prendre au beau comme tel un intérêt immédiat il faut que ce
soit la nature ou ce que nous prenons pour elle qui nous
l'inspire ; il en est à plus forte raison ainsi si nous devons
attribuer cet intérêt aux autres ; et en fait [303] c'est ce qui
arrive lorsque nous tenons pour grossière et dépourvue de
noblesse la manière de penser de ceux qui n'ont aucun
sentiment pour la belle nature (nous nommons ainsi en effet
la capacité de ressentir un intérêt à sa contemplation) et qui
s'en tiennent à la jouissance des simples sensations des sens
que procure la table ou la bouteille [1].

§ 43. *De l'art en général* [2].

1. L'art est distingué de la nature, comme le « faire »
(*facere*) l'est de l'« agir » ou « causer » en général (*agere*) et
le produit ou la conséquence de l'art se distingue en tant
qu'œuvre *(opus)* du produit de la nature en tant qu'effet
(effectus) [3].

En droit on ne devrait appeler art que la production par
liberté, c'est-à-dire par un libre-arbitre, qui met la raison au
fondement de ses actions. On se plaît à nommer une œuvre
d'art le produit des abeilles (les gâteaux de cire régulière-

---

1. Kant revient sur le rossignol. A son époque le goût pour les
automates avait sensiblement diminué. Pour ce qui concerne la symbolique des couleurs Kant est très prudent : la couleur blanche du lis
semble disposer l'esprit aux idées de l'innocence ; les cerceuils des
jeunes enfants sont souvent blancs. En ce qui touche l'ordre des sept
couleurs, « du rouge jusqu'au violet » on peut penser qu'il s'agit : du
rouge, puis de l'orangé, du jaune, du vert, du bleu, de l'indigo, du
violet. Kant ne tient pas compte de « l'ordre des teinturiers » et s'en tient
aux sept couleurs qui proviennent de la décomposition de la lumière.

2. Le § 43 et ceux qui suivent sont parmi les plus contestés dans la
Critique de la faculté de juger. Kant, en effet, abordera le problème de
l'art d'une manière très abstraite et ne procurera jamais le sentiment de
livrer une esthétique différenciée, cf. cependant Luc Ferry, *Homo
aesteticus,* Paris, 1991. V. Basch dans son *Essai critique sur l'Esthétique de Kant*, Paris, 1896, ch. VI, p. 402 attribue cette faiblesse au
goût plus prononcé de Kant pour la nature que pour l'art.

3. L'art façonne, la nature produit. Donc l'art est conscience, et la
nature ne l'est qu'en tant que langage de Dieu.

ment construits), mais ce n'est qu'en raison d'une analogie avec l'art; en effet, dès que l'on songe que les abeilles ne fondent leur travail sur aucune réflexion proprement rationnelle, on déclare aussitôt qu'il s'agit d'un produit de leur nature (de l'instinct), et c'est seulement à leur créateur qu'on l'attribue en tant qu'art. Lorsqu'en fouillant un marécage on découvre, comme il est arrivé parfois, un morceau de bois taillé, on ne dit pas que c'est un produit de la nature, mais de l'art; la cause productrice de celui-ci a pensé à une fin, à laquelle l'objet doit sa forme. On discerne d'ailleurs un art en toute chose, qui est ainsi constituée, qu'une représentation de ce qu'elle est a dû dans sa cause précéder sa réalité (même chez les abeilles), sans que toutefois cette cause ait pu précisément *penser* l'effet; mais quand on nomme simplement une chose une œuvre d'art, pour la distinguer d'un effet naturel, on entend toujours par là une œuvre de l'homme[1].

2. *L'art,* comme habileté de l'homme, est aussi distinct de la *science* (comme *pouvoir* l'est de *savoir*), que la faculté pratique est distincte de la faculté théorique, la technique de la théorie (comme l'arpentage de la géométrie). Et de même ce que l'on *peut*, dès qu'on *sait* seulement ce qui doit être fait, et que l'on connaît suffisamment l'effet recherché, ne s'appelle pas de l'art. Seul ce que l'on ne possède pas l'habileté de faire, même si on le connaît de la manière la plus parfaite, [304] relève de l'art[2]. Camper[3] décrit très exactement comment la meilleure chaussure doit être faite, mais il ne pouvait assurément pas en faire une[4*].

1. Exemple archéologique très instructif. Il suppose chez Kant un savoir de la préhistoire. Par cet exemple il entend dissocier les belles formes de la nature liées à l'instinct des formes dues à l'art.
2. Hegel est revenu sur cette question dans la *Préface* de la *Phénoménologie de l'Esprit.*
3. Pierre Camper (1722-1789), anatomiste hollandais. Cité au § 82.
4*. Dans mon pays l'homme du commun auquel on propose un problème tel que celui de l'œuf de Christophe Colomb, dit : «*Ce n'est pas de l'art il ne s'agit que d'une science*». C'est-à-dire : si on le *sait,* on le *peut* : il en dit autant de tous les prétendus arts de l'illusionniste. En revanche il ne répugnera pas à nommer art l'adresse du danseur de corde.

3. *L'art* est également distinct du *métier*; l'art est dit *libéral*, le métier est dit *mercenaire*[1]. On considère le premier comme s'il ne pouvait obtenir de la finalité (réussir) qu'en tant que jeu, c'est-à-dire comme une activité en elle-même agréable; on considère le second comme un travail, c'est-à-dire comme une activité, qui est en elle-même désagréable (pénible) et qui n'est attirante que par son effet (par exemple le salaire), et qui par conséquent peut être imposée de manière contraignante. Pour résoudre la question de savoir si dans la hiérarchie des corps de métier les horlogers doivent être considérés comme des artistes et les forgerons, en revanche, comme des artisans, il faudrait un autre point de vue pour juger que celui que nous adoptons ici; il faudrait en effet considérer la proportion des talents, qui doivent se trouver au fondement de l'une ou l'autre de ces activités. Je ne veux pas non plus traiter la question de savoir si entre les sept arts libéraux[2] certains ne devraient pas être rangés parmi les sciences et d'autres comparés à des métiers. Il n'est pas inutile de faire souvenir que dans tous les arts libéraux il faut qu'il y ait une certaine contrainte, ou, comme on le dit, un *mécanisme,* sans lequel *l'esprit,* qui dans l'art doit être libre et qui seul anime l'œuvre, n'aurait aucun corps et s'évaporerait complètement (par exemple dans la poésie, l'exactitude et la richesse de la langue ainsi que la prosodie et la métrique), puisque beaucoup de nouveaux éducateurs croient contribuer le plus à un art libéral, tandis qu'ils en ôtent toute contrainte et le transforment de travail en un pur jeu[3].

§ 44. *Des beaux-arts.*

Il n'existe pas une science, mais seulement une critique du beau et il n'existe pas de belles sciences, mais seulement des

---

1. L'artiste ne travaille pas d'*abord* en vue de l'argent; en revanche tout métier est mercenaire, car il suppose l'appât du gain.
2. *Les sept arts libéraux* : 1) peinture, 2) scupiture, 3) musique, 4) poésie, 5) théatre, 6) danse, 7) éloquence.
3. Kant est, par exemple, opposé à la versification libre (Klopstock).

beaux-arts. En effet en ce qui concerne une science du beau, il faudrait qu'en celle-ci on décide scientifiquement, [305] c'est-à-dire par des raisons démonstratives, si quelque chose doit ou non être tenu pour beau ; or le jugement sur la beauté ne serait pas un jugement de goût s'il appartenait à la science. En ce qui concerne le second point, une science qui devrait être belle comme telle est un non-sens. Car si on lui demandait, en tant que science, des principes et des preuves, on n'obtiendrait que des paroles pleines de goût (bons mots) [1]. – Ce qui a pu donner naissance à l'habituelle expression de *belles sciences* est sans aucun doute le fait que l'on a justement remarqué que les beaux-arts en toute leur perfection supposaient beaucoup de science, par exemple la connaissance des langues anciennes, une lecture étendue des auteurs considérés comme classiques, l'histoire, la connaissance des antiquités, etc., et par une confusion de mots on a nommé belles sciences les sciences historiques, parce qu'elles constituaient la nécessaire préparation et le fondement des beaux-arts et en partie aussi parce que on entend par les sciences historiques la connaissance des produits des beaux-arts (éloquence et poésie).

Si l'art, conforme à la *connaissance* d'un objet possible, exécute seulement les actions nécessaires afin de le réaliser, alors il est *mécanique* ; si en revanche il possède pour fin immédiate le sentiment de plaisir, alors il s'appelle un art *esthétique* [2]. Celui-ci relève soit des arts *d'agrément*, soit des *beaux-arts*. C'est le premier cas lorsque la fin de l'art est que le plaisir accompagne les représentations en tant que simples *sensations*, et c'est le second lorsque la fin de l'art est que le plaisir accompagne les représentations en tant *que modes de connaissances* [3].

---

1. En français dans le texte.
2. Kant distingue l'art conforme à la connaissance d'un objet possible, par exemple *faire* un moulin et l'art qui ne vise qu'à *produire* une satisfaction, *faire* un tableau, et qui est esthétique.
3. Kant semble distinguer dans l'art esthétique deux formes : l'une qui ne consiste qu'à susciter le plaisir par les simples sensations (et l'on pourrait penser à la conversation ou à la musique de chambre) et l'art où le plaisir accompagne les représentations en tant que modes de connaissance (et l'on pourrait penser au théâtre et plus particulièrement à la

Les arts d'agrément sont ceux dont la jouissance est le seul but; tels sont tous les attraits qui peuvent à table contenter une société, ainsi raconter quelque chose d'une manière intéressante, savoir conduire le monde à une conversation franche et vivante, l'accorder par la plaisanterie et le rire à un certain ton de gaîté, en lequel, comme on dit, on peut babiller à tort et à travers, sans que personne se tienne pour responsable de ce qu'il dit, parce qu'il ne s'agit que d'une conversation en passant et non de quelque chose qui doit demeurer pour être médité ou répété. (A cela appartient encore la manière dont la table doit être dressée pour le plaisir, ou dans les banquets la musique de table, chose vraiment remarquable, un simple bruit agréable qui doit entretenir la disposition des esprits à l'allégresse et qui, sans que personne ne prête jamais la moindre attention à sa composition, favorise la conversation libre entre voisins). [306] Ajoutons de plus à cela tous les jeux, qui n'ont d'autre intérêt que de faire passer le temps sans qu'on s'en aperçoive.

Les beaux-arts en revanche sont un mode de représentation qui est en lui-même final et qui contribue, bien que ce soit sans fin, à la culture des facultés de l'âme en vue de la communication dans la société.

La communicabilité d'un plaisir contient déjà en son concept qu'il ne s'agit pas d'un plaisir de jouissance de par la seule sensation, mais d'un plaisir de la réflexion; et ainsi l'art esthétique – ou les beaux-arts – est un art qui possède pour mesure la faculté de juger réfléchissante et non la sensation[1].

§ 45. *Les beaux-arts ne sont de l'art que dans la mesure où ils possèdent en même temps l'apparence de la nature.*

En face d'un produit des beaux-arts on doit prendre conscience que c'est là une production de l'art et non de la nature; mais dans la forme de ce produit la finalité doit

tragédie classique). Cet art qui maintenant livre un contenu de connaissance contribue à la *culture* de l'esprit.

1. L'art esthétique (dans ses divisions) prétendant réaliser le *Cogito plural dans son immédiateté vivante* dépasse la simple sensation.

sembler aussi libre de toute contrainte par des règles arbitraires que s'il s'agissait d'un produit de la simple nature. C'est sur ce sentiment de la liberté dans le jeu de nos facultés de connaître, qui doit être en même temps final, que repose ce plaisir, qui est seul universellement communicable, sans se fonder cependant sur des concepts. La nature était belle[1] lorsqu'en même temps elle avait l'apparence de l'art; et l'art ne peut être dit beau que lorsque nous sommes conscients qu'il s'agit d'art et que celui-ci nous apparaît cependant en tant que nature[2].

Qu'il s'agisse, en effet, de beauté naturelle ou de beauté artistique nous pouvons en effet dire en général : *est beau, ce qui plaît dans le simple jugement* (non dans la sensation des sens, ni par un concept). Or l'art a toujours l'intention de produire quelque chose. S'il s'agissait d'une simple sensation (qui est quelque chose de simplement subjectif), qui dût être accompagnée de plaisir, ce produit ne plairait dans le jugement que par la médiation du sentiment des sens. Si le projet portait sur la production d'un objet déterminé, et s'il pouvait être réalisé par l'art, alors l'objet ne plairait que par les concepts. Dans les deux cas l'art ne plairait pas dans le *simple jugement*; en d'autres termes il ne plairait pas comme art du beau, mais comme art mécanique.

Aussi bien la finalité dans les produits des beaux-arts, [307] bien qu'elle soit intentionnelle, ne doit pas paraître intentionnelle; c'est dire que les beaux-arts doivent *avoir l'apparence* de la nature, bien que l'on ait conscience qu'il s'agit d'art. Or un produit de l'art apparaît comme nature, par le fait qu'on y trouve toute la *ponctualité* voulue dans

1. *La nature ÉTAIT belle* – il est impossible de contourner le *war*. Kant songe peut-être à la conception grecque du monde où nature et art se confondaient, et qui s'est évanouie.
2. Dans cet alinéa, Kant soumet décivement le beau à la nature ; le beau n'est beau que dans la mesure où il nous paraît naturel. Il ne faudrait pas croire cependant que Kant ne veut louer l'art qu'en tant qu'imitation de la nature commune. L'art peut *dévoiler* la nature comme on le voit (prenons un exemple à première vue opposé à Kant) chez les impressionnistes, et d'abord chez Monnet. Ce dernier révèle le soleil se levant sur les eaux et c'est la pure nature qui se manifeste.

l'accord avec les règles, d'après lesquelles seules le produit peut être ce qu'il doit être ; mais cela ne doit pas être *pénible ;* la règle scolaire ne doit pas transparaître ; en d'autres termes on ne doit pas montrer une trace indiquant que l'artiste avait la règle sous les yeux et que celle-ci a imposé des chaînes aux facultés de son âme[1].

§ 46. *Les beaux-arts sont les arts du génie.*

Le *génie* est le talent (don naturel), qui donne les règles à l'art. Puisque le talent, comme faculté productive innée de l'artiste, appartient lui-même à la nature, on pourrait s'exprimer ainsi : *le génie* est la disposition innée de l'esprit *(ingenium) par laquelle* la nature donne les règles à l'art[2].

Quoi qu'il en soit de cette définition, qu'elle soit simplement arbitraire, ou qu'elle soit ou non conforme au concept que l'on a coutume de lier au mot de *génie* (ce que l'on expliquera dans le paragraphe suivant), on peut toutefois déjà prouver que, suivant la signification en laquelle ce mot est pris ici, les beaux-arts doivent nécessairement être considérés comme des arts du *génie.*

Tout art en effet suppose des règles sur le fondement desquelles un produit est tout d'abord représenté comme possible, si on doit l'appeler un produit artistique. Mais le concept des beaux-arts ne permet pas que le jugement sur la beauté de son produit soit dérivé d'une règle quelconque, qui possède comme principe de détermination un *concept,* et par conséquent il ne permet pas que l'on pose au fondement un concept de la manière dont le produit est possible. Aussi bien les beaux-arts ne peuvent pas eux-mêmes concevoir la règle d'après laquelle ils doivent réaliser leur produit. Or puisque sans une règle qui le précède un produit ne peut jamais être dit un produit de l'art, il faut que la nature donne la règle à

---

1. Le produit de l'art doit se nier dans sa technique et tendre à l'apparition naïve, si bien qu'il se donne comme un produit de la nature.
2. A travers le génie artistique, c'est la nature qui donne des règles à l'art. Le génie (disposition innée de l'esprit – et non disposition *a priori*) surgit de la nature et il est *spontanéité.*

l'art dans le sujet (et cela par la concorde des facultés de celui-ci); en d'autres termes les beaux-arts ne sont possibles que comme produits du génie.

On voit par là que le génie : 1° est un *talent,* qui consiste à produire ce dont on ne saurait donner aucune règle déterminée; il ne s'agit pas d'une aptitude à ce qui peut être appris d'après une règle quelconque [308]; il s'ensuit que *l'originalité* doit être sa première propriété; 2° que l'absurde aussi pouvant être original, ses produits doivent en même temps être des modèles, c'est-à-dire *exemplaires* et par conséquent, que sans avoir été eux-mêmes engendrés par l'imitation, ils doivent toutefois servir aux autres de mesure ou de règle du jugement; 3° qu'il ne peut décrire lui-même ou exposer scientifiquement comment il réalise son produit, et qu'au contraire c'est en tant que *nature* qu'il donne la règle; c'est pourquoi le créateur d'un produit qu'il doit à son génie, ne sait pas lui-même comment se trouvent en lui les idées qui s'y rapportent et il n'est en son pouvoir ni de concevoir à volonté ou suivant un plan de telles idées, ni de les communiquer aux autres dans des préceptes, qui les mettraient à même de réaliser des produits semblables[2]. (C'est pourquoi aussi le mot génie est vraisemblablement dérivé de *genius,* l'esprit particulier donné à un homme à sa naissance pour le protéger et le diriger, et qui est la source de l'inspiration dont procèdent ces idées originales); 4° que la nature par le génie ne prescrit pas de règle à la science, mais à l'art; et que cela n'est le cas que s'il s'agit des beaux-arts.

2. Le génie consiste à produire la règle, non à l'appliquer; *ensuite* le génie est *original* et non pas *excentrique* et c'est pourquoi ses œuvres ne peuvent qu'être *imitées*; *enfin,* ce qui ne laisse pas d'être contradictoire en apparence, le génie ne peut exposer son œuvre *scientifiquement,* ce qui veut seulement dire chez Kant que le génie ne peut exposer la racine de son art profondément enfoncée dans la nature.

§ 47. *Explication et confirmation*
de la précédente définition du génie.

Tout le monde s'accorde à reconnaître que le génie est totalement opposé *à l'esprit d'imitation*. Puisqu'apprendre n'est autre chose qu'imiter, la meilleure disposition, la plus grande facilité à apprendre (capacité) ne peut, comme telle, passer pour du génie. Même si quelqu'un pense par soi-même ou imagine, et s'il ne fait pas que saisir ce que d'autres ont pensé et bien plus découvre maintes choses au profit de l'art et de la science, cela n'est pas une bonne raison pour nommer un *génie* un tel homme, qui est un *cerveau* (souvent puissant) (par opposition à celui, qui ne pouvant faire plus qu'apprendre et imiter, s'appelle un *niais*); en effet, tout cela *aurait pu* aussi être appris, et se trouve sur le chemin naturel de la recherche et de la réflexion suivant des règles, n'étant donc pas spécifiquement différent de ce qui peut être appris avec application par la voie de l'imitation. Ainsi on peut bien apprendre tout ce que Newton a exposé dans son œuvre immortelle, les Principes de la philosophie de la nature, si puissant qu'ait dû être le cerveau nécessaire pour ces découvertes; en revanche on ne peut apprendre à composer des poèmes d'une manière pleine d'esprit, si précis [309] que puissent être tous les préceptes pour l'art poétique, et si excellents qu'en soient les modèles. La raison en est que Newton pouvait rendre parfaitement clair et déterminé non seulement pour lui-même, mais aussi pour tout autre et pour ses successeurs tous les moments de la démarche qu'il dut accomplir, depuis les premiers éléments de la géométrie jusqu'à ses découvertes les plus importantes et les plus profondes; mais aucun Homère ou aucun Wieland[1] ne peut

---

1. Kant ne dit pas expressément, comme on a pu le croire, que Wieland, un poète allemand du XVIIIe siècle (d'un talent modeste qu'il place curieusement à côté d'Homère) est supérieur à Newton, mais que ce dernier peut expliquer dans ses règles complètes la source de l'*ingéniosité* de son art. C'est Clausewitz qui mettra le chef de guerre (en l'occurrence Napoléon) au-dessus de Euler et Newton.

montrer comment ses idées riches de poésie et toutefois en même temps grosses de pensées surgissent et s'assemblent dans son cerveau, parce qu'il ne le sait pas lui-même et aussi ne peut l'enseigner à personne. Dans le domaine scientifique ainsi, le plus remarquable auteur de découvertes ne se distingue que par le degré de l'imitateur et de l'écolier le plus laborieux, tandis qu'il est spécifiquement différent de celui que la nature a doué pour les beaux-arts. Il ne faut cependant pas voir en ceci une quelconque dépréciation de ces grands hommes auxquels l'espèce humaine doit tant, par rapport à ceux qui par leur talent pour les beaux-arts sont les favoris de la nature. Le grand privilège des premiers par rapport à ceux, qui méritent l'honneur d'être appelés des génies, c'est que leur talent consiste à contribuer à la perfection toujours croissante des connaissances et de l'utilité qui en dépend, comme à instruire les autres dans ces mêmes connaissances. Mais pour le génie l'art s'arrête quelque part, puisqu'une limite lui est imposée au-delà de laquelle il ne peut aller, limite qu'il a d'ailleurs vraisemblablement déjà atteinte depuis longtemps et qui ne peut plus être reculée; en outre, l'aptitude propre au génie ne peut être communiquée et elle est donnée immédiatement à chacun en partage de la main de la nature; elle disparaît donc avec lui, jusqu'à ce que la nature confère à un autre les mêmes dons; et celui-ci n'a besoin que d'un exemple pour laisser se manifester de la même manière le talent dont il est conscient[1].

Puisque le don naturel doit donner à l'art (les beaux-arts) la règle, quelle est donc cette règle? Elle ne peut être exprimée dans une formule pour servir de précepte; autrement le jugement sur le beau serait déterminable d'après des concepts; la règle doit au contraire être abstraite de l'action, c'est-à-dire du produit, par rapport auquel les autres peuvent mesurer leur talent, en faisant usage de ce produit non

---

1. Même si le génie artistique est supérieur au génie scientifique en ce sens qu'il va jusqu'au bout dans une perspective ouverte par la nature, ce qui signifie aussi sa limite intrinsèque (dont il n'est pas forcément conscient); il demeure qu'avec sa mort son génie disparaît et ne saurait être réinventé. C'est pourquoi le génie est *inné* et non *a priori*.

comme modèle d'une imitation servile, mais comme d'un héritage exemplaire[1]. Il est difficile d'expliquer comment cela est possible. Les idées de l'artiste suscitent chez son disciple des idées semblables lorsque la nature a doté celui-ci d'une semblable proportion des facultés de l'âme. Les modèles de l'art [310] sont les seuls guides qui peuvent le transmettre à la postérité ; c'est là ce qui ne pourrait se faire par de simples descriptions (surtout pour les arts du discours), et dans ces arts seuls parmi ces modèles peuvent devenir classiques ceux qui sont fournis par les langues anciennes, mortes et seulement conservées comme langues savantes[2].

Bien que l'art mécanique et les beaux-arts, celui-là simplement en tant qu'art de l'application et de l'étude, ceux-ci en tant qu'arts du génie, soient très différents, il n'y a cependant pas parmi les beaux-arts un art, en lequel il ne se trouve quelque chose de mécanique, qui peut être saisi ainsi qu'observé selon des règles, c'est-à-dire quelque chose de *scolaire* qui constitue la condition essentielle de l'art. Il faut, en effet, que quelque chose soit conçu en tant que fin, puisqu'autrement le produit ne pourrait pas être attribué à l'art ; ce serait un simple produit du hasard. Or des règles déterminées, dont on ne peut se libérer, sont indispensables pour mettre une fin en œuvre. Mais comme l'originalité du talent constitue une part essentielle (mais ce n'est pas la seule) du caractère du génie, des esprits superficiels s'imaginent qu'ils ne sauraient mieux montrer qu'ils sont des génies en plein épanouissement qu'en se déliant de la contrainte scolaire de toutes les règles et ils croient que l'on parade mieux sur un cheval bondissant furieusement que sur un cheval de manège. Le génie ne peut donner qu'une riche

---

1. Le manuscrit de Kant est ici incertain. On lit : « nicht der Nachahmung, sondern der Nachahmung » (*Nachahmung* signifie aussi imitation). Vörlander propose « Nachmachung... Nachahmung », mais suggère en suivant le § 49 (AK V, 318) l'opposition « Nachmachung (ou Nachahmung)..., Nachfolge ». Nous suivons cette suggestion.

2. La règle ne peut être transmise intégralement car sinon le jugement de goût serait soumis à des concepts. Cela ne va pas contre l'idée du *Cogito plural* comme *sensus communis* et *intersubjectivité immédiate*, car le libre jeu des facultés fonctionne toujours.

matière aux produits des beaux-arts; le travail de cette matière et la *forme* exigent un talent formé par l'école, afin d'en faire un usage qui pourra satisfaire la faculté de juger. Mais si quelqu'un parle et décide comme un génie dans les choses mêmes qui supposent la plus soigneuse recherche de la raison, il est alors parfaitement ridicule; on ne sait trop s'il faut rire le plus du charlatan qui répand autour de lui tant de fumée, qu'on peut d'autant plus imaginer qu'on ne voit rien nettement, ou du public, qui s'imagine consciencieusement que son impuissance à connaître et à saisir clairement le chef-d'œuvre de l'intelligence, vient de ce que de nouvelles vérités lui sont jetées en abondance, tandis qu'il traite le détail (qui découle d'explications convenables et d'un examen méthodique des principes) de bousillage.

[311] § 48. *Du rapport du génie au goût.*

Pour *juger* d'objets beaux, comme tels, il faut du *goût*; mais il faut du *génie* pour les beaux-arts eux-mêmes, c'est-à-dire pour la *production* de tels objets.

Si l'on considère le génie comme le talent pour les beaux-arts (ce qui est la signification propre du mot) et si l'on désire analyser à ce point de vue les facultés qui doivent s'unir pour constituer un pareil talent, il est nécessaire de déterminer exactement la différence entre la beauté naturelle, dont le jugement n'exige que le goût, et la beauté artistique, dont la possibilité exige le génie (chose dont il faut tenir compte lorsqu'on juge un tel objet).

Une beauté naturelle est une *belle chose*; la beauté artistique est une *belle représentation* d'une chose[1].

Afin de juger une beauté naturelle comme telle, il n'est pas nécessaire que je possède au préalable un concept de ce que l'objet doit être en tant que chose; en d'autres termes il ne m'est pas nécessaire de connaître la finalité matérielle (la fin), mais au contraire la simple forme, sans connaissance de

1. Autre chose est *faire* (*facere*) et contempler (*videre*); le goût est l'élément permettant de juger belles les choses, le génie est l'art de *produire* de belles représentations.

la fin, plaît pour elle-même dans le jugement. Mais quand l'objet est donné comme un produit de l'art et doit être déclaré beau comme tel, il faut, puisque l'art suppose toujours une fin dans la cause (et en sa causalité), qu'un concept de ce que la chose doit être soit préalablement mis au fondement; et puisque l'harmonie du divers en une chose avec une destination interne de celle-ci en tant que fin constitue la perfection de la chose, il faut dans le jugement sur la beauté artistique tenir compte en même temps de la perfection de la chose, alors qu'il n'en est pas du tout question dans le jugement sur une beauté naturelle (comme telle)[1]. – Sans doute dans l'appréciation des objets de la nature, surtout de ceux qui sont animés, par exemple l'homme, un cheval, on a l'habitude de considérer aussi la finalité objective, afin d'en juger la beauté; mais en ce cas le jugement n'est pas un jugement esthétique pur, c'est-à-dire un simple jugement de goût. La nature n'est plus alors jugée comme ayant l'apparence de l'art, mais dans la mesure même où elle est réellement de l'art (bien que surhumain); et le jugement téléologique sert de fondation et de condition au jugement esthétique, [312] qui doit en tenir compte. Dans un tel cas, lorsqu'on dit par exemple: « Voici une belle femme », on ne pense en fait rien d'autre que ceci: dans sa forme la nature représente d'une belle manière les fins de la constitution féminine; en effet on doit outre la simple forme s'appuyer sur un concept, afin que l'objet soit ainsi pensé par un jugement esthétique logiquement conditionné.

Les beaux-arts montrent leur supériorité précisément en ceci qu'ils donnent une belle description de choses, qui dans la nature seraient laides ou déplaisantes[2]. Les furies, les maladies, les dévastations de la guerre, etc., peuvent, en tant que choses nuisibles[3], être décrites de très belle façon et

---

1. Pour juger dans la nature un objet beau, aucun concept n'est nécessaire; la simple forme suffit. Quand l'objet est un produit de l'art, il faut supposer une fin, qui est toujours le sentiment moral. Ici Kant fait appel au sentiment de perfection.

2. Par exemple les *Pestiférés de Jaffa* (de Delacroix).

3. En tant que choses nuisibles – manque dans A.

peuvent même être représentées par des peintures ; une seule forme de laideur ne peut être représentée de manière naturelle sans anéantir toute satisfaction et par conséquent toute beauté artistique : c'est celle qui excite le *dégoût*. En effet comme en cette singulière sensation, qui provient de la pure imagination, l'objet est représenté comme s'il s'imposait à la jouissance, tandis que nous lui résistons avec force, la représentation artistique de l'objet n'est plus en notre sensation distincte de la nature même de l'objet et il est donc impossible qu'on la tienne pour belle. Aussi puisque dans ses productions l'art est presque confondu avec la nature, la sculpture a exclu de ses créations la représentation immédiate d'objets laids ; en revanche il est permis de représenter, mais d'une manière seulement indirecte grâce à la médiation d'une interprétation de la raison et qui ne s'adresse pas simplement à la faculté de juger esthétique, par exemple la mort (sous les traits d'un beau génie), la vertu guerrière (avec l'aspect de Mars) par une allégorie ou des attributs d'apparence agréable[1].

C'est là ce que nous avions à dire de la belle représentation d'un objet, qui n'est en fait que la forme de la présentation d'un concept, grâce à laquelle celui-ci est communiqué universellement. – Afin de donner cette forme au produit des beaux-arts, seul est nécessaire le goût, sur lequel l'artiste, après l'avoir exercé ou corrigé suivant de nombreux exemples de l'art ou de la nature, se guide pour réaliser son œuvre trouvant, souvent après maintes recherches pénibles, la forme qui le satisfait : c'est pourquoi celle-ci n'est pas pour ainsi dire affaire d'inspiration ou d'un libre élan des facultés de l'âme, mais résulte d'une lente et même pénible amélioration, qui vise à la rendre conforme à la pensée, [313] sans pour autant nuire à la liberté dans le jeu des facultés de l'âme[2].

---

1. Kant admet l'allégorie parce qu'elle peut avoir une apparence agréable ; mais il rejette l'objet laid dans la sculpture parce qu'il susciterait le dégoût, sentiment esthétique où l'imagination et le concept ne fonctionnent plus harmonieusement.

2. La satisfaction immédiate prise à l'objet de l'art ne signifie pas que celui-ci ne soit pas l'objet d'un long et pénible travail.

Le goût n'est qu'une faculté de juger et non une faculté productive et c'est pourquoi ce qui lui est conforme n'est pas encore une œuvre des beaux-arts ; il peut s'agir d'une production relevant des arts utilitaires et mécaniques et même de la science d'après des règles déterminées qui peuvent être apprises et qui doivent être exactement exécutées. La forme agréable qu'on donne à l'œuvre n'est que le véhicule de la communication et il s'agit pour ainsi dire d'une manière de l'exposer, par rapport à laquelle on demeure libre dans une certaine mesure, même si par ailleurs elle est liée à une fin déterminée. Aussi bien veut-on qu'un service de table, ou bien une dissertation morale, un sermon même possèdent cette forme donnée par l'art, sans toutefois qu'elle semble avoir été *recherchée* ; on ne les nommera point cependant pour cela des œuvres d'art. Dans les œuvres d'art on compte un poème, un morceau de musique, une galerie de tableaux..., etc. ; et souvent dans une œuvre, qui prétend être une œuvre d'art, on peut percevoir du génie sans goût, comme dans une autre on trouvera du goût sans génie.

§ 49. *Des facultés de l'esprit, qui constituent le génie.*

De certaines productions, dont on s'attend à ce qu'en partie tout au moins elles se présentent comme des œuvres d'art, on dit : elles sont sans *âme*[2] – encore qu'on n'y trouve rien à reprocher en ce qui touche au goût. Un poème peut être parfaitement bien fait et élégant et cependant il est sans âme. Un récit est exact et ordonné et toutefois dépourvu d'âme. Un discours solennel est profond en même temps que bien tourné ; mais il est sans âme. Mainte conversation ne manque pas de divertir, mais elle est sans âme ; on dira même

---

1. Dans un produit de l'art on rencontre la matière (par exemple un cheval) et la forme qui l'accompagne (le dessein) et qui est, pour ainsi dire, le véhicule. Si un élément vient à manquer, on a du génie sans goût et du goût sans génie.

2. Il n'y a aucune traduction convenable pour le mot *Geist* ; traduire par *âme* suppose un certain arbitraire. Il n'y a pas d'autre moyen, pour donner un sens à l'exemple de Kant d'une femme jolie, mais niaise, que de dire qu'elle est « sans âme ».

d'une femme qu'elle est jolie, qu'elle sait causer et a de la grâce, mais qu'elle est sans âme. Qu'entend-on donc ici par le terme âme ?

L'âme, en un sens esthétique, désigne le principe vivifiant en l'esprit. Ce par quoi ce principe anime l'esprit, la matière qu'il applique à cet effet, est ce qui donne d'une manière finale un élan aux facultés de l'esprit, c'est-à-dire les incite à un jeu, qui se maintient de lui-même et qui même augmente les forces qui y conviennent [1].

Or je soutiens que ce principe n'est pas autre chose que [314] la faculté de la présentation des *Idées esthétiques* ; par l'expression Idée esthétique j'entends cette représentation de l'imagination, qui donne beaucoup à penser, sans qu'aucune pensée déterminée, c'est-à-dire de *concept,* puisse lui être adéquate et que par conséquent aucune langue ne peut complètement exprimer et rendre intelligible. – On voit aisément qu'une telle Idée est la contrepartie (le pendant) d'une *Idée de la raison,* qui tout à l'inverse est un concept, auquel aucune *intuition* (représentation de l'imagination) ne peut être adéquate [2].

L'imagination (comme faculté de connaissance productive) est, en effet, très puissante pour créer une autre nature pour ainsi dire à partir de la matière que la nature réelle lui donne. Nous nous divertissons avec l'imagination lorsque l'expérience nous paraît par trop quotidienne ; et nous transformons même celle-ci, toujours certes d'après des lois analogiques, mais aussi d'après des principes qui prennent leur source plus haut dans la raison (et qui sont pour nous tout aussi naturels que ceux d'après lesquels l'entendement saisit la nature empirique) ; en ceci nous sentons notre liberté

1. L'âme au sens esthétique est ce qui inspire l'esprit d'une manière finale, en le dirigeant de manière ultime vers la liberté.

2. L'Idée esthétique est, à la différence des Idées de la raison pratique (Dieu et l'immortalité de l'âme), non une Idée de la raison, mais une représentation de l'imagination à laquelle aucun concept de l'entendement ne peut être adéquat. Le rapport rationnel est l'inverse : L'Idée rationnelle est un concept auquel aucune intuition ne peut être adéquate. Cf. Hegel, *Foi et savoir* tr. AP & CL. Il faut toujours écrire Idée avec une majuscule, car l'Idée kantienne n'est pas un simple état d'âme.

par rapport à la loi de l'association (qui dépend de l'usage empirique de cette faculté), de telle sorte que nous empruntons suivant cette loi à la nature la matière dont nous avons besoin, mais que celle-ci peut être travaillée par nous en quelque chose qui dépasse la nature.

On peut nommer *Idées* de telles représentations de l'imagination ; d'une part parce qu'elles tendent pour le moins à quelque chose qui se trouve au-delà des limites de l'expérience et cherchent ainsi à s'approcher d'une présentation des concepts de la raison (les Idées intellectuelles), ce qui leur donne l'apparence d'une réalité objective ; d'autre part et sans doute plus essentiellement parce que comme intuitions internes aucun concept ne peut leur être pleinement adéquat. Le poète ose donner une forme sensible <versinnlichen> aux Idées de la raison que sont les êtres invisibles, le royaume des saints, l'enfer, l'éternité, la création... etc., ou bien encore à des choses dont on trouve au vrai des exemples dans l'expérience, comme la mort, l'envie et tous les vices, ainsi que l'amour, la gloire... etc., mais en les élevant alors au-delà des bornes de l'expérience, grâce à une imagination, qui s'efforce de rivaliser avec la raison dans la réalisation d'un maximum, en leur donnant une forme sensible dans une perfection dont il ne se rencontre point d'exemple en la nature ; et c'est en la poésie que la faculté des Idées esthétiques peut donner toute sa mesure. Toutefois, considérée en elle-même, cette faculté n'est qu'un talent (de l'imagination) [1].

Lorsqu'on place sous un concept une représentation de l'imagination, [315] qui appartient à sa présentation, mais qui donne par elle-même bien plus à penser que ce qui peut être compris dans un concept déterminé, et qui par conséquent élargit le concept lui-même esthétiquement d'une manière illimitée, l'imagination est alors créatrice et elle met en mouvement la faculté des Idées intellectuelles (la raison) afin

---

1. L'Idée esthétique est la production de l'imagination qui peut dépasser la nature, par exemple la vision de l'enfer. Kant a sûrement ici pensé à Dante. Dans cet alinea, disant que c'est dans la poésie que l'imagination est créatrice, il peut songer à l'*Eneide* ou à la *Commedia*. Citons aussi le *Dialogue des morts* de Wieland.

de penser à l'occasion d'une représentation bien plus (ce qui est, il est vrai, le propre du concept de l'objet) que ce qui peut être saisi en elle et clairement conçu[1].

On nomme ces formes, qui ne constituent pas la présentation elle-même d'un concept donné, mais qui expriment seulement, en tant que représentations secondaires de l'imagination, les conséquences qui s'y rattachent et la parenté de ce concept avec d'autres, les *attributs* (esthétiques) d'un objet dont le concept, comme Idée de la raison, ne peut jamais être présenté adéquatement. Ainsi l'aigle de Jupiter tenant la foudre dans ses serres est un attribut du puissant roi du ciel et le paon est un attribut de la superbe reine du ciel. Ils ne représentent point comme les *attributs logiques,* quelque chose qui est compris dans nos concepts de la sublimité et de la majesté de la création, mais quelque chose d'autre, qui donne à l'imagination l'occasion de s'étendre sur une foule de représentations de même famille, qui permettent de penser bien plus que ce que l'on peut exprimer par des mots dans un concept déterminé; et ces attributs esthétiques donnent une *Idée esthétique,* qui pour cette Idée de la raison remplace une présentation logique, mais qui sert plus proprement à animer l'esprit en lui ouvrant une perspective sur un champ de représentations du même genre s'étendant à perte de vue. L'art ne réalise point cela seulement dans la peinture ou la sculpture (ou l'on use ordinairement du terme d'attribut), mais la poésie aussi et l'éloquence doivent l'âme qui anime leurs œuvres uniquement aux attributs esthétiques des objets, qui accompagnent les attributs logiques et donnent à l'imagination un élan pour penser, bien que d'une manière inexplicite, plus qu'on ne peut penser dans un concept déterminé, et par conséquent que ce qui peut être compris dans une expression déterminée. – Je me bornerai à quelques exemples afin d'être bref.

Quand le grand roi s'exprime ainsi dans un de ses poèmes :

___

1. L'Idée esthétique, lorsqu'elle est l'effet du génie, remplace l'Idée rationelle qui, transcendante, ne peut combler l'intuition.

Oui, finissons sans trouble, et mourons sans regrets,
En laissant l'Univers comblé de nos bienfaits.
Ainsi l'Astre du jour, au bout de sa carrière,
Répand sur l'horizon une douce lumière
Et les derniers rayons [316] qu'il darde dans les airs,
Sont ses derniers soupirs qu'il donne à l'Univers.[1]

au terme de sa vie encore il anime son Idée rationnelle d'un sentiment cosmopolite grâce à un attribut que l'imagination (dans le souvenir de tous les agréments d'un beau jour d'été achevé qu'évoque en nous la sérénité du soir) joint à cette représentation et qui suscite en nous une foule de sensations et de représentations secondaires, pour lesquelles il ne se trouve point d'expression. D'autre part il est possible même à un concept intellectuel de servir, tout à l'inverse, d'attribut à une représentation des sens et ainsi d'animer celle-ci par l'Idée du supra-sensible; mais cela ne se peut que par un usage de l'élément esthétique qui dépend subjectivement de la conscience du supra-sensible. Ainsi un poète dit dans la description d'un beau matin :

« Die Sonne quoll hervor, wie Ruh ' aus Tugend quillt »[2].

La conscience de la vertu, quand par la pensée on se met à la place d'un homme vertueux, répand dans l'âme une foule de sentiments sublimes et apaisants et dévoile une perspective in-

---

1. Ces vers en français sont de Frédéric le Grand. On les trouve à la fin de l'épître au maréchal Keith sur les vaines terreurs de la mort et les frayeurs d'une autre vie (*Œuvres* de Frédéric le Grand, t. X, p. 203). Kant semble les avoir traduit lui-même en allemand; nous citons donc l'allemand afin qu'on puisse juger de son talent de traducteur : « Lasst uns aus dem Leben ohne Murren weichen und ohne etwas zu bedauern, indem wir die Welt noch alsdann mit Wohltaten überhäuft zurücklassen. So verbreitet die Sonne nachdem sie ihren Tageslauf vollendet hat, noch ein midles Licht am Himmel, und die letzten Strahlen, die sie in die Lüfte schickt, sind ihre letzten Seufzer für das Wohl der Welt ».

2. La traduction de ce vers pourrait être : « Le soleil jaillissait, comme le calme de la vertu ». Kant a légèrement transformé ce vers en écrivant « Tugend » à la place de « Güte ». L'auteur du vers, d'après E. Schmidt et R. M. Meyer, est J. Ph. Withof (1725-1789), professeur de morale, d'éloquence et de médecine à Duisbourg), cf. J. Ph. L. Withof, *Akademischen Gedichten*, Leipzig, 1782, Bd. 1, p. 70. Withof était un imitateur de Haller, estimé également par Herder.

sentiments sublimes et apaisants et dévoile une perspective infinie sur un avenir heureux, qu'aucune expression, qui convient à un concept déterminé, ne saurait jamais rendre [1*2].

En un mot : l'Idée esthétique est une représentation de l'imagination associée à un concept donné, et qui se trouve liée à une telle diversité de représentations partielles, dans le libre usage de celles-ci, qu'aucune expression, désignant un concept déterminé, ne peut être trouvée pour elle, et qui donne à penser en plus d'un concept bien des choses indicibles, dont le sentiment anime la faculté de connaissance et qui inspire à la lettre du langage un esprit.

Ces facultés de l'âme donc, dont l'union (dans un certain rapport) constitue le *génie,* sont l'imagination et l'entendement. Il y a cette seule différence : tandis que dans l'usage de l'imagination en vue de la connaissance, l'imagination est soumise à la contrainte de l'entendement et à la limitation, qui consiste pour elle à être accordée aux concepts de l'entendement, en revanche dans une perspective esthétique [317] elle est libre, afin de fournir, sans le chercher toutefois, par-delà cette convenance avec le concept, une matière riche et non élaborée pour l'entendement, qui n'en tenait pas compte dans ses concepts, et qui l'applique moins objectivement en vue de la connaissance que subjectivement afin d'animer les facultés de connaître, l'appliquant toutefois, ce faisant, indirectement aussi aux connaissances. Ainsi le génie consiste proprement dans un heureux rapport, qu'aucune science ne

1*. On n'a peut-être jamais rien dit de plus sublime ou exprimé une pensée de façon plus sublime que dans cette inscription du temple d'*Isis* (la mère *Nature*) : « Je suis tout ce qui est, qui était et qui sera, et aucun mortel n'a levé mon voile ». Segner a utilisé cette idée dans une vignette pleine de sens qu'il a mise au début de sa physique afin de remplir son disciple qu'il était déjà sur le point d'introduire dans ce temple, d'un frisson sacré, qui doit disposer l'esprit à une attention solennelle.

2. Segner, mathématicien contemporain de Kant, est également cité dans la *Critique de la raison pure*, AK III, 37 : « Il faut dépasser ces concepts, en appelant à son aide l'intuition... par exemple celle des cinq doigts de la main, ou (comme Segner dans son arithmétique) cinq points... ». Né en 1704, Segner fut professeur de mathématiques à l'Université de Iéna (1731), puis de philosophie (1733), puis professeur de physique et de mathématiques à Halle (1755) et mourut en 1777.

peut enseigner et qu'aucun labeur ne permet d'acquérir; ce rapport est celui en lequel d'une part on trouve les Idées se rapportant à un concept donné et d'autre part *l'expression* qui leur convient, et par laquelle la disposition subjective de l'âme ainsi suscitée, comme accompagnant un concept, peut être communiquée à autrui. Ce dernier talent est proprement celui que l'on nomme âme; en effet exprimer et rendre universellement communicable ce qui est indicible dans l'état d'âme lors d'une certaine représentation, que l'expression appartienne au langage, à la peinture, à la plastique, c'est là ce qui exige une faculté permettant de saisir dans sa marche rapide le jeu de l'imagination et de l'unifier dans un concept, qui peut être communiqué sans la contrainte des règles (et ce concept qui est pour cette raison original dégage en même temps une nouvelle règle qui n'aurait pu être déduite d'aucun des principes et des exemples précédents).

* *
*

Si nous revenons, après ces analyses, à la définition donnée plus haut de ce que l'on appelle *génie,* nous voyons : *premièrement,* il s'agit d'un talent pour l'art et non pour la science, en laquelle des règles clairement connues viennent en premier et doivent déterminer la méthode; *deuxièmement,* le génie, comme talent pour l'art, suppose un concept déterminé du produit en tant que fin, donc l'entendement, mais aussi une représentation (bien qu'indéterminée) de la matière, c'est-à-dire de l'intuition, pour la présentation de ce concept et par conséquent un rapport de l'imagination à l'entendement; *troisièmement,* le génie se montre moins dans la réalisation de la fin proposée dans la présentation d'un concept déterminé que dans l'exposé ou l'expression *d'Idées esthétiques,* qui contiennent pour ce projet une riche matière et par conséquent le génie fait apparaître l'imagination libérée de toute conduite par des règles et cependant comme finale pour la présentation du concept donné; *quatrièmement,* enfin, la finalité spontanée, [318] sans aucune intention et subjective dans le libre accord de l'imagination avec la légalité de l'entendement, suppose une proportion et une disposition de ces facultés, que ne saurait produire aucune observation des règles de la science ou de l'imitation mécanique et que seule la nature du sujet peut engendrer[1].

Ceci posé, le génie est l'originalité exemplaire des dons naturels d'un sujet dans le *libre* usage de ses facultés de connaître. Aussi bien le produit d'un génie (ou ce qui en ce produit doit être attribué au génie et non à l'apprentissage possible ou à l'école) n'est pas un exemple à imiter (car en ce cas ce qui est génial et qui constitue l'âme de l'œuvre s'évanouirait), mais un héritage exemplaire[2] pour un autre génie, l'éveillant au sentiment de sa propre originalité et l'incitant à exercer son indépendance vis-à-vis des règles de l'art, de telle sorte que celui-ci reçoive par là même une nouvelle règle et que, ce faisant, le talent se montre exemplaire. Mais parce que le génie est un favori de la nature, et qu'il faut le considérer comme un phénomène rare, son exemple fonde pour d'autres bons esprits une école, c'est-à-dire un enseignement méthodique suivant des règles, dans la mesure où l'on a pu les extraire des œuvres du génie et de ce qu'elles possèdent de spécifique; pour ceux-ci l'art est dans cette mesure une imitation dont la nature a donné la règle par un génie. Mais cette imitation devient de la *singerie,* si l'élève *imite* tout, même les difformités que le génie a dû tolérer, parce qu'il ne pouvait les éliminer sans affaiblir l'Idée. Ce courage n'est un mérite que pour le génie; et si une certaine *audace* dans l'expression ainsi que maints écarts de la règle commune lui conviennent, cela n'est cependant aucunement digne d'imitation et demeure toujours en soi une faute qu'il faut chercher à écarter, alors que le génie est pour ainsi dire privilégié à cet égard, puisque ce qu'il y a d'inimitable dans l'élan de son esprit pâtirait de cette prudence inquiète. *Etre maniéré* est

---

1. Dans ces quatre déterminations du génie, on peut considérer que la plus importante est l'expression des Idées esthétiques, par où l'imagination apparaît libérée de toute contrainte.

2. L'histoire de l'art n'est pas la transmission de la richesse d'un génie à un autre, mais plutôt une série de chocs par lesquels une âme est révélée à elle-même par le travail d'une autre âme; il n'y a en ceci aucune logique et l'*héritage* est une réalité esthétique vivante, non une simple succession.

une autre forme de singerie qui consiste à n'être que *personnel* (originalité) pour tâcher de s'éloigner le plus possible des imitateurs, sans cependant posséder le talent d'être en même temps un modèle [1]. – Il existe en fait deux façons *(modus)* d'agencer l'exposé de ses pensées, dont l'une s'appelle une *manière (modus aestheticus)* et l'autre une *méthode (modus logicus).* Elles diffèrent [319] en ceci que la première n'a d'autre mesure que *le sentiment* de l'unité dans la présentation, tandis que la seconde obéit alors à des *principes* déterminés ; seule la première est valable pour les beaux-arts. On dit qu'une œuvre d'art n'est que *maniérée,* uniquement lorsque l'exposé de son Idée ne *vise* qu'à la singularité et n'est pas construit d'une façon qui convient à l'Idée. Le précieux, le guindé, et l'affecté qui ne cherchent (sans âme) qu'à se distinguer du commun ressemblent à l'attitude de celui dont on dit qu'il s'écoute parler, ou de celui qui se tient et qui marche comme s'il était sur une scène, afin d'être admiré des badauds, chose qui révèle toujours un sot.

§ 50. *De la liaison du goût avec le génie dans les produits des beaux-arts.*

Demander si dans l'œuvre d'art il importe plus que se montre le génie ou le goût, revient à demander si en celle-ci l'imagination l'emporte sur le jugement. Or comme un art, relativement à l'imagination, sera plutôt dit *ingénieux* et ne méritera d'être dit un *bel* art qu'en rapport au jugement, ce dernier sera, tout au moins comme condition indispensable (*conditio sine qua non*), ce qui importera le plus lorsqu'il s'agira d'apprécier l'art en tant que bel art. La beauté n'exige pas si nécessairement que l'on soit riche et original dans les Idées ; elle exige bien plutôt la conformité de l'imagination en sa liberté à la légalité de l'entendement.Car toute la

---

1. Kant montre les limites de la pédagogie ; le véritable élève d'un maître n'imitera pas tout. C'est le problème de la *singerie* (imitation servile). Kant n'aborde pas le si remarquable problème du faussaire (qui peut être paradoxal, lorsque, réussie, la contre-façon rentre dans l'héritage du maître).

richesse de l'imagination en sa liberté sans loi ne produit rien que d'absurde ; la faculté de juger est en revanche le pouvoir de l'accorder à l'entendement[1].

Le goût, comme la faculté de juger en général, est la discipline du génie ; il lui rogne bien les ailes, le civilise et le polit ; en même temps il lui donne une direction, lui montrant en quel sens et jusqu'où il doit s'étendre pour demeurer dans les limites de la finalité[2] ; et tandis que le goût apporte clarté et ordre dans la gerbe des pensées, il donne aux Idées quelque solidité et les rend susceptibles d'un assentiment durable autant qu'universel, de servir d'exemple aux autres et d'une culture toujours en progrès. Si donc en un conflit opposant ces deux qualités quelque chose doit être sacrifié dans une œuvre, [320] cela devrait plutôt concerner ce qu'il y a de génial ; et la faculté de juger qui rend sa sentence, d'après ses propres principes, dans les choses des beaux-arts permettra plutôt qu'on porte quelque préjudice à la liberté et à la richesse de l'imagination qu'à l'entendement.

Ainsi pour les beaux-arts *l'imagination, l'entendement, l'âme* et le *goût* sont requis[3*].

1. C'est toujours le rapport de l'imagination au jugement qui décide si le goût est davantage présent que le génie.

2. Le génie sans la moindre discipline émanant de l'entendement n'est qu'un effet débridé de l'imagination ; ici joue donc le «sérieux» du concept. Aussi bien Kant admettant que le génie doit être cultivé reconnaît que dans l'art, si quelque chose doit être sacrifié, c'est le «génial».

3*. Les trois premières facultés ne reçoivent leur *unité* que de la quatrième. Hume dans son «Histoire» tente de faire comprendre aux Anglais que ne le cédant en leurs œuvres à aucun peuple au monde pour ce qui est des trois premières qualités considérées *isolément*, ils se trouvent cependant dépassés par leurs voisins les Français, en ce qui concerne celle qui les unit.Les trois premières facultés ne reçoivent leur *unité* que de la quatrième.

§ 51. *De la division des beaux-arts* [1].

On peut en général appeler la beauté (qu'il s'agisse de beauté naturelle ou de beauté artistique) *l'expression* d'Idées esthétiques : mais tandis que dans les beaux-arts cette Idée doit trouver une occasion dans le concept d'un objet, dans la belle nature il suffit de la simple réflexion sur une intuition donnée sans concept de ce que l'objet doit être pour éveiller et communiquer l'Idée dont cet objet est considéré comme *l'expression*.

Si donc nous voulons diviser les beaux-arts, nous ne saurions choisir, du moins à titre d'essai, un principe plus commode, que l'analogie de l'art avec la forme de l'expression dont usent les hommes en parlant afin de se communiquer aussi parfaitement que possible les uns aux autres non seulement leurs concepts, mais aussi leurs sensations [2*]. Elle se compose du *mot*, du *geste* et du *ton* (articulation, gesticulation, modulation). Seule la liaison de ces trois formes de l'expression constitue la plus parfaite communication dans le discours. En effet la pensée, l'intuition et la sensation sont ce faisant unifiées et en même temps transmises aux autres.

Il n'existe donc que trois espèces de beaux-arts : *l'art de la parole,* [321] *l'art figuratif,* et *l'art du jeu des sensations* (comme impressions externes des sens). On pourrait aussi rendre cette division dichotomique, de telle sorte que l'art se divise en celui de l'expression des pensées et en celui de l'expression des intuitions et que ce dernier se divise à son tour selon sa forme et sa matière (de la sensation). Mais alors cette division paraîtrait trop abstraite et moins conforme aux concepts habituels [3].

---

1. Dans la note suivante, Kant exprime le caractère hypothétique de la division des beaux-arts qu'il propose. Il ne la présente que comme un des *nombreux essais* que l'on doit tenter.

2*. Le lecteur ne jugera pas cette esquisse d'une division possible des beaux-arts comme si l'on voulait en donner une théorie. Ce n'est là qu'un des nombreux essais que l'on peut et que l'on doit encore tenter.

3. Kant choisit comme principe de sa division l'*expression,* qui unit synthétiquement le mot (par exemple, le poème), le geste (par exemple, la danse, représentation de quelque chose et en tant que telle

1. Les *arts de la parole* sont *l'éloquence* et la *poésie*. *L'éloquence* est l'art d'effectuer une tâche qui revient à l'entendement comme s'il s'agissait d'un libre jeu de l'imagination ; *la poésie* est l'art de conduire un libre jeu de l'imagination comme une activité de l'entendement.

L'orateur ainsi annonce une tâche et s'en acquitte, afin de divertir les auditeurs, comme s'il s'agissait simplement d'un *jeu* avec les Idées. Le *poète* n'annonce qu'un *jeu* plaisant avec des idées, mais il s'en dégage tant de choses pour l'entendement, qu'il semble n'avoir eu d'autre intention que de s'acquitter de la tâche de celui-ci. L'union et l'harmonie des deux facultés de connaître, de la sensibilité et de l'entendement, qui ne peuvent certes se passer l'une de l'autre, mais qui toutefois ne se laissent point unir sans une certaine contrainte et un préjudice réciproque, doivent paraître spontanées et comme se produisant par elles-mêmes ; sinon cela n'appartient pas aux *beaux-arts*. C'est pourquoi tout ce qui est recherché et pénible doit être évité ; ce qui appartient aux beaux-arts doit être de l'art libre en deux sens : d'une part l'art ne doit pas, telle une occupation salariée, être un travail dont l'importance peut être appréciée selon une mesure déterminée et qui peut être imposé ou rétribué, et d'autre part il faut que l'esprit se sente occupé et se trouve cependant, sans viser une autre fin (indépendamment de tout salaire), satisfait et éveillé.

L'orateur donne donc quelque chose qu'il ne promet pas, je veux dire un jeu divertissant de l'imagination ; toutefois il manque quelque peu à ce qu'il promet, à l'exercice attendu de lui de mettre en œuvre avec finalité l'entendement. En revanche le poète promet peu de choses et annonce un simple jeu d'idées ; mais il réalise quelque chose qui est digne d'une œuvre sérieuse en procurant par le jeu des aliments à

figurative) et le ton (par exemple, la musique). Mot, geste et ton, conduisent à poser qu'il n'y a que trois espèces de beaux arts : l'art de la parole, l'art figuratif, l'art du jeu des sensations. Mais Kant reconnaît qu'on pourrait aussi tenter une division dichotomique en divisant l'expression selon la *pensée* et *l'intuition*. C'est la raison pour laquelle il présente comme hypothétique sa division.

l'entendement et en donnant par l'imagination la vie à ses concepts ; par conséquent celui-là en fait donne moins et celui-ci plus qu'il ne promet [1].

2. *Les arts figuratifs* ou les arts de l'expression des Idées dans *l'intuition des sens* (non par des représentations de l'imagination, qui sont suscitées par des mots) [322] sont ou bien l'art de la *vérité sensible* ou bien l'art de l'*apparence sensible*. Le premier s'appelle *plastique* ; le second *peinture*. Tous les deux font des figures dans l'espace l'expression des Idées ; la plastique use de formes connaissables pour deux sens, la vue et le toucher (bien que pour ce dernier elle n'ait pas pour fin la beauté), la peinture ne s'adresse qu'à la vue. L'Idée esthétique (archétype, modèle originaire) se trouve pour l'une et l'autre comme principe dans l'imagination, mais la figure qui en constitue l'expression (ectype, copie) est donnée soit dans son extension corporelle (qui correspond à l'objet existant), soit en la manière dont elle se peint dans l'œil (d'après son apparence en une surface) ; dans le premier cas on fait de la relation soit à une fin réelle, soit à sa seule apparence la condition de la réflexion.

La *plastique,* première espèce des beaux-arts figuratifs, comprend *la sculpture* et *l'architecture*. La sculpture est l'art qui présente sous forme corporelle (mais comme art, en tenant compte de la finalité esthétique) des concepts des choses, telles qu'elles *pourraient exister dans la nature ;* l'architecture est l'art de présenter des concepts des choses, qui ne sont *possibles que par l'art* et dont la forme n'a pas la nature, mais une fin arbitraire comme principe déterminant et selon ce but elle doit aussi les présenter d'une manière esthétiquement finale. En ce dernier art c'est un certain *usage* de l'objet d'art qui est l'essentiel, et il constitue pour les Idées esthétiques une condition restrictive. La simple *expression* d'Idées esthétiques est le but essentiel dans la sculpture. Ainsi des statues d'hommes, de dieux, d'animaux... etc., appar-

---

1. La différence entre l'orateur et le poète tient en ce que l'orateur (sérieux de l'entendement) donne moins qu'il ne promet, tandis que le poète qui semble ne viser que les mots donne plus que promis en élevant la conscience au-delà d'elle-même.

tiennent à la première forme d'art, tandis que les temples, les édifices somptueux destinés aux réunions publiques ou bien encore les maisons, les arcs de triomphe, les colonnes, les cénotaphes et les autres constructions destinées à honorer la mémoire d'un homme relèvent de l'architecture. Les meubles même (le travail de menuiserie et les choses utilitaires de ce genre) peuvent y appartenir, puisque la convenance du produit à un certain usage est l'essentiel d'une *œuvre architecturale*; mais une *œuvre purement figurative*, qui est uniquement faite afin d'être intuitionnée et qui doit plaire par elle-même, est seulement, en tant que présentation corporelle, une simple imitation de la nature qui toutefois s'appuie sur des Idées esthétiques; en ceci la *vérité sensible* ne doit pas aller jusqu'au point où elle cesserait d'apparaître comme art et produit du libre-arbitre.

La *peinture,* seconde espèce des arts figuratifs, [323] qui présente *l'apparence sensible* artistiquement liée avec des Idées, pourrait, à mon sens, comprendre l'art de la belle *reproduction de la nature* et celui du bel *arrangement* de ses *produits*. Le premier serait la *peinture proprement dite*; le second serait *l'art des jardins*. Le premier ne donne, en effet, que l'apparence de l'étendue corporelle; en revanche, le second la donne véritablement, mais il ne donne que l'apparence de l'utilisation et de l'usage pour des fins qui seraient autres que le jeu de l'imagination dans la contemplation de ses formes [1*]. L'art des jardins n'est rien d'autre que celui d'or-

---

1*. Il semble étrange que l'on puisse considérer l'art des jardins comme une espèce de l'art pictural, bien qu'il présente ses formes corporellement; or puisqu'il emprunte réellement ses formes à la nature (les arbres, les arbrisseaux, les herbes et les fleurs aux champs et à la forêt, du moins à l'origine) et dans cette mesure n'est pas un art comme la plastique, et qu'il n'a pas comme condition de la composition un concept de l'objet et de sa fin (comme c'est le cas de l'architecture), mais le seul jeu de l'imagination dans la contemplation, il s'accorde en ce sens avec la pure peinture esthétique, qui n'a aucun thème déterminé (composant de manière divertissante l'air, la terre et l'eau par la lumière et l'ombre). – D'une manière générale, le lecteur ne devra considérer ceci que comme un essai pour lier les beaux-arts sous un principe, qui est ici celui de l'expression d'Idées esthétiques (d'après l'analogie de la langue) et ne point le considérer comme une déduction de ceux-ci estimée définitive.

ner le sol avec la même diversité (herbes, fleurs, arbustes, arbres, des eaux mêmes, coteaux et vallons) que celle avec laquelle la nature le présente à l'intuition, mais en l'ordonnant d'une autre manière et conformément à certaines idées. Or un bel arrangement de choses matérielles n'existe que pour l'œil, comme la peinture; le sens du toucher ne peut procurer aucune représentation intuitive d'une telle forme [1]. Je rangerais encore dans la peinture au sens large la décoration des appartements par des tapisseries, des garnitures, et tout bel ameublement simplement destiné *à la vue*; de même l'art de s'habiller avec goût (anneaux, tabatières... etc.). En effet, un parterre de fleurs diverses, une salle avec toute espèce d'ornements (y compris les parures des dames) forment dans l'éclat d'une fête un tableau qui, comme les tableaux proprement dits (qui n'ont pas l'intention *d'enseigner* l'histoire ou les sciences de la nature), n'est là que pour être vu et afin de soutenir l'imagination dans son libre jeu avec les Idées et d'occuper sans une fin déterminée la faculté esthétique de juger. La fabrication de tous ces ornements peut toujours être très différente au point de vue mécanique [324] et supposer des artistes tout à fait différents; mais le jugement de goût sur ce qui est beau en cet art est toujours uniformément déterminé; il ne juge que les formes (sans tenir compte d'une fin), telles qu'elles se présentent aux yeux, soit isolées, soit composées, d'après l'effet qu'elles exercent sur l'imagination. – On peut justifier le fait de rattacher l'art figuratif au geste dans la langue (par analogie), parce que l'esprit de l'artiste donne à travers ces figures une expression corporelle de ce qu'il a pensé et de la mánière dont il l'a pensé et qu'il fait pour ainsi dire parler la chose elle-même par une mimique : c'est là un jeu très habituel de notre fantaisie, qui

1. La *plastique* réunit la *sculpture* et *l'architecture,* dans la mesure où ici comme là, toucher et vue sont réunis, tandis que dans la *peinture,* qui n'a de sens que pour la vue, il faut réunir la belle *reproduction* (peinture proprement dite) et l'*art des jardins.* L'art des jardins est très important, comme l'a montré Benoist-Méchin (*L'homme et ses jardins,* Paris 1971), mais Kant en profite pour relativiser sa division des beaux-arts dont il dit, dans la note ci-dessus, qu'on ne doit pas la considérer comme une déduction définitive.

donne aux choses inanimées une âme conforme à leur forme, qui parle à travers elles.

3. L'art du *beau jeu* des *sensations* (qui sont produites du dehors, ce jeu devant pouvoir néanmoins être communiqué universellement) ne peut être autre chose que la proportion des différents degrés de la disposition (de la tension) du sens, auquel la sensation appartient, c'est-à-dire le ton de ce sens; et en prenant cette expression au sens large cet art peut être divisé en jeu artistique des sensations auditives et jeu artistique des sensations visuelles, c'est-à-dire en *musique* et en *art des couleurs*. – Il est remarquable que ces deux sens, outre leur réceptivité pour les impressions, dans la mesure où elles sont nécessaires pour acquérir des concepts des objets extérieurs, sont aussi susceptibles d'une sensation particulière qui s'y trouve liée et dont on ne peut vraiment décider si elle a comme principe le sens ou la réflexion; et il est aussi remarquable que cette possibilité d'être affecté puisse parfois faire défaut, bien que le sens ne soit par ailleurs, en ce qui intéresse son usage pour la connaissance des objets, nullement défectueux et au contraire soit particulièrement fin. On ne peut donc dire avec certitude si une couleur ou un ton (un son) ne sont que d'agréables sensations ou s'ils sont déjà un beau jeu des sensations et suscitent, à ce titre, une satisfaction concernant la forme dans l'acte de juger esthétique. Quand on réfléchit à la vitesse des vibrations de la lumière, ou dans le second cas des vibrations de l'air, qui dépasse probablement de beaucoup notre faculté d'apprécier immédiatement dans la perception la proportion de la division du temps par celles-ci, on pourrait croire que seul *l'effet* de ces vibrations sur les parties élastiques de notre corps est ressenti, tandis que *la division du temps* par celles-ci n'est ni remarquée, [325] ni considérée dans l'acte de juger et que par conséquent seul le caractère d'être agréable est lié aux couleurs et aux tons et non la beauté de leur composition. Mais si l'on considère *premièrement* ce que l'on peut dire de mathématique sur la proportion de ces vibrations en musique et sur l'acte de jugement qui les concerne, et si l'on juge le contraste des couleurs comme il se doit par analogie avec la musique; si

l'on considère *secondement* les exemples, il est vrai assez
rares, d'hommes qui, avec la meilleure vue du monde et
l'ouïe la plus fine, n'ont pu discerner ni les couleurs, ni les
tons et si l'on remarque que pour ceux qui le peuvent, la
perception des changements de qualité (et non seulement du
degré de la sensation) suivant les diverses intensités de
l'échelle des couleurs ou des tons est déterminée ainsi que le
nombre de ceux-ci pour les différences *qui sont remarquables*, on pourrait se voir obligé de ne point regarder les
sensations de ces deux sens comme de simples impressions
sensibles, mais comme l'effet d'un acte de juger concernant la
forme dans le jeu de nombreuses sensations. La différence de
ces deux opinions sur le jugement intéressant le principe de la
musique aurait pour seule conséquence d'en modifier la
définition, en disant soit qu'il s'agit d'un beau jeu des sensations (pour l'ouïe) et c'est ce que nous avons fait, soit qu'il
s'agit d'un jeu de sensations *agréables*. Seule la première
définition peut présenter la musique entièrement comme un
bel art, tandis que d'après la seconde il s'agit d'un art
agréable (en partie du moins)[1].

§ 52. *De la liaison des beaux-arts en un seul et même produit.*

L'éloquence peut être liée à une présentation picturale,
aussi bien de ses sujets que de ses objets, dans une *pièce de
théâtre*; la poésie peut être liée avec la musique dans le *chant*,
et celui-ci peut aussi être uni à une présentation picturale
(théâtrale) dans un *opéra*, comme le jeu des sensations dans
une musique peut être lié avec le jeu des figures dans la *danse*.
La présentation du sublime, pour autant qu'elle appartienne
aux beaux-arts, peut aussi s'unir avec la beauté dans une
tragédie en vers, un *poème didactique, un oratorio*; et dans

1. Toute la phénoménologie kantienne est à prendre ou à laisser.
Elle est, en effet, trop peu élaborée pour permettre des distinction subtiles et par exemple ce qui est dit de la musique est trop concentré. Par
art des couleurs on peut entendre beaucoup de choses et par exemple
l'art des artificiers (les feux émanant de fusées). Sur les dispositions
physiologiques que Kant évoque en ce § 51, 3, on pourra se référer au
travail de V. Basch, p. 432.

de telles combinaisons les beaux-arts sont encore plus artistiques, mais l'on peut douter en certains de ces cas qu'ils soient plus beaux (puisque des formes si différentes de satisfaction s'entrecroisent). Cependant dans tous les beaux-arts l'essentiel [326] consiste dans la forme, qui est finale pour l'observation et pour l'acte de juger, où le plaisir est en même temps culture et dispose l'âme aux Idées, le rendant ainsi capable de beaucoup plus de plaisirs et de divertissements de ce genre ; l'essentiel n'est pas la matière de la sensation (le charme ou l'émotion), où il ne s'agit que de la jouissance, qui ne laisse rien pour l'Idée, qui émousse l'intelligence, excite peu à peu[1] le dégoût pour l'objet et rend l'âme mécontente de soi et maussade par la conscience de sa disposition, qui pour le jugement de la raison répugne à la finalité[2].

C'est là le destin finalement réservé aux beaux-arts si ceux-ci ne sont pas de près ou de loin liés à des Idées morales, qui entraînent seules une satisfaction indépendante[3]. Ils ne servent alors que de distraction[4], dont on a d'autant plus besoin qu'on en use afin de se débarrasser du mécontentement de l'âme, devenant ainsi toujours plus inutile à ses propres yeux et plus mécontent de soi. En général ce sont les beautés de la nature qui conviennent le mieux au but proposé, lorsqu'on est de bonne heure habitué à les observer, à les juger et à les admirer.

1. Peu à manque – manque dans A.
2. Kant reconnaît qu'en dépit de leur division les arts peuvent se combiner dans un seul produit : un poème chanté. Il doute que ces combinaisons ajoutent beaucoup à l'art, qui à son avis montre toujours la supériorité de la forme, laquelle n'est jamais aussi pure que lorsqu'elle tend à la simplicité. La combinaison des matières et des formes pourrait susciter un mécontentement et faire place à la jouissance toujours relative par rapport au plaisir comme pur sentiment de satisfaction qui, lui, est absolu.
3. La combinaison des arts tend à la jouissance et les objets esthétiques n'y échappent que dans la mesure où ils sont liés avec des Idées morales. Autrement ils tombent dans le domaine de la *distraction* que Kant condamne comme Pascal. Naturellement on se reportera au travail d'E. Souriau sur *La correspondance des arts, éléments d'esthétique comparée*, Flammarion, Paris, 1947.
4. Au sens pascalien <Zerstreuung>.

§ 53. *Comparaison de la valeur respective des beaux-arts*[1].

Le premier rang revient entre tous à la *poésie* (qui doit presque entièrement son origine au génie et qui se laisse le moins guider par des préceptes et des exemples). Elle élargit l'âme en donnant la liberté à l'imagination et en offrant à l'intérieur des bornes d'un concept donné et de la diversité sans limites des formes susceptibles de s'y accorder, celle qui lie la présentation de ce concept à une plénitude de pensées, à laquelle aucune expression du langage n'est parfaitement adéquate et, ce faisant, qui s'élève esthétiquement aux Idées. Elle donne des forces à l'âme en lui faisant ressentir sa faculté libre, spontanée, indépendante de la détermination naturelle, de contempler et de juger la nature à des points de vue qu'elle ne présente point d'elle-même dans l'expérience, ni pour les sens, ni pour l'entendement et ainsi d'en faire usage au profit du supra-sensible et pour ainsi dire comme schème du supra-sensible. Elle joue avec l'apparence [327] qu'elle suscite à volonté sans tromper par celle-ci ; elle définit elle-même en effet son œuvre comme un simple jeu, qui peut néanmoins être utilisé par l'entendement d'une manière finale pour sa propre tâche. – L'éloquence, dans la mesure où l'on entend par là l'art de persuader, c'est-à-dire l'art de tromper (comme *ars oratoria)* par une belle apparence et non pas simplement l'art de bien dire (éloquence et style), est une dialectique, qui n'emprunte à la poésie que ce qui est nécessaire pour gagner les esprits à l'orateur avant que le jugement ne soit porté et ainsi pour leur ravir leur liberté ; on ne saurait donc la conseiller ni pour les tribunaux, ni pour la chaire. En effet lorsqu'il s'agit des lois civiles, du droit des personnes, ou d'un enseignement et d'une détermination durable des esprits en vue de la connaissance exacte et de l'observation scrupuleuse de leur devoir, il est indigne d'une

1. Toute tentative de hiérarchisation des arts est critiquable ; en effet, elle fait intervenir, le goût personnel. Kant place la poésie avant la musique. Schopenhauer pense que nul art n'égale la musique, cf. AP. *Schopenhauer, une philosophie de la tragédie.* Dans la note qui suit, Kant reconnaît cette préférence personnelle en opposant son amour pour la poésie et sa défiance envers l'éloquence.

entreprise si importante de laisser paraître la moindre trace d'exubérance de l'esprit ou de l'imagination et encore bien moins d'user de l'art de persuader ou de séduire au profit de quelqu'un. Et si cet art peut parfois être employé avec des intentions en elles-mêmes légitimes et louables, il apparaît toutefois condamnable, puisque ce faisant les maximes et les intentions sont corrompues subjectivement, même si objectivement l'acte est conforme à la loi ; il ne suffit pas, en effet, de faire ce qui est le droit, mais il faut aussi le faire pour la seule raison que c'est le droit. Au demeurant le concept clair de ces sortes d'affaires humaines, à lui seul, lié avec une vivante présentation par des exemples, sans contrevenir aux règles de l'harmonie du langage ou de la convenance des termes pour les Idées de la raison (ce qui pris ensemble constitue l'éloquence), possède déjà une influence suffisante sur l'âme humaine, pour qu'il soit encore nécessaire d'y ajouter encore les machines de la persuasion, qui, pouvant aussi bien servir à embellir ou à voiler le vice et l'erreur, ne peuvent détruire le secret soupçon d'une supercherie de l'art. Dans la poésie, en revanche, tout est loyauté et sincérité. Elle affirme ne vouloir se livrer qu'à un jeu divertissant de l'imagination en accord suivant la forme avec les lois de l'entendement, et elle n'exige point que l'entendement soit subjugé et ensorcelé par la présentation sensible[1]*.

1*. Je dois avouer qu'une belle poésie m'a toujours procuré une pure satisfaction, tandis que la lecture des meilleurs discours d'un orateur romain, [328] ou d'un orateur moderne du parlement ou de la chaire, a toujours été mêlée pour moi d'un sentiment désagréable, désapprouvant un art fourbe, qui dans les choses importantes entend conduire les hommes comme des machines à un jugement, qui perdra toute valeur à leurs yeux dans le calme de la réflexion. L'éloquence et l'art de bien dire (qui composent ensemble la rhétorique) appartiennent aux beaux-arts, mais l'art de l'orateur (*ars oratoria*), comme art consistant à se servir des faiblesses des hommes pour ses propres fins (que celles-ci soient aussi bonnes que l'on voudra, soit dans l'esprit de l'orateur, soit en réalité), n'est digne d'aucun *respect*. Aussi bien cet art, à Athènes comme à Rome, n'atteignit son suprême degré qu'en un temps où l'État courait à sa ruine et où s'était éteint tout véritable patriotisme. Celui qui, avec une lucide intelligence des choses, possède la maîtrise de la langue dans toute sa richesse et toute sa pureté et qui, doué d'une imagination

[328] Je placerais après la poésie, *s'il s'agit de l'attrait et du mouvement de l'âme,* l'art qui se rapproche le plus des arts de la parole et qui peut très naturellement leur être uni : la *musique* <Tonkunst>. En effet bien que la musique ne parle que par pures sensations sans concept et par conséquent ne laisse point, comme la poésie, quelque chose à la réflexion, elle émeut cependant l'âme d'une manière plus diverse et, quoique passagèrement, plus intime ; il est vrai toutefois qu'elle est plutôt jouissance que culture (le jeu de pensée qu'elle suscite par ailleurs n'est que l'effet d'une association pour ainsi dire mécanique) et jugée selon la raison elle possède moins de valeur que n'importe quel autre des beaux-arts. C'est pourquoi, comme toute jouissance, elle exige de fréquents changements et ne supporte pas une répétition poursuivie sans susciter l'ennui. Le charme de la musique, qui peut se communiquer si universellement, semble reposer sur le fait que toute expression du langage possède dans un contexte un ton, qui est approprié à son sens ; ce ton indique plus ou moins une affection du sujet parlant et la provoque aussi chez l'auditeur et cette affection éveille l'idée en celui-ci, qui est exprimée par un tel ton dans la langue ; la modulation est donc en quelque sorte une langue universelle des sensations, intelligible à tout homme, que la musique seule emploie dans toute sa force, c'est-à-dire comme langue des affections, communiquant ainsi universellement d'après les lois de l'association les Idées esthétiques qui s'y trouvent liées naturellement ; [329] mais comme ces Idées esthétiques ne sont pas des concepts ou des pensées déterminées, seule la forme de la composition de ces sensations (harmonie et mélodie), au lieu de la forme du langage, sert grâce à une disposition proportionnée de celles-ci – disposition qui peut être soumise mathématiquement à certaines règles parce

féconde et propre à la présentation de ses idées s'attache au vrai bien de toute la vivacité de son cœur est le *vir bonus dicendi peritus,* l'orateur sans art, mais plein d'énergie, tel que le voudrait Cicéron, sans être demeuré lui-même toujours fidèle à cet idéal. [N.d.T. L'expression « vir bonus dicendi peritus » vient de Caton l'ancien, cf. *M. Catonis fragmenta*, éd. Jordan, 1860, p. 80.]

qu'elle repose sur le rapport numérique des vibrations de l'air dans un temps identique, dans la mesure où les sons sont liés simultanément ou successivement, – à exprimer l'Idée esthétique de l'ensemble harmonieux d'une indicible plénitude de pensées, qui convient à un certain thème, qui constitue l'affection dominante dans le morceau. Bien qu'elle ne soit pas représentée par des concepts déterminés, c'est de cette forme mathématique seule que dépend la satisfaction, que la simple réflexion sur une telle quantité de sensations, qui s'accompagnent ou se suivent, joint au jeu de celles-ci comme une condition universellement valable de sa beauté; et c'est seulement d'après elle que le goût peut prétendre au droit de se prononcer à l'avance sur le jugement de chacun.

La mathématique n'a assurément aucune part à l'attrait et au mouvement de l'âme que provoque la musique; elle n'est que la condition indispensable (*conditio sine qua non*) de la proportion des impressions dans leur liaison comme dans leur changement, grâce à laquelle il est possible de les saisir ensemble, d'empêcher qu'elles ne se détruisent réciproquement, et de les accorder pour produire une émotion et une animation continues de l'esprit selon les affections correspondantes[1] et par là une jouissance personnelle satisfaisante.

Si l'on apprécie en revanche la valeur des beaux-arts d'après la culture qu'ils procurent à l'âme et si on choisit comme critère l'élargissement des facultés qui dans le jugement doivent s'accorder pour la connaissance, alors la musique parmi les beaux-arts obtiendra la dernière place, parce qu'elle ne fait que jouer avec les sensations (tandis qu'elle obtiendrait peut-être la première place parmi les arts qui doivent en même temps être appréciés pour leur agrément)[2]. De ce point de vue les arts figuratifs la devancent de

1. <konsonierende Affekte>. Leibniz disait que la musique est une mathématique inconsciente; Kant la ramène à n'être que le simple ajustement des proportions.
2. La proposition de Kant suivant laquelle la musique, n'étant que l'art jouant sur les simples sensations, devrait être, de ce point de vue, placée la dernière dans la hiérarchie des arts, ce qui surprendra même chez Kant. La musique n'est-elle pas la plus proche de la ligne idéale ? cf. AP. *L'Archipel de la conscience européenne*, p. 224.

loin; en effet conduisant l'imagination à un jeu libre et cependant en même temps approprié à l'entendement, ils accomplissent en même temps œuvre sérieuse, puisqu'ils réalisent une production qui sert aux concepts de l'entendement de véhicule durable et se recommandant par lui-même pour effectuer l'unification de ces concepts avec la sensibilité et donner pour ainsi dire de l'urbanité aux facultés supérieures de connaître. [330] Ces deux sortes d'art suivent une voie tout à fait différente : la première va des sensations aux Idées indéterminées; la seconde va des Idées déterminées aux sensations. Ces dernières procurent des impressions *durables*; les premières ne donnent que des impressions *passagères*. L'imagination peut rappeler celles-là et s'en divertir agréablement; celles-ci s'évanouissent complètement ou, lorsqu'elles sont involontairement reprises par l'imagination, elles nous paraissent plus lassantes qu'agréables. En outre la musique manque quelque peu d'urbanité, car, et ceci dépend surtout de la nature de ses instruments, elle s'étend plus loin qu'on ne le voudrait (au voisinage) et pour ainsi dire s'impose, portant préjudice à la liberté de ceux qui n'appartiennent pas à la société musicale; c'est là ce que ne font pas les arts qui parlent aux yeux, puisqu'il suffit de détourner les yeux si l'on n'en veut point subir l'influence. Il en va exactement comme du plaisir d'un parfum qui se répand au loin. Celui qui tire de sa poche son mouchoir parfumé régale tous ceux qui se trouvent autour et à côté de lui contre leur gré et les oblige, s'ils veulent respirer, à jouir aussi de ce plaisir; c'est pourquoi cela est passé de mode [1][*][2].

Parmi les arts figuratifs je donnerais la préférence à la *peinture* en partie parce que comme art du dessin elle sert de fondement à tous les autres arts figuratifs et en partie parce

---

1[*]. Ceux qui ont recommandé le chant de cantiques pour les cultes domestiques n'ont pas songé à la grave incommodité qu'ils causaient au public par un culte aussi *bruyant* (qui en devient pharisaïque communément), en obligeant les voisins à se joindre aux chants ou à interrompre leur travail intellectuel.

2. Toute la fin de l'alinéa, depuis : « En outre la musique... » et la note 1 manquent dans la A.

qu'elle peut pénétrer plus profondément dans la région des Idées et élargir conformément à celle-ci le champ de l'intuition bien plus qu'il n'est permis aux autres arts.

§ 54[1]. *Remarque.*

Il existe, comme on l'a souvent montré, une différence essentielle entre *ce qui ne plaît que dans le jugement* et ce qui *fait plaisir* (qui plaît dans la sensation)[2]. Dans ce dernier cas on ne peut, comme dans le premier, exiger de chacun la même satisfaction. Le plaisir (même si la cause s'en trouve dans les Idées) [331] semble toujours consister dans un sentiment d'intensification de toute la vie de l'homme et par conséquent aussi du bien-être corporel, c'est-à-dire de la santé ; c'est pourquoi Epicure, qui prétendait que tout plaisir n'est au fond qu'une sensation corporelle, n'avait peut-être pas tort, mais il ne se comprenait pas lui-même lorsqu'il rangeait parmi les plaisirs la satisfaction intellectuelle et même la satisfaction pratique. Si on a devant les yeux cette dernière différence, on peut s'expliquer comment un plaisir peut être déplaisant pour celui-là même qui le ressent (ainsi la joie d'un homme pauvre, mais bien pensant au sujet de l'héritage d'un père aimant, mais avare), ou bien comment une profonde douleur peut plaire à celui qui en souffre (la tristesse d'une veuve après la mort d'un mari plein de mérites), ou comment un plaisir peut plaire par surcroît (comme celui que procurent les sciences que nous pratiquons), ou un chagrin (par exemple la haine, l'envie, la soif de vengeance) peut susciter un déplaisir supplémentaire. Le plaisir ou le déplaisir repose ici sur la raison et est identique à *l'approbation* ou à la *désapprobation* ; mais plaisir et peine ne peuvent reposer que sur le sentiment ou la perspective (quel

1. L'indication § 54 manque dans Kant.
2. Kant repousse l'idée d'une communication qui serait autre que celle effectuée dans le jugement (communicabilité d'une sensation dans le jugement, c'est-à-dire dans le libre jeu des facultés de connaître), et écarte par conséquent ce qui plaît seulement dans la sensation. Cette distinction permet de comprendre comment il peut y avoir des plaisirs tristes, se «complaire» dans le chagrin après la mort de son époux.

qu'en soit le motif) d'un *bien-être possible ou de son contraire.*

Tout jeu libre et varié des sensations (qui n'ont aucune intention comme motif) fait plaisir parce qu'il intensifie le sentiment de santé, que nous ayons ou non de la satisfaction dans le jugement de la raison sur son objet et sur le plaisir lui-même; et ce plaisir peut aller jusqu'à l'affection, bien que nous ne prenions aucun intérêt à l'objet lui-même, ou du moins aucun intérêt qui serait proportionné au degré du plaisir. Nous pouvons distinguer ici *le jeu de hasard, la musique*[1], *le jeu d'Idées.* Le *premier* exige un *intérêt,* regardant la vanité ou le profit personnel, qui est d'ailleurs bien moins grand que celui que nous portons à la manière de nous le procurer; *la seconde* n'exige que le changement des *sensations,* dont chacune se rapporte à une affection, mais sans avoir le degré d'une affection, et éveille des Idées esthétiques; le *troisième* résulte uniquement du changement des représentations dans la faculté de juger, et si ce faisant aucune pensée de quelque intérêt n'est produite, l'esprit est toutefois animé[3].

Toutes nos soirées mondaines montrent combien les jeux peuvent être plaisants sans qu'il soit nécessaire d'y mettre au principe quelque but intéressé; car sans les jeux aucune société ne peut se divertir; mais les affections de l'espérance, de la peur, de la joie, de la colère, de l'ironie [332] y sont en jeu, tandis qu'à chaque instant elles échangent leurs rôles et ont une telle vivacité que par là comme par un mouvement interne toute la vie du corps semble accrue, comme le prouve l'entrain de l'esprit qui en résulte, même si on ne gagne ni n'apprend rien. Mais comme le jeu de hasard n'enveloppe pas la beauté, nous l'écarterons ici. En revanche la musique et la

---

1. <Tonspiel>, littéralement : le jeu des tons.
3. Epicure ne s'entendait pas lui-même ; il avait raison lorsqu'il trouvait dans le plaisir une intensification du bien-être corporel, mais il n'en voyait pas la cause qui est l'animation produite par le développement des facultés de connaître dans leur inter-action, bien que suscitée par aucun intérêt.

plaisanterie[1] sont deux espèces de jeu avec des Idées esthétiques ou des représentations de l'entendement, en lesquelles on ne pense finalement rien, mais qui peuvent faire très vivement plaisir par leur changement; en quoi elles font voir assez clairement que l'animation en toutes deux est purement corporelle bien qu'elle soit produite par des Idées de l'âme et que le sentiment de santé, grâce à un mouvement des entrailles correspondant au jeu, constitue tout le plaisir, vanté comme si fin et si spirituel par une société enjouée. Ce n'est pas le jugement de l'harmonie dans les sons ou des traits d'esprit, auxquels leur beauté ne sert que de nécessaire véhicule, mais bien l'activité de la vie corporelle, l'affection, qui agite les entrailles et le diaphragme, en un mot le sentiment de la santé (qu'on ne peut éprouver sans une telle occasion) qui constitue le plaisir que l'on trouve à agir sur le corps par l'âme et à faire de celle-ci le médecin de celui-là.

Dans la musique ce jeu va de la sensation du corps jusqu'aux Idées esthétiques (des objets, des affections) et de celles-ci il revient, mais avec toutes ses forces réunies, au corps[2]. Dans la plaisanterie (qui comme la musique mérite plutôt d'être considérée comme un art agréable que d'être comptée parmi les beaux-arts)[3] le jeu part de pensées, qui dans leur ensemble, lorsqu'elles tendent à s'exprimer de manière sensible, mettent aussi le corps en action; et tandis que l'entendement en cette présentation, en laquelle il ne découvre pas ce qu'il attend, se relâche soudain, on sent l'effet de relâchement dans le corps par l'oscillation des

1. Notre monde est si changé que nous ne percevons plus ce que pouvait être une soirée mondaine à Königsberg. Kant insiste sur la conversation et la musique; en ce qui touche cette dernière nous pouvons imaginer ce qu'était un orchestre de chambre, mais restituer l'*esprit de la conversation* est plus difficile, les mêmes choses ne font plus rire.

2. Définition nouvelle de la musique : c'est une circulation entre la sensation corporelle et les Idées, où le sens va de l'une aux autres. Cette définition est la plus satisfaisante de toutes celles proposées par Kant.

3. Après cette bonne définition voici la mauvaise : la part que tient la sensation dans la musique pourrait l'écarter des beaux arts, comme la plaisanterie qui en réalité ne fait que remuer les entrailles.

organes, qui réalise le rétablissement de leur équilibre et qui a une heureuse influence sur la santé.

Il faut qu'il y ait quelque chose d'absurde en tout ce qui doit provoquer un rire vivant et éclatant (en quoi par conséquent l'entendement ne peut trouver aucun plaisir). *Le rire est une affection résultant de l'anéantissement soudain d'une attente extrême.* Cette transformation, qui assurément n'est pas réjouissante pour l'entendement, réjouit cependant d'une manière très vive mais indirectement pendant un instant. [333] La cause doit donc résider dans l'influence de la sensation sur le corps et dans sa relation d'action réciproque avec l'âme, non que la représentation soit objectivement un objet de plaisir [1] (en effet comment une attente déçue pourrait-elle plaire?), mais uniquement parce qu'elle produit en tant que simple jeu des représentations un équilibre[2] des forces vitales dans le corps.

Lorsque quelqu'un raconte : à Surate un Indien voyant ouvrir à la table d'un Anglais une bouteille d'ale et toute cette bière, transformée en écume, jaillir de la bouteille, témoignait avec force exclamations de son grand étonnement; à la question de l'Anglais : «Qu'y a-t-il donc là de si étonnant?» il répondit : «Je ne m'étonne pas que cela jaillisse ainsi, mais que vous ayez pu l'y introduire» – nous rions et cela nous cause une franche gaieté; ce n'est pas que nous nous jugions plus intelligents que cet ignorant, ou que notre entendement ait trouvé quelque agrément en cette histoire, mais nous étions dans l'attente et celle-ci s'évanouit soudain[3].

Autre exemple : l'héritier d'un riche parent voulait faire de belles funérailles à celui-ci et se plaignait de ne point y

---

1. A : «... par exemple lorsqu'on reçoit la nouvelle d'un important bénéfice commercial...».

2. A : un jeu.

3. La phénoménologie du rire de Kant est très ingénieuse; il met l'accent sur l'intérêt grandissant, impliquant l'attente de la fin de l'histoire ou de la plaisanterie et c'est la brusque cessation de cette attente par un dénouement absurde qui provoque le vrai rire, celui où l'on se tord de rire. La leçon de la première édition («un jeu» – à la place d'un équilibre, retour de l'attente à l'égalité des facultés de connaître) était plus intéressante.

réussir car, disait-il, « plus je donne d'argent à mes gens pour paraître tristes, plus ils ont l'air gais » ; nous rions alors avec force et la raison en est qu'une attente cesse brusquement. On doit bien remarquer qu'elle ne doit pas transformer l'objet attendu en son contraire positif – car ce serait quelque chose encore et cela peut souvent attrister – mais elle doit s'anéantir complètement. En effet si quelqu'un racontant une histoire suscite une remarquable attente, et qu'à la fin nous en découvrions la fausseté, cela nous cause un déplaisir ; par exemple quand on raconte que des hommes frappés d'un grand chagrin ont vu leurs cheveux blanchir en une nuit. En revanche si répliquant à une telle histoire un autre plaisant raconte de manière très détaillée le souci d'un marchand, qui, revenant des Indes en Europe avec toute sa fortune en marchandises, se vit obligé par une violente tempête de tout jeter par-dessus bord et se fit tellement de chagrin que dans la même nuit sa *perruque* devint grise, nous rions et cela nous fait plaisir, parce que nous nous amusons un temps de notre propre méprise en une chose qui nous est par ailleurs indifférente, ou plutôt de l'idée que nous suivons encore un moment comme une balle que nous envoyons de-ci, de-là, en pensant seulement à la saisir et à la retenir. Ce n'est pas [334] ici la confusion d'un menteur ou d'un sot qui éveille le plaisir ; en effet cette histoire elle-même racontée avec un sérieux affecté ferait rire aux éclats une compagnie ; quant à l'autre elle ne serait d'ordinaire pas digne d'attention.

Il est remarquable que dans tous les cas de ce genre la plaisanterie doit toujours contenir quelque chose qui puisse un moment faire illusion ; c'est pourquoi quand l'apparence se dissipe, l'esprit regarde en arrière pour la rechercher encore une fois et ainsi de par cette tension et cette détente, se succédant rapidement, il est comme pris dans une oscillation, qui – puisque le retrait de ce qui pour ainsi dire tendait la corde, a été brusque (et non pas un relâchement progressif) – doit provoquer un mouvement de l'esprit, ainsi que le mouvement corporel interne s'accordant avec lui, qui dure involontairement et amène une certaine fatigue, mais aussi de l'amusement (ce sont les effets d'un mouvement favorable à la santé) [1].

Si l'on admet qu'un certain mouvement dans les organes du corps est harmoniquement lié à toutes nos pensées, on comprendra alors aisément, comment à ce déplacement brusque de l'esprit d'un point de vue à un autre point de vue pour considérer son objet, peut correspondre dans les parties élastiques de nos entrailles une tension et une détente réciproques, qui se communiquent au diaphragme (cela ressemble à ce que ressentent les gens chatouilleux); le poumon rejette l'air avec des expirations qui se suivent rapidement, ce qui suscite un mouvement favorable à la santé, qui est la véritable cause du plaisir pris à une pensée qui au fond ne représente rien. – Voltaire disait que le ciel nous avait donné deux choses pour contrebalancer les multiples peines de la vie : *l'espérance* et le *sommeil*[2]. Il aurait pu y ajouter le *rire*, si les moyens de l'exciter chez les gens raisonnables étaient faciles à trouver, si l'esprit ou l'originalité dans la fantaisie, qui lui sont nécessaires, n'étaient pas aussi rares qu'est répandu le talent de produire des œuvres *casse-tête,* comme le font les rêveurs mystiques, *casse-cou,* comme le font les génies, ou *crève-cœur,* comme les romanciers sentimentaux (ou les moralistes de ce genre).

Il est donc possible, me semble-t-il, d'accorder à Epicure, que tout plaisir, même s'il trouve son occasion dans les concepts, qui éveillent des Idées esthétiques, [335] est une sensation *animale,* c'est-à-dire corporelle; et cela sans porter le moindre préjudice au sentiment *spirituel* du respect pour les Idées morales, qui n'est pas un plaisir, mais une estime de soi (de l'humanité en nous), qui nous élève au-dessus du

---

1. La plaisanterie doit comprendre un moment illusoire, c'est-à-dire par exemple la description d'une situation que nous croyons réelle et qui s'évanouit dans la conclusion de l'histoire. Mais, comme le rêve, la plaisanterie met en mouvement l'imagination qui ré-anime les forces vitales; d'où la valeur salutaire et médicale du rire. Cf. § 67.

2. *Henriade*, Chant 7. « L'un est le doux sommeil, et l'autre l'espérance ».

besoin du plaisir et même sans préjudice pour le sentiment moins noble du goût.

La *naïveté* est un composé de ces deux sentiments : c'est l'explosion de la droiture originellement naturelle à l'humanité contre l'art de feindre devenu une autre nature. On rit de la simplicité qui ne s'entend pas encore à dissimuler, et l'on se réjouit de la simplicité de la nature, qui perce à travers la manœuvre de cet art. On attendait l'usage ordinaire d'une expression composée artistement et prudemment présentée selon la belle apparence et voici la nature pure et innocente, que l'on ne s'attendait pas à rencontrer, et que celui qui la fait voir ne s'attendait pas non plus à révéler. L'apparence belle, mais fausse, qui d'habitude a tant d'importance pour notre jugement s'évanouit ici brusquement, si bien que le fourbe qui est en nous est démasqué; l'esprit est ainsi mis en un mouvement selon deux directions opposées, qui en même temps imprime au corps une secousse salutaire. Que quelque chose qui vaut infiniment mieux que toute attitude empruntée, je veux dire la pureté du caractère (ou du moins la disposition à celle-ci), ne soit pas encore tout à fait effacé dans la nature humaine, c'est là ce qui mêle le sérieux et l'estime à ce jeu du jugement. Mais comme il ne s'agit que d'un phénomène se manifestant pendant un temps très court et que le voile de l'art de la dissimulation est bien vite à nouveau jeté, il se mêle en même temps à ceci un regret, une émotion de tendresse, qui peut très bien se lier en tant que jeu avec un tel rire cordial et qui lui est habituellement effectivement liée, dédommageant ainsi en même temps celui, qui lui a donné le prétexte de son embarras, de ne pas posséder encore la malice des hommes. – Parler d'un art d'être naïf est aussi bien une contradiction; mais représenter la naïveté dans un personnage poétique est un art assurément possible et beau, mais rare. Il ne faut pas confondre la naïveté avec une franche simplicité, qui n'use pas d'artifices avec la nature, parce qu'elle ignore le savoir-vivre [1].

---

1. La phénoménologie de la naïveté est remarquable. Elle nous charme, dit Kant, et pourtant ce n'est pas un art. Il faut toutefois tenir

On peut compter le *comique* [336] entre les choses qui
suscitent une gaîté proche du plaisir provenant du rire et qui
appartiennent à l'originalité de l'esprit et non au talent des
beaux-arts. Le *comique* en un bon sens désigne en effet le
talent de pouvoir se mettre dans une certaine disposition
d'esprit en laquelle les choses paraissent tout autres que d'ordinaire (parfois même comme l'inverse de ce qu'elles sont),
et sont cependant jugées d'après certains principes rationnels
conformes à cette disposition. Celui, qui est involontairement
soumis à de tels changements, est *d'humeur capricieuse* ;
celui qui peut s'y plier volontairement et de manière finale
(afin d'obtenir une présentation vivante grâce à un contraste
provoquant le rire) est appelé *comique* comme ce qu'il propose. Cependant cette manière appartient plutôt à l'art de
l'agrément qu'aux beaux-arts, parce que l'objet de ceux-ci
doit toujours montrer une certaine dignité et que cela exige
un certain sérieux de la présentation, ainsi que du goût dans le
jugement.

compte des produits esthétiques où la naïveté est mise en scène, par
exemple au théâtre.
    1. <die launige Manier> Comparer ce que dit Bergson du comique
avec le propos de Kant. Ce dernier exclut la comédie (en ses différentes
figures, par exemple la bouffonerie) du champ des beaux-arts, parce
qu'il y manque la dignité éthique qui doit accompagner l'art.

Deuxième Section

LA DIALECTIQUE DU JUGEMENT ESTHÉTIQUE [1]

§ 55.

Une faculté de juger, qui doit être dialectique, doit tout d'abord être raisonnante; c'est-à-dire que ses jugements doivent prétendre à l'universalité et cela même *a priori* [2*]; c'est en effet dans l'opposition de tels jugements que consiste la dialectique. C'est pourquoi l'incompatibilité de jugements esthétiques des sens (sur l'agréable et le désagréable) n'est pas dialectique. Tout de même le conflit des jugements de goût, dans la mesure où chacun s'en rapporte à son propre goût, ne constitue aucune dialectique; en effet, personne ne songe à faire de son jugement une règle universelle. Il ne reste donc pas d'autre concept d'une dialectique, qui pourrait intéresser le goût, que celui d'une dialectique de la *critique* du goût (non du goût lui-même) par rapport à ses *principes*; en effet, lorsqu'il s'agit du fondement de la possibilité des jugements de goût en général des concepts opposés l'un à l'autre se présentent d'une manière naturelle et inévitable. La critique transcendantale du goût ne contiendra une partie, portant le nom de dialectique de la faculté de juger esthétique, que dans la mesure où il se trouve une antinomie des principes de cette

---

1. J'ai longuement traité de l'antinomie du goût dans *L'Œuvre de Kant*, t. 2, p. 201 sq et dans *Le transcendantal et la pensée moderne*, p. 213-233.

2*. On peut appeler « jugement raisonnant » (*iudicium ratiocinans*) tout jugement qui se présente comme universel; en effet, il peut dans cette mesure servir de majeure dans un raisonnement de raison. On ne peut appeler un jugement de raison (*iudicium ratiocinatum*) en revanche, que celui qui peut servir de conclusion à un raisonnement de raison et par conséquent être pensé comme fondé *a priori*.

faculté, qui rend douteuse sa légitimité et par conséquent sa possibilité interne.

§ 56. *Exposé de l'antinomie du goût.*

Le premier lieu commun du goût est contenu dans la proposition, grâce à laquelle ceux qui n'ont point de goût pensent se défendre de tout blâme : à *chacun* [338] *son propre goût*. Cela signifie que le principe de détermination de ce jugement est simplement subjectif (plaisir ou douleur); et le jugement n'a aucun droit à l'adhésion nécessaire d'autrui.

Le second lieu commun du goût, dont font usage ceux qui accordent au jugement de goût le droit de prononcer des jugements valables pour tous, est : *on ne dispute pas du goût.* Ce qui signifie : le principe de détermination d'un jugement de goût pourrait assurément être objectif, mais on ne peut le ramener à des concepts déterminés; par conséquent on ne peut rien *décider* par preuves sur le jugement lui-même, bien que l'on puisse en *discuter* à bon droit. *Discuter* et *disputer* sont identiques en ce que par une résistance réciproque aux jugements on cherche à produire l'accord et différents en ce que dans le cas où l'on dispute on espère obtenir cet accord d'après des concepts déterminés comme raisons démonstratives, et qu'en conséquence on admet des *concepts objectifs* comme principes du jugement. Lorsqu'on considère que cela ne peut se faire, on juge également qu'on ne peut disputer.

On voit aisément qu'il manque une proposition intermédiaire entre ces deux lieux communs, qui n'est pas d'un usage proverbial, mais qui se trouve néanmoins dans l'esprit de chacun : *on peut discuter du goût* (bien qu'on ne puisse en disputer). Cette proposition enveloppe le contraire de la première proposition. En effet, là où il est permis de discuter, on doit aussi avoir l'espoir de s'accorder; par conséquent on doit pouvoir compter sur des principes du jugement, qui ne possèdent pas seulement une valeur particulière et qui ne sont pas simplement subjectifs; c'est à quoi s'oppose précisément le principe : *à chacun son propre goût.*

Relativement au principe du goût donc l'antinomie suivante se présente :

1. *Thèse.* Le jugement de goût ne se fonde pas sur des concepts ; car autrement on pourrait disputer à ce sujet (décider par des preuves).

2. *Antithèse.* Le jugement de goût se fonde sur des concepts ; car autrement on ne pourrait même pas, en dépit des différences [339] qu'il présente, discuter à ce sujet (prétendre à l'assentiment nécessaire d'autrui à ce jugement) [1].

§ 57. *Solution dé l'antinomie du goût.*

Il n'est pas d'autre possibilité pour résoudre le conflit de ces principes mis au fondement de chaque jugement de goût (ces principes ne sont rien d'autre que les deux caractéristiques du jugement de goût [2] exposés plus haut dans l'analytique), que de montrer que le concept, auquel on rapporte l'objet dans ce type de jugement, n'est pas pris dans le même sens dans les deux maximes de la faculté de juger esthé-

---

1. Kant ne traite nullement explicitement du jugement réfléchissant dans le texte et son opposition entre *Streiten* et *Disputieren* peut sembler verbale, comme l'a prétendu Schopenhauer. Mais on remarquera qu'il est question du *rapport à autrui* ou encore de l'intersubjectivité et que la thèse (empirisme) nie le rapport à autrui (l'odeur de la fleur est incommunicable) et on ne peut pas avancer de preuves, tandis que l'antithèse affirme la possibilité du rapport à autrui, puisque l'universalité est visée dans le jugement de goût. Comme je l'ai expliqué ailleurs, la formulation de la thèse et de l'antithèse est apagogique. Exemple : la thèse commence par poser son affirmation (le jugement de goût ne se fonde pas sur des concepts) et la fonde en avançant une assertion négative, germe d'une preuve par l'absurde (autrement on pourrait décider à son sujet par des concepts) qui est réputée impossible. Dans la mesure où il s'agit du rapport à autrui on peut dire que la thèse opte pour la *solitude* et l'antithèse pour la *communauté*. En s'exprimant vulgairement on pourrait dire que la thèse nie que l'homme soit un être pleinement sociable, tandis que l'antithèse soutient que l'homme n'est homme que dans la communauté. Phénoménologiquement c'est le statut de *l'individu* qui est en question. D'un point de vue critique c'est l'intersubjectivité.

2. Sur les caractéristiques du jugement de goût, cf. §§ 32-34).

tique[1]; ce double sens, ou point de vue, du jugement est nécessaire à notre faculté de juger transcendantale, comme l'apparence dans la confusion de l'un avec l'autre, est, en tant qu'illusion naturelle, inévitable[2].

Le jugement de goût doit se rapporter à quelque concept; s'il en était autrement il ne pourrait absolument pas prétendre à une valeur nécessaire pour chacun. Mais il ne doit pas, pour cette raison précisément, être démontrable *à partir* d'un concept, parce qu'un concept peut être ou déterminable ou indéterminé en soi et en même temps indéterminable. Le concept de l'entendement, qui est déterminable par les prédicats de l'intuition sensible, qui peut lui correspondre, est de la première sorte; à la seconde sorte appartient le concept rationnel transcendantal du supra-sensible, qui se trouve au fondement de toute cette intuition, et qui ne peut par conséquent être davantage déterminé théoriquement.

Or le jugement de goût porte sur des objets des sens, mais non afin d'en déterminer un *concept* pour l'entendement; en effet ce n'est pas un jugement de connaissance. Il ne s'agit donc, en tant que représentation intuitive singulière rapportée au sentiment de plaisir, que d'un jugement personnel et par conséquent il serait borné quant à sa valeur au seul individu qui juge : *pour moi* l'objet est un objet de satisfaction, pour d'autres les choses peuvent être toutes différentes – à chacun son propre goût.

Néanmoins un élargissement de la représentation de l'objet (ainsi que du sujet) est sans aucun doute compris dans le jugement de goût et c'est sur cela que nous fondons l'exten-

---

1. C'est la méthode classique de résolution des antinomies : montrer que l'objet des propositions contradictoires qui composent le conflit dialectique n'est pas pris dans le même sens en l'une et en l'autre, si bien que l'on passe de jugements contradictoires (opposition analytique) à des jugements subalternes (opposition de contraires, susceptibles de se compléter, ou opposition synthétique, AK XX-7, 291)

2. Hegel dénoncera l'équivoque contenue dans l'idée d'une illusion *naturelle* inévitable. Ou bien, en effet, l'opposition est *naturelle et l'essence de la raison est dialectique*, ou bien l'illusion tombe en dehors de la raison et n'est plus qu'un simple sophisme pour une raison analytique et dépourvue du pouvoir de synthèse.

sion de cette sorte de jugements comme nécessaires pour tous, et au fondement desquels doit par conséquent nécessairement se trouver quelque concept ; [340] mais ce doit être un concept qui ne peut être déterminé par une intuition, qui ne fait rien connaître et qui par conséquent ne permet de *présenter aucune preuve* pour le jugement de goût. Le simple concept pur rationnel du supra-sensible, qui est au fondement de l'objet (et aussi du sujet jugeant) en tant qu'objet des sens, c'est-à-dire en tant que phénomène, est un tel concept. En effet si l'on n'admettait pas un tel point de vue, on ne saurait sauver la prétention du jugement de goût à une valeur universelle ; et si le concept, sur lequel il se fonde, n'était qu'un simple concept confus de l'entendement, par exemple celui de perfection, auquel on pourrait faire correspondre l'intuition sensible du beau, il serait alors possible, du moins en soi, de fonder le jugement de goût sur des preuves, ce qui contredit la thèse.

Cependant toute contradiction disparaît, si je dis : le jugement de goût se fonde sur un concept (d'un principe en général de la finalité subjective de la nature pour la faculté de juger), au moyen duquel cependant rien ne peut être connu ou prouvé par rapport à l'objet, parce qu'il est en soi indéterminable et impropre à la connaissance ; toutefois le jugement reçoit de par ce concept de la valeur pour tous (ce jugement étant d'ailleurs en chacun singulier et accompagnant immédiatement l'intuition), parce que le principe déterminant du jugement se trouve peut-être dans le concept de ce qui peut être considéré comme le substrat supra-sensible de l'humanité[1].

---

1. Kant prétend que l'antinomie s'évanouit si l'on substitue au concept de l'entendement, qui exige preuve et détermination, le concept du supra-sensible. Le concept du supra-sensible est l'Idée de Dieu ou l'Idéal de la raison pure, principe ultime de toute finalité (tant pour l'objet créé, le phénomène, que pour le sujet pensant, l'homme), et comme tel indéterminable et impropre à la connaissance. Il va de soi que la *moralité* accompagne ce principe, « substrat supra-sensible de l'humanité ». L'intersubjectivité, renfermée par exemple dans la première caractéristique du jugement de beau comme prétention à l'adhésion d'autrui est fondée par l'Idée d'une totalité humaine dont le principe est Dieu.

Dans la résolution d'une antinomie il importe seulement que deux propositions qui se contredisent en apparence, ne se contredisent pas en fait et puissent se maintenir l'une à côté de l'autre, même si l'explication de la possibilité de leur concept dépasse notre faculté de connaître. On peut également ainsi faire comprendre que cette apparence est naturelle et inévitable pour la raison humaine, de même que la raison qui fait qu'elle est et demeure inévitable, bien qu'elle ne trompe pas après la résolution de l'apparente contradiction. Nous donnons en effet au concept, sur lequel la valeur universelle d'un jugement doit se fonder, une signification identique dans les deux jugements qui se contredisent et cependant nous lui attribuons deux prédicats opposés. Dans la thèse il faudrait s'exprimer ainsi : le jugement de goût ne se fonde pas sur des concepts *déterminés*; dans l'antithèse : le jugement de goût se fonde bien sur un concept, mais sur un concept *indéterminé* [341] (c'est-à-dire sur le concept d'un substrat supra-sensible des phénomènes); et ainsi il n'y aurait entre elles aucune contradiction[1].

Nous ne pouvons faire plus que lever cette contradiction entre les prétentions contraires du goût. Il est absolument impossible de donner un principe du goût déterminé et objectif, d'après lequel les jugements de celui-ci pourraient être guidés, examinés et prouvés; car il ne s'agirait plus alors d'un jugement de goût. Le principe subjectif, c'est-à-dire l'Idée indéterminée du supra-sensible en nous, peut seulement nous être indiqué comme l'unique clé de la solution de l'énigme de cette faculté, qui nous est cachée à nous-mêmes en ses sources et qui ne peut être rendue plus intelligible d'aucune manière[2].

---

1. L'antinomie est résolue : la thèse dit seulement (en quoi elle a raison) que le jugement de goût ne se fonde pas sur des concepts déterminés de l'entendement et l'antithèse a raison de dire que le jugement de goût se fonde sur un concept, si l'on vise par là le substrat supra-sensible de l'humanité, concept indéterminé et indéterminable comme totalité humaine et règne des fins. On peut observer que Kant ne distingue pas ici le beau et le sublime.

2. Le texte est difficile. Kant semble assimiler le supra-sensible à l'imagination, racine inconnue de la faculté de connaître. On pourrait

L'antinomie ici établie et dénouée possède comme fondement le concept exact du goût comme d'une faculté de juger réfléchissante esthétique ; et ainsi les deux principes qui se contredisent en apparence seraient conciliés, puisque *tous les deux peuvent être vrais,* ce qui est suffisant. Si l'on admettait comme principe déterminant du goût (en raison de la singularité de la représentation, qui est au fondement du jugement de goût), comme le font quelques-uns, *l'agréable,* ou comme d'autres le veulent le principe de la *perfection* (en raison de son universalité) et si l'on voulait établir d'après cela la définition du goût, il s'ensuivrait une antinomie, qui ne pourrait être dénouée qu'à la condition de montrer que ces *deux propositions* opposées (et non pas simplement contradictoirement) [1] *sont fausses* il serait alors prouvé que le concept sur lequel chaque proposition se fonde se contredit lui-même. On voit ainsi que la solution de l'antinomie de la faculté de juger esthétique suit une démarche comparable à celle suivie par la Critique dans la résolution des antinomies de la raison pure théorique ; et l'on voit aussi qu'ici et dans la « Critique de la raison pratique » les antinomies nous obligent, quoi que nous en ayons, à élever nos regards au-delà du sensible et à chercher dans le supra-sensible le trait d'union de toutes nos facultés *a priori* ; il ne reste en effet aucune autre issue afin de mettre la raison en accord avec elle-même [2].

---

aussi dire que le concept du supra-sensible repose sur notre raison, qui ne connaît pas sa source ou ses sources et qui ne s'élève jamais, en ce qui la concerne, au-dessus de l'évidence *factice,* opposée à l'évidence *génétique.* Comme *Cogito pluriel* lié à l'imagination, l'intersubjectivité serait en sa condition ultime Idée de Dieu. La différence avec Descartes, qui enseigne que l'âme humaine est Idée de Dieu, tiendrait dans la mise en valeur de l'imagination et de l'intersubjectivité humaine, dévoilée en sa condition suprême de possibilité par l'Idée du supra-sensible (la totalité humaine comme règne des fins).

    1. Schöndorfer propose : (en apparence contradictoirement).

    2. La méthode de résolution dans l'antinomie est logiquement comparable à celle suivie dans la *Critique de la raison pure.* Mais il faut bien concevoir que l'antinomie esthétique ne dépasse pas le niveau de l'*individualité,* c'est-à-dire de l'*humanité.* Aussi bien n'est-elle pas, même si elle nous conduit à trouver l'unité de l'homme dans le supra-

Remarque I

Comme nous avons souvent l'occasion dans la philosophie transcendantale de distinguer les Idées des concepts de l'entendement, [342] il peut être utile d'introduire quelques expressions techniques convenant à leur différence. Je crois qu'on ne trouvera rien à objecter, si j'en propose quelques-unes.– Dans le sens le plus général du terme les Idées sont des représentations qui se rapportent à un objet d'après un certain principe (subjectif ou objectif), en tant qu'elles ne peuvent cependant jamais devenir une connaissance de celui-ci. Elles se rapportent soit à une intuition, d'après un principe simplement subjectif de l'accord des facultés de connaître entre elles (de l'imagination et de l'entendement) et elles s'appellent alors *esthétiques,* soit à un concept d'après un principe objectif, sans pouvoir jamais donner une connaissance de l'objet et elles s'appellent des Idées *rationnelles ;* en ce cas le concept est un concept *transcendant,* qui est différent du concept de l'entendement auquel une expérience correspondant adéquatement peut toujours être soumise et qui se nomme pour cette raison *immanent.*

Une Idée esthétique ne peut devenir une connaissance, parce qu'elle est une *intuition* (de l'imagination) pour laquelle on ne peut jamais trouver un concept adéquat. *Une Idée rationnelle* ne peut jamais devenir une connaissance, parce qu'elle contient un *concept* (du supra-sensible), auquel on ne peut jamais donner une intuition qui lui convienne[1].

Or je crois que l'on pourrait nommer l'Idée esthétique une représentation *inexponible* de l'imagination et l'Idée

---

sensible, l'antinomie ultime, celle de la *personne,* qui dans la *Critique de la raison pratique* regarde le *Souverain bien.*

1. Cette remarque enveloppe une série de définitions. Kant commence en opposant les Idées esthétiques, *intuitions de l'imagination* auquel aucun *concept* ne peut être adéquat, et les Idées rationnelles auxquelles, comme concepts, aucune intuition ne peut être adéquat. Dans *Foi et savoir,* Hegel dira que Kant possédait, dans les Idées esthétiques, les intuitions adéquates aux Idées rationnelles, et dans les Idées rationnelles les concepts adéquats aux intuitions esthétiques, cf. *Foi et savoir* AP & CL, p. 120.

rationnelle un concept *indémontrable* de la raison. On suppose que l'une et l'autre ne sont pas sans fondement, mais que (d'après la précédente définition d'une Idée en général) elles peuvent être produites conformément à certains principes des facultés de connaître auxquelles elles appartiennent (pour celle-là suivant les principes subjectifs et pour celle-ci suivant les principes objectifs).

Des *concepts de l'entendement* doivent toujours comme tels être démontrables (si par le terme démontrer on entend comme dans l'anatomie simplement la *présentation*), c'est-à-dire que l'objet qui leur correspond doit toujours pouvoir leur être donné dans l'intuition (pure ou empirique), car c'est par là seulement qu'ils peuvent devenir des connaissances. Le concept de la *grandeur* peut être donné dans l'intuition spatiale *a priori,* par exemple d'une ligne droite... etc., le concept *de cause* par l'impénétrabilité, le choc des corps... etc.[1] Tous deux peuvent par conséquent être établis par une intuition empirique, c'est-à-dire que l'on peut en prouver (démontrer, indiquer) la pensée par un exemple ; et cela doit [343] pouvoir se faire, car dans le cas contraire on n'est pas certain que la pensée ne soit pas vide, c'est-à-dire sans aucun *objet*.

On n'use généralement en logique des expressions «démontrable» ou «indémontrable» qu'en ce qui concerne les propositions ; cependant il vaudrait mieux se servir des expressions de *proposition certaine médiatement seulement, proposition immédiatement certaine* ; en effet, la philosophie pure possède aussi des propositions des deux espèces, si l'on entend par là des propositions vraies qui peuvent être prouvées et des propositions vraies qui ne peuvent pas être prouvées[2]. En tant que philosophie elle peut bien prouver, mais

1. De ce point de vue l'orientation kantienne en mathématique est intuitionniste.
2. La philosophie peut prouver la valeur de la causalité (proposition vraie) ; elle ne peut prouver le sens de la liberté (proposition vraie également). Il s'ensuit qu'il y a des propositions vraies démontrables et des propositions vraies indémontrables. Les Idées de la raison pratique sont des concepts indémontrables

elle ne peut démontrer, si on ne veut point s'écarter complètement de la signification de ce terme, d'après laquelle
démontrer (*ostendere, exhibere*) signifie : présenter en
même temps son concept dans l'intuition (que ce soit en prou-
vant ou simplement en définissant); si l'intuition est *a priori*
on parle de la construction du concept, mais si elle est
empirique, il s'agit de l'exhibition de l'objet, par laquelle la
réalité objective du concept est assurée. On dit ainsi que
l'anatomiste démontre l'œil humain, lorsqu'il rend intuitif
par la décomposition de cet organe le concept qu'il a
préalablement exposé discursivement.

En conséquence le concept rationnel d'un *substrat* supra-
sensible de tous les phénomènes en général, ou le concept de
qui doit être mis au fondement de notre libre-arbitre en
relation à la loi morale, je veux dire le concept de liberté
transcendantale, est déjà d'après son espèce un concept indémontrable et une Idée de la raison; la vertu ne l'est que
suivant le degré : si, en effet, dans le premier cas il n'y a rien
qui puisse être donné dans l'expérience qui y corresponde
qualitativement, dans le second cas il n'y a aucun produit de
l'expérience, dû à cette causalité, qui atteigne le degré
prescrit comme règle par l'Idée de la raison [1].

Tout de même que *l'imagination* n'atteint jamais avec ses
intuitions le concept donné par une Idée rationnelle, de même
l'entendement devant une Idée esthétique n'atteint jamais par
ses concepts toute l'intuition interne de l'imagination, que

---

1. Le texte est compliqué et roule sur l'indémontrable défini plus
haut comme ce qui, comme concept, ne peut être exhibé dans l'intuition.
Il s'ensuit : A) Le concept d'un *substrat* supra-sensible de tous les
phénomènes (donc y compris l'homme) est indémontrable. B) Il doit
être mis au fondement de notre arbitre (*Willkür* que Kant dans la
Critique de la faculté de juger pense comme libre-arbitre, cf. mon
introduction à la *Doctrine du droit*, p. 34) C) *Ainsi fondé* le libre-arbitre
a une relation avec le règne des fins et la loi morale ou encore à la liberté
transcendantale et l'esthétique conduit à l'éthique. D) Reste alors à
identifier le substrat à Dieu et cela est possible parce que la liberté
transcendantale est sans limites. Si l'on veut se procurer une idée plus
simple de l'indémontrable on choisira la vertu : on ne peut rien exhiber
de vertueux dans les phénomènes qui corresponde à l'Idée rationelle de
la vertu ; cette Idée ne laisse pas d'être nécessaire.

celle-ci lie avec une représentation donnée. Or puisque ramener une représentation de l'imagination à des concepts s'appelle *l'exposer*, on peut nommer l'Idée esthétique une représentation *inexponible* de l'imagination (dans son libre jeu). J'aurai par la suite l'occasion de développer quelques points au sujet de cette sorte d'Idée ; je remarquerai seulement ici [344] que les deux sortes d'Idées, les Idées rationnelles aussi bien que les Idées esthétiques, doivent posséder leurs principes, toutes deux, dans la raison, les Idées rationnelles dans les principes objectifs de son usage et les Idées esthétiques dans les principes subjectifs de celui-ci [1].

On peut par conséquent définir le *génie* comme la faculté des *Idées esthétiques* ; par là se trouve en même temps indiquée la raison pour laquelle c'est la nature (du sujet) et non une fin réfléchie, qui dans les productions du génie donne sa règle à l'art (de la production du beau) [2]. En effet, puisque le beau ne peut être jugé d'après des concepts, mais selon la disposition finale de l'imagination à un accord avec la faculté des concepts en général, ce n'est pas une règle ou un précepte qui peut servir de mesure subjective à cette finalité esthétique mais inconditionnée de l'art qui doit avoir la prétention légitime de plaire à tous, mais seulement ce qui dans le sujet n'est que nature, et qui ne peut être saisi sous des règles ou des concepts, c'est-à-dire le substrat supra-sensible de toutes ses facultés (qu'aucun concept de l'entendement n'atteint), donc cela même en rapport auquel c'est la fin donnée par l'Intelligible [3] à notre nature que d'accorder toutes nos

---

1. On ne peut ramener l'intuition esthétique à des concepts ; elle est donc inexponible. C'est un argument décisif pour séparer l'usage objectif des Idées rationnelles (usage qui se divise en usage objectif et usage pratique) et l'usage subjectif qui a lieu avec les Idées esthétiques.

2. Nouvelle définition du «génie» ; c'est la faculté des Idées esthétiques ; à la différence des Idées rationnelles et des concepts de l'entendement elles ne sont pas susceptibles d'être données *a priori*, mais surgissent comme règles à partir de la nature *innée du génie*. Cette définition est une nouvelle preuve d'après laquelle le beau ne peut être jugé d'après des concepts. Il va de soi que cette récupération de l'inné pose un sérieux problème dans la logique transcendantale comme système.

3. Nouvelle référence du substrat intelligible à Dieu.

facultés de connaître. C'est seulement ainsi qu'il est possible qu'un principe subjectif et cependant universellement valable *a priori* se trouve au fondement de cette finalité, à laquelle on ne peut prescrire aucun principe objectif.

Remarque II

L'importante remarque qui suit se présente d'elle-même : il existe *trois sortes d'antinomies*[1] de la raison pure, qui s'accordent toutes en ceci, qu'elles contraignent la raison à abandonner la présupposition, au demeurant très naturelle, consistant à tenir les objets des sens pour les choses en soi elles-mêmes et à ne les considérer bien plutôt que comme des phénomènes, en leur soumettant un substrat intelligible (quelque chose de supra-sensible, dont le concept n'est qu'une Idée et qui ne permet aucune connaissance proprement dite). Sans ces antinomies la raison n'aurait jamais pu se décider à admettre un principe qui restreint à ce point le champ de sa spéculation, ni à consentir les sacrifices en lesquels tant d'espérances si brillantes doivent s'évanouir complètement ; car maintenant même, alors qu'en compensation de cette perte un usage d'autant plus grand lui est ouvert au point de vue pratique, elle ne paraît pas se séparer [345] sans douleur de ces espérances, ni parvenir à se libérer de ce vieil attachement.

Qu'il y ait trois sortes d'antinomies la raison s'en trouve dans le fait qu'il y a trois facultés de connaissance[2] : l'entendement, la faculté de juger et la raison, dont chacune (comme faculté de connaître supérieure) doit avoir ses principes *a priori* ; en effet la raison, pour autant qu'elle porte un

1. Trois « Critiques », trois sortes d'antinomies. Le vrai, le bien, le beau dira-t-on peut-être. Toutes conduisent à poser la distinction des phénomènes et des choses en soi (sur la chose en soi cf. AP. *L'œuvre de Kant*, t. 1) et à mettre au principe des phénomènes un principe intelligible, par exemple dans la *Critique de la raison pure* la *liberté* est le principe supra-sensible de la série phénoménale.

2. Kant explique la triplicité des antinomies en se reportant à la triplicité des facultés de l'âme, cf. AK X, 514-515. On a crié (avec raison) au psychologisme.

jugement sur ces principes et leur usage, exige absolument par rapport à eux tous l'inconditionné pour le conditionné donné et celui-là ne peut jamais être trouvé, si l'on considère le sensible comme appartenant aux choses en elles-mêmes et si on ne lui soumet pas, en tant que simple phénomène, quelque chose de supra-sensible (le substrat intelligible de la nature en dehors de nous et en nous) comme chose en soi. Il y a donc : 1. une antinomie de la raison pour la *faculté de connaître* en ce qui concerne l'usage théorique de l'entendement jusqu'à l'inconditionné ; 2. une antinomie de la raison pour *le sentiment de plaisir et de peine* concernant l'usage esthétique de la faculté de juger ; 3. une antinomie pour *la faculté de désirer* concernant l'usage pratique de la raison en elle-même législatrice – dans la mesure où toutes ces facultés possèdent leur principe suprême *a priori* et doivent conformément à une exigence inéluctable de la raison juger aussi de manière *inconditionnée* et pouvoir déterminer leur objet d'après ces principes d'une façon *absolue*.

En ce qui touche deux antinomies, celles de l'usage théorique et pratique de ces facultés supérieures de connaissance, nous avons déjà montré ailleurs comment elles sont *inévitables*, si les jugements de ces facultés ne se rapportent pas à un substrat supra-sensible des objets donnés comme phénomènes et en revanche la *possibilité de les dénouer,* dès que l'on en tient compte. Pour ce qui est de l'antinomie dans l'usage de la faculté de juger, conformément à l'exigence de la raison, et de la solution qui en est ici donnée, il n'y a pas d'autre moyen de l'éviter que de nier qu'il se trouve au fondement du jugement de goût quelque principe *a priori,* de telle sorte que toute prétention à la nécessité d'un assentiment universel est une vaine illusion sans fondement et qu'un jugement de goût ne mérite d'être tenu pour exact que parce *qu'il se trouve* qu'un grand nombre de personnes s'accordent à son sujet et cela même non parce que l'on *suppose* derrière cet accord quelque principe *a priori,* mais parce que (comme pour le goût du palais) les sujets sont par hasard organisés de manière uniforme ; [346] ou *bien* on devrait admettre que le jugement de goût dissimule un jugement de la raison sur la perfection d'une chose et la relation du divers en celle-ci à une fin, et que par conséquent on ne le dirait esthétique qu'en raison de la confusion inhérente à notre réflexion, alors qu'il s'agirait au fond d'un jugement téléologique; en ce cas on pourrait déclarer inutile et sans valeur la solution de l'antinomie par les Idées transcendantales et unir les lois du goût avec les objets des sens, non en tant que simples phénomènes, mais en tant que choses en soi. On a montré dans l'exposition des jugements de goût à plusieurs endroits comment ces deux subterfuges ne menaient pas bien loin[1].

Si l'on admet que notre déduction, même si elle n'est pas encore suffisamment claire en toutes ses parties, se trouve tout au moins sur la bonne voie, trois Idées se présenteront : *premièrement* celle du supra-sensible en général, sans autre détermination, en tant que substrat de la nature; *deuxièmement* l'Idée de ce même suprasensible, comme principe de la finalité subjective de la nature pour notre faculté de connaître; *troisièmement* l'Idée de ce même suprasensible comme principe des fins de la liberté et comme principe de l'accord de celles-ci avec la liberté dans le domaine moral.

§ 58. De l'idéalisme de la finalité de la nature aussi bien que de l'art comme unique principe de la faculté de juger esthétique.

On peut poser tout d'abord le principe du goût en ceci que celui-ci juge toujours d'après des principes de détermination empiriques, tels par conséquent qu'ils ne peuvent être donnés qu'*a posteriori* par les sens, ou bien on peut admettre qu'il juge selon un principe *a priori*. Le premier point de vue serait *l'empirisme* de la critique du goût, le second point de

1. Les antinomies pratique et théorique sont inévitables. On pourrait dénoncer la prétention à l'universalité (et toutes les conséquences relatives au *Cogito plural*) comme vaine illusion et passer à une conception statistique du jugement de goût en disant que sa valeur repose sur le nombre de témoignages qu'il suscite. On pourrait aussi vouloir montrer que le jugement de goût n'est qu'un jugement de perception confus. Kant ne voit là que subterfuges, que sa phénoménologie du goût écarte.

vue serait le *rationalisme*. Suivant le premier l'objet de notre satisfaction ne se distinguerait pas de *l'agréable*; d'après le second il ne se distinguerait pas *du bien*, si le jugement reposait sur des concepts déterminés[1]; ainsi on nierait l'existence de toute *beauté* dans le monde; il ne resterait à sa place qu'un mot spécial pour désigner un certain mixte des deux sortes de satisfaction que l'on vient d'indiquer. [347] Mais nous avons montré qu'il y a aussi des principes *a priori* de la satisfaction, qui peuvent par conséquent s'accorder avec le principe du rationalisme, bien qu'ils ne puissent être saisis dans des *concepts déterminés*.

Le rationalisme du principe du goût est en revanche soit celui du *réalisme* de la finalité, soit celui de *l'idéalisme* de la finalité. Or comme un jugement de goût n'est pas un jugement de connaissance et que la beauté n'est pas une propriété de l'objet, considéré en soi, le rationalisme du principe du goût ne peut jamais consister en ce que la finalité soit pensée en ce jugement comme objective, c'est-à-dire que le jugement, théoriquement et par conséquent aussi logiquement (mais dans un acte de juger confus), porte sur la perfection de l'objet, – pour le rationalisme le jugement doit porter *esthétiquement* seulement sur l'accord de la représentation dans l'imagination avec les principes essentiels de la faculté de juger dans le sujet. Il s'ensuit que, d'après le principe du rationalisme lui-même, le jugement de goût, et la différence du réalisme et de l'idéalisme le concernant, ne peut consister qu'en ce que dans le réalisme on considère cette finalité subjective comme une *fin* de la nature (ou de l'art) réelle (intentionnelle), qui est de s'accorder avec notre faculté de juger, et dans l'idéalisme comme un accord se présentant de lui-même, sans fin et par hasard, mais de caractère final pour

1. Dans ce paragraphe, destiné à mettre en lumière le jugement de goût comme idéalisme de la finalité de la nature et de l'art (idéalisme signifiant qu'on n'a pas affaire à des jugements déterminants, mais seulement réfléchissants, dans la mesure où l'objet n'est pas construit), Kant écarte pour commencer la lecture empiriste du goût et sa lecture rationaliste. L'empirisme réduit le beau à l'agréable et le rationalisme le réduit au bien.

les besoins de la faculté de juger concernant la nature et ses formes produites suivant des lois particulières.

Les belles formations dans le règne de la nature organisée parlent en faveur du réalisme de la finalité esthétique de la nature, puisque l'on aimerait admettre que dans la production du beau une Idée de celui-ci dans la cause productrice, c'est-à-dire une *fin* au profit de notre imagination, a été mise au principe. Les fleurs, les formes mêmes de plantes entières, la grâce des formations animales de toutes les espèces, qui est inutile pour leur usage propre, mais semble pour ainsi dire choisie pour notre goût ; en particulier la diversité si plaisante et charmante à nos yeux et la composition harmonieuse des couleurs (chez le faisan, les crustacés, les insectes et même les plus humbles fleurs), qui, ne concernant que la surface du corps, sans même contribuer à la figure de ces créatures, – laquelle pourrait être cependant encore nécessaire aux fins internes de celles-ci –, semblent avoir pour toute fin la contemplation extérieure : [348] tout cela donne un grand poids au mode d'explication, qui admet des fins réelles de la nature pour notre faculté de juger[1].

Non seulement la raison, d'après sa maxime, qui est d'éviter le plus possible l'inutile multiplication des principes, s'oppose à cette thèse, mais encore la nature qui montre partout dans toutes ses libres productions, une tendance mécanique à la production de formes, qui semblent pour ainsi dire être faites pour l'usage esthétique de notre faculté de

---

1. On ne saurait se prononcer pour un réalisme du jugement de goût ; c'est que l'objet du jugement serait alors placé sous un concept. Il demeure que le réalisme de la nature nous montre la production de belles formes animales et chimiques. Kant va s'étendre sur des considérations relatives à la chimie qui à la fin de sa vie retiendront son attention, cf. E. Adickes, *Kant als Naturforscher*, W. de Gruyter, Berlin, 1924. Kant n'admet pas le réalisme de la finalité pour deux raisons. D'une part la raison ne saurait multiplier les principes sans dommage pour son architectonique – d'autre part nous ne pouvons reproduire par le concept « la grâce des formations animales ». Les exemples chimiques que Kant va présenter ne supposent pas de commentaire particulier ; au demeurant ces exemples étaient les mieux connus de son temps où les recherches de Lavoisier étaient encore peu répandues.

juger, sans qu'il y ait la plus petite raison de supposer qu'il est besoin à cet effet d'autre chose que de son mécanisme, simplement comme nature, pour que ces formes soient finales pour notre jugement, sans même qu'une Idée se trouve à leur fondement. Par *libre formation* de la nature j'entends celle par laquelle à partir d'un *fluide en repos,* soit par volatilisation, soit par séparation d'une partie de celui-ci (parfois le calorique seulement), le reste en se solidifiant prend une figure ou une texture déterminée[1], qui diffère suivant la différence spécifique des matières et qui est exactement la même si elles sont identiques. Mais on suppose pour cela ce que l'on entend toujours par véritable fluide; il faut que la matière y soit parfaitement dissoute, sans apparaître comme un simple mélange de parties solides en suspension. La formation s'effectue alors par *précipitation,* c'est-à-dire par une solidification soudaine et non par un passage progressif de l'état liquide à l'état solide, mais en quelque sorte par un saut et on nomme aussi cristallisation ce passage. L'exemple le plus commun de ce genre de formation est la congélation de l'eau, en laquelle se forment tout d'abord de petites aiguilles droites de glace, qui se joignent sous des angles de 60 degrés, tandis que d'autres viennent se placer de même en chaque point de ces angles, jusqu'à ce que tout soit transformé en glace; aussi bien pendant ce temps l'eau qui se trouve entre les petites aiguilles ne devient pas peu à peu plus solide, mais elle est tout aussi fluide que par une chaleur bien plus élevée, alors qu'elle a absolument la température de la glace. La matière, qui se sépare et s'échappe soudain au moment de la solidification, est une quantité notable du calorique, dont la disparition, puisqu'il n'était nécessaire qu'au maintien de l'état fluide, ne laisse nullement la glace présente plus froide que l'eau qui s'y trouvait peu avant à l'état fluide.

Beaucoup de sels, et de pierres, qui possèdent des figures de cristaux se forment, [349] sans que l'on sache au moyen de quoi, à partir d'éléments terreux en dissolution dans l'eau. De

---

1. Kant dit : «...Gestalt oder Gewebe (Figur oder Textur)...?»; le français rend la parenthèse inutile.

même selon toute vraisemblance les configurations adénoïdes de beaucoup de minéraux, de la galène cubique, de la blende rouge[1], etc., se produisent aussi dans l'eau et par précipitation de leurs parties, contraintes d'abandonner ce véhicule pour une cause quelconque, et de s'unir les unes avec les autres dans des figures extérieures déterminées.

Intérieurement aussi, toutes les matières, qui n'étaient fluides que sous l'effet de la chaleur et qui se sont solidifiées en se refroidissant manifestent à la cassure une texture déterminée, et l'on peut en conclure, que, si leur propre poids et la pression de l'air ne l'interdisaient, elles auraient présenté aussi extérieurement leur propre forme spécifique : c'est ce que l'on a observé pour quelques métaux, extérieurement durcis après fusion, mais encore fluides à l'intérieur, après la décantation de l'élément interne encore fluide et la libre cristallisation subséquente du reste. Beaucoup de ces cristallisations minérales comme les druses de spath, l'hématite rouge, les fleurs de mars donnent souvent des formes beaucoup plus belles que celles que l'art pourrait jamais désirer concevoir; et les stalactites de la grotte d'Antiparos sont tout simplement le produit d'une eau se frayant goutte à goutte son chemin dans les couches de gypse.

Selon toute apparence la matière fluide est en général plus ancienne que la matière solide, et les plantes aussi bien que les corps des animaux se forment à partir d'une matière alimentaire liquide, pour autant que celle-ci se forme elle-même en repos, sans doute dans le second cas tout d'abord suivant une certaine disposition originelle répondant à des fins (qui doit être jugée non pas esthétiquement, mais téléologiquement d'après le principe du réalisme comme on le prouvera dans la deuxième partie), mais peut-être de plus en se précipitant et en se formant librement selon la loi universelle de l'affinité de la matière. Or de même que les vapeurs dissoutes dans une atmosphère, qui est un mélange de différents gaz, produisent quand elles s'en séparent par la perte de chaleur des cristaux de neige, qui grâce à la diversité du

1. Sulfure de plomb, sulfure de zinc.

mélange gazeux sont d'une forme très artistement découpée et très belle, de même on peut bien penser, sans rien retirer au principe téléologique qui permet de juger de l'organisation, que la beauté des fleurs, des plumes d'oiseaux, des coquillages, aussi bien selon leur forme que leur couleur, peut être attribuée à la nature et au pouvoir qu'elle possède de produire librement des formes d'une manière esthétique et finale par le fait de retenir [350] la matière nécessaire à l'organisation, d'après des lois chimiques, et sans fins particulières visant ce produit[1].

Mais ce qui prouve immédiatement que le principe de *l'idéalité* de la finalité du beau dans la nature est le principe, que nous mettons toujours au fondement dans le jugement esthétique lui-même et qui ne nous autorise pas à faire usage de la réalité d'une fin de la nature pour notre faculté de représentation comme principe d'explication, c'est que dans l'acte de juger de la beauté c'est en général en nous-mêmes que nous cherchons la mesure *a priori* et que lorsqu'il s'agit de juger, si quelque chose est beau ou ne l'est pas, c'est la faculté esthétique de juger qui est elle-même législatrice, alors que cela ne se pourrait faire si l'on admettait le réalisme de la finalité de la nature; en effet nous devrions alors apprendre de la nature ce que nous devrions trouver beau, et le jugement de goût serait soumis à des principes empiriques[2]. En effet dans un tel jugement il ne s'agit pas de ce qu'est la nature ou de ce qu'elle est pour nous en tant que fin, mais de la manière dont nous la saisissons. Dire que la nature a élaboré ses formes pour notre satisfaction, ce serait encore affirmer une finalité objective de la nature et non une finalité

---

1. On pourrait croire en considérant les précipitations (de l'eau en glace ou en cristaux de neige) que la nature a agi en vue de notre jugement esthétique; mais c'est bien plutôt notre jugement, en tant qu'harmonie des facultés de connaître qui nous conduit à poser une libre formation de la nature (un flocon de neige) comme belle en jugeant *a priori*.

2. Le réalisme de la nature aurait pour inconvénient de soumettre le jugement de goût à des principes empiriques. Dès lors la liberté de l'imagination serait niée. Si donc la nature comprend des fins naturelles, c'est dans la perspective d'un fondement nécessaire, universellement valable et supra-sensible et c'est *nous* qui jugeons l'objet beau ou final.

subjective reposant sur le jeu de l'imagination en sa liberté ; dans ce dernier cas c'est nous qui accueillons la nature avec faveur, tandis qu'elle ne nous fait aucune faveur. La propriété de la nature de contenir pour nous l'occasion de percevoir dans le jugement de certains de ses produits la finalité interne dans le rapport de nos facultés intellectuelles et de la percevoir comme devant être déclarée nécessaire et universellement valable à partir d'un principe suprasensible, ne peut être une fin naturelle ou plutôt ne peut être ainsi jugée par nous ; s'il en était autrement le jugement qui serait ainsi déterminé aurait pour principe l'hétéronomie et n'aurait pas à son fondement, comme il convient à un jugement de goût, le fait d'être libre et l'autonomie.

Le principe de l'idéalisme de la finalité est encore plus visible dans les beaux-arts. L'art a ceci de commun avec la belle-nature qu'on ne saurait admettre à son sujet un réalisme esthétique résultant des sensations (car il s'agirait alors d'arts agréables et non de beaux-arts). Mais que la satisfaction par des Idées esthétiques ne doive point dépendre de la réalisation de fins déterminées (comme s'il s'agissait de l'art mécanique intentionnel), qu'en conséquence ce soit l'idéalité des fins et non la réalité de celles-ci qui doit être au fondement dans le rationalisme du principe lui-même, c'est là ce qui se comprend par le fait que les beaux-arts, comme tels, ne doivent pas être considérés [351] comme un produit de l'entendement ou de la science, mais du génie et qu'ainsi c'est par des Idées *esthétiques,* qui sont essentiellement différentes des Idées rationnelles de fins déterminées, qu'ils reçoivent leur règle[1].

Tout de même que *l'idéalité* des objets des sens comme phénomènes est la seule manière d'expliquer qu'il soit possible que leurs formes puissent être déterminées *a priori,* de même l'*idéalisme* de la finalité dans l'acte de juger le beau de la nature et de l'art est l'unique présupposition, sous laquelle la Critique peut expliquer la possibilité d'un jugement de

---

1. L'idéalité de la finalité est encore plus visible dans les beaux-arts où l'objet produit par le génie ne suit pas de l'entendement (concepts), ni de la science (élaboration des constructions conceptuelle), mais de l'inspiration du génie, qui n'est qu'en partie transmissible.

goût, qui exige d'être *a priori* valable pour tous (sans toute-fois fonder sur des concepts la finalité représentée dans l'objet).

§ 59. *De la beauté comme symbole de la moralité.*

Afin d'exposer la réalité de nos concepts des intuitions sont toujours nécessaires. S'il s'agit de concepts empiriques, les intuitions s'appellent *exemples*. S'il s'agit des concepts purs de l'entendement on les nomme *schèmes*. Mais exiger que l'on montre la réalité objective des concepts de la raison, c'est-à-dire des Idées, et cela en vue de la connaissance théo-rique de celles-ci, c'est là désirer quelque chose d'impossible, puisqu'on ne peut absolument pas leur donner une intuition qui leur soit adéquate.

Toute *hypotypose* (présentation, *subjectio sub adspec-tum*) comme acte consistant à rendre sensible est double : *ou bien* elle est *schématique* lorsqu'*a priori* l'intuition corres-pondante est donnée à un concept que l'entendement saisit ; ou bien elle est *symbolique* lorsqu'à un concept que la raison seule peut penser et auquel aucune intuition sensible ne peut convenir, on soumet une intuition telle, qu'en rapport à celle-ci le procédé de la faculté de juger est simplement analogue à celui qu'elle observe quand elle schématise, c'est-à-dire qui s'accorde simplement avec celui-ci par la règle et non par l'intuition même, par conséquent simplement avec la forme de la réflexion et non avec le contenu [1].

Les nouveaux logiciens admettent un usage du mot *symbolique,* qui est absurde et inexact, lorsqu'on l'oppose au mode de représentation *intuitif*; la représentation symbo-lique n'est, en effet, qu'un mode de la représentation intui-tive. Ce dernier (le mode de représentation intuitif) peut, en effet, être divisé en mode *schématique* de représentation et

---

1. Les intuitions qui remplissent un concept empirique sont des exemples ; les schèmes sont des processus visant à procurer au concept son image (AP. *Etudes kantiennes,* I). Le symbole est un processus analogue : il sert à la présentation d'un concept de la raison pour lequel aucune intuition (image) ne peut être réputée adéquate

mode *symbolique*. [352] Tous deux sont des hypotyposes, c'est-à-dire des présentations (*exhibitiones*); ce ne sont pas de simples *caractères,* c'est-à-dire des désignations des concepts au moyen de signes sensibles qui les accompagnent, ne contenant rien de ce qui appartient à l'intuition de l'objet, mais servant seulement à ceux-ci de moyen de reproduction d'après la loi de l'association de l'imagination et par conséquent dans une perspective subjective; ce sont ou bien des mots ou bien des signes (algébriques, et même mimiques), en tant que simples *expressions* pour les concepts [1].

Toutes les intuitions, que l'on soumet à des concepts *a priori,* sont donc ou bien des *schèmes,* ou bien des *symboles,* et de ces intuitions les premières contiennent des présentations directes du concept, tandis que les secondes en contiennent d'indirectes. Les schèmes effectuent la présentation démonstrativement; les symboles le font par la médiation d'une analogie (pour laquelle on se sert aussi d'intuitions empiriques), en laquelle la faculté de juger effectue une double opération, qui consiste à appliquer en premier lieu le concept à l'objet d'une intuition sensible et en second lieu à appliquer la simple règle de la réflexion sur cette intuition à un tout autre objet, dont le premier n'est que le symbole. C'est ainsi qu'on représente un Etat monarchique par un corps organisé, lorsqu'il est gouverné selon les lois internes du peuple, tandis qu'on le représente par une simple machine (telle un moulin à bras) lorsqu'il est gouverné par une volonté singulière absolue; dans les deux cas la représentation n'est que *symbolique.* S'il n'y a en effet aucune ressemblance entre un Etat despotique et un moulin à bras, il y en a bien une entre les règles de la réflexion sur eux et sur leur causalité [2].

---

1. Le mode intuitif de la connaissance doit être opposé au mode discursif (non au mode symbolique). Le premier peut être soit *schématique* par la *démonstration,* soit *symbolique* en tant que représentation, suivant une simple analogie.

2. Le processus symbolique ne s'effectue que selon l'analogie; par exemple on peut se représenter le fonctionnement d'une *machine* avec ses différents *organes* comme l'image du peuple. Le processus, on ne le soulignera jamais assez, est analogique. Kant nomme ces représenta-

Cette opération a été jusqu'à présent bien peu analysée, alors qu'elle mérite une profonde recherche; mais ce n'est pas ici le lieu de s'y arrêter. Notre langue est remplie de telles présentations indirectes d'après une analogie, où l'expression ne contient pas le schème propre pour le concept, mais seulement un symbole pour la réflexion. Ainsi en est-il des mots : *fondement* (appui, base), *dépendre* (être tenu d'en haut), *d'où il découle* (au lieu de suivre), *substance* (comme dit Locke : le support des accidents), et d'innombrables autres hypotyposes, qui ne sont pas schématiques, mais symboliques, et des expressions pour des concepts formés non par la médiation d'une intuition directe, mais seulement d'après une analogie avec celle-ci, c'est-à-dire d'après le transfert de la réflexion sur [353] un objet de l'intuition à un tout autre concept, auquel peut-être une intuition ne peut jamais correspondre directement. Si l'on peut déjà nommer connaissance un simple mode de représentation (ce qui est bien permis, si ce n'est pas un principe de la détermination théorique de l'objet en ce qu'il est en soi, mais un principe de la détermination pratique de ce que l'Idée de l'objet doit être pour nous, ainsi que de son usage final), alors notre connaissance de Dieu tout entière n'est que symbolique et celui qui la tient pour schématique, ainsi que les attributs entendement, volonté... etc., dont la réalité objective ne se démontre qu'en des êtres de ce monde, tombe dans l'anthropomorphisme, comme il tombe dans le déisme qui ne permet de rien connaître du tout, pas même au point de vue pratique, s'il écarte toute représentation intuitive.

Je dis donc : le beau est le symbole du bien moral; et c'est à ce point de vue (relation qui est naturelle à chacun et que chacun attend des autres comme un devoir) qu'il plaît et prétend à l'assentiment de tous les autres et en ceci l'esprit est conscient d'être en quelque sorte ennobli et d'être élevé au-dessus de la simple aptitude à éprouver un plaisir par les impressions des sens et il estime la valeur des autres par une

tions analogiques réfléchissantes (en effet nulle détermination ou construction conceptuelle ne sont obtenues par là) des hypotyposes.

maxime semblable de sa faculté de juger[1]. Il s'agit de *l'intelligible* vers lequel regarde le goût, comme l'a indiqué le précédent paragraphe, et en rapport auquel nos facultés supérieures de connaître s'accordent et sans lequel des contradictions surgiraient entre leur nature et les prétentions qu'élève le goût. La faculté de juger ne se voit pas dans le goût, comme dans le jugement empirique, soumise à une hétéronomie des lois de l'expérience : par rapport aux objets d'une satisfaction si pure elle donne elle-même la loi, comme la raison donne elle-même la loi par rapport à la faculté de désirer; et aussi bien en raison de cette possibilité interne dans le sujet, que de la possibilité externe d'une nature s'accordant avec celle-ci, elle se voit reliée à quelque chose dans le sujet lui-même et en dehors du sujet, qui n'est ni nature, ni liberté, mais qui est lié toutefois avec le fondement de cette dernière, c'est-à-dire le supra-sensible, en lequel la faculté théorique est liée en une unité avec la faculté pratique d'une manière semblable pour tous, mais inconnue. Nous indiquerons quelques points en cette analogie, sans négliger toutefois les différences.

1. La question est donc de savoir de quoi le beau est le symbole. On reviendra au paragraphe 40 et à l'idée du *sensus communis*. Celle-ci représentait le *Cogito plural* et l'*idée de la totalité*. Hannah Arendt (dans *Juger, Sur la philosophie politique de Kant,* Paris, Seuil, 1991), prétend que le beau comme manifestation d'une pensée « élargie » (seconde maxime du sens commun) indique le dévoilement de la totalité humaine qu'elle lit comme *politique,* alors qu'on pourrait bien plutôt penser (en fonction de la prétention à l'universalité) que ce qui est dévoilé et *ennoblit* l'homme est la totalité éthique et religieuse ; sur l'idée de totalité comme système des êtres raisonnables dans l'Eglise, cf. M. Naar, son *Introduction* à la *Religion dans les limites de la simple raison,* Paris, Vrin, 1983. C'est le sentiment de l'*intelligible* qui médiatise le *Cogito plural* et son destin. La grande tentation consiste à identifier le *Cogito plural,* comme intersubjectivité, à Dieu lui-même comme ordre moral du monde et à distinguer Dieu et l'homme seulement en posant l'homme comme moment du processus et Dieu comme totalité des moments. Cf. J. G. Fichte, *Ecrits de philosophie première,* Vrin, 1988, t. 2, p. 200 sq. De toute manière chez Kant le supra-sensible est le fondement de la pensée « élargie » où se réalise la pensée humaine comme Idée d'une totalité ouverte religieuse, mais on ne saurait en dire plus sans transgresser les limites que s'assigne le criticisme.

1. Le beau plaît *immédiatement* (mais seulement dans l'intuition réfléchissante, [354] non dans le concept comme la moralité). 2. Il plaît *en dehors de tout intérêt* (sans doute le bien moral est nécessairement lié avec un intérêt, mais non pas à un intérêt qui précède le jugement sur la satisfaction, mais à un intérêt qui résulte du jugement). 3. La *liberté* de l'imagination (donc de la sensibilité de notre faculté) est représentée dans l'acte de juger du beau comme s'accordant avec la légalité de l'entendement (dans le jugement moral la liberté de la volonté est pensée comme l'accord de cette faculté avec elle même suivant des lois universelles de la raison). 4. Le principe subjectif du jugement sur le beau est représenté comme *universel*, c'est-à-dire valable pour chacun, sans être représenté comme connaissable par un concept universel (on déclare aussi universel, c'est-à-dire valable pour tous les sujets, en même temps que pour toutes les actions du sujet, le principe objectif de la moralité, mais on le déclare en ceci susceptible d'être connu par un concept universel) [1]. Aussi bien le jugement moral n'est pas seulement susceptible de principes déterminés constitutifs, mais encore c'est uniquement par la fondation des maximes sur ceux-ci et leur universalité qu'il est possible.

Même le sens commun est accoutumé à tenir compte de cette analogie et nous désignons souvent les beaux objets de la nature ou de l'art par des noms, qui semblent avoir à leur principe un jugement moral. Nous disons en parlant d'édifices et d'arbres qu'ils sont majestueux et magnifiques, ou de campagnes qu'elles sont riantes et gaies; les couleurs elles-mêmes sont dites innocentes, modestes, tendres parce qu'elles éveillent des sensations, qui enveloppent quelque chose d'ana-

---

1. *Quantité* : le beau plaît immédiatement *Qualité* : il plaît en dehors de tout intérêt. *Relation* : la liberté de l'imagination s'accorde avec la légalité de l'entendement. *Modalité* : le principe subjectif du jugement de goût est représenté comme universel. C'est selon les titres catégoriaux que le jugement de goût est posé comme un *analogon* du Bien et Kant termine son paragraphe en indiquant que la transition se fait sans saut brusque, par où il faut comprendre que, de manière ultime, l'individu est le symbole de la personne, comme le *Cogito plural* est le symbole de la totalité éthique.

logue à l'état d'âme suscité par des jugements moraux. Le
goût rend pour ainsi dire possible, sans saut trop brusque, le
passage de l'attrait sensible à l'intérêt moral habituel, puisqu'il représente l'imagination en sa liberté même comme
déterminable d'une manière finale pour l'entendement et
enseigne à trouver une libre satisfaction jusque dans les objets
des sens sans attrait sensible.

§ 60. APPENDICE

De la méthodologie du goût [1]

On ne peut appliquer à la Critique du goût la division
d'une critique en théorie des éléments et théorie de la méthode [355] comme préface à la science, parce qu'il n'y a et
qu'il ne peut y avoir aucune science du beau et que le
jugement du goût n'est pas déterminable par des principes.
Certes la partie scientifique en tout art, laquelle tend à la
vérité dans la présentation de son objet, est bien la condition
indispensable (*conditio sine qua non*) des beaux-arts, mais ce
n'est pas les beaux-arts mêmes. Il y a donc non une *méthode*
(*methodus*), mais seulement une *manière* (*modus*) pour les
beaux-arts. Le maître doit faire le premier ce que l'élève doit
faire et cela comme il doit le faire ; et les règles générales,
auxquelles il ramène finalement son procédé peuvent plutôt à
l'occasion servir à lui faire se souvenir des principaux
moments de celui-ci, qu'à les lui prescrire. Cependant il faut
aussi tenir compte d'un certain Idéal que l'art doit avoir sous
les yeux, bien que dans son exercice il ne l'atteigne jamais
complètement. C'est seulement en éveillant l'imagination de

---

1. Kant fait généralement suivre ses développements d'une méthodologie. Par exemple la *Critique de la raison pratique* s'achève sur une
méthodologie répondant à un problème très déterminé : comment concevoir l'éducation morale ? Il ne peut y avoir de méthodologie en esthétique, car la liberté de l'imagination dans le jugement de goût, d'une
part, et l'inspiration du génie, d'autre part, ne se commandent pas par
des *concepts*. Il peut y avoir une science des matériaux qu'utilise
l'œuvre d'art ; mais, on le sent bien, cela n'est pas encore une méthodologie du beau et du sublime dans l'art et la nature.

l'élève afin qu'elle tende à s'adapter à un concept donné, en lui faisant remarquer l'insuffisance de l'expression pour l'Idée, que le concept même n'atteint pas parce qu'elle est esthétique, en exerçant une critique sévère, que l'on pourra éviter que les exemples qui sont proposés à l'élève ne soient pas derechef considérés par lui comme des archétypes et comme un modèle à imiter, qui ne serait pas soumis à une norme supérieure et à son propre jugement, de telle sorte que le génie et avec lui aussi la liberté de l'imagination seraient étouffés par cette légalité même sans laquelle il n'est ni d'art, ni de goût juste et personnel pour le juger qui soit possible.

La propédeutique pour tous les beaux-arts, lorsqu'il s'agit du suprême degré de leur perfection, ne semble pas consister dans des préceptes, mais dans la culture des facultés de l'âme grâce à ces connaissances préliminaires, que l'on nomme : *humaniora,* sans doute parce que *humanité* signifie d'une part le sentiment universel de *sympathie,* d'autre part la faculté de pouvoir se *communiquer* d'une manière intime et universelle [1]; ces qualités réunies constituent la sociabilité convenant à l'espèce humaine, grâce à laquelle elle se distingue de l'animalité bornée. Le siècle aussi bien que les peuples, en lesquels la tendance active à une sociabilité *légale,* qui constitue un peuple en un corps commun durable, luttait avec les grandes difficultés qui s'attachent au grave problème d'unir la liberté (et par conséquent aussi l'égalité) avec la contrainte (plutôt par respect et soumission au devoir que par crainte), – ce siècle et ces peuples devaient tout d'abord inventer [356] l'art de la communication réciproque des Idées entre les classes les plus cultivées et les plus incultes [2], l'adap-

---

1. S'il ne peut y avoir de méthodologie, on peut néanmoins conce-voir une préparation fondée dans ce qu'on nomme les humanités. *Hu-manité signifie* : vivre ensemble ; c'est l'idée du *Mit-Mensch* développée par H. Cohen et qui repose sur la *sym-pathie* (sentiment commun) et son corrélatif la *communication* à laquelle Kant attache une si grande importance.

2. Kant suggère que les peuples doivent inventer l'art de la communication entre les classes sociales. L'art en général apparaît au premier degré comme une valeur politique ; mais la diversité des peuples inventant divers modes de communication, le *politique* doit être dépassé

tation du développement et du raffinement des premières à la simplicité naturelle et à l'originalité des secondes et ainsi découvrir entre la culture supérieure et la simple nature le moyen-terme, qui constitue également pour le goût, en tant que sens commun de l'homme, l'exacte mesure, qui ne peut être donnée par des règles générales.

Il sera difficile pour un siècle à venir de se passer de ces modèles, car il sera toujours plus éloigné de la nature et il pourrait bien être à peine capable, sans en posséder des exemples durables, de se faire une Idée de l'heureuse union dans un seul et même peuple de la contrainte légale qu'exige la culture supérieure avec la force et la justesse d'une nature libre possédant le sentiment de sa propre valeur[1].

Or comme le goût est au fond une faculté de juger de la représentation sensible des Idées morales (grâce à une certaine analogie de la réflexion sur ces deux choses), et comme le plaisir, que le goût déclare valable pour l'humanité en général, et non seulement pour un sentiment personnel propre à chacun, est dérivé du goût et de la plus grande réceptivité pour le sentiment venant de ces Idées (qu'on appelle le sentiment moral), qui elle-même se fonde sur le goût, il apparaît clairement que la véritable propédeutique pour fonder le goût est le développement des Idées morales et la culture du sentiment moral, puisque ce n'est que si l'on accorde la sensibilité avec celui-ci que le goût authentique peut prendre une forme déterminée et invariable[2].

---

par le *religieux*. La «moyenne» entre le raffinement des classes supérieures et la simplicité des classes inférieures (où l'originalité se rencontre plus souvent) est donnée comme juste mesure non déterminée par le concept pour les raisons susdites.

1. Note pessimiste sur l'avenir de l'art. L'Allemagne a traversé une période où le goût était exécrable. C'est l'éloignement des peuples de la nature qui fonde ce jugement pessimiste.

2. Note finale : le destin du goût est lié à celui de la moralité dont Kant ne doute pas. Cf. AP. *La théorie kantienne de l'histoire*, ch. II.

CRITIQUE
DE LA FACULTÉ DE JUGER TÉLÉOLOGIQUE

§ 61. *De la finalité objective de la nature.*

On a, selon les principes transcendantaux, de bonnes raisons d'admettre une finalité subjective de la nature dans ses lois particulières, qui fonde sa compréhensibilité pour la faculté humaine de juger et la possibilité de la liaison des expériences dans un système de la nature; on peut donc s'attendre parmi les nombreuses productions de la nature à la possibilité de certaines d'entre elles, qui, comme si elles étaient tout particulièrement établies pour notre faculté de juger, comprennent des formes spécifiques qui lui conviennent, et qui par leur diversité et leur unité servent pour ainsi dire à fortifier et à soutenir les forces de l'âme (qui entrent en jeu dans l'usage de cette faculté); on leur donne par suite le nom de *belles* formes [1].

Mais que des choses de la nature se servent réciproquement de moyens en vue de fins et que leur possibilité même ne soit suffisamment intelligible que par cette sorte de causalité, c'est là ce dont nous ne trouvons aucune raison dans l'Idée générale de la nature comme ensemble logique des objets des sens [2]. Dans le cas précédent la représentation des

---

1. Après le problème de l'intersubjectivité se pose le problème du *système* que nous allons envisager. L'idée de système est la *Fasslichkeit* de la nature en un tout : comme nous découvrons que ces formes s'enchaînent les unes aux autres dans un ensemble, il est clair qu'elles favorisent le libre jeu de l'imagination. On les nomme par conséquent de *belles formes*. Sur l'idée d'enchaînement des formes, Cf. Condorcet, *Œuvres*, Firmin Didot, Paris, 1847, t. I, p. 258.

2. Que la nature ne soit *compréhensible* que dans ces enchaînements en se servant réciproquement de moyens et de fins, c'est ce que nous constatons sans pouvoir l'expliquer. Rien dans la nature, que nous ne regardons pas comme un être intelligent, et rien non plus dans notre faculté de connaître ne nous permet de donner la cause de l'ordre, cf. *Introduction*, p. 33, AK, V, 185. *L'œuvre de Kant*, t. 2, p. 212.

choses pouvait aussi très bien être conçue *a priori* comme convenable et utile à l'accord intérieur de nos facultés de connaître, parce qu'elle est quelque chose en nous-mêmes; mais comment des fins, qui ne sont pas les nôtres, et qui n'appartiennent pas non plus à la nature (que nous ne considérons pas comme un être intelligent) peuvent ou doivent constituer une forme particulière de causalité, ou du moins une légalité toute particulière de celle-ci, c'est là ce qu'on ne peut présumer *a priori* avec quelque fondement. Qui plus est : l'expérience même ne peut nous en prouver la réalité; sinon il faudrait préalablement quelque sophisme, introduisant sans sérieux le concept de fin [360] dans la nature des choses, sans dégager ce concept des objets et de leur connaissance par l'expérience, et l'utilisant bien plus pour nous rendre la nature compréhensible par analogie avec un principe subjectif de liaison des représentations en nous, que pour la connaître d'après des principes objectifs[1].

De plus la finalité objective, comme principe de la possibilité des choses de la nature, loin d'être *nécessairement* liée à son concept, est plutôt ce que l'on invoque principalement, afin de prouver la contingence de la nature et de sa forme. Car si l'on cite par exemple la structure d'un oiseau, les creux dans ses os, la disposition de ses ailes pour le mouvement et de la queue pour la direction, etc., on dit, sans recourir à une autre forme particulière de causalité, c'est-à-dire celle des fins (*nexus finalis*), que tout cela est contingent au plus haut degré suivant le simple *nexus effectivus* dans la nature[2]; c'est dire que la nature, considérée comme simple mécanisme, aurait pu procéder de mille autres manières sans jamais

---

1. On a déduit de ce passage que Kant rejetait la finalité comme principe transcendantal. Nous verrons qu'il n'en est rien. Rappelons ici que le terme *subjectif* ne signifie rien d'autre qu'*idéal* chez Kant et que la *méthode est l'idéalité*. Ce qui n'est donc pas justifié *a priori*, c'est la possibilité de la méthode, par exemple la *logique générale*, qui nous sert dans le jugement réfléchissant par lequel nous *classons* les belles formes.

2. La finalité objective sert davantage à prouver la contingence de la nature. L'exemple d'un oiseau est là pour prouver que le *nexus finalis* est contingent par rapport au mécanisme comme *nexus effectivus*.

atteindre l'unité d'après un tel principe et qu'ainsi l'on ne peut espérer trouver la moindre raison *a priori* de cette unité dans le concept de la nature, mais seulement en dehors de celui-ci [1].

Cependant on use à bon droit du jugement téléologique, du moins problématiquement, dans l'étude de la nature ; mais ce n'est que pour la soumettre, suivant *l'analogie* avec la causalité finale, aux principes de l'observation et de la recherche, sans prétendre l'*expliquer* par là [2]. Il appartient donc à la faculté de juger réfléchissante et non à la faculté de juger déterminante. Le concept des liaisons et des formes de la nature d'après des fins est à tout le moins *un principe de plus* [3], pour soumettre les phénomènes de la nature à des

1. « *... c'est dire que la nature, considérée comme simple méca- nisme aurait pu procéder de mille autres manières* ». C'est le thème décisif. La *Critique de la raison pure* a établi la fondation de la *synthèse* gouvernée par la loi de la causalité. Tous les phénomènes se plient à la loi de la causalité et aux grandes catégories qui l'incarnent et, par exemple, tous respectent la loi de la pesanteur. Cela dit, les espèces végétales pourraient fort bien ne pas se trouver dans un ordre mathéma- tique et rien ne pourrait ressembler à rien. Dès lors la synthèse nous condamnerait à nous taire sur l'ordre du monde ; il n'y aurait pas de *système,* mais seulement quelques grandes lois, et l'infinie diversité des êtres nous submergerait. Or il est constant que l'ordre règne ; par exemple la *botanique* du « chevalier » Linné ramène 7. 000 plantes à 24 genres. Loin d'agir en mille manières la nature a formé un *système* autorisant notre *compréhensibilité,* selon la logique générale. Comment comprendre cette systématicité ? C'est ce que nous pourrons faire en élucidant le concept de finalité au niveau du jugement réfléchissant.

2. Kant prend deux précautions avant de poursuivre : 1) le juge- ment de finalité ne procède jamais que par *analogie* ; on ne saurait lui conférer une valeur déterminante qui réhabiliterait la preuve physico- théologique (dont Kant reconnaît par ailleurs le caractère vénérable) 2) le jugement téléologique est un jugement réfléchissant qui procède *comme si* <als ob> un entendement supérieur avait procédé à l'organisa- tion du cosmos. On écartera donc l'idée de causes « agissant intention- nellement ».

3. Kant définit le jugement téléologique et son principe comme *un principe de plus*. Cette expression a pu surprendre ; ne rend-t-elle pas la finalité comme principe contingente ? Il n'en est rien. Etablissant la synthèse dans la *Critique de la raison pure* Kant a délimité le champ du *connaître,* celui qui regarde l'existant considéré comme seulement existant (tous les phénomènes obéissent à la loi de la pesanteur et dans le

règles, là où les lois de la causalité d'après le simple mécanisme de la nature ne suffisent plus. Nous introduisons un principe téléologique lorsque nous attribuons de la causalité par rapport à un objet à un concept d'un objet, comme si ce concept se trouvait en la nature (et non en nous), ou plutôt, lorsque d'après l'analogie avec une semblable causalité (et nous rencontrons en nous-mêmes une causalité de ce genre), nous nous représentons la possibilité de l'objet, et par conséquent lorsque nous pensons la nature comme technique de par son propre pouvoir; en revanche, si nous ne lui attribuons pas une telle forme d'activité, sa causalité devrait être représentée comme un mécanisme aveugle. Si au contraire nous voulions attribuer à la nature des causes agissant *intentionnellement*, [361] mettre au fondement de la téléologie par conséquent, non seulement un simple principe *régulateur* pour *juger* des phénomènes, auxquels la nature peut être conçue comme soumise d'après ses lois particulières, mais encore, ce faisant, un principe *constitutif* de la *dérivation* de ses produits à partir de leurs causes, le concept d'une fin naturelle n'appartiendrait plus à la faculté de juger réfléchissante, mais à la faculté de juger déterminante; et alors certes ce concept n'appartiendrait plus en propre à la faculté de juger (comme le concept de beauté en tant que finalité subjective formelle), mais, comme concept de la raison, il introduirait une causalité nouvelle dans la science de la nature, causalité que nous tirons cependant de nous-mêmes, et que nous attribuerions à d'autres êtres, sans vouloir cependant admettre qu'ils sont semblables à nous.

vide la colombe tombe). Mais pour aborder les ordres du réel au-delà de l'existence simple, c'est-à-dire *penser*, il faut des principes différents sinon supérieurs : l'organisation systématique en est un.

ANALYTIQUE DE LA FACULTÉ DE JUGER TÉLÉOLOGIQUE

§ 62. *De la finalité objective, qui, à la différence de la finalité matérielle, est purement formelle.*

Toutes les figures géométriques qui sont tracées d'après un principe montrent une finalité objective très variée et souvent admirée : l'aptitude à la solution de nombreux problèmes suivant un unique principe, ces solutions étant même en soi infiniment multiples. La finalité est ici manifestement objective et intellectuelle ; elle n'est pas seulement subjective et esthétique. Elle exprime en effet la propriété de la figure qui permet la production de nombreuses formes que l'on se propose comme fins et elle est connue par la raison. Toutefois la finalité ne rend pas le concept de l'objet lui-même possible ; en d'autres termes ce n'est pas uniquement en raison de cet usage que ce concept est considéré possible[1].

Dans une figure aussi simple que le cercle on trouve le principe de la solution d'une foule de problèmes, dont chacun exigerait pour lui-même de nombreux préparatifs, tandis que cette solution se présente, pour ainsi dire d'elle-même, comme l'une des propriétés remarquables de cette figure, qui sont infiniment nombreuses. Si par exemple il s'agit de construire un triangle avec une base donnée et l'angle opposé, le problème est indéterminé : on peut, en effet, résoudre ce problème d'une infinité de manières. Or le cercle contient

---

1. Kant entame ce paragraphe en opposant la finalité objective formelle, qui se rencontre dans les objets mathématiques, et la finalité matérielle, qui se trouve dans les belles formes de la nature. Insistant sur la fécondité des solutions mathématiques, il se place délibérément sur le plan de la géométrie : tous les exemples qu'il produit sont de nature géométrique et il délaisse quelque peu l'algèbre.

toutes les solutions, étant le lieu géométrique de tous les triangles qui répondent à cette condition. Ou bien : deux lignes doivent se couper de telle sorte que le rectangle formé par les deux segments de l'une soit égal au rectangle formé par les deux segments de l'autre ; la solution du problème semble présenter de nombreuses difficultés. Or toutes les lignes qui se coupent à [363] l'intérieur d'un cercle, dont la circonférence limite chacune d'elles, se divisent d'elles-mêmes suivant cette proportion. Les autres lignes courbes donnent également d'autres solutions d'une nature finale, auxquelles on ne pensait pas en établissant la règle de leur construction. Toutes les sections coniques sont, en elles-mêmes ou comparées l'une à l'autre, fécondes en principes pour la solution d'une foule de problèmes possibles, si simple que soit la définition qui détermine leur concept. – C'est une véritable joie que de voir le zèle avec lequel les anciens géomètres étudiaient les propriétés des lignes de ce genre, sans se laisser égarer par la question des esprits bornés : à quoi donc pourrait servir cette connaissance ?[1]

Ainsi ils étudiaient les propriétés de la parabole, sans connaître la loi de la pesanteur terrestre, qui aurait donné l'application de la parabole à la trajectoire des corps lourds (dont on peut considérer la direction du mouvement comme parallèle à la pesanteur); de même ils étudiaient les propriétés de l'ellipse sans se douter qu'on pouvait trouver une pesanteur dans les corps célestes et sans connaître leur loi aux différentes distances du centre d'attraction, en vertu de laquelle ils décrivent cette ligne dans un mouvement libre. Tandis qu'ils travaillaient ainsi, sans s'en rendre compte, pour la postérité, ils se réjouissaient de cette finalité dans l'essence des choses, qu'ils pouvaient cependant présenter tout à fait *a priori* dans sa nécessité. C'est à propos d'une telle

1. Les anciens géomètres, tandis qu'ils travaillaient à des problèmes dont ils trouvaient les solutions sans en percevoir toutes les implications (les propriétés de l'ellipse qui autorisèrent la Révolution copernicienne) avaient raison d'écarter la question : à quoi bon cette connaissance ? L'application est venue tard – très tard même – mais elle est venue.

structure originaire des choses, que nous pouvons découvrir en écartant toute expérience, et de cette faculté de l'âme qui permet de saisir l'harmonie des êtres à partir de son principe supra-sensible (à quoi il convient encore d'ajouter les propriétés des nombres[1], avec lesquelles l'âme joue dans la musique), que Platon[2], qui était lui-même un maître en cette science[3], fut saisi d'une ferveur, qui l'éleva par-delà les concepts de l'expérience jusqu'aux Idées, qui ne lui semblaient explicables que par une communauté intellectuelle avec l'Origine de tous les êtres. Il n'est pas étonnant qu'il ait chassé de son école ceux qui ignoraient la géométrie, puisqu'il pensait déduire de l'intuition pure et intérieurement présente à l'esprit humain ce qu'Anaxagore concluait des objets de l'expérience et de leur liaison finale. En effet, le fondement d'une grande admiration de la nature, moins en dehors de nous qu'en notre propre raison, [364] se trouve dans la nécessité de ce qui est final et tellement constitué qu'il semble avoir été disposé pour notre usage, mais qui paraît cependant appartenir originairement à l'essence des choses sans souci de notre utilité; aussi il est bien pardonnable que cette admiration provenant d'un malentendu ait pu peu à peu aller jusqu'à l'enthousiasme <Schwärmerei>.

Cette finalité intellectuelle, bien qu'elle soit objective (et non subjective comme la finalité esthétique) est très compréhensible cependant en sa possibilité comme purement formelle (non réelle), c'est-à-dire comme une finalité qui n'exige pas comme principe une fin, ni par suite de téléolo-

---

1. Sur les propriétés des nombres, cf. les *Dialogues pythiques* de Plutarque, et plus particulièrement *Sur l'E de Delphes*.
2. Platon, dont Kant dira dans son écrit *A propos d'un ton grand seigneur en philosophie* qu'il avait entrevu le problème des jugements synthétiques *a priori* (AK VIII, 391 ; comparer avec ce que Kant dit de Platon au début de la *Critique de la raison pure*), fut tellement rempli d'admiration par la géométrie qu'il l'éleva par-delà l'expérience et mis au fondement de celle-ci la théorie des nombres et des Idées.
3. A la vérité, Platon ne fut jamais un maître créateur en géométrie, si l'on veut dire par là un génie qui apporte des solutions sublimes, mais un maître à penser et à lire (un professeur) en géométrie. Kant ne critique nullement le fait que la géométrie inspire de l'admiration.

gie. Mais on ne peut l'entendre ainsi qu'en général. Le cercle
est une intuition qui est déterminée par l'entendement d'après
un principe : l'unité de ce principe que j'admets arbitrairement, et que je pose au fondement comme concept, appliquée
à une forme de l'intuition (l'espace), qui se trouve également
en moi simplement comme représentation et *a priori,* rend
compréhensible l'unité de multiples règles résultant de la
construction de ce concept et qui à beaucoup de points de vue
sont finales, sans que l'on doive supposer une fin ou quelque
autre principe de cette finalité. Ce n'est pas comme si dans un
ensemble de *choses* en dehors de moi, cerné dans certaines
limites, par exemple un jardin, je trouve, dans la disposition
des arbres, des parterres, des allées, etc., de l'ordre et de la
régularité, que je ne puis espérer déduire *a priori* grâce à la
limitation d'un certain espace que j'effectue selon une règle
quelconque ; ce sont, en effet, des choses existantes, qui, pour
être connues, doivent être données empiriquement ; il ne
s'agit pas d'une simple représentation en moi déterminée selon un principe *a priori.* Il s'ensuit que cette dernière finalité
(empirique) comme *réelle* dépend du concept d'une fin [1].

Mais l'on peut aussi fort bien concevoir et même regarder comme légitime le principe de l'admiration d'une finalité
même perçue dans l'essence des choses (dans la mesure où
leurs concepts peuvent être construits). Les multiples règles
dont l'unité (à partir d'un principe) éveille cette admiration,
sont dans leur ensemble synthétiques et ne découlent pas d'un
concept de l'objet, par exemple du cercle, mais exigent que
cet objet soit donné dans l'intuition. De ce fait même cette
unité se donne en apparence, comme si empiriquement elle
avait un principe des règles extérieur et distinct de notre

---

1. Kant précise la différence entre la finalité formelle objective et la
finalité matérielle : la finalité objective formelle dépend de ma seule opération de construction du concept dans l'intuition (par exemple, comme
le disait Bachelard dans *Le Rationalisme appliqué* : les dromadaires
construits sur les deux autres côtés que l'hypoténuse d'un triangle rectangle sont égaux au dromadaire construit sur cette dernière) ; en
revanche la finalité matérielle que je n'attendais pas en pénétrant dans un
jardin *ordonné* est toujours du type de la *rencontre* qui traduit
l'empiricité.

faculté de représentation, et il semble que l'accord de l'objet
avec le besoin des règles, qui est inhérent à l'entendement,
soit contingent en soi et par conséquent possible seulement
par une fin expressément dirigée dans ce sens. [365] Mais
justement parce que, abstraction faite de toute cette finalité,
cette harmonie est néanmoins connue, non pas empiriquement, mais *a priori,* elle devrait nous conduire d'elle-même à
comprendre que l'espace, dont seule la détermination (par la
médiation de l'imagination conformément à un concept) rend
l'objet possible, n'est pas une propriété des choses en dehors
de moi, mais un simple mode de représentation en moi et
qu'ainsi c'est moi qui *introduis la finalité* dans la figure que je
trace *conformément à un concept,* c'est-à-dire dans mon
propre mode de représentation de ce qui m'est extérieurement donné, et qui peut être en soi ce que l'on voudra; ce
n'est donc pas l'objet qui m'instruit empiriquement de cette
finalité; et par conséquent s'il s'agit de cette finalité aucune
fin particulière en dehors de moi dans les objets ne m'est ici
nécessaire [1]. Mais cette réflexion supposant déjà un usage
critique de la raison et ne pouvant par conséquent être directement contenue dans l'acte de juger l'objet d'après ses propriétés, cet acte ne me donne immédiatement rien d'autre
qu'une unification de règles hétérogènes (et même dans ce
qu'elles ont de dissemblable en elles-mêmes) dans un principe, qui est reconnu par moi *a priori* comme vrai, sans
exiger toutefois à cet effet un fondement particulier *a priori*
extérieur à mon concept et à ma représentation en général.
Ainsi *l'étonnement* est un choc de l'esprit qui procède de l'in-

---

1. La construction mathématique (finalité formelle objective), dans
la mesure où son objet est élaboré dans l'intuition, peut donner lieu au
contre-sens platonicien qui ne consiste qu'à imaginer, l'objet étant donné
dans l'intuition, que tout vient du dehors et qu'il faut chercher non pas
en nous, mais en soi le principe de cette finalité. Si Platon, comme le
rappelle Kant dans son texte *A propos d'un ton grand seigneur en philosophie* n'avait pas négligé le fait que l'espace (et le temps) sont des
formes de la sensibilité humaine, non seulement il n'aurait pas élaboré la
théorie enthousiaste des Idées, mais encore il se serait engagé dans les
perspectives de l'Esthétique transcendantale. Mais cela suppose un
usage *critique* de la raison dont Platon était bien éloigné.

compatibilité d'une représentation, ainsi que de la règle qu'elle donne, avec les principes qui se trouvent déjà dans l'esprit comme fondements; et celui-ci suscite un doute : a-t-on bien vu? a-t-on bien jugé? En revanche *l'admiration* est un étonnement toujours renaissant, en dépit de la disparition de ce doute. L'admiration est donc un effet parfaitement naturel de cette finalité observée dans l'essence des choses (en tant que phénomènes), qui dans cette mesure ne doit pas être blâmé, puisque non seulement la possibilité d'unir cette forme de l'intuition sensible (qui se nomme l'espace) avec la faculté des concepts (l'entendement) est pour nous inexplicable dans le fait d'être telle et non autre, mais que de plus elle élargit l'âme, qui pressent pour ainsi dire par-delà cette représentation sensible encore quelque chose, où peut se trouver, bien que nous l'ignorions, l'ultime fondement de cet accord. S'il ne s'agit que de la finalité formelle de nos représentations *a priori* il ne nous est aucunement nécessaire de connaître ce fondement; mais le simple fait de devoir regarder là-bas, nous inspire de l'admiration pour l'objet qui nous y oblige [1].

On a l'habitude de donner le nom de *beauté* aux propriétés indiquées des figures géométriques [366] comme aussi des nombres, en raison d'une certaine finalité *a priori* de celles-ci pour toutes sortes d'usages de la connaissance, qu'on n'attend pas de la simplicité de leur construction; par exemple on parle de telle ou telle *belle* propriété du cercle, qui serait découverte de telle ou telle façon. Toutefois ce n'est pas par un acte de juger esthétique, que nous trouvons finales ces propriétés, par un jugement sans concepts, qui souligne une finalité purement subjective dans le libre jeu de nos

1. Ces définitions de l'étonnement et de l'admiration sont devenues classiques. L'étonnement, choc de l'esprit procédant d'une incompatibilité d'une représentation avec les principes déjà reçus, peut par lui-même mettre l'esprit en branle, et l'amener à douter sans pour autant le conduire à la philosophie. L'admiration (devant le Ciel étoilé par exemple) est une succession de chocs devant la finalité qui se trouve être un effet parfaitement naturel et qui nous fait pressentir par delà notre condition de phénomènes, dans un « élargissement » de l'âme, un rapport au suprasensible (ici le règne des fins), et suscite le désir de regarder là-bas.

facultés de connaître; c'est au contraire par un jugement intellectuel d'après des concepts, qui donne clairement à connaître une finalité objective, c'est-à-dire la convenance à des fins diverses (infiniment variées). On devrait donc plutôt parler d'une *perfection relative* que d'une beauté des figures mathématiques. L'appellation, *beauté intellectuelle,* ne saurait d'une manière générale être justement autorisée; sinon le terme de beauté perdrait toute signification précise ou bien la satisfaction intellectuelle perdrait tout privilège sur celle qui est sensible. C'est bien plutôt une *démonstration* de telles propriétés que l'on pourrait appeler belle, parce que grâce à celle-ci l'entendement, comme faculté des concepts et l'imagination comme faculté de la présentation de ces propriétés, se sentent fortifiés *a priori* (ce qui, joint à la précision qu'introduit la raison, est appelé l'élégance de la démonstration); en effet, bien que son principe se trouve dans des concepts, du moins ici la satisfaction est subjective, tandis que la perfection entraîne une satisfaction objective [1].

§ 63. *De la finalité relative de la nature*
à la différence de la finalité interne.

L'expérience conduit notre faculté de juger au concept d'une finalité objective et matérielle, c'est-à-dire au concept d'une fin de la nature, mais seulement lorsqu'il s'agit de juger un rapport de cause à effet [2*], que nous ne parvenons à considérer comme légal, que si [367] nous posons au fondement de la causalité de sa cause l'Idée de l'effet comme condition de possibilité de cette causalité. Or ceci peut se faire en deux

---

1. L'admiration que suscite une belle démonstration géométrique devrait plutôt être dite *jugement de perception relative*, car la finalité formelle objective ne touche en rien à la finalité matérielle de l'esprit. Sur la beauté des démonstrations mathématiques, cf. Maximilien Philonenko, *Elegantia,* Milan, Goffré, 1956.

2*. Comme dans la mathématique pure il ne peut être question de l'existence, mais seulement de la possibilité des choses, c'est-à-dire d'une intuition correspondant à leur concept et non pas de cause et d'effet, par conséquent toute finalité qu'on y remarque doit être considérée simplement comme formelle et jamais comme une fin naturelle.

façons : ou bien nous considérons immédiatement l'effet comme production artistique, ou bien seulement comme matière pour l'art d'autres êtres naturels possibles, donc nous le considérons soit en tant que fin, soit en tant que moyen pour l'usage final d'autres causes. Cette dernière finalité se nomme l'utilité (pour l'homme) ou aussi convenance (pour tout autre créature) et elle est simplement relative ; la première est, en revanche, une finalité interne de l'être naturel [1].

Les fleuves par exemple charrient toutes sortes de terres utiles à la croissance des plantes, qu'ils déposent parfois à l'intérieur du pays, souvent aussi à leurs embouchures. Sur beaucoup de côtes le flux entraîne ce limon dans les terres ou le dépose sur sa rive ; et, surtout si les hommes contribuent à ce que le reflux ne l'emmène pas de nouveau, la région féconde s'étend et le règne végétal s'établit là où les poissons et les crustacés vivaient auparavant. La plupart de ces accroissements de terre ont été accomplis par la nature elle-même, qui encore actuellement continue à agir, mais, il est vrai, avec lenteur. – La question se pose alors de savoir si l'on doit juger qu'il s'agit d'une fin de la nature, parce que cela comprend une certaine utilité pour les hommes ; on ne saurait en effet invoquer son utilité pour le règne végétal, puisque la perte pour les créatures marines égale l'avantage que le continent en retire.

Ou pour donner un exemple de la convenance de certaines choses de la nature comme moyen pour d'autres créatures (si on suppose que ce sont des moyens)[2] : il n'est

---

1. Ce paragraphe est l'un des plus remarquables de la *Critique de la faculté de juger*. On a voulu y voir simplement une condamnation de la finalité externe dogmatique qu'on peut résumer ainsi : l'herbe est *pour* le mouton, le mouton est *pour le lion,* etc. Kant récuse ce type de finalité (anthropomorphique), sans abandonner, on le verra, la finalité externe. Il désigne la finalité externe dogmatique par le concept d'*utilité*.

2. On lit « Zwecke » dans A et il faudrait traduire: si on suppose que ce sont des fins. B et C indiquent « Mittel ». On peut toutefois, comme Cassirer (p. 445), conserver le terme « Mittel » (moyen), en considérant que la proposition d'après laquelle des choses de la nature sont des moyens pour d'autres est bien loin d'être prouvée et qu'on l'admet provisoirement pour approfondir la discussion.

pas de sol plus salutaire pour les pins qu'un sol sablonneux. Or avant de se retirer des terres la mer primitive a laissé tant de bancs de sables dans nos contrées du Nord, que sur ce sol, impropre à toute autre culture au demeurant, de vastes forêts de pins ont pu croître et nous accusons souvent nos ancêtres de les avoir déboisées sans raison ; on peut donc se poser la question de savoir si le dépôt primitif des bancs de sable était une fin de la nature pour les forêts de pins qui sur ce terrain étaient possibles. Il est clair que si l'on admet que ce dépôt était une fin de la nature, on doit aussi admettre le sable comme tel, mais seulement comme une fin relative, qui avait pour moyen le rivage primitif de la mer et son retrait ; en effet, dans la série des membres, subordonnés l'un à l'autre, d'une liaison finale, chaque terme intermédiaire doit être considéré comme [368] une fin (bien que ce ne soit pas comme fin dernière), dont la cause la plus proche est le moyen. Ainsi s'il devait y avoir dans le monde du bétail, des moutons, des chevaux... etc., il fallait qu'il y eût de l'herbe sur terre, et il fallait aussi des salsolacées dans les déserts pour que les chameaux puissent prospérer ; il fallait aussi qu'il y eût cette espèce herbivore et quantité d'autres encore, s'il devait y avoir des loups, des tigres, des lions. Par conséquent la finalité objective, qui se fonde sur la convenance, n'est pas une finalité objective des choses en elles-mêmes, comme si le sable, en tant que tel, ne pouvait être compris comme l'effet de sa cause, la mer, sans supposer une fin à cette dernière et sans regarder l'effet, je veux dire le sable, comme une œuvre de l'art. C'est une finalité simplement relative et contingente pour la chose à laquelle on l'attribue ; et bien que parmi les exemples cités les espèces d'herbes doivent, considérées en tant que telles, être conçues comme des produits organisés de la nature et par conséquent comme faites avec art, on les regarde cependant comme une simple matière brute par rapport aux animaux qui s'en nourrissent.

Mais si, par la liberté de sa causalité, l'homme trouve parfaitement que les choses de la nature conviennent à ses intentions souvent folles (les plumes colorées des oiseaux pour orner son vêtement, les terres de couleur ou les sucs végétaux pour se farder), souvent, aussi, raisonnables, ainsi le cheval pour se déplacer, le bœuf pour labourer ou même l'âne et le cochon comme à Minorque, cela ne permet pas d'admettre une fin naturelle relative (pour cet usage)[1]. Car la raison de l'homme sait donner aux choses une certaine conformité avec ses inventions arbitraires, auxquelles lui-même n'était pas prédestiné par la nature. Si l'on admet que des hommes devaient <sollen> vivre sur terre, alors il fallait au moins que les moyens, sans lesquels ils ne pouvaient subsister comme animaux et même comme animaux raisonnables (à un degré aussi bas que l'on voudra) ne manquent pas; et en ce cas les choses de la nature indispensables à cet effet devraient aussi être considérées comme des fins naturelles[2].

On voit par là facilement que la finalité externe (la convenance d'une chose pour une autre) ne peut être considérée comme une fin naturelle extérieure que sous la condition que l'existence de l'être, auquel la chose convient d'une manière prochaine ou lointaine, soit en tant que telle fin de la nature. Mais comme cela ne peut être établi par la simple observation de la nature, il s'ensuit [369] que la finalité relative, bien qu'elle donne hypothétiquement des indications sur les fins naturelles, n'autorise cependant aucun jugement téléologique absolu[3].

La neige dans les pays froids protège les semailles contre la gelée; elle favorise la société des hommes (grâce aux traîneaux) et le Lapon trouve en ce lieu des animaux (rennes),

---

1. On traduit le plus souvent «Zweck der Natur» par : fin de la nature – et «Naturzweck» par : fin naturelle.
2. Tous les exemples de Kant sont empruntés à la géographie humaine et aux rêveries sur le mouton et le lion ou les salsolacées dans les déserts pour que les chameaux puissent prospérer. L'*erreur fondamentale de la téléologie dogmatique tient en ce qu'elle regarde les êtres comme des* solutions *pour les autres êtres.*
3. La phrase essentielle est la suivante : «*il s'ensuit que la finalité relative, bien qu'elle donne hypothétiquement des indications sur les fins naturelles, n'autorise cependant aucun jugement téléogique absolu*». Kant rejette les théories dogmatiques de la finalité objectivante externe : par exemple, le melon a été divisé en tranches pour que la paix règne dans les familles (Bernardin de Saint Pierre par exemple in *Œuvres posthumes,* Paris, Lefèvre, libraire éditeur, 1836, p. 129).

qui permettent à cette société d'être effective[1] et qui trouvent une nourriture suffisante dans une mousse sèche qu'ils doivent déterrer sous la neige ; néanmoins ils se laissent facilement apprivoiser et volontiers priver de la liberté où ils pourraient fort bien se maintenir[2]. Dans la même zone glaciale la mer renferme pour d'autres peuples une riche provision d'animaux qui, outre la nourriture et le vêtement, leur fournissent encore du combustible pour chauffer leurs huttes construites avec le bois que la mer leur amène pour ainsi dire par flottage ; certes il y a là un admirable concours de rapports de la nature à une fin[3] : et celle-ci est le Groenlandais, le Lapon, le Samoyède, le Iakoute... etc. Mais ce que l'on ne voit pas, c'est pourquoi en général des hommes devaient vivre là[4]. Aussi bien dire : *la raison pour laquelle*

---

1. « ... Tiere, die diese Gemeinschaft bewirken (Renntiere) ». Je paraphrase parce que le mot à mot pourrait paraître curieux.

2. Kant revient sur les exemples de géographie humaine touchant à la civilisation du renne (cf. Leroi-Gourhan, *La civilisation du renne*, Paris, 1936). Cette civilisation est une *symbiose* dans la mesure où le renne sert l'homme sans être domestiqué par lui par la nourriture, ce qui ne laisse pas d'être assez extraordinaire, tous les autres animaux domestiques étant dressés grâce à la nourriture. Tout l'effort de Kant consiste à poser que la finalité présuppose une *adaptation* au problème posé par la nature (dans le cas du Lapon : comment vivre dans un milieu qui ne permet pas une profonde domestication de l'animal). C'est dans la mesure où elle propose des *problèmes* que la nature possède une finalité externe objective ; aussi bien Kant n'écarte pas la finalité externe comme l'a cru Bergson (*L'évolution créatrice*, p. 41), qui si elle ne permet pas de porter des jugements absolus, nous donne hypothétiquement des indications sur les fins naturelles. La plupart des exemples jugés irrecevables par Kant, dès lors qu'on veut en dégager des jugements absolus téléologiques (téléologie externe dogmatique), seront repris *positivement* à titre d'hypothèses de la faculté de juger téléologique réfléchissante dans le *Projet de paix perpétuelle*.

3. Négligeant la *symbiose* on pourrait penser qu'il y a là un admirable concours de circonstances, tout comme dans le cas des hommes du Grand Nord, auxquels la mer procure maintes ressources.

4. Kant repousse la finalité externe dogmatique en disant simplement qu'on ne voit pas pourquoi des hommes devraient vivre là. Il cite d'abord le *Groenlandais*. C'est l'*Unter-Mensch* du siècle de Kant : cf. AP, *La théorie kantienne de l'histoire*, et *L'Archipel de la conscience européenne* (Ière partie, *Mémoire*).

des vapeurs tombent du haut des airs sous forme de neige, la mer a des courants qui entraînent dans ces régions du bois qui a poussé dans des contrées plus chaudes, et il existe là de grands animaux marins, au corps riche en huile, *c'est parce que* dans la cause, qui procure toutes les productions de la nature, il se trouve au principe l'Idée d'un avantage pour certaines misérables créatures, – cela serait un jugement bien risqué et bien arbitraire. En effet, si toutes ces choses utiles de la nature n'existaient pas, nous ne regretterions rien en ce qui concerne la convenance des causes naturelles à un tel état de choses ; bien plus : il nous paraîtrait sans mesure et irréfléchi que de supposer une telle disposition et d'attribuer une telle fin à la nature (puisque même sans cela, la suprême intolérance des hommes les uns envers les autres a pu, seule, les disperser jusque dans des pays aussi inhospitaliers)[1].

§ 64. *Du caractère propre des choses comme fins naturelles*[2].

Pour reconnaître qu'une chose n'est possible qu'en tant que fin, c'est-à-dire pour devoir rechercher la causalité de son origine, non pas dans le mécanisme de la nature, mais dans une cause, dont la faculté d'agir est déterminée par des concepts, [370] il faut que sa forme ne soit pas possible d'après de simples lois naturelles, c'est-à-dire des lois qui peuvent être connues de nous par l'entendement seul appliqué aux objets des sens ; il faut même que la connaissance empi-

---

1. La *guerre* suffit à expliquer comment les hommes du Grand Nord, dont le Groenlandais est la figure emblématique (cf. Buffon, *Histoire naturelle*), ont pu se réfugier dans ces contrées inhospitalières. De défaite en défaite, ils en sont venus en des lieux désertiques où l'Histoire n'a pas de sens et où toutes les *traces* s'effacent dans la neige. L'homme historique laisse des traces, pas le Groenlandais dont le chemin est bientôt recouvert pas la neige. Il faut toujours se souvenir en lisant les auteurs du siècle de Kant que le Groenlandais est le dernier des sous-hommes, tombé en dehors de l'histoire.

2. On peut considérer le § 63 comme la réfutation dialectique du concept de finalité externe transcendant ; le § 64 peut être regardé comme la déduction transcendantale subjective du concept de fin.

rique de cette forme, dans la cause et dans l'effet, présuppose des concepts de la raison. Comme la raison doit en toute forme d'un produit naturel connaître la nécessité de celle-ci, si elle désire apercevoir les conditions liées à sa production, et comme elle ne peut cependant admettre cette nécessité dans cette forme donnée, *la contingence* de la forme de l'objet, par rapport à toutes les lois empiriques de la nature en relation à la raison, est un principe pour n'admettre une causalité pour cet objet[1] que comme si elle n'était possible que par la raison; or la raison est la faculté d'agir selon des fins (une volonté) et l'objet qui n'est représenté comme possible que par cette faculté ne serait aussi représenté comme possible qu'en tant que fin[2].

Si quelqu'un dans un pays qui lui semble inhabité voyait une figure géométrique tracée sur le sable, par exemple un hexagone régulier, sa réflexion en s'attachant au concept de cette figure, saisirait, même obscurément, l'unité du principe de la production de celle-ci grâce à la raison et ainsi selon cette unité il ne jugerait point que le sable, la mer avoisinante, les vents, ou bien encore les empreintes des animaux qu'il connaît, ou toute autre cause dépourvue de raison, puissent être le principe de la possibilité d'une telle forme; en effet, le hasard d'un accord de celle-ci avec un tel concept, qui n'est possible que dans la raison, lui paraîtrait si infiniment grand, qu'autant vaudrait en ce cas qu'il n'y eût aucune loi naturelle; et il s'ensuivrait qu'aucune cause dans la nature, qui agit mécaniquement seulement, ne pourrait envelopper la causalité pour un tel effet, mais seulement le concept d'un tel objet, en tant que concept que seule la raison peut donner et auquel elle peut comparer l'objet, et par conséquent l'effet pourrait être absolument considéré comme une fin, mais non comme

---

1. L'expression « causalité de quelque chose » indique souvent chez Kant la cause de l'objet et non l'objet comme cause déterminée.
2. Pour regarder quelque chose comme une fin de la nature il faut que cette chose n'apparaisse pas comme possible en dehors d'un concept de l'entendement, voire d'une Idée de la raison ; c'est dire que l'objet visé apparaît *contingent* par rapport aux lois empiriques de la simple nature ; il ne s'explique pas par elles.

une fin naturelle, mais en tant que produit de l'art (*vestigium hominis video*)[1].

Mais pour juger quelque chose, que l'on reconnaît comme produit naturel, également aussi comme fin, par conséquent en tant que *fin naturelle,* il faut encore quelque chose de plus, si toutefois il n'y a pas là de contradiction. Je dirai anticipativement qu'une chose existe comme fin naturelle, lorsqu'elle est *cause et effet d'elle-même* (bien que ce soit en un double sens); [371] il y a là, en effet, une causalité telle, qu'elle ne peut être liée avec le simple concept d'une nature, sans qu'on n'attribue à celle-ci une fin, mais qui peut alors être pensée sans contradiction, sinon être comprise. Avant de l'analyser complètement nous expliquerons la détermination de l'Idée d'une fin naturelle par un exemple[2].

Premièrement, un arbre[3] produit un autre arbre suivant une loi naturelle connue. Or l'arbre qu'il produit est de la

1. Supposé la figure d'un hexagone régulier sur le sable; les chances (probabilité) pour qu'elle s'explique par les lois de la nature sont si minces (et celles l'expliquant par la causalité finale d'un être doué d'entendement si fortes), qu'il vaudrait aussi bien qu'il n'y eut pas de lois du tout. Ce texte est à mettre en parallèle avec la *synthèse de l'imagination* dans la déduction transcendantale subjective de la *Critique de la raison pure.* « Si le cinabre était tantôt rouge, tantôt noir, tantôt léger, tantôt lourd », AK IV, 78. L'hexagone dont parle Kant est un exemple relativement inadéquat, puisqu'il s'agit d'une construction géométrique; mais elle prépare la compréhension de la causalité finale, en ce sens qu'il se trouve dans la nature des choses que son simple mécanisme ne permet pas d'expliquer.

2. Kant donne *anticipativement* la définition nominale du concept de fin naturelle; une fin naturelle (*nexus finalis*) est une fin qui est pour elle-même à la fois cause et effet, par exemple une plante est cause et effet d'elle-même lorsque d'une part le tronc nourrit les feuilles, et que d'autre part les feuilles protègent le tronc; chaque moment pouvant être simultanément posé comme cause et effet le *nexus finalis* est double.

3. Kant explicite la causalité finale par l'exemple d'un arbre. Cet exemple est soigneusement choisi. Il s'agit dans les ordres du réel de l'*organisation*, qui vient juste après l'existence nue (*Critique de la raison pure*), avant l'*individu* (*Critique de la faculté de juger esthétique*) et la *personne* (*Critique de la raison pratique*). Cf. ici mon *introduction*. Comme nous le verrons au niveau de l'organisation la finalité réduite à un individu n'a pas de sens et Kant échappe aux objections de Bergson voulant que la *Critique de la faculté de juger* réduise la finalité à l'indi-

même espèce; ainsi il se produit lui-même selon *l'espèce*, en laquelle continuellement produit par lui-même d'une part comme effet, d'autre part comme cause et ne cessant de se reproduire lui-même, il se maintient constamment en tant qu'espèce[1].

Deuxièmement, un arbre se produit aussi lui-même en tant *qu'individu*. Nous nommons, il est vrai, seulement croissance cette sorte d'effet; il faut toutefois prendre ceci en un sens tel, que la croissance se distingue entièrement de tout accroissement suivant des lois mécaniques, et il faut la considérer, bien que sous un autre nom, comme l'équivalent d'une génération. La plante donne tout d'abord à la matière qu'elle s'incorpore une qualité spécifique et particulière, que le mécanisme de la nature extérieure ne peut fournir, et par la suite la plante se forme elle-même, grâce à une substance qui en sa composition est son produit propre. En effet, bien qu'il ne faille la considérer relativement à ses parties constitutives, qu'elle reçoit de la nature extérieure, que comme une simple éduction[2], on constate cependant dans la dissociation et la

vidu vivant. Ce qui sépare l'*organisation* de l'individualité chez Kant, c'est le fait qu'au niveau de celle-ci on puisse greffer n'importe quoi sur n'importe quoi, tandis que dès l'*articulation (chez l'animal même)*, l'être vivant se rebelle contre la greffe et l'exclut. Ainsi on ne peut pas greffer ma main sur la vôtre et réciproquement; seules sont possibles les greffes d'*organes*, si bien nommées. Le sommet dans l'individualité, ce qui est le moins greffable, c'est le jugement de goût qui caractérise la spécificité irréductible du Soi, qui ne prétend pas moins à une reconnaissance universelle. Confondant *vie* et *organisation* la quasi totalité des commentaires sur la *Critique de la faculté de juger téléologique* sont des contresens avérés.

1. Kant fixe les grandes lois de l'organisation. Au point de vue de l'espèce, il s'agit de la production (*reproduction*). De ce point de vue se découvre un premier *nexus finalis* (relation double). L'arbre qui produit un autre arbre est de la même *espèce* et à la fois cause de soi et effet de soi.

2. Le terme éduction suppose un commentaire. On le trouvera dans la *Théodicée*, 1ʳᵉ partie, § 88. (LEIBNIZ, *Die Philosophischen Schriften* éd. C. I. Gerhardt, Bd. VI pp. 150-151): «Or les philosophes se sont fort tourmentés au sujet de l'origine des formes substantielles. Car de dire que le composé de Forme et de Matière est produit, et que la Forme n'est que *comproduite*, ce n'étoit rien dire. L'opinion commune a

recomposition de cette matière brute une telle originalité de la faculté de dissocier et de former chez ce genre d'êtres naturels, que tout art en demeure infiniment éloigné, s'il tente de reconstituer ces produits du règne végétal à partir des éléments qu'il obtient en les décomposant ou bien encore à partir de la matière que la nature leur fournit pour leur nourriture [1].

été, que les formes étoient tirées de la puissance de la matière, ce qu'on appelle *Eduction:* ce n'étoit encor rien dire en effect, mais on l'éclaircissoit en quelque façon par la comparaison des figures; car celle d'une statue n'est produite, qu'en ôtant le marbre superflu. Cette comparaison pourroit avoir lieu, si la forme consistoit dans une simple limitation, comme la figure. Quelques-uns ont cru que les formes étoient envoyées du ciel, et même créées exprès, lorsque les corps sont produits. Jules Scaliger a insinué qu'il se pouvoit que les formes fussent plustot tirées de la puissance active de la cause efficiente (c'est-à-dire, ou de celle de Dieu en cas de création, ou de celle des autres formes en cas de génération), que de la puissance passive de la matière; et c'étoit en revenir à la Traduction, lorsqu'une génération se fait. Daniel Sennert, Médecin et Physicien célèbre à Wittenberg, a cultivé ce sentiment, surtout par rapport aux corps animes, qui sont multipliés par les semences. Un certain Jules Cesar della Gala, Italien demeurant aux Pays-Bas, et un Médecin de Groningue nommé Jean Freitag, ont écrit contre luy d'une manière fort violente; et Jean Sperling, Professeur à Wittenberg, a fait l'Apologie de son maître, et a été enfin aux prises avec Jean Zeisold, Professeur à Iéna, qui défendoit la création de l'âme humaine ». – Le terme *blastème* correspond à *eductus* dans le *Dictionnaire de médecine*, Littré conclut ainsi son explication : « En résumé ce qui caractérise essentiellement les blastèmes au point de vue physiologique, c'est de représenter les matériaux, qui servent à la naissance des nouveaux éléments anatomiques ». – Ces deux commentaires (le premier est de loin le plus important) peuvent servir à éclairer le terme éduction.

    1. La seconde loi est celle de la *corrélation* : un arbre se conserve et se déploie selon la croissance. Kant emprunte à Blumenbach (*Handbuch der Naturgeschichte,* 1782, § 19) l'idée que la croissance est assimilable à une *génération*, donc à une reproduction ordinaire suivant la *corrélation* des moments. Elle s'effectue selon un double *nexus finalis*. D'une part la plante produit en partant de l'élément extérieur ses moments nutritifs (simple éduction) et d'autre part la plante se forme elle-même. Au premier *nexus finalis* (niveau de l'espèce) s'en ajoute un autre, comme le premier double, et qui regarde l'être singulier qu'on a coutume de désigner comme individu, bien que le terme soit impropre (on s'exprimerait mieux en parlant de créature comme le fera plus loin Kant). Kant assimile la production des éléments nutritifs dans la plante à

Troisièmement, une partie de cette créature se produit également elle-même de telle sorte que la conservation d'une partie dépend de la conservation d'une autre partie et réciproquement. L'œil d'une feuille d'arbre, enté sur le rameau d'un autre arbre, donne naissance sur un pied étranger à une plante de sa propre espèce, de même la greffe sur un autre arbre. C'est pourquoi on peut considérer chaque rameau, chaque feuille d'un même arbre comme simplement greffé ou écussonné sur celui-ci, c'est-à-dire comme un arbre existant pour lui-même, qui s'attache simplement à un autre arbre [372] et se nourrit comme un parasite. Les feuilles sont, il est vrai, des produits de l'arbre, mais elles le conservent à leur tour ; en effet, un dépouillement répété des feuilles tuerait l'arbre et la croissance de celui-ci dépend de l'action des feuilles sur le tronc[1]. Je me contenterai de mentionner en passant certaines propriétés de ces créatures, bien que ces propriétés soient parmi les plus admirables des créatures organisées : l'auto-défense de la nature chez ces créatures à l'occasion d'une lésion, où le manque d'une partie, nécessaire à la conservation des parties voisines, est compensé par les

une organisation que nul art ne saurait égaler (même si l'art est plus sublime que la matière organisée).

1. Cet alinéa est d'une importance fondamentale. a) La conservation d'une partie d'un arbre dépend de la conservation d'une autre. Dans un arbre, comme on l'a déjà souligné, la conservation des feuilles est fondamentale puisque c'est par là seul que le tronc est protégé de l'ardeur du soleil, et que les feuilles ne sont nourries que par le tronc. b) Ce phénomène qui est celui de la *régulation* s'exerce d'une part entre toutes les parties de l'arbre, et d'autre part entre et avec les parties qui ont pu être greffées sur lui. c) C'est pourquoi on peut considérer chaque moment de l'arbre comme un individu (une créature) comme simplement greffée sur lui : « un arbre existant pour lui-même, qui s'attache simplement à un autre arbre et se nourrit comme un parasite ». C'est dire que l'arbre n'est pas un individu, mais une collection d'individus, une *République* (ou encore vulgairement des parties) qui sont les uns par rapport aux autres comme fin et moyen, chacun formant un double *nexus finalis*. Si l'on intègre les différents moments (espèce-génération, individu-corrélation, individu-partie-régulation) on obtient pour définir l'organisation un triple nexus finalis sous un double rapport. Mais on voit par là que l'organisation n'est pas comme le vivant (dans la fine pointe du goût) une irréductible unité.

autres parties ; – les monstruosités ou difformités dans la
croissance provenant du fait que certaines parties, en raison
de déficiences ou d'obstacles, se forment d'une manière tout à
fait nouvelle, afin de conserver ce qui existe, et produisent
ainsi une créature anomale[1].

§ 65. *Les choses en tant que fins naturelles sont des êtres organisés.*

D'après le caractère développé dans le précédent paragraphe, une chose, qui, en tant que produit naturel, ne peut
toutefois être reconnue possible en même temps que comme
fin naturelle, doit se rapporter à elle-même réciproquement
comme cause et comme effet. C'est là une expression quelque
peu impropre et indéterminée, qui a besoin d'une déduction
partant d'un concept déterminé[2].

La liaison causale, dans la mesure où elle n'est pensée que
par l'entendement, est une liaison, qui constitue une série (de
causes et d'effets) qui est toujours descendante ; et les choses
mêmes, qui comme effets en supposent d'autres comme

---

1. La régulation peut être ordinaire (c'est l'inter-action normale des
parties), mais elle peut être *extra-ordinaire*, lorsque dans la maladie
l'individu se guérit lui-même ou que certaines parties se substituent à
d'autres, pour remplir une fonction ; là encore, Kant suit Blumenbach.
A la fin du premier chapitre de l'*Evolution créatrice* Bergson se penchera
sur ces processus de substitution que Kant souligne seulement en
passant. Notons seulement que la finalité est premièrement *externe*
(rapport entre des individus-parties), secondement *dynamique* (le gref-
fon, par exemple doit s'adapter au greffé), troisièmement *interne* (il
s'agit d'un triple *nexus finalis* en un double sens) quatrièmement *ouverte*
(un arbre est à tout moment susceptible d'une greffe, ou plutôt, on trouvera toujours un arbre susceptible d'une greffe). La finalité externe, loin
d'être écartée, est un phénomène organique majeur. On notera que la
greffe peut remédier à une insuffisance de fonctionnement (anormalité
tendant vers la mort) et être à l'origine d'une difformité (qui rend
l'existence possible sous une forme monstrueuse, anomalité). Conclu-
ons : REPRODUCTION, CORRELATION ET REGULATION sont les moments
majeurs de l'organisation et les fondements de l'être organisé, et comme
république c'est une image du *Cogito pluriel*.
2. On peut considérer ce paragraphe comme la déduction objective
du concept de fin organique.

causes, ne peuvent en même temps être à leur tour causes de celles-ci. On nomme cette liaison causale la liaison des causes efficientes (*nexus effectivus*). Toutefois on peut aussi concevoir une liaison causale d'après un concept rationnel (des fins), qui, considérée comme série, présenterait une relation de dépendance aussi bien en un sens descendant qu'ascendant ; et dans cette liaison la chose qui est désignée comme effet mérite cependant en remontant le nom de cause de la chose, dont elle est l'effet. On trouve facilement dans ce qui est pratique (c'est-à-dire dans l'art) de semblables liaisons ; par exemple : la maison est bien la cause des sommes, qui sont perçues pour le loyer, mais inversement aussi la représentation de ce revenu possible était la cause de l'édification de la maison. On nomme une telle liaison causale la liaison par les causes finales (*nexus finalis*). On pourrait peut-être appeler plus justement [373] la première liaison la liaison des causes réelles et la seconde la liaison des causes idéales, puisqu'en les appelant ainsi on fait en même temps comprendre qu'il ne peut pas y avoir d'autres formes de causalité que ces deux-là.

Pour une chose en tant que fin naturelle on exige *premièrement* que les parties (selon leur existence et leur forme) ne soient possibles que par leur relation au tout. En effet la chose elle-même est une fin et par conséquent elle est comprise sous un concept ou une Idée, qui doit *a priori* déterminer tout ce qui doit être compris dans la chose. Dans la mesure où une chose n'est pensée comme possible que de cette manière, ce n'est qu'une œuvre d'art, c'est-à-dire le produit d'une cause raisonnable, distincte de la matière de ce produit (des parties), et dont la causalité (dans la production et la liaison des parties) est déterminée par l'Idée d'un tout qui est par là possible (et non par conséquent par la nature qui lui est extérieure).

Mais si une chose, en tant que produit naturel, doit envelopper en elle-même et en sa possibilité interne une relation à des fins, c'est-à-dire être possible simplement en tant que fin naturelle et sans la causalité des concepts d'un être raisonnable lui étant extérieur, il faut *deuxièmement* que les parties de cette chose se lient dans l'unité d'un tout, en étant réciproquement les unes par rapport aux autres cause et effet de leur forme. C'est de cette manière seulement qu'il est possible qu'inversement (réciproquement) l'Idée du tout détermine à son tour la forme et la liaison de toutes les parties : non en tant que cause – puisqu'il s'agirait alors d'un produit de l'art – mais comme principe de connaissance, pour celui qui juge, de l'unité systématique de la forme et de la liaison de tout le divers, qui est contenu dans la matière donnée[1].

Ainsi pour un corps, qui doit être jugé comme fin naturelle en lui-même et selon sa possibilité interne, on exige que les parties de celui-ci se produisent l'une l'autre dans leur ensemble, aussi bien dans leur forme que dans leur liaison, d'une manière réciproque et que par cette causalité propre elles produisent un tout, dont le concept (dans un être, qui posséderait la causalité d'après des concepts convenant à un tel produit) pourrait à son tour inversement être considéré comme la cause (de ce tout) d'après un principe, la liaison des *causes efficientes* pouvant par conséquent être en même temps considérée comme un effet par *les causes finales*[2].

Dans un tel produit de la nature toute partie, tout de même qu'elle n'existe que *par* toutes les autres, est aussi conçue comme existant *pour* les autres parties et *pour* le tout, c'est-à-dire en tant qu'instrument (organe) ; ce qui [374] est insuffisant (en effet ce pourrait être aussi un instrument de l'art et ainsi n'être représenté comme possible qu'en tant que

1. Une chose, en tant que produit naturel, si elle est finale, doit envelopper entre ses parties une relation telle qu'elle ne soit possible que selon le *nexus finalis* : c'est-à-dire que les parties se lient entre elles dans l'unité d'un Tout ; mais cette Idée du tout (qui détermine à son tour la relation des parties entre elles), n'est pas une cause, mais seulement un principe de connaissance pour celui qui juge. Il va de soi que l'expression *Idée d'un tout* renvoie au jugement réfléchissant.

2. On exige donc que les parties d'une créature soient dans une relation systématique (forme et liaison) et que de là provienne un tout, qui pourrait être compris selon le *nexus effectivus* si l'intelligence était assez développée pour pénétrer sous son double rapport le triple *nexus finalis* qui constitue l'organisme. Idéalement, on peut néanmoins concevoir une analyse partant des causes finales et une analyse reposant sur les causes réelles.

fin en général); on la conçoit donc comme un organe *produisant* les autres parties (et en conséquence chaque partie comme produisant les autres et réciproquement); aucun instrument de l'art ne peut être tel, mais seulement ceux de la nature, qui fournit toute la matière nécessaire aux instruments (même à ceux de l'art); ce n'est qu'alors et pour cette raison seulement qu'un tel produit, en tant *qu'être organisé et s'organisant lui-même,* peut être appelé *une fin naturelle*[1].

Dans une montre une partie est l'instrument du mouvement des autres, mais un rouage n'est pas la cause efficiente de la production d'un autre rouage; certes une partie existe pour une autre, mais ce n'est pas par cette autre partie qu'elle existe. C'est pourquoi la cause productrice de celles-ci et de leur forme n'est pas contenue dans la nature (de cette matière), mais en dehors d'elle dans un être, qui d'après des Idées peut réaliser un tout possible par sa causalité. C'est pourquoi aussi dans une montre un rouage ne peut en produire un autre et encore moins une montre d'autres montres, en sorte qu'à cet effet elle utiliserait (elle organiserait) d'autres matières; c'est pourquoi elle ne remplace pas d'elle-même les parties, qui lui ont été ôtées, ni ne corrige leurs défauts dans la première formation par l'intervention des autres parties, ou se répare elle-même, lorsqu'elle est déréglée : or tout cela nous pouvons en revanche l'attendre de la nature organisée. – Ainsi un être organisé n'est pas simplement machine, car la machine possède uniquement *une force motrice*; mais l'être organisé possède en soi une *force formatrice* <bildende Kraft>, qu'il communique aux matériaux, qui ne la possèdent pas (il les organise) : il s'agit ainsi

1. Dans leur interaction, comme on le voit dans la corrélation ou dans la régulation, les parties en tant qu'individus (fin du §. 64) s'auto-produisent. On dira donc d'un organisme qu'il se produit lui-même et que l'être organisé est un tout (ouvert) s'organisant lui-même. C'est dans la régulation extraordinaire, ou encore réparation (lorsqu'une plaie « se ferme ») qu'on aperçoit le mieux l'activité de l'organisation. D'où se définition donnée par Kant de la fin naturelle : *être organisé et s'organisant lui-même.* Les expériences de Trembley (cf. F. Dagognet, *Nature,* Vrin, Paris, 1990, p. 70 et suiv.) ont contribué décisivement à la formation de cette pensée.

d'une force formatrice qui se propage et qui ne peut pas être expliquée par la seule faculté de mouvoir (le mécanisme)[1].

On dit trop peu de la nature et de sa faculté dans les produits organisés quand on la nomme *un analogon de l'art*; on imagine en effet alors l'artiste (un être raisonnable) en dehors d'elle[2]. Elle s'organise plutôt elle-même et cela dans chaque espèce de ses produits organisés selon un même modèle dans l'ensemble, avec toutefois les modifications convenables, qui sont exigées par la conservation (de l'organisation) selon les circonstances. On s'approche davantage peut-être de cette qualité insondable, lorsqu'on la nomme un *analogon de la vie*[3]; mais alors il faut ou bien attribuer à la

---

1. Dans cet alinéa Kant dit 1° que dans une montre (l'automate le plus banal) une partie existe pour une autre sans exister elle-même par cette autre partie. Il manque donc le phénomène de la *corrélation* (les feuilles et le tronc). Mais c'est pourquoi aussi le phénomène de la *reproduction* fait défaut. S'il n'y a pas corrélation, il n'y a pas reproduction; Enfin c'est pourquoi la *régulation* (que Kant envisage sous son aspect pathologique) n'est rien sans la corrélation et la reproduction. Deux remarques : enchaînant par le mot *daher* ses observations, Kant nous donne à penser que reproduction, corrélation, régulation sont un seul et même phénomène. On pourrait parler de la structure trinitaire de l'organisme. Ensuite on pourrait imaginer un automate accomplissant ces fonctions; mais il ne s'agirait en lui que de dispositifs superposés et ne s'impliquant nullement réciproquement. Enfin cette structure trinitaire qui conduit l'organisme à s'auto-produire est une *force formatrice, par opposition à la simple force motrice* d'une machine qui se dépense sans se renouveler de soi.

2. On dit trop peu de l'organisme lorsqu'on le conçoit comme un *analogon de l'art*. C'est réduire abusivement le triple *nexus finalis* (en un double sens) au *nexus effectivus* où la causalité dans le meilleur des cas est posée dans un créateur *extérieur* à l'organisation.

3. Kant dit qu'on comprend mieux la portée de l'organisation lorsqu'on y voit un ANALOGON DE LA VIE. D'où il suit premièrement que la *Critique de la faculté de juger téléologique* n'est pas comme on le dit toujours une théorie de la vie, mais seulement de l'organisation. L'*Individu* en lequel, dans le jugement de goût, se révèle la vie fait ressentir cette qualité insondable. *Individuum est ineffabile* dit justement la scolastique. Il s'ensuit deuxièmement que si l'on veut que l'organisation soit plus qu'un analogon, il faut attribuer une âme à la matière (hylozoïsme), ou bien lui associer un principe étranger (une âme) qui serait le principe de la constitution organique. C'est la dialectique *mineure* du jugement téléologique. Kant la résout en une brève réflexion sur l'analo-

matière en tant que simple matière une propriété (hylozoïsme), qui contredit son essence, ou bien lui associer un
principe (une âme) [375] qui lui est étranger et qui serait *en
communauté avec elle*; et en ce dernier cas, si un tel produit
doit être un produit naturel, ou bien on présuppose déjà la
matière organisée comme instrument de cette âme et ainsi on
ne la rend pas plus compréhensible, ou bien il faut faire de
l'âme l'artiste de cette construction et il faut ôter le produit à
la nature (corporelle). Pour parler en toute rigueur l'organisation de la nature n'a rien d'analogue avec une causalité
quelconque connue de nous [1*]. La beauté de la nature peut à
juste titre être nommée un analogon de l'art parce qu'elle
n'est attribuée aux objets qu'en relation à la réflexion sur
l'intuition externe de ceux-ci, c'est-à-dire seulement en raison de la forme de leur surface. Mais la *perfection naturelle
interne,* celle que possèdent les choses, qui ne sont possibles
que comme *fins naturelles* et qui pour cette raison s'appellent
êtres organisés, ne peut être pensée et expliquée par aucune
analogie avec un pouvoir physique quelconque connu de
nous, c'est-à-dire un pouvoir naturel, et puisque nous appartenons nous-mêmes à la nature au sens large, elle ne peut

gon. Dans la note (justement célèbre) Kant dit qu'on peut éclairer par
une analogie avec les fins naturelles l'organisation politique et il fait
allusion à la Révolution française ; plus généralement, l'organisation est
l'analogon de toute totalité humaine et permet d'imaginer le *Cogito
plural.* Cette note ne fortifie qu'en partie le jugement de Hannah Arendt.
On voit ici comment se combinent la théorie du jugement de goût et du
jugement téléologique ; ce dernier illustre le premier.

1*. En revanche on peut éclairer par une analogie avec les fins
naturelles immédiates indiquées une certaine liaison, qui toutefois se rencontre plutôt dans une Idée que dans la réalité. C'est ainsi qu'à l'occasion de la transformation <Umbildung> récemment entreprise d'un
grand peuple en un Etat, on s'est très souvent servi du terme *organisation* d'une manière très appropriée pour l'institution des magistra-
tures..., etc. et même dans un tel tout entier de l'Etat. En effet dans un tel tout
chaque membre ne doit pas seulement être moyen, mais aussi en même
temps fin, et tandis qu'il contribue à la possibilité du tout, il doit à son
tour, en ce qui concerne sa place et sa fonction, être déterminé par l'Idée
du tout.

même pas l'être d'après une analogie exactement proportionnée avec l'art humain.

Le concept d'une chose, comme fin naturelle en elle-même, n'est pas ainsi un concept constitutif de l'entendement ou de la raison; mais il peut être cependant un concept régulateur pour la faculté de juger réfléchissante, pour guider la recherche sur les objets de ce genre et réfléchir sur leur principe suprême d'après une analogie éloignée avec notre causalité suivant des fins en général, cette réflexion servant moins la connaissance de la nature ou de son fondement originaire <Urgrund> que celle de la faculté pratique rationnelle en nous, en analogie avec laquelle nous considérons la cause de cette finalité[1].

Dans la nature les êtres organisés sont ainsi les seuls, qui, lorsqu'on les considère en eux-mêmes et sans rapport à d'autres choses, doivent être pensés comme possibles seulement [376] en tant que fins de la nature et ce sont ces êtres qui procurent tout d'abord une réalité objective au concept d'une *fin,* qui n'est pas une fin pratique, mais une fin de la *nature,* et qui, ce faisant, donnent à la science de la nature le fondement d'une téléologie, c'est-à-dire une manière de juger ses objets d'après un principe particulier, que l'on ne serait autrement pas du tout autorisé à introduire dans cette science (parce que l'on ne peut nullement apercevoir *a priori* la possibilité d'une telle forme de causalité)[2].

1. Le concept d'une fin naturelle, phénoménologiquement valable, mais non constitutivement (auquel cas le concept rationnel pourrait suffire à en déduire l'effectivité) n'est qu'un concept régulateur pour la faculté de juger réfléchissante; il sert à réfléchir « sur le principe suprême » et c'est à l'usage de la raison pratique qu'il apporte surtout ses lumières.

2. Bien qu'il nous conduise à l'usage pratique de la raison le concept de *fin* n'est pas en lui-même une fin pratique. Le vouloir serait confondre les ordres du réel et déceler l'individu et la personne au premier niveau qui dépasse la *Critique de la raison pure* comme simple théorie de l'existant. Nous devons en rester à une manière de juger d'après un principe particulier.

§ 66. *Du principe du jugement concernant la finalité interne dans les êtres organisés.*

Ce principe, qui est aussi la définition des êtres organisés, s'énonce ainsi : *Un produit organisé de la nature est celui en lequel tout est fin et réciproquement aussi moyen.* Il n'est rien en ce produit, qui soit inutile, sans fin, ou susceptible d'être attribué à un mécanisme naturel aveugle[1].

Ce principe, il est vrai, en sa cause, doit être dérivé de l'expérience, c'est-à-dire de l'expérience qui est méthodiquement établie et que l'on nomme observation <Beobachtung>; cependant, en raison de l'universalité et de la nécessité qu'il affirme d'une telle finalité, il ne peut reposer seulement sur des raisons empiriques, mais doit avoir pour fondement un certain principe *a priori,* même si celui-ci n'est que régulateur et si ces fins ne se trouvent nullement dans une cause efficiente, mais seulement dans l'idée de celui qui juge. On peut donc appeler ce principe une *maxime* du jugement de la finalité interne des êtres organisés[2].

On sait que ceux qui dissèquent les végétaux et les animaux, pour étudier leur structure et pour pouvoir saisir pour quelles raisons et en vue de quelle fin de telles parties leur ont été données, et pourquoi aussi une telle disposition et une telle liaison de ces parties et précisément cette forme interne, admettent comme absolument nécessaire cette maxime : dans une telle créature rien n'est *inutile,* et ils donnent à cette maxime la même valeur qu'au principe de la science générale de la nature : rien n'arrive *au hasard.* En fait ils ne peuvent pas plus renoncer à ce principe téléologique qu'au principe physique universel, car de même qu'il n'y aurait plus d'expé-

---

1. On peut considérer ce paragraphe comme la conclusion des §§. 64-65 (déductions subjective et objective de la finalité). Il s'ouvre par une définition de la créature organisée : *Un produit organisé de la nature est celui en lequel tout est fin et réciproquement.*
2. Cette définition érigée en principe doit être dérivée de l'expérience *méthodique* (flèche destinée à abattre ceux qui se bornent à s'extasier devant les «beautés» de la nature). Cela posé, elle doit reposer sur «un certain principe *a priori*». Ce principe qui ne peut être que *régulateur* sera une maxime du jugement de la finalité interne.

rience en général si l'on abandonnait ce dernier principe, de même si l'on abandonnait le premier principe il n'y aurait plus de fil conducteur pour l'observation d'une espèce de choses naturelles, que nous avons déjà conçues téléologiquement sous le concept des fins naturelles [1].

[377] En effet, ce concept conduit la raison dans un tout autre ordre de choses [2] que l'ordre d'un simple mécanisme de la nature, qui ne nous satisfait plus ici. Une Idée doit être au fondement de la possibilité du produit de la nature. Or comme cette Idée est une unité absolue de la représentation, tandis que la matière est une multiplicité de choses, incapable de fournir une unité déterminée de la composition, si cette unité de l'Idée doit justement servir de principe de détermination *a priori* d'une loi naturelle de la causalité pour une telle forme du composé, il est nécessaire que la fin de la nature s'étende à *tout* ce qui se trouve dans son produit. En effet, si nous rapportons un tel effet dans *son ensemble* à un principe déterminant supra-sensible au-dessus du mécanisme aveugle de la nature, nous devons aussi juger cet effet tout entier suivant ce principe et il n'existe aucune raison pour admettre que la forme d'une telle chose dépend encore en partie de l'autre principe, car dans ce mélange de principes

1. L'anatomie topographique (et pathologique, par exemple les monstruosités (anomalie et anormalité)) révèle qu'aucune disposition de l'être organisé ne survient au hasard, et l'on peut dire que tout est *utile*. Comme dans la physique naturelle, le hasard est expulsé de la sphère organique. On voit ici l'importance du thème des ordres du réel chez Kant ; sans le premier ordre (théorie de l'existant) l'ordre immédiatement supérieur (l'organisation) ne saurait être conçu, puisque le hasard gouvernerait tout. Ce qui commande la hiérarchie des ordres du réel, c'est la *nécessité*

2. Phrase capitale : l'organisation nous conduit à « un tout ordre de choses ». Cf. in *Etudes kantiennes, Kant und die Ordnungen des Reellen*. Ici Kant affirme clairement que la nature physique, l'ordre d'un simple mécanisme doit être dépassé, mais évidemment non supprimé ; l'ordre téleologique s'inscrit dans l'ordre de la nature physique. Il en va de même pour les autres ordres. L'individu (vie) s'inscrit dans le monde de l'organisation, et la personne morale s'inscrit dans l'ordre de l'individu. Le passage d'un ordre à l'autre se détermine par une série d'inversions : ici la cause idéale inverse la cause réelle.

hétérogènes, il ne resterait aucune règle sûre pour le jugement[1].

Il peut toujours se faire que, dans un corps animal par exemple, maintes parties puissent être comprises comme des concrétions résultant de simples lois mécaniques (peaux, os, poils). Toutefois il faut toujours juger téléologiquement la cause, qui procure la matière convenant à cet effet, qui la modifie ainsi (la forme)[2], et la dépose aux endroits appropriés, de telle sorte que dans ce corps animal tout doive être considéré comme organisé et soit à son tour organe dans un certain rapport avec la chose elle-même[3].

§ 67. *Du principe du jugement téléologique sur la nature en général comme système des fins.*

Nous avons dit plus haut au sujet de la finalité *externe* des choses naturelles, que celle-ci ne nous autorisait pas suffisamment à les utiliser aussi en tant que fins de la nature, pour donner des principes d'explication de leur existence, pas plus que leurs effets contingents de caractère final dans l'Idée, comme raisons de leur existence d'après le principe des causes finales. Ainsi on ne peut considérer sans plus comme des fins naturelles les *fleuves,* parce qu'ils favorisent les relations entre peuples à l'intérieur des terres, ni les *montagnes* parce qu'elles en renferment les sources et des provisions de neige pour les alimenter aux époques de sécheresse; de même *la pente* des terres, qui entraîne [378] ces eaux et permet à la terre de s'assécher; en effet, bien que cette forme de la surface de la terre fût très nécessaire pour la génération et la conservation du règne animal et végétal, elle ne

---

1. La cause finale (principe déterminant supra-sensible au dessus du mécanisme aveugle de la nature) doit s'étendre à la totalité du *produit final* : le mécanisme ne fait pas une partie du chemin, pour ensuite céder la place *à la finalité*.

2. Add. de B. C.

3. Si dans toute créature il se rencontre des moments qui pourraient s'expliquer mécaniquement (les poils de la barbe poussent la mort étant déjà survenue), l'impératif du jugement téléologique demeure le même ; on doit s'appliquer à tout expliquer selon les causes idéales.

comprend cependant en elle-même rien dont la possibilité rendrait nécessaire d'admettre une causalité suivant des fins. Ceci vaut également pour les végétaux que l'homme utilise pour ses besoins ou son agrément, pour les animaux, le chameau, le bœuf, le cheval, le chien... etc., qu'il peut utiliser si diversement d'une part pour sa nourriture et d'autre part pour son service et dont il ne peut en grande partie se passer. Le rapport externe de choses, telles qu'il n'est pas de raison d'en considérer une comme fin, ne peut être considéré comme final qu'hypothétiquement [1].

Juger qu'une chose, en raison de sa forme intérieure, est une fin naturelle <Naturzweck> est tout autre chose que de considérer que l'existence de cette chose est une fin de la nature <Zweck der Natur>. Pour cette dernière affirmation il ne nous faut pas simplement le concept d'une fin possible, mais il nous faut la connaissance de la fin dernière <Endzweck> *(scopus)* de la nature, et cette fin exige une relation de la nature à quelque chose de suprasensible, qui dépasse de beaucoup toute notre connaissance téléologique de la nature; en effet, la fin de l'existence de la nature elle-même doit être recherchée au-delà de la nature. La forme interne d'un simple brin d'herbe peut prouver, de manière suffisante pour notre faculté de juger humaine, que son origine n'est possible que suivant la règle des fins. Mais si l'on quitte ce point de vue, considérant seulement l'usage qu'en font d'autres créatures naturelles, et si négligeant d'envisager l'organisation interne l'on ne considère que les relations finales externes, – comment l'herbe est nécessaire au bétail, comment celui-ci est nécessaire à l'homme comme moyen d'existence – et que l'on ne voit pas pourquoi il est nécessaire que des hommes existent (question à laquelle il pourrait bien ne pas être si facile de répondre si l'on songe aux habitants de la Nouvelle-Hollande ou aux Fuégiens), alors on ne parvient à aucune fin catégorique, mais toute cette relation finale repose sur une

---

1. Reprise plus claire du paragraphe 63. La finalité externe, dont Kant donne plusieurs exemples, ne doit être utilisée qu'*hypothétiquement*. Le plus souvent il s'agit de *problèmes* auxquels l'homme doit s'adapter et qui supposent chez lui des progrès.

condition qu'il faut toujours reculer et qui en tant qu'inconditionnée (l'existence d'une chose comme fin dernière) se trouve tout à fait en dehors de la conception physico-téléologique du monde. Mais alors une telle chose n'est plus une fin naturelle, car elle ne doit pas (ni son espèce tout entière) être considérée comme un produit naturel[1].

C'est donc seulement la matière, dans la mesure où elle est organisée, qui introduit nécessairement le concept d'une fin naturelle, parce que sa forme spécifique est en même temps produit de la nature. Mais ce concept [379] conduit nécessairement à l'Idée de la nature en totalité comme d'un système d'après la règle des fins ; c'est à cette Idée que doit être subordonné d'après des principes de la raison tout le mécanisme de la nature (tout au moins pour examiner de cette façon les phénomènes naturels). Ce principe de la raison ne lui appartient que subjectivement, c'est-à-dire comme maxime : tout dans le monde est bon à quelque chose ; dans le monde rien n'est vain ; et l'exemple donné par la nature dans ses productions organiques nous autorise, nous enjoint même de ne rien attendre d'elle-même et de ses lois, que ce qui est final dans l'ensemble[2].

Il va de soi que ce principe n'est pas un principe pour la faculté de juger déterminante, mais seulement pour la faculté de juger réfléchissante, que ce principe est régulateur et non constitutif, et que, ce faisant, nous obtenons seulement un fil conducteur pour considérer les choses naturelles en relation à

---

1. Un système dogmatique, faisant de la finalité un usage transcendant se verra toujours acculé à une aporie fondamentale : après avoir montré tous les bienfaits de la nature, par exemple pour les Fuégiens, elle sera incapable de justifier l'existence d'hommes à cet endroit (désolé, car sans problèmes) de la planète.

2. La philosophie trancendantale admettant une finalité externe-interne, dynamique et enfin ouverte, doit étendre d'abord ce principe à l'Idée de la nature en totalité et ce faisant l'entendre comme l'Idée d'un *système d'après la règle des fins*. La *Critique de la raison pure* considérait le problème de la *synthèse*, la *Critique de la faculté de juger* considère le problème du *système*. Dans la mesure où, comme jugement réfléchissant, le jugement esthétique procure à des images leur concept, il définit l'induction nécessaire pour s'élever à la totalité.

un principe de détermination, déjà donné, suivant un nouvel ordre légal[1] et pour élargir la connaissance de la nature d'après un autre principe, je veux dire le principe des causes finales, sans nuire toutefois au principe du mécanisme de sa causalité. En outre on ne tranche nullement par là la question de savoir si quelque chose, que nous jugeons d'après ce principe, est *intentionnellement* fin de la nature : si les herbes existent pour le bœuf ou le mouton et si ce dernier et les autres choses naturelles existent pour les hommes. Il est bon de considérer de ce point de vue les choses mêmes qui nous sont désagréables et à certains égards contraires. On pourrait par exemple dire que la vermine qui importune les hommes dans leurs vêtements, leurs cheveux, leurs lits, est de par une sage disposition de la nature un aiguillon pour la propreté, qui est déjà en elle-même un important moyen pour la conservation de la santé. Ou bien encore que les moustiques et les autres insectes à dard, qui rendent les déserts d'Amérique si pénibles pour les sauvages, sont autant de stimulants de l'activité pour ces hommes novices, à drainer les marécages, à éclaircir les épaisses forêts qui empêchent l'air de circuler, et à rendre ainsi, en même temps que par le défrichement du sol, leur séjour plus sain. Même ce qui semble à l'homme être contre nature en son organisation interne offre, lorsqu'on le traite ainsi, une vue intéressante et parfois instructive sur un ordre téléologique des choses et à laquelle, sans un tel principe, la seule considération physique ne nous aurait pas conduit. Certains estiment que le tænia est donné à l'homme ou à l'animal, en lequel il habite, pour ainsi dire en compensation d'une certaine déficience de ses organes vitaux ; [380] et alors je demanderai si les rêves (dont le sommeil n'est jamais exempt, bien que l'on s'en souvienne rarement) ne pourraient être une disposition finale de la nature, puisque, lors de la détente de toutes les forces motrices corporelles, ils servent à mouvoir intérieurement les organes vitaux, grâce à l'imagination et à sa grande activité

---

1. Un nouvel ordre de choses n'est pas sans structure, il possède sa *légalité* propre.

(qui dans cet état croît le plus souvent jusqu'à l'affection); de même lorsque l'estomac est trop plein, et que ce mouvement est d'autant plus nécessaire, cette activité de l'imagination s'exerce généralement dans le sommeil nocturne avec une vivacité d'autant plus grande; et par conséquent sans cette force motrice interne et ce trouble pénible, dont nous rendons nos rêves responsables (alors qu'ils sont peut-être en fait des remèdes), le sommeil, même dans un état de santé parfait, pourrait bien être une extinction complète de la vie [1].

De même la beauté de la nature, c'est-à-dire son accord avec le libre jeu de nos facultés de connaître dans l'appréhension et le jugement de sa manifestation, peut de cette façon être considérée comme finalité objective de la nature en sa totalité, en tant que système dont l'homme est un membre [2]; cela est possible lorsque le jugement téléologique de la nature d'après les fins naturelles, présentées par les êtres organisés, nous a autorisé à concevoir l'Idée d'un grand système des fins de la nature. Nous pouvons considérer comme une faveur [3*]

---

1. La légalité du jugement téléologique ne concerne pas seulement les belles choses, mais obéit à l'Idée que rien n'est fait en vain. Kant propose plusieurs exemples : la vermine, par exemple, est un aiguillon pour la propreté (notion d'origine stoïcienne). Mais surtout il propose en parallèle deux exemples qu'on ne s'attendrait pas à voir liés : le taenia et le rêve. G. Canguilhem avait montré (Leçons de 1956, Institut d'histoire des sciences) combien il est difficile de concevoir que le rêve soit, selon la lettre kantienne, un parasite au même titre que le taenia. Mais on peut appporter la réponse suivante ; puisque l'homme est, *ici*, considéré comme un organisme, on peut dire de lui, que tout de même que chaque feuille peut être regardée comme un parasite (cf. § 64), tout de même chacun des moments de l'homme (donc le rêve) peut être regardé comme un parasite. Evidemment cette disposition ne vaut plus si l'on s'élève au domaine de l'*articulation* indiquant un nouvel ordre de choses.

2. Très logiquement, Kant introduit l'idée de la beauté de la nature, comme accord avec le libre jeu des faculté de connaître. Dans la note il précise le renversement méthodique du point de vue : dans le jugement esthétique nous regardions *avec faveur* la belle nature, maintenant nous regardons la systématicité de la nature comme une faveur et l'homme se reconnaît comme un *Glied* (moment organique) de la nature.

3*. Dans la partie esthétique on a dit que *nous regardions la belle nature avec faveur*, puisque nous prenons un plaisir entièrement libre (désintéressé) à sa forme. En effet dans le simple jugement de goût on

que la nature a eue pour nous, le fait d'avoir répandu en plus
avec une telle abondance sur ce qui est utile la beauté et le
charme et nous pouvons l'aimer pour cette raison, comme la
considérer avec respect à cause de son immensité, et dans
cette contemplation nous nous sentirons nous-mêmes enno-
blis, comme si la nature avait établi et orné son magnifique
théâtre précisément dans cette intention.

Dans ce paragraphe nous voulons dire simplement ceci :
dès que nous avons découvert dans la nature un pouvoir de
réaliser des produits, qui ne peuvent être pensés par nous que
d'après le concept des causes finales, nous allons plus loin et
nous pouvons juger que ces productions (ou bien leur
rapport, mais final), [381] qui ne conduisent pas nécessairement à rechercher pour leur possibilité un autre principe
par-delà le mécanisme des causes aveuglément efficientes,
doivent cependant appartenir à un système des fins ; c'est que
la première Idée, en ce qui concerne son fondement, nous
conduit par-delà le monde sensible : en effet l'unité du
principe supra-sensible ne doit pas être considérée comme
valable seulement pour certaines espèces d'êtres de la nature,
mais aussi comme uniformément valable pour la totalité de la
nature comme système.

§ 68. *Du principe de la téléologie*
comme principe interne de la science de la nature.

Les principes d'une science lui sont intérieurs et on les
nomme alors domestiques (*principia domestica*) ; ou bien ils
sont fondés sur des concepts, qui ne peuvent trouver place
qu'en dehors de celle-ci et ce sont des principes *étrangers*
(*peregrina*). Les sciences, qui contiennent ces derniers mettent au fondement de leurs doctrines des lemmes (*lemmata*) ;

---

ne se préoccupe pas de savoir à quelle fin ces beautés de la nature
existent, si c'est pour nous réjouir, ou bien si cela est sans aucun rapport
à nous-mêmes comme fins. Mais dans un jugement téléologique nous
prêtons attention a cette relation et nous pouvons alors regarder comme
une faveur de la nature, qu'elle ait voulu favoriser la culture en établissant de si nombreuses belles formes.

c'est-à-dire : elles empruntent à une autre science quelque concept et avec celui-ci un principe d'ordre.

Toute science est elle-même un système ; et il ne suffit pas dans une science de construire d'après des principes et ainsi de procéder techniquement, mais on doit aussi y travailler architechtoniquement, comme s'il s'agissait d'un édifice existant pour lui-même, et la traiter non pas comme une annexe ou une partie d'un autre édifice, mais comme un tout en soi, bien que l'on puisse par la suite établir un passage de celui-ci à celui-là ou bien encore un passage réciproque[1]. Aussi bien quand pour s'expliquer la finalité de la nature on introduit dans la science de nature et dans son contexte le concept de Dieu et qu'à partir de là on fait ensuite usage de cette finalité pour prouver qu'un Dieu existe, il n'y a plus dès lors de consistance interne en aucune de ces deux sciences et un diallèle trompeur les rend toutes deux incertaines par la confusion de leurs limites respectives[2].

L'expression « fin de la nature » écarte déjà suffisament cette confusion, pour que la science de la nature et l'occasion qu'elle procure d'une considération *téléologique* de ses objets, ne se confondent pas avec la connaissance de Dieu et une déduction *théologique* ; il ne faut pas considérer comme dénué d'importance que cette expression [382] soit confondue avec celle de « fin divine dans la disposition de la nature », ou bien que l'on présente cette dernière expression comme plus appropriée et plus convenable à une âme pieuse, sous prétexte qu'il faut bien en venir à la fin à déduire ces formes finales dans la nature à partir d'un sage créateur du monde ; il faut au contraire s'en tenir soigneusement et modestement à l'expression qui ne dit rien de plus que ce que nous savons,

---

1. Une science, la téléologie, dont Kant a cherché à développer les principes, doit être élaborée comme un édifice ou encore comme un système. C'est seulement la totalité architechtonique achevée, qu'on peut songer à établir la relation avec d'autres totalités. Kant donne des définitions qu'il a développées ailleurs (par exemple dans ses leçons de logique, cf. AK XXIV).

2. La faute constante en téléologie consiste à poser Dieu pour expliquer la finalité, puis à prendre appui sur celle-ci pour prouver Dieu.

celle de fin de la nature. Car avant de nous interroger sur les causes de la nature elle-même, nous trouvons dans la nature et dans le mouvement de sa génération des produits engendrés en celle-ci suivant des lois connues de l'expérience et d'après lesquelles la science de la nature doit juger ses objets et étudier la causalité de ceux-ci dans la nature d'après la règle des fins. C'est pourquoi elle ne doit pas dépasser ses limites, afin de s'approprier, comme principe domestique, ce dont le concept n'a pas d'expérience qui puisse lui être adéquate et que l'on n'est autorisé à aborder qu'une fois achevée la science de la nature[1].

Les propriétés naturelles qui peuvent être démontrées *a priori* et dont la possibilité peut être comprise à partir de principes universels sans intervention de l'expérience, bien qu'elles introduisent une finalité technique, ne peuvent cependant pas, parce qu'elles sont absolument nécessaires, être comptées dans la téléologie de la nature, comme une méthode appartenant à la physique pour la résolution des questions de celle-ci. Des analogies arithmétiques, géométriques, de même les lois mécaniques universelles, si surprenante et si digne d'admiration que puisse nous paraître en celles-ci l'union de règles différentes et en apparence indépendantes les unes des autres, ne peuvent toutefois pas prétendre pour autant constituer dans la physique des principes d'explication téléologique; et si elles méritent d'être prises en considération dans la théorie générale de la finalité des choses de la nature en général, cependant leur place est ailleurs, c'est-à-dire dans la métaphysique; et elles ne peuvent constituer un principe interne de la science de la nature : il est néanmoins non seulement permis, mais encore inévitable, en ce qui concerne les lois empiriques des fins naturelles dans les êtres organisés, de faire usage du *jugement téléologique* comme principe de la théorie de la nature par rapport à une classe particulière de ses objets.

Pour demeurer très exactement dans ses limites la physique fait entièrement abstraction de la question de savoir si

---

1. Cet alinéa exhibe ce qu'on a nommé le positivisme kantien.

les fins naturelles sont *intentionnelles ou non*; [383] ce serait, en effet, une ingérence dans une besogne étrangère (celle de la métaphysique). Il suffit que, suivant des lois naturelles, que nous pouvons concevoir seulement sous l'idée de fin comme principe, il existe des objets qui soient seulement ainsi *susceptibles d'explication* et qui ne puissent être connus selon leur forme interne, disons même intérieurement, que de cette manière. Pour ne point être soupçonné de mêler à nos principes de connaissance ce qui n'est pas du tout du ressort de la physique, c'est-à-dire une cause surnaturelle, dans la téléologie on parle certes de la nature comme si la finalité était en celle-ci intentionnelle, mais de manière à attribuer aussi cette intention à la nature, c'est-à-dire à la matière; par là on veut montrer (puisqu'à ce sujet aucun malentendu n'est possible, personne ne pouvant penser à attribuer à une matière inanimée une intention au sens propre du terme), que ce mot ne désigne ici qu'un principe de la faculté de juger réfléchissante et non un principe de la faculté de juger déterminante et qu'il ne doit pas introduire un principe particulier de la causalité, mais qu'il ajoute seulement pour l'usage de la raison une autre méthode de recherche que celle qui se conforme aux lois mécaniques, afin de suppléer à l'insuffisance de cette dernière, même pour la recherche empirique de toutes les lois particulières de la nature. C'est pourquoi dans la téléologie, pour autant qu'on la rapporte à la physique, on parle à bon droit de la sagesse, de l'économie, de la prévoyance, de la bienfaisance de la nature, sans pourtant en faire un être intelligent (ce qui serait absurde); mais aussi sans s'enhardir à vouloir mettre au-dessus d'elle un autre être intelligent comme démiurge, car ce serait une prétention démesurée [1*]; on ne veut désigner ainsi qu'une sorte de causalité de nature,

---

[1*]. Le mot allemand « vermessen » est un mot excellent et plein de sens. Un jugement en lequel on aura négligé d'évaluer la mesure de ses forces (quant à l'entendement), peut parfois sembler fort modeste, tout en élevant de hautes prétentions et en étant démesuré. De ce genre sont la plupart des jugements par lesquels on prétend exalter la sagesse divine, en lui supposant, dans la création et dans la conversation, des intentions, qui à vrai dire doivent faire honneur à la propre sagesse du raisonneur.

suivant une analogie avec la nôtre dans l'usage technique de la raison, afin d'avoir sous les yeux la règle d'après laquelle doivent être étudiés certains produits de la nature[1].

Pourquoi cependant la téléologie ne constitue-t-elle pas habituellement une partie propre de la science théorique de la nature, mais se trouve-t-elle rattachée à la théologie comme propédeutique ou comme passage à celle-ci? C'est pour que l'étude [384] de la nature d'après son mécanisme soit fermement maintenue dans ce que nous pouvons soumettre à nos observations ou aux expériences, de telle sorte que nous puissions le produire nous-mêmes comme la nature ou du moins à la ressemblance de ses lois; car on ne saisit et on ne comprend parfaitement que ce que l'on peut faire soi-même et exécuter d'après des concepts[2]. Mais l'organisation, comme fin interne de la nature, dépasse infiniment tout le pouvoir d'une semblable présentation par l'art : et en ce qui touche les dispositions externes de la nature tenues pour finales (par exemple vents, pluies, etc.) la physique en considère bien le mécanisme; mais elle ne peut en exposer la relation à des fins, dans la mesure où cette relation doit être une condition appartenant nécessairement à la cause, car la nécessité de l'enchaînement regarde entièrement la liaison de nos concepts et non la nature des choses.

1. La physique, contrairement à ce que pensait Aristote, fait entièrement abstraction de la question de savoir s'il y a ou non des causes intentionnelles. En téléologie, on peut être amené, faute d'explications satisfaisantes à se servir de ce concept; mais on l'attribue non pas à une intelligence, ni même à une âme et l'on veut seulement par là souligner qu'il s'agit d'un principe de la faculté de juger réfléchissante. C'est la philosophie du «comme si» <als ob>. Ce principe indique une causalité agissant par analogie avec la nôtre (où la représentation produit l'objet) dans l'usage technique de la raison.

2. Première réponse à une importante question : pourquoi la téléologie n'a-t-elle pas été rattachée à la Critique de la raison pure, puisqu'elle traite de la causalité. C'est, dit Kant, afin de laisser en sa pureté l'exposition du mécanisme dans la Critique de la raison pure. Cette réponse n'est pas tout à fait satisfaisante quand on sait qu'il avait eu l'intention de réunir en un tout la Critique de la raison pure et la Critique de la raison pratique.

DIALECTIQUE DE LA FACULTÉ DE JUGER TÉLÉOLOGIQUE

§ 69. *En quoi consiste une antinomie de la faculté de juger ?* [1]

La faculté de juger *déterminante* ne possède pas de principes, qui fondent *des concepts d'objets*. Elle n'est pas autonomie ; en effet, elle ne fait que *subsumer* sous des lois données, ou des concepts, en tant que principes. Aussi n'est-elle pas exposée au danger d'une antinomie qui lui serait propre, et à un conflit de ses principes. Ainsi la faculté de juger transcendantale, qui contient les conditions pour subsumer sous les catégories, n'était pas en elle-même *nomothétique* [2] ; elle énonçait seulement les conditions de l'intuition sensible sous lesquelles on peut accorder de la réalité (une application) à un concept donné, en tant que loi de l'entendement ; et en ceci elle ne pouvait jamais se trouver en désaccord avec elle-même (du moins quant aux principes).

Mais la faculté de juger *réfléchissante* doit subsumer sous une loi, qui n'est pas encore donnée et n'est, en fait, qu'un principe de la réflexion sur les objets, pour lesquels objectivement nous manquons complètement d'une loi, ou d'un concept de l'objet, qui suffirait comme principe pour les cas

1. Ce texte de Kant a été vivement critiqué ; on a jugé artificielle l'introduction de la dialectique du jugement téléologique et contraire à la remarque II du §. 57, second alinéa. Sur l'ensemble de l'antinomie, cf. AP. *Etudes kantiennes,*VIII.

2. Les *nomothètes* étaient à Athènes le corps des citoyens appelé à réviser les lois déjà existantes ; la faculté de juger transcendantale (l'imagination rapportée à l'entendement) n'a pas à réviser les catégories, mais à les appliquer. Elle n'est donc pas *nomothétique*. La faculté de juger réfléchissante doit subsumer sous une loi qui n'est pas encore donnée ; par conséquent elle travaille sur les concepts et pourrait être dite nomothétique.

qui se présentent. Or comme aucun usage des facultés de connaître ne peut être permis sans principe, en de tels cas la faculté de juger réfléchissante devra se servir à elle-même de principe : or, celui-ci n'étant pas objectif et ne pouvant présenter un fondement de connaissance de l'objet suffisant au dessein de l'esprit, il doit servir en tant que principe purement subjectif à un usage final des facultés de connaître, consistant dans la réflexion sur un certain genre d'objets. Aussi par rapport à de tels cas la faculté de juger réfléchissante possède ses maximes, et même des maximes nécessaires, pour la connaissance des lois de la nature dans l'expérience, [386] afin de parvenir grâce à celles-ci à des concepts, même si ces concepts doivent être des concepts de la raison, s'il se trouve qu'elle a absolument besoin de tels concepts, ne serait-ce que pour connaître la nature d'après ses lois empiriques[1]. – Or entre ces maximes nécessaires de la faculté de juger réfléchissante il peut y avoir un conflit, et par conséquent une antinomie ; là-dessus se fonde une dialectique, qui peut être appelée une dialectique naturelle lorsque chacune des deux maximes qui se contredisent possède son fondement dans la nature des facultés de connaître, ainsi qu'une apparence inévitable, que l'on doit mettre à nu et résoudre dans la critique, afin qu'elle ne trompe pas[2].

§ 70. *Représentation de cette antinomie.*

Dans la mesure où la raison a affaire à la nature, comme ensemble des objets des sens externes, elle peut se fonder sur

1. La faculté de juger réfléchissante doit, en l'absence de lois, se servir à elle-même de principe. Mais ce principe n'étant pas objectif, il doit servir à un certain usage final de la connaissance et lui faciliter la tâche et en tant que tel il sert de maxime. Kant introduit deux maximes dans le jugement réfléchissant téléologique ; la première est celle du mécanisme et la seconde celle de la finalité. Tout de même (§. 65) qu'il n'y avait que les causes réelles et les causes idéales, tout de même il n'y a que les maximes du mécanisme et de la finalité.
2. L'expression de Kant est critiquable : tout conflit ne dégénère pas en antinomie, possédant une apparence inévitable. On a pu se demander si cette antinomie n'était pas l'antinomie de trop.

des lois, qu'en partie l'entendement prescrit lui-même *a priori* à la nature et qu'en partie il peut étendre à l'infini grâce aux déterminations empiriques surgissant dans l'expérience. La faculté de juger n'a pas besoin d'un principe particulier de la réflexion pour l'application du premier genre de lois, c'est-à-dire les lois *universelles* de la nature matérielle en général ; elle est, en effet, alors déterminante, parce qu'un principe objectif lui est donné par l'entendement. Mais en ce qui touche les lois particulières, qui ne nous sont révélées que par l'expérience, il peut se trouver entre elles une si grande diversité et une telle hétérogénéité, que la faculté de juger doit se servir à elle-même de principe, ne serait-ce que pour rechercher une loi dans les phénomènes naturels et l'épier, puisqu'elle en a besoin comme fil conducteur, même si elle doit seulement espérer une connaissance cohérente de l'expérience fondée sur une légalité générale de la nature, donc l'unité de celle-ci suivant des lois empiriques. Face à cette unité contingente des lois particulières, il peut se faire que la faculté de juger parte dans sa réflexion de deux maximes, dont l'une lui est présentée *a priori* par le simple entendement, tandis que l'autre procède d'expériences particulières, qui font appel à la raison, afin d'instituer d'après un principe particulier l'acte de juger de la nature corporelle et de ses lois [1]. Il se trouve alors que ces deux sortes de maximes ne paraissent pas pouvoir très bien s'accorder, [387] et une dialectique apparaît qui induit en erreur la faculté de juger dans le principe de sa réflexion.

La première de ces maximes est *la thèse* : Toute production de choses matérielles et de leurs formes doit être jugée possible d'après de simples lois mécaniques.

La deuxième maxime est *l'antithèse :* Quelques productions de la nature matérielle ne peuvent pas être considérées

---

1. Au niveau de la *synthèse*, les lois universelles (comme la causalité) sont appliquées sans difficultés par la faculté de juger déterminante ; au niveau du *système,* l'esprit doit rechercher les lois particulières qui procurent une vue systématique. La faculté de juger pourra donc être tentée de suivre la maxime synthétique ou la maxime systématique, soit le mécanisme ou la finalité.

comme possibles d'après de simples lois mécaniques (leur jugement exige une toute autre loi de causalité : celle des causes finales).

Si l'on transformait ces principes régulateurs pour la recherche en principes constitutifs de la possibilité des objets eux-mêmes, ils s'énonceraient ainsi :

Thèse : Toute production de choses matérielles est possible par des lois simplement mécaniques[1].

Antithèse : Quelques productions de ces choses matérielles ne sont pas possibles par simples lois mécaniques.

Ainsi qualifiées, en tant que principes objectifs pour la faculté de juger déterminante, ces propositions se contrediraient et par conséquent une de ces deux propositions serait nécessairement fausse; alors ce serait certes une antinomie, mais non de la faculté de juger, car il s'agirait d'une contradiction dans la législation de la raison. Or la raison ne peut prouver ni l'un ni l'autre de ces principes, parce que nous ne pouvons avoir, de la possibilité des choses d'après de simples lois empiriques de la nature, aucun principe déterminant *a priori*.

Toutefois en ce qui touche la maxime du jugement réfléchissant la première énoncée, elle ne contient en fait aucune contradiction. En effet quand je dis : je dois *juger* tous les événements dans la nature matérielle, par conséquent aussi toutes les formes, qui sont ses produits, par rapport à leur

---

1. Kant a) énonce les maximes qui à titre de principes régulateurs sont compatibles entre elles b) opère sur chacune d'elle un passage à la limite, à l'issue duquel chacune devient un principe non plus régulateur, mais constitutif, exclusif de tout autre principe. – Par rapport à la technique transcendantale, on peut croire qu'il existe une lacune importante, puisque le complément apagogique manque. En réalité l'antinomie du jugement téléologique, pour autant qu'elle se ramène à une opposition de contradictoires, n'a pas nécessairement besoin de présenter des preuves détaillées. L'antithèse (qui seule a la charge de la preuve à proprement parler) se prouve en s'énonçant dans la forme d'une mineure en laquelle les deux attributs énoncés dans la majeure comme modes positifs (possible et mécanisme) sont rapportés à un sujet ou moyen terme (la production) comme modes négatifs. C'est la réfutation par l'exemple. En d'autres termes la preuve apagogique exigée de l'antithèse coïncide avec l'antithèse dans la mesure où celle-ci est l'exemple contraire à la thèse.

possibilité d'après de simples lois mécaniques, je ne veux pas dire par là : *ils sont seulement possibles ainsi* (à l'exclusion de toute autre forme de causalité) ; cela signifie simplement que je *dois* toujours *réfléchir* sur ceux-ci *d'après le principe* du simple mécanisme de la nature et par conséquent que je dois suivre ce principe aussi loin que je le puis, parce que si on ne le met pas au fondement de la recherche, il ne peut y avoir aucune connaissance de la nature proprement dite. Cela n'empêche pas à l'occasion, usant de la seconde maxime, à propos de certaines formes naturelles (et même pour toute la nature, celles-ci étant l'occasion) de rechercher un principe, [388] pour réfléchir sur ces formes, qui soit tout différent de l'explication d'après le mécanisme de la nature, c'est-à-dire le principe des causes finales. La réflexion suivant la première maxime n'est pas pour autant éliminée, il est bien au contraire imposé de la poursuivre aussi loin qu'on le peut ; et l'on n'affirme pas non plus par là que suivant le mécanisme de la nature ces formes ne seraient pas possibles. On soutient seulement que *la raison humaine,* en suivant cette maxime et de cette manière, ne pourra jamais trouver le moindre fondement de ce qui constitue spécifiquement une fin naturelle, mais en revanche qu'elle trouvera d'autres connaissances de lois naturelles ; et alors on laisse sans solution la question de savoir si dans le fondement interne de la nature, qui nous est inconnu, la liaison physico-mécanique et la liaison finale pour les mêmes choses ne seraient pas reliées en un même principe ; seulement notre raison est impuissante à les unir en un tel principe et ainsi la faculté de juger, comme *réfléchissante* (à partir d'un principe subjectif) et non comme faculté de juger déterminante (suivant un principe objectif de la possibilité des choses en soi), est obligée de penser comme fondement de la possibilité de certaines formes dans la nature un autre principe que celui du mécanisme naturel [1].

1. L'antinomie disparaît si je prends les propositions comme des maximes (principes régulateurs) en ayant soin de les appliquer jusqu'au bout. Soit un produit organisé, je *dois* le considérer tout entier d'après le mécanisme de la nature et tout entier aussi d'après la finalité. Quant à la question de savoir si les ordres du réel ne formeraient qu'un seul tout,

§ 71. *Préparation à la résolution de l'antinomie ci-dessus.*

Nous ne pouvons aucunement prouver l'impossibilité de la production de produits organisés de la nature par le simple mécanisme de la nature, car nous ne saisissons pas selon son premier principe interne l'infinie diversité des lois naturelles particulières, qui sont pour nous contingentes, puisqu'elles ne peuvent être connues qu'empiriquement, et qu'ainsi nous ne pouvons absolument pas atteindre le principe interne complètement suffisant de la possibilité d'une nature (principe se trouvant dans le supra-sensible). Savoir donc si le pouvoir producteur de la nature ne suffirait pas aussi bien pour ce que nous jugeons comme formé et lié d'après l'Idée des fins que pour ce qui nous paraît ne supposer qu'un simple mécanisme naturel; savoir si, en fait, il n'y a pas comme fondement pour les choses en tant que fins naturelles proprement dites (comme nous devons nécessairement les juger) une toute autre forme de causalité originaire, qui ne peut être comprise dans la nature matérielle ou dans son substrat intelligible, je veux dire un entendement architectonique[1]: [389] ce sont là des questions sur lesquelles ne peut aucunement nous renseigner notre raison très étroitement bornée par rapport au concept de la causalité, lorsque ce concept doit être spécifié *a priori*.— Mais il est aussi indubitablement certain que par rapport à notre faculté de connaître le simple mécanisme de la nature ne peut fournir aucun principe d'explication pour la génération d'êtres organisés. C'est donc pour la *faculté de juger réfléchissante* un principe tout à fait

c'est-à-dire s'ils s'unifiaient dans le fondement interne de la nature, c'est ce que ne peut décider la faculté de juger réfléchissante, cf. Le commentaire de Hegel dans *Foi et savoir*.

1. Dans cette préparation à la solution de l'antinomie Kant explique pourquoi nous devons avoir recours à la maxime de la finalité : nous ne saisissons pas selon son principe interne l'infinie diversité des lois naturelles particulières. Kant se répète visiblement ici ; mais il fait allusion à l'idée d'une autre causalité originaire pour les fins naturelles, qui serait le propre d'un entendement architectonique. Ce sera l'ambition de Schelling, en son *Système de l'idéalisme transcendantal*, que de saisir cette causalité que Kant répute inaccessible.

juste, que de devoir concevoir pour la liaison si manifeste des choses d'après des causes finales une causalité différente du mécanisme, je veux dire une cause première (intelligente), agissant selon des fins, si inconsidéré et indémontrable que puisse être ce principe *pour la faculté de juger déterminante*. Dans le premier cas ce principe est une simple maxime de la faculté de juger et le concept de cette causalité est une simple Idée à laquelle on n'essaye nullement d'accorder de la réalité, mais dont on use simplement comme fil conducteur de la réflexion, et qui ainsi reste toujours ouverte pour tous les principes d'explication mécanistes et ne s'égare pas en dehors du monde sensible ; dans le deuxième cas le principe serait un principe objectif que la raison prescrirait et auquel la faculté de juger devrait se soumettre tandis qu'elle détermine, mais ainsi elle s'égarera hors du monde sensible dans le transcendant et sera peut-être induite en erreur [1].

Toute apparence d'antinomie entre les maximes de la méthode d'explication proprement physique (mécaniste) et de la méthode téléologique (technique) repose donc sur ceci : on confond un principe de la faculté de juger réfléchissante avec celui de la faculté de juger déterminante et *l'autonomie* de la première (qui n'a de valeur que simplement subjectivement pour l'usage de notre raison par rapport aux lois particulières de l'expérience) avec *l'hétéronomie* de la seconde, qui doit se diriger d'après les lois (universelles ou particulières) données par l'entendement.

---

1. La diversité brute des phénomènes organiques (par exemple la variété des plantes) oblige la raison à concevoir une *causalité différente* du mécanisme, une cause première intelligente. Mais bien que tous les éléments soient réunis on ne conclura pas à une existence de Dieu selon la preuve physico-téléologique (preuve « vénérable »), mais on se bornera à utiliser cette hypothèse de la raison humaine comme une Idée à laquelle on ne cherche nullement à accorder de la réalité, si bien que toutes les portes demeurent ouvertes pour l'explication mécaniste. Il y a antinomie dès lors que posant le principe régulateur comme principe exclusif, on ferme la porte soit au mécanisme, soit à la causalité finale.

§ 72. *Des différents systèmes sur la finalité de la nature.*

Personne n'a encore contesté la justesse du principe : il faut porter des jugements d'après le concept des causes finales sur certaines choses de la nature (les êtres organisés) et leur possibilité, quand l'on ne fait qu'exiger un *fil conducteur* pour étudier leur constitution par l'observation, sans prétendre s'élever jusqu'à rechercher leur origine première. [390] Il s'agit donc seulement de savoir si ce principe n'a qu'une valeur subjective, c'est-à-dire s'il n'est qu'une simple maxime de notre faculté de juger, ou s'il est un principe objectif de la nature d'après lequel il reviendrait à celle-ci, outre son mécanisme (d'après de simples lois du mouvement), encore une autre sorte de causalité, je veux dire celle des causes finales, auxquelles seraient subordonnées ces lois (celles des forces motrices) en tant que causes seulement intermédiaires.

On pourrait laisser cette question ou ce problème spéculatif entièrement hors de cause et sans solution ; en effet, si nous nous contentons de rester à l'intérieur des limites de la simple science de la nature, ces maximes nous suffisent pour étudier la nature, aussi loin que peuvent aller les forces humaines, et pour rechercher ses mystères les plus cachés. Il y a donc dans notre raison un certain pressentiment, ou la nature nous fait en quelque sorte signe, que nous pourrions bien la dépasser grâce à ce concept des causes finales et la rattacher elle-même au point le plus élevé dans la série des causes, si nous en abandonnions l'étude (bien que nous ne soyons guère avancés en celle-ci), ou tout au moins si nous la laissions quelque temps de côté et tentions d'abord de nous rendre compte où nous conduit ce concept étranger à la science de la nature, je veux dire le concept des fins naturelles.

Alors cette maxime incontestée deviendrait évidemment un problème ouvrant un vaste champ aux controverses : est-ce que la liaison finale dans la nature *prouve* pour celle-ci une espèce particulière de causalité ; ou bien cette liaison, considérée en soi et d'après des principes objectifs, n'est-elle pas plutôt identique au mécanisme de la nature, ou bien repose-telle sur le même principe ? Et comme celui-ci se trouve pour notre recherche trop profondément caché dans maints produits de la nature, nous ne ferions que mettre en œuvre un principe subjectif, je veux dire celui de l'art, c'est-à-dire de la causalité d'après des Idées, pour attribuer ces produits à la nature suivant l'analogie ; moyen de fortune qui nous réussit en beaucoup de cas, qui paraît échouer en quelques-uns, et qui dans tous les cas ne nous autorise pas à introduire dans la science de la nature un mode d'action particulier, différent de la causalité d'après les lois purement mécaniques de la nature même. En raison de l'aspect final que nous trouvons dans ses produits nous nommerons le procédé (la causalité) de la nature : technique, et nous diviserons celle-ci en technique *intentionnelle (technica intentionalis)* et technique *inintentionnelle (technica naturalis)*. La première doit signifier [391] que la faculté productrice de la nature d'après les causes finales doit être tenue pour une espèce particulière de causalité ; la seconde signifiera qu'elle est identique en son principe avec le mécanisme de la nature et que son accord contingent avec nos concepts d'art et leurs règles, comme simple condition subjective pour en juger, est à tort interprété comme une forme particulière de production naturelle.

Si nous parlons maintenant des systèmes d'explication de la nature au point de vue des causes finales, on doit bien remarquer qu'ils sont tous dogmatiquement en désaccord entre eux, c'est-à-dire en désaccord sur les principes objectifs de la possibilité des choses, soit par causes intentionnelles, soit par causes efficientes purement inintentionnelles, et non sur la maxime subjective pour juger simplement les causes de telles productions finales : en ce dernier cas des principes *disparates* pourraient bien encore être conciliés, tandis que dans le premier des principes *opposés contradictoirement* se suppriment mutuellement et ne peuvent se maintenir l'un à côté de l'autre[1].

---

1. En ce paragraphe Kant réduit, autant que faire se peut, la divergence entre le mécanisme et la causalité par les causes finales. Il nomme *technique* la causalité de la nature et la divise en *technique intentionelle* (qui signifie que la raison doit prendre comme fil conducteur une cer-

Les systèmes par rapport à la technique de la nature, c'est-à-dire sa force productive d'après la règle des fins, sont de deux sortes : soit *l'idéalisme,* soit le *réalisme* des fins naturelles. L'idéalisme prétend que toute finalité de la nature est *inintentionnelle*; le réalisme soutient qu'une certaine finalité (dans les êtres organisés) est *intentionnelle ;* on pourrait en tirer la conséquence, fondée en tant qu'hypothèse, que la technique de la nature est aussi intentionnelle, c'est-à-dire finalité, en ce qui concerne tous ses autres produits en relation à la totalité de la nature.

1. L'idéalisme de la finalité (j'entends toujours ici la finalité objective) est, alors ou bien l'idéalisme du *hasard*, ou de la *fatalité* de la détermination de la nature dans la forme finale de ses produits. Le premier principe intéresse la relation de la matière au fondement physique de sa forme, je veux dire les lois du mouvement; le second principe intéresse la relation de la matière et de toute la nature à son fondement *hyperphysique.* Le système du *hasard,* qui est attribué à Epicure ou à Démocrite, est, pris à la lettre, tellement absurde, qu'il ne peut nous retenir; en revanche le système de la fatalité (dont Spinoza est considéré comme l'auteur, bien que selon toute apparence il soit plus ancien), qui fait appel à quelque chose de supra-sensible, que notre intelligence ne peut atteindre, n'est pas facile à réfuter parce que son concept d'un être originaire n'est pas compréhensible. Il est toutefois clair que dans ce système la liaison finale dans le monde doit être considérée comme inintentionnelle [392] (parce qu'elle dérive d'un être originaire, mais non de son entendement, et par conséquent d'une intention de celui-ci, mais de la nécessité de sa nature et de l'unité du monde qui en est issue) et qu'ainsi le fatalisme de la finalité est en même temps un idéalisme de la finalité[1].

---

taine espèce de causalité) et en *technique inintentionelle* (par où est signifié l'accord avec le mécanisme de la nature).

1. L'idéalisme de la finalité signifie d'abord et avant tout la négation de la finalité et peut se produire lorsqu'on réduit au hasard les productions finales. Le système du hasard est tellement absurde aux yeux de Kant qu'il l'écarte, bien qu'il se rattache aux noms d'Epicure et de

2. Le *réalisme* de la finalité de la nature est également soit *physique,* soit *hyperphysique.* Le premier fonde les fins dans la nature sur l'analogie d'une faculté agissant suivant une intention, sur *la vie de la matière* (vie qui lui est propre, ou résultant d'un principe interne vivifiant, une âme du monde) et il s'appelle *l' hylozoïsme.* Le second dérive les fins du fondement originaire de l'univers, en tant qu'être intelligent (originairement vivant) produisant avec intention et c'est le *theisme* [1]*[2].

Démocrite (que Kant n'a connu que d'après le *Dictionnaire historique et critique* de Bayle) ; cet idéalisme consiste à poser que la matière est déterminée par les seules lois du mouvement. L'autre idéalisme que Kant désigne comme l'idéalisme de la fatalité consiste à rapporter chaque moment à la cause suprême, cf. Spinoza, *Opera,* Carl Gebhardt, Heidelberg 1972, Ethices, Pars I, Propositio XXIX : *In rerum naturâ nullum datur contingens, sed omnia ex necessitate divinae naturae determinata sunt ad certo modo existendum, & operandum.* Kant répute absurde ce système parce que la relation du mode à la Substance est incompréhensible. Kant n'a pas voulu lire Spinoza ; il ne le connaît que par des conversations qui eurent lieu lors du *Pantheismusstreit,* cf. mon introduction à *Qu'est-ce que s'orienter dans la pensée* ? ch. 1.

1*. On voit par là que dans la plupart des objets spéculatifs de la raison pure, en ce qui concerne les thèses dogmatiques, les écoles philosophiques ont généralement essayé toutes les solutions possibles sur une certaine question. Ainsi pour la finalité de la nature on a essayé tantôt *la matière inanimée* ou un *Dieu inanimé,* tantôt *une matière vivante* ou un *Dieu vivant.* Pour nous il ne reste qu'à nous écarter, si cela était nécessaire, de toutes ces affirmations objectives et à peser critiquement notre jugement, seulement en relation à nos facultés de connaître, afin de procurer à leur principe la valeur d'une maxime, sinon dogmatique, du moins suffisante pour un usage sûr de la raison.

2. Le *réalisme* de la finalité est l'affirmation de celle-ci comme existant réellement. S'il est immanent, c'est-à-dire *physique,* il en vient à admettre dans les corps un agent spirituel et vivant et il s'agit alors de l'hylozoïsme, position déjà condamnée au § 65 ; ou bien les fins naturelles sont dérivées du fondement originaire de l'univers et c'est une manière de penser transcendante, dont Feuerbach a produit les exemples dans son *Pierre Bayle.*

§ 73. *Aucun des systèmes précités*
ne réalise ce qu'il prétend[1].

Que veulent tous ces systèmes ? Ils veulent expliquer nos jugements téléologiques sur la nature et se mettent à l'œuvre de telle manière que les uns nient la vérité de ces jugements, les interprétant comme un idéalisme de la nature (représentée comme art), tandis que les autres les reconnaissent comme vrais et promettent d'exposer la possibilité d'une nature d'après l'Idée des causes finales.

1. Les systèmes qui luttent pour l'idéalisme des causes finales dans la nature admettent bien à la vérité d'une part en son principe une causalité d'après les lois du mouvement (par lesquelles les choses naturelles existent d'une manière finale) ; mais ils nient en cette causalité *l'intentionalité*, [393] c'est-à-dire qu'elle soit intentionnellement déterminée à cette production finale ou, en d'autres termes, qu'une fin soit cause. C'est l'explication d'Epicure, qui nie entièrement la différence entre une technique de la nature et le simple mécanisme et qui admet le hasard aveugle comme principe d'explication non seulement pour l'accord des produits réalisés avec nos concepts des fins, par conséquent pour la technique, mais encore même pour la détermination des causes de cette production d'après les lois du mouvement, c'est-à-dire leur mécanisme, de telle sorte que rien n'est expliqué, pas même l'apparence dans notre jugement téléologique, et que par conséquent le prétendu idéalisme n'est aucunement exposé dans le système d'Epicure.

D'autre part, Spinoza veut nous dispenser de toute recherche sur le fondement de la possibilité des fins de la nature et retirer toute réalité à cette Idée, en ne les considérant pas en général comme des productions, mais comme des accidents inhérents à un être originaire et il attribue à cet être, comme substrat de ces choses naturelles, non pas la causalité par rapport à ces choses, mais seulement la subsis-

---

1. Il y a quatre systèmes qui se heurtent au point de vue de la finalité, les uns la niant, les autres l'affirmant : a) le système d'Epicure, b) le spinozisme, c) l'hylozoisme d) le théisme. Aucun ne parvient à son but.

tance; il assure sans doute aux formes de la nature l'unité du fondement, qui est exigé pour toute finalité (en raison de la nécessité inconditionnée de cet être originaire et de toutes les choses naturelles, en tant qu'accidents qui lui sont inhérents), mais il leur ôte aussi la contingence sans laquelle aucune *unité finale* ne peut être pensée, et par là il supprime tout ce qui est *intentionnel,* comme il ôte toute intelligence au fondement originaire des choses naturelles.

Mais le spinozisme ne réalise pas ce qu'il veut. Il veut présenter un principe d'explication de la liaison finale des choses naturelles (qu'il ne nie pas) et il n'indique que l'unité du sujet auquel elles sont inhérentes. Or même si on lui accorde cette manière d'exister pour les êtres du monde, toutefois cette unité ontologique n'est pas encore pour cela *unité finale* et ne rend en aucune manière celle-ci compréhensible. Cette dernière est, en effet, une espèce tout à fait particulière d'unité qui ne découle pas de la liaison des choses (êtres du monde) dans un sujet (l'être originaire), mais qui suppose absolument la relation à une *cause,* possédant un entendement, et même si l'on unissait toutes ces choses dans un simple sujet, il ne présenterait cependant jamais une relation finale; à moins qu'on n'entende par là premièrement des *effets* internes de la substance en tant que *cause,* et deuxièmement de cette même substance, en tant que cause par son *entendement.* Sans ces conditions formelles toute unité est simple nécessité de la nature et si elle est malgré cela attribuée aux choses, [394] que nous nous représentons comme extérieures les unes aux autres, c'est une nécessité aveugle. Mais si l'on veut appeler finalité de la nature ce que l'Ecole appelle la perfection transcendantale des choses (en relation à leur essence propre), suivant laquelle toutes les choses possèdent en elles-mêmes tout ce qui est nécessaire pour être telle chose et non pas telle autre, alors il s'agit d'un jeu puéril avec des mots mis à la place des concepts. En effet, si toutes les choses doivent être conçues en tant que fins, alors être une chose est identique à être une fin et il n'y a rien au fond qui mérite particulièrement d'être représenté en tant que fin.

On voit par là que Spinoza, tandis qu'il ramenait nos concepts de ce qui est final dans la nature à la conscience de nous-mêmes dans un être comprenant tout (et cependant simple) et cherchait cette forme seulement dans l'unité de la nature, devait avoir l'intention de soutenir, non le réalisme, mais simplement l'idéalisme de la finalité de la nature; il ne pouvait cependant réaliser cette intention, parce que la simple représentation de l'unité du substrat ne peut même pas donner l'Idée d'une finalité ne serait-elle qu'inintentionnelle[1].

2. Ceux qui n'affirment pas seulement le *réalisme* des fins naturelles, mais qui s'imaginent aussi l'expliquer, croient pouvoir comprendre une forme particulière de causalité, je veux dire de causes agissant intentionnellement ou du moins leur possibilité, car autrement ils ne sauraient entreprendre cette explication. En effet, pour autoriser même l'hypothèse la plus risquée, il faut au moins que la *possibilité* de ce que l'on admet comme fondement soit *certaine*, et on doit pouvoir assurer sa réalité objective à son concept.

Or la possibilité d'une matière vivante (dont le concept enveloppe une contradiction, puisque l'absence de vie, *inertia*, constitue le caractère essentiel de la matière) ne peut même pas être pensée; la possibilité d'une matière animée et de la nature tout entière comme d'un animal ne peut tout au plus être utilisée (au profit d'une hypothèse de finalité pour la nature prise en grand)[2], que si elle se manifeste à nous dans l'expérience en petit dans son organisation; mais la possibilité n'en peut aucunement être saisie *a priori*. C'est donc seulement par un cercle dans l'explication que l'on peut vouloir dériver la finalité de la nature dans les êtres organisés

---

1. L'essentiel de la critique du Spinozisme consiste à soutenir que Spinoza supprime, comme on vient de le voir dans la proposition XXIX de la première partie de l'*Ethique,* l'unité finale en lui substituant une *unité ontologique*; si Spinoza ne fait pas ce qu'il veut, c'est que conduit par la logique de son système à déplacer la finalité (qu'il ne nie pas, dans la mesure où il admet que nous ayons, à tort certes, des représentations finales, *Opera,* t. II, p. 78), il ne s'intéresse qu'à l'existant, et repousse les autres ordres du réel au profit d'une ontologie unitaire.

2. «...im Grossen der Natur»; Gibelin: «...de la nature en général».

à partir de la vie de la matière, alors qu'on ne connaît cette vie que dans les êtres organisés et qu'on ne peut se faire sans cette expérience aucun concept de leur possibilité. L'hylozoïsme ne réalise donc pas ce qu'il promet [1].

Le *théisme,* enfin, ne peut pas davantage fonder dogmatiquement la possibilité des fins naturelles comme clef de la téléologie, bien qu'il possède par rapport à tous les autres principes d'explication cet avantage, qu'en attribuant à l'être originaire un entendement, il arrache le mieux à l'idéalisme la finalité de la nature et introduise pour la production de celle-ci une causalité intentionnelle [2].

Il faudrait prouver tout d'abord d'une manière satisfaisante pour la faculté de juger déterminante l'impossibilité de l'unité finale dans la matière par le simple mécanisme de celle-ci, pour être autorisé à en poser d'une manière déterminée le fondement au-delà de la nature. Mais tout ce que nous pouvons savoir, c'est que selon la nature et les bornes de notre faculté de connaître (puisque nous ne comprenons pas le premier principe interne même de ce mécanisme) nous ne devons en aucune façon rechercher dans la matière un principe de relations finales déterminées, et qu'il ne nous reste aucune autre manière de juger de la génération de ses productions en tant que fins naturelles, que celle qui s'appuie sur un entendement supérieur en tant que cause du monde. Mais ce n'est là un principe que pour la faculté de juger réfléchissante et non pour la faculté de juger déterminante et il ne peut absolument pas autoriser une assertion objective.

---

1. Kant semble viser dans l'hylozoïsme la pensée de Leibniz qui disait que la force a quelque chose d'analogue avec l'âme. Il lui oppose la définition qu'il croit insurmontable : l'inertie de la matière.

2. Le théisme en déplaçant dans un entendement divin la finalité, l'arrache mieux que tout autre système à la nature. Mais dès lors il ne sait plus comment expliquer nos représentations finales devant une nature devenue *ex hypothesi* produite par une technique inintentionnelle.

§ 74. *La cause pour laquelle il est impossible de traiter dogmatiquement le concept d'une technique de la nature est le caractère inexplicable d'une fin naturelle.*

Nous procédons dogmatiquement avec un concept (quand bien même il serait empiriquement conditionné), lorsque nous le considérons comme contenu sous un autre concept de l'objet, qui constitue un principe de la raison et que nous le déterminons conformément à celui-ci. Nous procédons avec un concept d'une manière simplement critique, lorsque sans entreprendre de décider quelque chose sur son objet, nous le considérons seulement en relation à notre faculté de connaître, et par conséquent aux conditions subjectives nécessaires pour le penser. Le procédé dogmatique concernant un concept est ainsi celui qui est conforme à la faculté de juger déterminante ; le procédé critique est celui qui est conforme à la faculté de juger réfléchissante [1].

[396] Or le concept d'une chose en tant que fin naturelle est un concept qui subsume la nature sous une causalité, qui est seulement pensable par la raison, afin de juger d'après ce principe ce qui est donné de l'objet dans l'expérience [2]. Mais afin d'en user dogmatiquement pour la faculté de juger déterminante nous devrions préalablement être assurés de la réalité objective de ce concept, parce qu'autrement nous ne pourrions subsumer sous celui-ci aucune chose naturelle. Le concept d'une chose comme fin naturelle est certes un concept empiriquement conditionné, c'est-à-dire un concept

1. Kant oppose la manière de juger *dogmatique* et la manière de juger *critique*. Assez curieusement, la procédure dogmatique est rapportée au jugement déterminant, tandis que la procédure critique est attribuée à l'usage pragmatique de la raison. La première consiste à soumettre un concept sous un autre qui se rattache à un principe de la raison (plus simplement à soumettre une relation causale sous un concept de l'entendement, équivalent ici au principe de la raison). La seconde nous est bien connue depuis l'*Esthétique* ; elle consiste à rapporter l'objet à nos facultés de connaître et à leur jeu harmonieux. Il y a des relations *satisfaisantes*

2. Le concept d'une chose en tant que fin naturelle est un concept qui subsume (range en dessous) la nature sous une causalité qui est seulement pensable par la raison. *On ne peut trouver " Concevable "*

qui n'est possible que sous certaines conditions, données dans l'expérience, dont on ne peut l'abstraire, et ce n'est un concept possible dans le jugement de l'objet que d'après un principe de la raison. Il ne peut donc, en tant qu'il constitue un tel principe, être saisi en sa réalité objective (c'est-à-dire tel qu'un objet soit possible en conformité avec lui) et être dogmatiquement fondé ; et nous ne savons pas s'il s'agit seulement d'un concept de raisonneur, objectivement vide (*conceptus ratiocinans*), ou d'un concept rationnel, fondant une connaissance et confirmé par la raison (*conceptus ratiocinatus*). Il ne peut donc pas être traité dogmatiquement pour la faculté de juger déterminante : c'est-à-dire que non seulement on ne peut décider si les choses de la nature, considérées comme fins naturelles, supposent ou non pour leur production une causalité d'une forme toute particulière (celle qui est intentionnelle), mais encore qu'on ne peut même pas soulever la question, parce que le concept d'une fin naturelle suivant sa réalité objective n'est pas démontrable par la raison (c'est-à-dire : il n'est pas constitutif pour la faculté de juger déterminante et il est simplement régulateur pour la faculté de juger réfléchissante) [1].

Qu'il ne le soit pas, c'est ce qui s'explique parce que, en tant que concept d'un *produit de la nature*, il comprend en soi pour une même chose, en tant que fin, la nécessité naturelle et en même temps aussi une contingence de la forme de l'objet

1. Le texte de Kant est ici assez obscur, dans la mesure où il passe sans transition de la procédure critique jusqu'à la procédure dogmatique ou déterminante. Si nous devions procéder dogmatiquement (c'est-à-dire selon le jugement déterminant) il faudrait que nous soyons assurés que le concept d'une fin possède une réalité objective, ou encore soit susceptible d'être l'objet d'une construction méthodique selon les règles du schématisme ; autrement nous ne pourrions le rattacher de manière déterminante à aucun autre objet. Mais c'est ce qui se passe avec une fin naturelle ; il s'agit, en effet, d'un objet seulement possible d'après un concept de la raison. Raison et entendement ne peuvent déterminer la réalité objective du concept de la fin naturelle. On ne peut donc que rapporter à la procédure critique le jugement sur le concept de telle fin naturelle et alors il n'est plus possible, partant du libre jeu de nos faculté de connaître, de fonder un théisme, le fondement du raisonnement faisant défaut.

(en relation aux simples lois de la nature); par conséquent,
s'il n'y a pas là de contradiction, afin d'être jugé d'après une
autre sorte de causalité que celle du mécanisme naturel, si
l'on veut déterminer sa possibilité, il doit renfermer un
principe pour la possibilité de la chose dans la nature et
cependant aussi un principe de la possibilité de cette nature
elle-même et de sa relation à quelque chose, qui n'est pas la
nature connaissable empiriquement (supra-sensible), qui
pour nous par conséquent est inconnaissable. Donc comme le
concept d'une chose comme fin naturelle est transcendant
pour la *faculté de juger déterminante*, si l'on considère
l'objet par la raison (bien qu'il puisse être immanent pour la
faculté de juger réfléchissante [397] par rapport aux objets de
l'expérience), et que par conséquent on ne peut lui procurer
la réalité objective pour les jugements déterminants, on
comprend à partir de là comment tous les systèmes que l'on
peut imaginer pour traiter dogmatiquement du concept des
fins naturelles et de la nature, comme d'un tout cohérent
grâce aux causes finales, ne peuvent jamais être décisifs sur
quelque point, qu'ils affirment ou qu'ils nient objectivement ;
c'est que lorsque les choses sont subsumées sous un concept,
qui est simplement problématique, ses prédicats synthétiques
(par exemple ici : si la fin de la nature, que nous concevons
pour la production des choses, est ou non intentionnelle)
doivent fournir de semblables jugements (problématiques)
sur l'objet, qu'ils soient affirmatifs ou négatifs, puisqu'on ne
sait pas si l'on juge sur quelque chose ou sur rien[1]. Le
concept d'une causalité par des fins (l'art) possède certes de la
réalité objective, comme celui d'une causalité d'après le
mécanisme de la nature. Mais le concept d'une causalité de la
nature d'après la règle des fins, bien plus encore de la
causalité d'un être dont l'expérience ne peut rien donner qui
lui ressemble, je veux dire d'un être comme fondement

---

1. Le concept d'une fin naturelle, au sens précisé, comprend d'une
part la *nécessité naturelle* et en même temps la *contingence* de la forme
de l'objet en relation aux simples lois de la nature (on peut concevoir des
tomates dorées). C'est ce qui interdit à la procédure dogmatique de
poursuivre son chemin.

originaire de la nature, peut certes être pensé sans contradiction, mais il ne convient pas pour des déterminations dogmatiques; en effet, sa réalité objective ne peut être garantie par rien, puisqu'il ne peut pas être tiré de l'expérience et qu'il n'est pas nécessaire non plus pour la possibilité de l'expérience. Et même si cela pouvait se faire, comment pourrais-je compter parmi les produits de la nature des choses données précisément pour des produits d'un art divin, puisque c'est justement l'incapacité de la nature à réaliser de tels produits suivant ses lois, qui obligeait à faire appel à une cause différente de la nature? [1]

§ 75. *Le concept d'une finalité objective de la nature*
est un principe critique de la raison
pour la faculté de juger réfléchissante.

C'est tout de même une chose toute différente, si je dis : La production de certaines choses de la nature ou même de la nature tout entière n'est possible que par une cause, qui se détermine intentionnellement à l'action, ou si je dis : *d'après la constitution particulière de mes facultés de connaître* je ne puis juger autrement de la possibilité de ces choses [398] et de leur production qu'en concevant pour celles-ci une cause, qui agit par intention, par conséquent un être, qui est producteur par analogie avec la causalité d'un entendement. Dans le premier cas je veux décider quelque chose à propos de l'objet et je suis contraint d'exposer la réalité objective d'un concept que j'ai admis; dans le second la raison détermine seulement

1. Kant explique ici d'une manière bien compliquée les relations entre dogmatique et critique. Cette dernière suppose pour être fondée objectivement, et non pas seulement renfermée dans l'usage subjectif de la raison, le principe d'un être comme fondement originaire. Or si la nature nous présente bien des fins naturelles, elle n'expose rien qui nous permette *à partir de l'expérience* de conclure à un fondement originaire. Toute démarche, ostensive ou apagogique, se heurte à cette difficulté insurmontable. En effet je ne puis compter des fins de la nature parmi des produits d'un art divin, puisque c'est précisément pour en rendre compte que je me suis élevé à l'idée d'un être originaire où se déplace toute finalité.

l'usage de mes facultés de connaître, conformément à leur caractère spécifique et aux conditions essentielles de leur extension aussi bien que de leurs bornes. Ainsi le premier principe est un principe *objectif* pour la faculté de juger déterminante, tandis que le second est un principe subjectif simplement pour la faculté de juger réfléchissante, donc une maxime de celle-ci, qui lui est imposée par la raison[1].

Il est indispensable pour nous de mettre au principe[2] de la nature le concept d'une intention[3], si nous voulons seulement l'étudier dans ses produits organisés par une observation suivie; et ce concept est donc déjà une maxime absolument nécessaire pour l'usage empirique de notre raison. Or il est clair que lorsqu'on a admis un tel fil conducteur pour étudier la nature et qu'on en a éprouvé la solidité, on doit à tout le moins tenter d'appliquer à la nature en totalité la maxime conçue pour la faculté de juger, parce qu'on devrait pouvoir découvrir suivant cette maxime beaucoup de lois de la nature, qui autrement nous demeureraient cachées en raison de l'étroitesse de nos vues dans l'intérieur du méca-

1. Kant oppose ici très clairement la manière de penser dogmatique et la manière de penser critique. La première, dire que la nature n'est possible que par l'action d'une cause qui se détermine intentionnellement, serait propre à la faculté de juger déterminante; la seconde, qui s'établirait sur le rapport de mes connaissances serait le propre de la faculté de juger réfléchissante. On peut être un peu surpris de voir comment Kant présente la faculté de penser déterminante que justifie au niveau de l'entendement la *Critique de la raison pure*; mais dans le champ de la téléologie la détermination serait dogmatique. En effet il y a seulement place en ce champ pour une pensée problématique.

2. Cette traduction est impropre : elle donne à «unterlegen» un sens un peu fort; elle se justifie dans la mesure où ce terme suggère l'idée de mettre au fondement.

3. Le paragraphe 65 avait montré que l'organisme est semblable à une œuvre sans projet et que l'Idée du tout devait être conçue comme résultant de l'interaction des parties. Il en résulte l'idée d'une intention que la faculté de juger s'incorpore comme *maxime*, pour l'usage empirique de la raison. Schopenhauer a jugé que Kant se contredisait admettant ici l'intention, la rejetant là. Mais nous avons vu au paragraphe 70 que les maximes ne sont pas des *principes constitutifs*.

nisme de la nature[1]. Pour ce dernier usage cette maxime de la faculté de juger est certes utile, mais elle n'est pas indispensable, parce que la nature ne nous est pas donnée en totalité comme organisée (au sens le plus étroit de ce terme qui a été indiqué plus haut). En revanche cette maxime de la faculté de juger réfléchissante est essentiellement nécessaire en ce qui touche les produits de la nature, que l'on doit juger comme ayant été formés ainsi seulement et non autrement intentionnellement, si l'on veut acquérir ne serait-ce qu'une connaissance empirique de leur constitution interne ; en effet, l'Idée même de ces choses, en tant qu'organisées est impossible, si la pensée d'une production effectuée intentionnellement n'y est pas liée.

Or le concept d'une chose, dont nous ne nous représentons l'existence ou la forme comme possibles que sous la condition d'une fin, est inséparablement lié au concept de sa contingence (d'après les lois de la nature). C'est pourquoi les choses naturelles, que nous ne trouvons possibles que comme fins, constituent la preuve principale de la contingence de [399] l'univers et elles sont, pour l'entendement commun aussi bien que pour le philosophe, la seule preuve valable qu'il dépend et tient son origine d'un être existant en dehors du monde et intelligent (à cause de cette forme finale) et ainsi que la téléologie ne trouve d'éclaircissement final pour ses recherches que dans une théologie[2].

---

1. Cette idée d'un *intérieur du mécanisme de la nature* a fait l'objet de commentaires transcendants ; mais il faut se rendre compte du fait que c'est la pensée elle-même qui cherchant à dominer la diversité projette dans un foyer imaginaire et intérieur tout ce qu'elle n'a pas su s'approprier.

2. Texte capital : puisqu'elles sont nécessaires à titre de donné, mais cependant *contingentes au point de vue de l'existence et de la forme,* les fins naturelles constituent la preuve de la contingence de l'univers (*contingentia mundi*) C'est «la seule preuve valable» de la dépendance du monde et de l'existence d'un être existant au-delà du monde qui le soutient dans l'être. Kant unit ici la seconde et la troisième preuve de l'existence de Dieu. Mais cette preuve n'a pas de valeur *constitutive* ; elle n'a de sens que *régulateur* et fonde seulement l'anthropomorphisme plus subtil que demandait la *Critique de la raison pure.*

Or que démontre enfin la téléologie la plus achevée? Prouve-t-elle donc qu'un tel être intelligent existe? Non; elle prouve seulement qu'en raison de la constitution de nos facultés de connaître c'est-à-dire dans la liaison de l'expérience avec les principes supérieurs de la raison, nous ne pouvons absolument pas nous faire un concept de la possibilité d'un tel monde, si nous ne concevons pas une cause suprême de ce monde *agissant avec intention*. Nous ne pouvons donc démontrer objectivement la proposition : il existe un être originaire intelligent; nous pouvons seulement l'établir subjectivement pour l'usage de notre faculté de juger dans sa réflexion sur les fins dans la nature, qui ne peuvent être pensées par aucun autre principe que celui d'une causalité intentionnelle d'une cause suprême [1].

Si nous voulions prouver cette proposition suprême dogmatiquement à partir de principes téléologiques, nous serions aux prises avec des difficultés dont nous ne sortirions pas. En effet, il faudrait mettre au fondement de ces conclusions la proposition : les êtres organisés dans le monde ne sont possibles que par une cause agissant intentionnellement. Nous devrions alors inévitablement soutenir que, puisque c'est seulement sous l'Idée de fin que nous pouvons saisir ces choses dans leur liaison causale et connaître celle-ci en sa légalité, nous sommes également autorisés à supposer cela pour tout être pensant et connaissant, comme condition nécessaire inhérente à l'objet et non plus seulement à nous comme sujet. Mais nous ne viendrons pas à bout des difficultés avec une telle affirmation. En effet, comme nous *n'observons* pas vraiment les fins dans la nature comme fins intentionnelles, mais que c'est seulement dans la réflexion sur les productions de la nature que nous ajoutons *par la pensée* ce concept en tant que fil conducteur de la faculté de juger, elles ne nous sont pas données par l'objet. Il nous est même *a priori* impossible de justifier comme acceptable un tel concept dans sa réalité objective. Il ne reste donc absolument

1. Que démontre la téléologie la plus achevée? Que l'existence d'un être suprême intelligent est simplement une *maxime* nécessaire pour un usage *judicieux* de la faculté de juger.

qu'une proposition, qui ne repose que sur des conditions subjectives du jugement réfléchissant conformément à nos facultés de connaître, et qui, si on l'exprimait comme objectivement valable dogmatiquement, s'énoncerait ainsi : il est un Dieu – alors que, pour nous autres hommes, [400] seule est permise cette formule restreinte : nous ne pouvons concevoir et comprendre la finalité, qui doit être mise au fondement de notre connaissance de la possibilité interne de beaucoup de choses dans la nature, qu'en nous les représentant, ainsi que le monde en général, comme le produit d'une cause intelligente (d'un Dieu)[1].

Si cette proposition fondée sur une maxime absolument nécessaire de notre faculté de juger est parfaitement suffisante pour tout usage, aussi bien spéculatif que pratique de notre raison, en toute fin *humaine*, je voudrais bien savoir, en quoi il peut nous importer que nous ne puissions pas en démontrer, à partir de principes objectifs purs (qui malheureusement dépassent notre faculté), aussi la validité pour des êtres supérieurs. Il est, en effet, bien certain, que nous ne pouvons même pas connaître suffisamment les êtres organisés et leur possibilité interne d'après de simples principes mécaniques de la nature, encore bien moins nous les expliquer ; et cela est si certain, que l'on peut dire hardiment qu'il est absurde pour les hommes de former un tel dessein ou d'espérer, qu'il surgira un jour quelque Newton, qui pourrait faire comprendre ne serait-ce que la production d'un brin d'herbe d'après des lois naturelles qu'aucune intention n'a ordonnées ; il faut au contraire absolument refuser ce savoir aux hommes. Ce serait une prétention démesurée pour nous de juger d'autre part que dans la nature, si nous pouvions pénétrer jusqu'au principe de celle-ci dans les spécifications de ses lois générales que nous connaissons, il ne pourrait se

---

1. Il ne faudrait pas ériger la maxime en principe constitutif sous peine d'entrer dans des difficultés dialectiques. Kant s'appuie dans cet alinéa sur la différence entre connaître (observer) et penser. Je ne peux pas dire : il existe un Dieu, mais seulement : pour moi, homme, l'univers serait en dehors de toute pensée, si en suivant l'usage subjectif de ma raison, je ne formulais pas l'Idée qu'un Dieu doit exister.

trouver caché un principe suffisant de la possibilité d'êtres organisés, dispensant de mettre une intention au principe de leur production (donc dans le simple mécanisme de la nature); en effet, d'où saurions-nous cela? Il n'y a pas à tenir compte de vraisemblances, lorsqu'il s'agit de jugements de la raison pure. – Nous ne pouvons donc porter de jugement objectif, soit affirmatif, soit négatif sur cette proposition : un être agissant par intentions en tant que cause du monde (par conséquent comme créateur) est-il au fondement de ce que nous nommons à bon droit des fins naturelles? Ceci seulement est certain : si nous devons juger au moins suivant ce qu'il nous est donné de connaître par notre propre nature (d'après les conditions et les bornes de notre raison), nous ne pouvons faire autrement que poser un être intelligent au fondement de la possibilité de ces fins naturelles : c'est là ce qui est conforme à la maxime de notre faculté de juger réfléchissante, [401] par conséquent à un principe subjectif, mais inhérent de manière indissoluble à l'espèce humaine.

§ 76. *Remarque.*

Cette considération, qui mérite bien d'être minutieuse-ment développée dans la philosophie transcendantale, ne peut être présentée ici qu'épisodiquement, comme explication (et non comme preuve de ce qui a été exposé).

La raison est une faculté des principes et dans sa plus haute exigence elle tend à l'inconditionné; mais, en revanche, l'entendement est, toujours seulement sous une certaine condition, qui doit être donnée, à son service. Or sans concepts de l'entendement, auxquels une réalité objective doit être donnée, la raison ne peut pas du tout juger objectivement (synthétiquement) et elle ne contient elle-même, en tant que raison théorique, aucun principe constitutif, mais simplement des principes régulateurs. On est vite convaincu que là où l'entendement ne peut suivre, la raison devient transcendante et se manifeste dans des Idées préalablement fondées (en tant que principes régulateurs), mais non dans des concepts va-lables objectivement; et que l'entendement, qui ne peut aller

du même pas que la raison, mais qui serait cependant nécessaire pour une validité objective, restreint la validité de ces
Idées de la raison au sujet seulement, mais toutefois d'une
manière universelle à tous les sujets de cette espèce, c'est-à-
dire à la condition que, d'après la nature de notre faculté de
connaître (humaine), ou même en général d'après le concept
que *nous* pouvons *nous faire* de la faculté de connaître d'un
être raisonnable fini en général, on ne puisse et on ne doive
penser autrement, sans toutefois affirmer que le fondement
d'un tel jugement se trouve dans l'objet[1]. Nous proposerons
des exemples, qui présentent trop d'importance et aussi trop
de difficultés, pour les imposer ici au lecteur aussitôt comme
des propositions démontrées, mais qui lui donneront matière
à réflexion et qui pourront servir à l'explication de ce qui
constitue ici notre propos proprement dit.

Il est absolument nécessaire pour l'entendement humain
de distinguer la possibilité et la réalité des choses. La raison
s'en trouve dans le sujet et la nature de ses facultés de
connaître. Il n'y aurait pas une telle distinction [402] (entre le
possible et le réel) si pour leur emploi deux moments tout à
fait hétérogènes n'étaient nécessaires : l'entendement pour les
concepts et l'intuition sensible pour les objets, qui leur
correspondent. Si notre entendement était intuitif, il n'aurait
pas d'autre objet que le réel. Les concepts (qui se rapportent
simplement à la possibilité d'un objet) et les intuitions sensibles (qui nous donnent quelque chose, sans pour cela le faire
connaître comme objet) disparaîtraient les uns et les autres.
Or toute notre distinction entre le simple possible et le réel
repose sur ce que le possible signifie seulement la position de
la représentation d'une chose relativement à notre concept et
en général à la faculté de penser, tandis que le réel signifie
l'acte de position de la chose en soi même (en dehors de ce

---

1. Que nous ne puissions penser la finalité de la nature, sans penser un être suprême intelligent est une considération dont Kant reconnaît
l'importance dans la philosophie transcendantale (il faudrait en parler
minutieusement), mais dont il ne veut s'expliquer qu'épisodiquement.
Les post-kantiens, particulièrement Maïmon, Schelling, Hegel proteste-
ront vivement contre ce détour épisodique.

concept)[1]. Ainsi la distinction entre les choses possibles et les choses réelles est une distinction qui n'a de valeur que simplement subjectivement pour l'entendement humain, puisque nous pouvons toujours penser quelque chose, même s'il n'existe pas, ou nous représenter quelque chose comme donné, bien que nous n'en ayons encore aucun concept[2]. Ainsi ces propositions : les choses peuvent être possibles, sans être réelles ; on ne peut conclure de la simple possibilité à la réalité, – sont très justement valables pour la raison humaine, sans pour cela prouver que cette différence se trouve dans les choses elles-mêmes. En effet, que cela n'en puisse être conclu, par conséquent que ces propositions possèdent certes une valeur pour les objets – dans la mesure où notre faculté de connaître, en tant que conditionnée par le sensible, s'applique aux objets des sens – mais qu'elles ne possèdent pas une valeur pour les choses en général, c'est là ce qui résulte clairement de l'incessante exigence de la raison d'admettre quelque chose (le fondement originaire) en tant qu'existant nécessairement sans condition, et dans lequel possibilité et réalité ne doivent plus du tout être distinguées[3]. C'est une Idée pour laquelle notre entendement ne possède absolument aucun concept, c'est-à-dire qu'il ne peut découvrir aucune façon pour se représenter une telle chose et sa manière d'exister. En effet, s'il la *pense* (il peut la penser à sa guise), c'est simplement en tant que possible qu'elle est représentée. En est-il conscient comme donnée dans l'intuition ? alors elle

---

1. Add. de B. C.

2. Notre raison est obligée de distinguer le possible et le réel, parce qu'elle est liaison entre des concepts vides et des intuitions aveugles et le possible est la position unilatérale du simple concept. Mais cette distinction n'a de sens que *par* et *pour* la raison humaine, si bien qu'au-delà de nos facultés de connaître une liaison des deux moments est concevable. On voit pourquoi cette considération est de grande importance : il ne s'agit de rien moins que d'une définition de l'homme.

3. Ressentant comme un *manque* (c'est le point qu'il conviendrait d'élucider transcendantalement) la disjonction du possible et du réel la *raison*, sans que l'*entendement* lui fournisse le moindre concept, possède une Idée de l'être originaire, c'est-à-dire qu'elle ne peut découvrir aucun moyen pour se le représenter et c'est cependant ce qu'elle fait à partir du possible et du réel dira Hegel.

est réelle, sans qu'il pense quelque chose de sa possibilité.
C'est pourquoi le concept d'un être absolument-nécessaire est
sans doute une Idée indispensable de la raison[1], tandis que
pour l'entendement humain c'est un concept problématique,
inaccessible. Cependant, il possède une valeur pour l'usage de
nos facultés de connaître, étant donné la constitution spécifique de celles-ci, mais non par conséquent pour l'objet et
pour tout être connaissant : en effet, je ne peux présupposer
chez tout être pensant la pensée et l'intuition comme deux
conditions différentes de l'exercice des facultés de connaître,
ni par conséquent de la possibilité et de la réalité des choses.
[403] Pour un entendement en lequel cette différence n'inter-
viendrait pas, cela signifierait : tous les objets, que je connais,
sont (existent) ; et la possibilité de certains objets, qui sont
cependant inexistants, c'est-à-dire la contingence de ceux-ci
s'ils existaient, ainsi aussi que la nécessité qu'il en faut distinguer, ne pourrait pas du tout surgir dans la représentation
d'un tel être. S'il est si difficile pour notre entendement d'en
faire ici avec ses concepts autant que la raison, c'est simplement que ce que la raison établit comme principe, en tant
qu'appartenant à l'objet, est transcendant pour lui, comme
entendement humain (c'est-à-dire impossible selon les
conditions subjectives de sa connaissance). – Et alors cette
maxime conserve toujours sa valeur : nous pensons tous les
objets, lorsque leur connaissance dépasse la faculté de l'entendement, suivant les conditions subjectives de l'exercice de
nos facultés, nécessairement inhérentes à notre nature (c'est-
à-dire à la nature humaine) ; et si les jugements portés de
cette manière (et il ne peut en être autrement par rapport aux
concepts transcendants) ne peuvent être des principes constitutifs, qui déterminent l'objet, tel qu'il est constitué, ils

---

1. L'opposition de l'Idée et du concept est celle de la *raison* et de
l'*entendement* ; disant que l'Idée d'un être nécessaire est immanent et
nécessaire à la raison, Kant se rapproche de Descartes disant que le
Cogito est Idée de Dieu, cf. F. Alquié, *La découverte métaphysique de
l'homme chez Descartes*, Paris 1950.

demeurent néanmoins des principes régulateurs, immanents et sûrs à l'usage, et conformes aux vues humaines[1].

De même que la raison, dans la contemplation théorique de la nature, doit admettre l'Idée d'une nécessité inconditionnée de son fondement originaire, de même elle présuppose, au point de vue pratique, sa propre causalité inconditionnée (par rapport à la nature), c'est-à-dire la liberté, puisqu'elle est consciente de son commandement moral. Mais comme ici la nécessité objective de l'action, en tant que devoir, est opposée à celle qu'elle aurait, en tant qu'événement, si son fondement se trouvait dans la nature et non dans la liberté (c'est-à-dire dans la causalité de la raison) et comme l'action moralement-absolument-nécessaire est, physiquement considérée comme entièrement contingente (c'est-à-dire que ce qui *devrait* arriver nécessairement, souvent ne se produit pas), il est clair que si les lois morales doivent être représentées comme des commandements (et les actions, qui leur sont conformes, comme des devoirs) et que si la raison n'exprime pas cette nécessité par un *être* (arriver), mais comme *devoir-être* cela provient uniquement de la constitution subjective de notre faculté pratique : il n'en serait pas ainsi si la raison était considérée suivant sa causalité sans la sensibilité (comme condition subjective de son application aux objets de la nature), par conséquent en tant que cause dans un monde intelligible s'accordant absolument avec la loi morale, [404] et où il n'y aurait pas de différence entre devoir et faire, entre une loi pratique définissant ce qui est possible par nous et une loi théorique définissant ce qui est réel par nous. Bien qu'un tel monde intelligible, en lequel tout serait réel uniquement parce que possible (en tant que bien), et que la liberté elle-

---

1. Le texte est difficile parce que Kant semble manier deux arguments ; d'une part l'Idée de Dieu est une Idée de la raison et je *dois* la penser ; d'autre part puisqu'une simple Idée n'est jamais que régulatrice *je peux* ou non la penser. En fait le statut de l'Idée de Dieu demeure celui reconnu à un postulat de la raison pratique : c'est une Idée morale que je peux *logiquement* penser à titre de *croyance rationnelle*, me permettant de penser le monde sous un jour bienveillant. C'est un besoin de la raison.

même, en tant que condition formelle de ce monde, soit pour nous un concept transcendant, qui n'est pas valable comme principe constitutif propre à déterminer un objet et sa réalité objective, toutefois la liberté, par suite de la constitution de notre nature (en partie sensible) et de notre pouvoir, nous sert, ainsi qu'à tous les êtres raisonnables en relation au monde sensible – autant que nous pouvons nous les représenter d'après la constitution de notre raison – , de *principe régulateur* universel, qui ne détermine pas objectivement la nature de la liberté, en tant que forme de la causalité, mais qui, avec autant de valeur que s'il en était ainsi, transforme en commandement pour chacun la règle des actions d'après cette Idée[1].

De même, dans le cas qui présentement nous occupe, on peut admettre qu'entre le mécanisme de la nature et la technique de la nature, c'est-à-dire la liaison finale en celle-ci, nous ne trouverions aucune différence, si notre entendement ne devait pas aller du général au particulier, de telle sorte que la faculté de juger ne peut connaître aucune finalité en ce qui touche le particulier, et par conséquent ne peut porter aucun jugement déterminant, sans avoir une loi générale sous laquelle elle puisse le subsumer. Or comme le particulier, comme tel, contient quelque chose de contingent par rapport au général, et que cependant la raison exige l'unité dans la liaison des lois particulières de la nature, c'est-à-dire la légalité (laquelle légalité du contingent se nomme finalité), alors que la déduction des lois particulières à partir des lois universelles par détermination du concept de l'objet est impossible *a priori* en ce qui concerne la contingence que

---

1. Long rapprochement avec la *Critique de la raison pratique* par le truchement de l'Idée de liberté, second postulat de la raison pure pratique et fondement de tout le système. Tout de même que l'Idée de l'entendement supérieur pour lequel possible et réel ne font qu'un, la raison, si elle pouvait se mouvoir dans la sphère de l'intelligible, porterait sur le pouvoir en soi et non sur le devoir-être. Hegel pense que dans l'entendement archétype projeté au delà de la sphère du possible séparé du réel, s'explicite au contraire l'imagination transcendantale comme pouvoir de la *coïncidentia oppositorum,* SW, Glockner, Bd I, p. 318. Ce qui serait manqué par Kant ne serait pas moins que l'idée d'une raison dialectique.

ces lois particulières comprennent, le concept de la finalité de la nature dans ses productions devient pour la faculté humaine de juger par rapport à la nature un concept nécessaire, mais non un concept portant sur la détermination des objets eux-mêmes, donc un principe subjectif de la raison pour la faculté de juger, qui en tant que régulateur (non constitutif) vaut avec autant de nécessité pour notre *faculté de juger humaine,* que s'il était un principe objectif[1].

[405] § 77. *De la qualité propre*[2] *de l'entendement humain, grâce à laquelle le concept d'une fin naturelle est pour nous possible.*

Nous avons indiqué dans la remarque des qualités propres de notre faculté de connaître (même supérieure), que nous sommes facilement amenés à transférer aux choses elles-mêmes en tant que prédicats objectifs ; or elles concernent des Idées, auxquelles aucun objet, qui leur soit conforme, ne peut être donné dans l'expérience et qui ainsi ne peuvent servir que comme principes régulateurs dans l'analyse de cette dernière. Il en va, en vérité, tout de même du concept d'une fin naturelle, en ce qui concerne la cause de la possibilité d'un tel prédicat, cette cause ne pouvant se trouver que dans l'Idée ; mais la conséquence qui lui est conforme (le

1. Kant reprend son thème en doublant la disjonction du réel et du possible par celle du particulier et du général. Entre le mécanisme de la nature et sa technique nous ne trouverions aucune différence, si notre entendement, comme faculté de juger déterminante ne devait pas aller du général au particulier. De là suit l'intervention du jugement téléologique comme faculté de juger réfléchissante, qui remonte du particulier au général. Le propre de la faculté de juger réfléchissante est l'*induction*. Peut-être Kant a-t-il commis une erreur en se fondant sur la définition classique de l'induction. Comme Whewell l'a montré décisivement si nous pensons (quoi que ce soit) nous le pensons à partir du concept et l'induction ne consiste qu'à poser comme *nécessaire*, ce que nous pensons comme *contingent*. Hegel critique Kant en notant comment celui-ci a sous les yeux l'Idée de l'entendement archétype et celle de l'entendement fini et opte sans détour pour l'entendement fini, qu'il pose comme un point d'égoïté par rapport aux phénomènes.
2. Eigentümlichkeit.

produit lui-même) est cependant donnée dans la nature, et le concept d'une causalité de la nature, en tant qu'être agissant selon des fins, semble faire de l'Idée d'une fin naturelle un principe constitutif de la nature, et en cela elle possède quelque chose qui la rend différente de toutes les autres Idées[1].

Cette différence consiste en ceci : cette Idée n'est pas un principe rationnel pour l'entendement, mais pour la faculté de juger, et elle n'est donc que l'application d'un entendement en général aux objets possibles de l'expérience, et cela en vérité là où le jugement ne peut pas être déterminant, mais simplement réfléchissant, et lorsque, bien que l'objet soit donné dans l'expérience, on n'en *peut juger* conformément à l'Idée d'une *manière déterminée* (encore moins d'une façon adéquate), mais que l'on peut seulement réfléchir sur lui[2].

Il s'agit donc d'une qualité propre à *notre* entendement (humain), par rapport à notre faculté de juger, dans sa réflexion sur les choses de la nature. Mais s'il en est ainsi, l'Idée d'un autre entendement possible que l'entendement humain doit se trouver au fondement[3] (tout de même que dans la «Critique de la raison pure» nous devions avoir à l'esprit une autre intuition possible, si la nôtre devait être considérée comme étant une sorte particulière d'intuition, je veux dire celle pour laquelle les objets ont seulement une valeur en tant que phénomènes), afin que l'on puisse dire :

---

1. La fin naturelle qui réalise *in concreto* l'Idée, rend celle-ci sensible dans la nature. Elle est alors concevable pour la faculté réfléchissante à titre, semble-t-il, de *principe constitutif de la nature* et c'est cela qui la distingue des autres Idées de la raison (que sont l'existence de Dieu et l'immortalité de l'âme) qui ne sont jamais données. On peut alors parler d'un «factum» de la raison pure, cf. J. H. Zammito,*The Genesis of Kant's Critique of Judgment*, Chicago, 1992, p. 238-239. La séparation de l'entendement et de la raison devient dramatique et Schelling la biffera d'un trait de plume dès son premier ouvrage, *Vom Ich*.

2. Kant cherche à préciser la différence entre l'entendement fini et l'Idée. Celle-ci n'est pas un principe constitutif et rationnel pour l'entendement, mais pour la faculté de juger, toutefois un usage déterminant n'est pas autorisé par là; l'Idée pousse à la réflexion, non à la *détermination*.

3. Muss... zum Grunde liegen.

certains produits naturels *doivent*, en raison de la constitution particulière de notre entendement, *être considérés par nous* selon leur possibilité comme produits intentionnellement et en tant que fins, sans qu'il y ait lieu d'exiger pour cela l'existence réelle d'une cause particulière, [406] ayant comme principe de détermination la représentation d'une fin, sans contester par conséquent qu'un autre entendement (plus élevé) que l'entendement humain ne puisse aussi rencontrer le fondement de la possibilité de tels produits de la nature dans le mécanisme de celle-ci, c'est-à-dire dans une liaison causale, pour laquelle un entendement n'est pas admis comme cause de manière exclusive[1].

Il s'agit donc ici du rapport de *notre* entendement à la faculté de juger; nous y recherchons une certaine contingence de constitution pour la relever comme particularité de notre entendement et le distinguer des autres entendements possibles.

Cette contingence se trouve tout naturellement dans le *particulier*, que la faculté de juger doit ramener sous *le général* des concepts de l'entendement; en effet, le particulier n'est pas déterminé par le général de *notre* entendement (humain); et en combien de manières diverses des choses différentes, qui s'accordent cependant dans une qualité commune, peuvent se présenter à notre perception, cela est chose contingente. Notre entendement est une faculté des concepts, c'est-à-dire un entendement discursif, pour lequel la spécificité et la diversité du particulier, qui peut lui être

---

1. Le texte est difficile. Il y a un parallélisme entre la *Critique de la raison pure* et la *Critique de la faculté de juger*. Ici on suppose la possibilité d'intuitions autres que la nôtre. Là on suppose l'Idée d'un entendement autre que le nôtre. Au fondement des Idées nous devons supposer un être originaire, ne serait-ce que pour justifier l'ordre que nous rencontrons dans la belle nature. Le propre de notre faculté réfléchissante consiste, à considérer, selon l'Idée, des phénomènes comme des fins naturelles élaborées par une technique intentionnelle de la nature, sans pour autant nous élever aux questions de savoir s'il y a lieu «d'exiger pour cela l'existence d'une cause réelle particulière». On ne saurait nier que la cause originaire ne puisse procéder *mécaniquement*, et qu'en même temps cette production ne nous soit accessible par la *finalité*.

donné dans la nature et qui peut être rangé sous ses concepts, sont choses contingentes. Mais comme l'intuition est nécessaire aussi à la connaissance et que la faculté d'une *complète spontanéité de l'intuition* constituerait une faculté de connaître différente de la sensibilité et entièrement indépendante de celle-ci, qui serait donc entendement dans le sens le plus universel, on peut concevoir aussi un entendement *intuitif* (négativement, c'est-à-dire simplement en tant que non discursif)[1], qui n'irait pas du général au particulier et ainsi jusqu'au singulier (par des concepts) et pour lequel n'existerait pas cette contingence de l'accord de la nature avec l'entendement dans ses productions d'après des lois *particulières*, contingence qui rend si difficile pour notre entendement de ramener la diversité de celles-ci à l'unité de la connaissance ; c'est une tâche que notre entendement ne peut accomplir que grâce à l'accord des qualités naturelles avec notre faculté des concepts, accord qui est toujours très contingent, mais dont un entendement intuitif n'a pas besoin[2].

Notre entendement a donc ceci de propre pour la faculté de juger que dans la connaissance qu'il procure, le particulier n'est pas déterminé par le général et qu'il ne peut être uniquement dérivé de celui-ci ; cependant ce particulier dans la diversité de la nature doit s'accorder avec le général [407] (par des concepts et des lois), afin de pouvoir se trouver subsumé sous celui-ci ; et cet accord doit être sous de telles circonstances très contingent et sans principe déterminé pour la faculté de juger[3].

1. La parenthèse est une add. de B. C.
2. Résumé de la thèse concernant l'entendement dans la *Critique de la raison pure* : le particulier n'est pas déterminé par l'entendement pur qui doit se lier aux intuitions concrètes. En dehors de la liaison avec la *spontanéité* de l'intuition (ou de l'imagination transcendantale) tout demeure contingent pour l'entendement. C'est cette contingence qui rend difficile l'organisation de l'horizon de la faculté de juger réfléchissante. Pour un entendement intuitif ces problèmes n'existeraient pas.
3. Sur le mouvement conduisant la raison à ramener le divers à l'identique et à prendre soin de la diversité, cf. *Critique de la raison pure,* AK III, 434 sq.

Toutefois, afin de pouvoir à tout le moins penser la possibilité d'un tel accord des choses de la nature avec la faculté de juger (accord que nous nous représentons comme contingent et par conséquent comme possible seulement grâce à une fin particulière qui le concerne), nous devons penser en même temps un autre entendement par rapport auquel et cela antérieurement à toute fin qui lui serait attribuée, nous puissions nous représenter comme *nécessaire* cet accord des lois de la nature avec notre faculté de juger, qui n'est pensable pour notre entendement que par le moyen de la liaison des fins [1].

Notre entendement a, en effet, la propriété que dans sa connaissance, par exemple dans sa connaissance de la cause d'un produit, il doit aller du *général-analytique* (c'est-à-dire des concepts) au particulier (l'intuition empirique donnée) ; or il ne détermine rien par rapport à la diversité du particulier, mais doit attendre cette détermination pour la faculté de juger de la subsumption de l'intuition empirique sous le concept (si l'objet est un produit de la nature). Or nous pouvons aussi concevoir un entendement qui, parce qu'il n'est pas comme le nôtre discursif, mais intuitif, va du *général-synthétique* (de l'intuition d'un tout en tant que tel) au particulier, c'est-à-dire du tout aux parties, un entendement donc qui, tout de même que sa représentation du tout, ne comprend pas en lui-même *la contingence* de la liaison des parties pour rendre possible une forme déterminée du tout, tandis que celle-ci s'impose à notre entendement, qui doit aller des parties, pensées comme causes générales, aux différentes formes possibles qui peuvent être subsumées en tant que conséquences [2]. Mais d'après la constitution de notre enten-

---

1. Pour établir nos recherches, nous devons présupposer un Dieu vérace. Nulle part Kant ne s'est davantage rapproché de Descartes.

2. Les post-kantiens ont estimé que Kant en disait trop ou pas assez. Sa description détaillée de l'entendement intuitif est plus qu'une description en miroir de l'entendement humain limité. Celle-ci même soulèverait des doutes ; car enfin « qui » tient le miroir, si ce n'est un être apercevant les deux termes. Ou alors faut-il dire que le secret de la théologie de Kant est l'anthropologie ? Kant parle de *contraste* ; la seconde partie de l'alinéa est la reprise du 4ᵉ alinéa du § 65.

dement un tout réel de la nature est seulement à considérer comme effet du concours des forces motrices des parties. Si donc nous ne voulons pas nous représenter, comme il convient à notre entendement discursif, la possibilité du tout comme dépendant des parties, mais si nous voulons nous représenter selon l'entendement intuitif (archétype) la possibilité des parties (dans leur nature et dans leur liaison) comme dépendant du tout, étant donné cette qualité propre de notre entendement, cela ne peut se faire de telle sorte que le tout comprenne le principe de la possibilité de la liaison des parties (ce qui serait une contradiction dans le mode de la connaissance discursive), mais seulement de telle sorte [408] que la *représentation* d'un tout comprenne le principe de la possibilité de sa forme et de la liaison des parties qui s'y rattachent. Or comme alors le tout est un effet (*produit*), dont la *représentation* est considérée comme *cause* de sa possibilité, et que l'on nomme fin le produit d'une cause dont le principe de détermination est simplement la représentation de son effet, il s'ensuit que c'est uniquement une conséquence de la constitution particulière de notre entendement, si nous nous représentons comme possible les produits de la nature d'après une autre sorte de causalité que celle des lois naturelles de la matière, je veux dire seulement d'après la causalité des fins et des causes finales, et si ce principe ne concerne pas la possibilité de telles choses (même considérées comme phénomènes) d'après ce mode de production, mais seulement celle du jugement possible de ces choses pour notre entendement. Nous voyons donc aussi pourquoi dans la connaissance de la nature nous ne sommes guère satisfaits d'une explication des produits de la nature par la causalité suivant les fins : c'est que par là nous voulons seulement juger la production de la nature conformément à notre faculté de la juger, c'est à-dire à la faculté de juger réfléchissante et non conformément aux choses mêmes pour la faculté de juger déterminante. Il n'est d'ailleurs pas nécessaire de prouver ici qu'un tel *intellectus archetypus* est possible, mais seulement que le contraste avec notre entendement discursif, qui a besoin d'images (*intellectus ectypus*) et la contingence de la constitution de celui-ci, nous conduisent à cette Idée (celle d'un *intellectus archetypus*) et que celle-ci ne contient pas de contradiction [1].

Or si nous considérons un tout matériel, suivant sa forme, comme un produit des parties et de leurs forces et de leur faculté de se lier d'elles-mêmes (y compris d'autres matières, qu'elles s'adjoignent mutuellement), nous nous représentons un mode mécanique de production. Mais on ne parvient pas de la sorte à un concept d'un tout en tant que fin, dont la possibilité interne suppose nécessairement l'Idée d'un tout, dont dépend la nature et le mode d'action des parties, d'un tout enfin tel que nous devons nous représenter un corps organisé. Mais il ne s'ensuit pas, ainsi qu'on l'a montré, que la production mécanique d'un tel corps soit impossible ; en effet, cela signifierait qu'il serait impossible (c'est-à-dire contradictoire) pour *tout entendement* de se représenter une telle unité dans la liaison du divers, sans que l'Idée de celle-ci n'en soit aussi en même temps la cause productrice, c'est-à-dire sans production intentionnelle. C'est pourtant [409] ce qui s'ensuivrait en fait, si nous étions autorisés à considérer des êtres matériels comme des choses en soi. Alors, en effet, l'unité qui constitue le principe de la possibilité des formations naturelles, serait uniquement l'unité de l'espace, qui cependant n'est pas un fondement réel des productions, mais seulement la condition formelle de celles-ci, encore que l'espace présente avec le fondement réel que nous cherchons une certaine ressemblance en ceci qu'en lui aucune partie ne peut être déterminée sans l'être dans un rapport au tout (dont la représentation est ainsi au fondement de la possibilité des parties). Mais puisqu'il est à tout le moins possible de considérer le monde matériel comme simple phénomène et de penser quelque chose en tant que chose en soi (qui n'est pas phénomène) comme substrat, en supposant une intuition in-

---

1. A la fin de ce 7e alinéa, discernant l'*intellectus archetypus* et l'*intellectus ectypus*, Kant convient que la représentation du premier, nécessaire pour la faculté de juger réfléchissante, n'est en soi et pour rien que de possible, si bien qu'on peut le considérer comme une *maxime du jugement*.

tellectuelle correspondante (bien qu'elle ne soit pas la nôtre), il y aurait, bien qu'il nous soit inconnaissable, un fondement réel supra-sensible pour la nature, à laquelle nous appartenons nous-mêmes, et alors nous considérerions suivant des lois mécaniques ce qui dans la nature est nécessaire comme objet des sens, tandis qu'en même temps nous considérerions suivant des lois téléologiques dans la nature en tant qu'objet de la raison (la totalité même de la nature comme système) l'accord et l'unité des lois particulières et des formes selon ces dernières, qu'il nous faut regarder comme contingentes par rapport aux lois mécaniques, de telle sorte que nous jugerions la nature suivant deux principes, sans que le mode d'explication mécanique soit exclu par le mode d'explication téléologique, comme s'ils étaient contradictoires[1].

On peut comprendre à partir de là ce que l'on pouvait facilement supposer, mais difficilement soutenir et prouver avec certitude, à savoir que le principe d'une dérivation mécanique de productions naturelles finales pouvait bien se maintenir à côté du principe téléologique, mais sans pouvoir rendre celui-ci superflu ; ainsi à propos d'une chose, que nous devons juger comme fin naturelle (un être organisé), on peut essayer toutes les lois de la production mécanique connues et à découvrir et espérer ainsi parvenir à de bons résultats, mais cela ne dispensera jamais d'invoquer pour la possibilité d'un tel produit un principe de production tout différent, je veux dire la causalité finale ; et d'une manière

1. Kant confronte l'explication *mécanique* et l'explication *finale* nous donnant à entendre que la première ne nous satisfait pas parce que notre entendement est fini. Mais il se refuse à nier que pour un entendement différent du nôtre (*intellectus archetypus*) la solution mécanique ne prévaudrait pas. Il explique ensuite que si nous voulions considérer les phénomènes comme des *choses en soi*, l'unité du réel serait l'unité de l'espace qui ne contient rien en soi permettant d'élaborer des fins naturelles. En revanche puisqu'il est permis de regarder le monde matériel comme simple phénomène et de penser un substrat comme chose en soi, en supposant une intuition intellectuelle transcendante, on peut regarder comme issu de simples lois mécaniques, ce qui se donne à nous comme objet des lois téléologiques. Ainsi est fondée la thèse qui achève le §. 66 et qui nous demande de regarder tout objet entièrement sous le mécanisme et entièrement sous la visée téléologique.

absolue aucune raison humaine (ni aucune raison finie, qui serait au point de vue de la qualité semblable à la nôtre, mais qui lui serait bien supérieure par le degré) ne peut espérer comprendre à partir de simples causes mécaniques la production du moindre brin d'herbe. En effet, si la liaison téléologique des causes et des effets [410] est tout à fait indispensable à la faculté de juger pour la possibilité d'un tel objet, ne serait-ce que pour l'étudier avec le fil conducteur de l'expérience ; si pour les objets extérieurs, en tant que phénomènes, on ne peut dégager un principe suffisant se rapportant à des fins, mais que ce principe, qui se trouve aussi dans la nature, doit seulement être recherché dans le fondement supra-sensible de la nature, dont toute compréhension possible nous est refusée : alors il nous est absolument impossible de puiser dans la nature même des principes d'explication pour des liaisons finales et il est nécessaire, suivant la constitution de la faculté de connaître humaine, d'en rechercher le principe suprême dans un entendement originaire en tant que cause du monde [1].

§ 78. De l'union du principe du mécanisme universel de la matière avec le principe téléologique dans la technique de la nature.

Il importe infiniment à la raison de ne pas négliger le mécanisme de la nature dans ses productions et de ne pas le laisser de côté dans l'explication de celles-ci, parce que sans

---

1. Kant obtient le résultat que Bergson rejettera : dans une créature l'ordre du mécanisme co-habite avec l'ordre de la finalité de telle sorte qu'expliqué mécaniquement l'objet doit aussi être expliqué finalement. Dans le problème de l'union de l'âme et du corps Leibniz était parvenu à une position semblable. Mais c'est une pure position de principe puisqu'après Voltaire (*Histoire de Jenni* in *Romans et contes,* Gallimard, Bibliothèque de la Pléiade, 1954, p. 565) Kant reconnaît que le simple brin d'herbe que nous foulons aux pieds, sans y penser davantage, renferme des structures infiniment plus délicates que les lois de Newton ; réfléchissant sur ce point nous verrons que la raison nous guide à rechercher « le principe suprême dans un entendement originaire en tant que cause du monde » (remarque de G. Canguilhem).

celui-ci on ne peut rien comprendre à la nature des choses. Si l'on nous accorde même qu'un architecte suprême a immédiatement créé les formes de la nature, telles qu'elles ont de tout temps existé, ou que cet architecte a prédéterminé celles qui dans le cours de la nature se forment continuellement d'après le même modèle, notre connaissance de la nature ne s'en trouve pas par là le moins du monde avancée, parce que nous ne connaissons nullement le mode d'action de cet être et les Idées de celui-ci, qui doivent comprendre les principes de la possibilité des êtres de la nature, et que nous ne pouvons en partant de cet être, donc en allant de haut en bas (*a priori*), expliquer la nature. Mais si partant des formes des objets de l'expérience, donc en allant de bas en haut (*a posteriori*), parce que nous croyons y trouver de la finalité, nous invoquions, afin d'expliquer celle-ci, une cause agissant suivant des fins, notre explication serait tout à fait tautologique et nous tromperions la raison avec des mots, sans compter que lorsque ce type d'explication nous égare dans le transcendant, là où la connaissance de la nature ne peut nous suivre, la raison est entraînée à des divagations poétiques, alors que sa principale fonction consiste justement à les empêcher[1].

[411] D'un autre côté, c'est une maxime tout aussi nécessaire de la raison que de ne pas négliger le principe des fins dans les produits de la nature, parce que s'il ne nous rend pas plus compréhensible la structure de leur genèse, c'est cependant un principe heuristique pour étudier les lois particulières de la nature; supposé toutefois qu'on ne veuille en faire aucun usage pour expliquer ainsi la nature elle-même et qu'on veuille continuer à parler de fins seulement naturelles, bien qu'elles présentent visiblement une unité finale intentionnelle, c'est-à-dire sans rechercher au-delà de la nature le fondement de la possibilité de celles-ci. Il faut bien toutefois en arriver à poser la question de cette possibilité et il est dès lors nécessaire de penser pour elle une forme particulière de causalité, qui ne se trouve pas dans la nature, comme le méca-

---

1. Kant expose les raisons qui nous interdisent de juger le réel d'une manière déterminante *a priori* ou *a posteriori* : dans les deux cas nous ne parviendrions qu'à une tautologie et à un abus des mots.

nisme des causes naturelles a la sienne, puisque la réceptivité, que montre la matière pour plusieurs formes autres que celles qu'elle peut recevoir en vertu de ce mécanisme, suppose de plus la spontanéité d'une cause (qui ainsi ne peut être matière), sans laquelle on ne saurait donner une raison de ces formes. Cependant avant de s'engager dans cette démarche la raison doit user de précautions et ne pas chercher à expliquer comme téléologique toute technique de la nature, c'est-à-dire une faculté productrice de la nature manifestant en elle-même une finalité de formes pour notre simple appréhension (comme les corps réguliers), mais la considérer comme toujours uniquement mécaniquement possible ; mais vouloir pour cette raison exclure le principe téléologique et là où la finalité se montre, pour la recherche rationnelle de la possibilité des formes naturelles, indéniablement comme relation de par ses causes à une autre forme de causalité, vouloir toujours cependant suivre le simple mécanisme, c'est là ce qui doit obliger la raison à errer dans le domaine du fantastique, parmi de chimériques facultés de la nature, absolument contraires à la pensée, tout de même qu'une simple explication téléologique de la nature, qui ne s'appuie nullement sur le mécanisme de la nature, la fait verser dans l'enthousiasme [1].

Lorsqu'il s'agit d'une seule et même chose de la nature les deux principes comme principes réciproques de l'explication (déduction) ne peuvent être liés, c'est-à-dire qu'ils ne peuvent s'unir en tant que principes dogmatiques et constitutifs de la connaissance de la nature pour la faculté de juger déterminante. Si par exemple j'admets qu'il faut considérer un ver comme un produit du simple mécanisme de la matière (de la formation nouvelle, qu'elle réalise par elle-même, lorsque ses éléments sont libérés par la putréfaction), je ne peux dériver le même produit à partir de cette même matière comme d'une causalité [412] finale. Inversement, si je reconnais comme fin naturelle le même produit, je ne peux compter sur

---

1. Passage purement méthodologique : la raison avant de s'engager dans la démarche finaliste « doit user de précautions ».

un mode de production mécanique de celui-ci et admettre ce mode de production comme principe constitutif pour juger de la possibilité de ce produit, en unissant ainsi les deux principes. En effet, un mode d'explication exclut l'autre, même en supposant qu'objectivement les deux fondements de la possibilité d'un tel produit reposent sur un unique principe et que nous ne prenions pas garde à celui-ci. Le principe qui doit rendre possible leur union dans le jugement sur la nature suivant eux, doit être posé en ce qui se trouve en dehors d'eux (et par conséquent en dehors de la représentation empirique possible de la nature), mais qui contient leur fondement, c'est-à-dire dans le supra-sensible et chacun de ces modes d'explication doit être mis en relation avec ce principe. Comme nous ne pouvons avoir de ce dernier que le concept indéterminé d'un principe, qui rend possible le jugement de la nature suivant des lois empiriques, sans pouvoir d'ailleurs le préciser par aucun prédicat, il s'ensuit que l'union des deux principes ne peut reposer sur un principe de l'explication (*explicatio*) de la possibilité d'un produit d'après des lois données pour la faculté de juger déterminante, mais seulement sur un principe de l'exposition (*expositio*) de celle-ci pour la faculté de juger réfléchissante. – En effet, expliquer <erklären> consiste à dériver <ableiten> d'un principe que l'on doit pouvoir connaître et indiquer. Sans doute le principe du mécanisme de la nature et le principe de la causalité de la nature d'après des fins[1] dans un seul et même produit de la nature, doivent être liés dans un seul principe supérieur et en découler tous deux, parce qu'autrement ils ne pourraient pas se maintenir l'un à côté de l'autre dans l'étude de la nature. Mais si ce principe objectif commun, qui justifie la communauté des maximes de l'étude de la nature qui en dépendent, est un principe tel qu'on peut bien l'indiquer, mais qu'il ne peut jamais être connu précisément et présenté clairement pour qu'un usage en soit fait dans des cas donnés, alors on ne peut tirer d'un tel principe aucune explication, c'est-à-dire aucune déduction claire et précise de la possibi-

1. « Des fins », add. correct. de Erdmann.

lité d'un produit de la nature possible selon ces deux
principes hétérogènes. Or le principe commun de la déduction mécanique d'une part et de la déduction téléologique
d'autre part est *le supra-sensible*, que nous devons poser au
fondement de la nature en tant que phénomène[1]. Mais nous
ne pouvons à un point de vue théorique nous faire le moindre
concept déterminé positif de celui-ci. On ne peut [413] donc
expliquer comment d'après lui, en tant que principe, la
nature (d'après ses lois particulières) constitue pour nous un
système, qui peut être reconnu comme possible aussi bien
d'après le principe de production suivant les causes physiques
que d'après celui suivant les causes finales ; mais lorsqu'il se
trouve que des objets de la nature se présentent, qui ne
peuvent être pensés par nous dans leur possibilité d'après le
principe du mécanisme (qui revendique toujours un être de la
nature) sans que nous n'invoquions des principes téléologiques, on peut supposer que l'on peut étudier les lois de la
nature, en toute confiance, conformément aux deux principes
(lorsque la possibilité de leur production est connaissable
pour notre entendement à partir de l'un ou de l'autre de ces
principes), sans se heurter à l'apparent conflit, qui se manifeste entre les principes du jugement : car au moins la
possibilité que l'un et l'autre puissent s'unir objectivement en
un principe est assurée (puisqu'ils concernent des phénomènes, qui possèdent un fondement supra-sensible)[2].

Donc bien que par rapport à un même produit et à sa
possibilité le mécanisme aussi bien que le technicisme téléologique (intentionnel) de la nature puissent dépendre d'un
principe commun et supérieur de la nature suivant des lois
particulières, puisque ce principe est *transcendant*, nous ne
pouvons en raison de la limitation de notre entendement unir

---

1. Si le mécanisme est regardé et appliqué comme un principe
déterminant constitutif, il exclut alors la causalité finale et réciproquement ; c'est seulement comme maximes de la faculté de juger réfléchissante qu'ils s'accordent.

2. Si le mécanisme de la nature s'accorde avec la finalité comme
maxime, c'est qu'ils ont un point commun, à savoir un principe objectif
qu'on peut bien désigner, mais non pas expliciter : le *supra-sensible*.

les deux principes *dans l'explication* d'une seule et même production de la nature, même si la possibilité interne de ce produit n'est *intelligible* que par une causalité suivant des fins (comme il en est pour les matières organisées). On en reste alors au principe précité de la téléologie : étant donné la nature de l'entendement humain on ne peut pour la possibilité d'êtres organisés dans la nature admettre aucune autre cause qu'une cause agissant intentionnellement, le simple mécanisme de la nature ne pouvant suffire pour une explication de ses productions ; sans vouloir cependant rien décider en vertu de ce principe en ce qui concerne la possibilité de ces choses[1].

Ce principe n'est, en effet, qu'une maxime de la faculté de juger réfléchissante et non de la faculté de juger déterminante, et ne vaut par conséquent que subjectivement seulement pour nous et non objectivement pour la possibilité de cette sorte de choses (où les deux modes de production pourraient bien être liés en un seul et même principe) ; et comme de plus, sans le concept d'un mécanisme de la nature qui s'ajoute au mode de production téléologique, comme devant s'y rencontrer [414] en même temps, une semblable production ne pourrait pas du tout être pensée comme un produit de la nature, la précédente maxime entraîne en même temps la nécessité d'une union des deux principes dans le jugement des choses comme fins naturelles, mais non pour les remplacer l'un par l'autre totalement ou en partie. En effet, on ne peut admettre aucun mécanisme à la place de ce qui n'est pensé comme possible (du moins par nous) que suivant une intention ; et à la place de ce qui est reconnu comme nécessaire d'après le mécanisme, on ne peut admettre aucune contingence qui supposerait une fin comme principe de détermination ; on peut seulement subordonner l'une de ces maximes (le mécanisme) à l'autre (le technicisme intention-

---

1. Le fait que l'on doive présupposer un même principe d'explication pour les deux ordres (mécanisme et finalité) est une raison pour faire usage de tous deux.

nel), comme il peut très bien se faire d'après le principe transcendantal de la finalité de la nature [1].

En effet, là où des fins sont conçues comme fondements de la possibilité de certaines choses, il faut aussi admettre des moyens, dont la loi d'action n'exige rien, considérée en elle-même, de ce qui suppose une fin, et qui peut par conséquent être mécanique tout en étant une cause subordonnée d'effets intentionnels. C'est pourquoi si nous envisageons les productions organiques de la nature ; bien plus, si, en raison de leur quantité infinie, nous admettons l'intentionnel dans la liaison des causes naturelles d'après des lois particulières (au moins suivant une hypothèse permise) comme *principe général* de la faculté de juger réfléchissante pour la nature en totalité (le monde), nous pouvons penser une grande et même une union universelle des lois mécaniques avec les lois téléologiques dans les productions de la nature, sans confondre les principes du jugement de ces productions et sans en mettre un à la place d'un autre ; en effet, dans un jugement téléologique, même si la forme que la matière reçoit n'est jugée possible qu'en vertu d'une intention, celle-ci peut de par sa nature, conformément à des lois mécaniques, être subordonnée comme moyen à cette fin représentée ; or, comme le fondement de cette union possible se trouve en ce qui n'est ni l'un ni l'autre (ni mécanisme, ni liaison finale), mais le substrat supra-sensible de la nature dont nous ne connaissons rien, les deux modes de représentation de la possibilité de tels objets ne doivent pas être confondus pour notre raison (la raison humaine), mais nous ne pouvons pas les juger autrement que fondés d'après la liaison des causes finales sur un entendement supérieur, et ainsi rien n'est ôté à l'explication téléologique [2].

1. Kant semble admettre que les deux principes peuvent sous un certain rapport se trouver en relation de détermination dans leur application.

2. Ce n'est pas seulement à un être organisé que s'appliquent dans leur rapport de subordination les relations organiques ; Kant parle aussi d'une union « universelle des lois mécaniques avec les lois téléologiques ». C'est le système de la nature qui est visé. Kant admet que

Or comme c'est une chose indéterminée et pour notre raison à jamais indéterminable que l'étendue de l'action du mécanisme de la nature en tant que moyen [415] pour toute intention finale de la nature et puisqu'on peut admettre, en raison du principe intelligible précité de la possibilité d'une nature en général, que celle-ci est parfaitement possible suivant deux sortes de lois s'accordant universellement (les lois physiques et les lois des causes finales) – bien que nous ne puissions comprendre comment cela se peut – nous ne pouvons pas non plus savoir jusqu'où peut aller le mode d'explication mécanique qui est pour nous possible ; il est seulement certain qu'aussi loin que nous le poursuivions, il se trouvera toujours insuffisant pour les choses que nous reconnaissons comme fins naturelles et qu'ainsi, suivant la nature de notre entendement, nous devons subordonner toutes ces causes à un principe téléologique.

C'est là-dessus que se fonde le droit et, en raison de l'importance que possède l'étude de la nature suivant le principe du mécanisme pour l'usage théorique de notre raison, également l'obligation d'expliquer tous les produits et tous les faits de la nature, même ceux qui montrent le plus de finalité, mécaniquement d'une manière aussi étendue que cela est possible pour notre faculté (dont nous ne pouvons indiquer les bornes à l'intérieur de ce genre de recherche) ; mais sans jamais perdre de vue que les choses, que nous ne pouvons présenter à l'étude de la raison que sous le concept de fin, doivent en fin de compte, nonobstant ces causes mécaniques, et conformément à la nature de notre raison, être subordonnées à la causalité finale.

---

certains moments peuvent être davantage expliqués par le mécanisme, mais alors ils sont subordonnés à la fin (réputée intentionnelle). Le principe suprême de la téléologie demeure en tous les cas ce en quoi repose la complémentarité du mécanisme et de la téléologie.

MÉTHODOLOGIE
DE LA FACULTÉ DE JUGER TÉLÉOLOGIQUE

§ 79. *La téléologie doit-elle être traitée comme appartenant*
à la science de la nature ? [1]

Chaque science doit avoir sa place déterminée dans l'encyclopédie de toutes les sciences. S'il s'agit d'une science philosophique il faut lui assigner sa place soit dans la partie théorique de la philosophie, soit dans sa partie pratique, et si elle trouve sa place dans la partie théorique, cette place lui est indiquée soit dans la science de la nature, si elle étudie ce qui peut être objet de l'expérience (science des corps, psychologie, cosmologie générale par conséquent), soit dans la théologie (science du fondement originaire du monde comme totalité de tous les objets de l'expérience).

Et la question se pose : où placer la téléologie ? Appartient-elle à la science de la nature (proprement dite) ou à la

1. Dans le champ encyclopédique, la téléologie n'a pas sa place dans les sciences pratiques (justice et doctrine de la vertu) ; elle appartient encore moins à la théologie, car elle ne regarde que les objets dans la nature, et si elle a en vue une cause suprême, c'est pour servir la faculté de juger réfléchissante par cette Idée appropriée à l'entendement humain en tant que principe régulateur. Mais elle appartient encore bien moins, s'il est permis de s'exprimer ainsi, à la science de la nature (et ici Kant vise Newton qui laisse subsister dans la physique des éléments de théologie), car celle-ci ne connaît que des relations déterminantes (causes efficientes) et procède par pur mécanisme. La téléologie comme science, reposant sur l'accord des facultés de connaître, n'appartient en propre à aucune doctrine ; c'est seulement un point de vue méthodologique d'après lequel (critique) notre raison indique la méthode suivant laquelle il faut juger de la nature d'après le principe des causes finales ; et de la sorte Kant lui reconnaît une influence négative sur la démarche dans la science théorique et les conséquences qui s'ensuivent.

théologie ? Ce doit être à l'une des deux, car aucune science ne peut constituer la transition de l'une à l'autre, parce que transition signifie seulement articulation ou organisation du système et non pas place dans le système.

Il va de soi que la téléologie n'appartient pas à la théologie, en tant que partie de celle-ci, bien que cette dernière puisse en faire l'usage le plus important. En effet, elle a pour objet les productions de la nature et la cause de celles-ci ; et bien qu'elle ait en vue cette cause comme un principe placé en dehors et au-dessus de la nature (un auteur divin), elle sert ce faisant non pas la faculté de juger déterminante, mais seulement la faculté de juger réfléchissante dans l'observation de la nature (pour guider le jugement des choses dans le monde par cette Idée appropriée à l'entendement humain, en tant que principe régulateur).

[417] Mais elle paraît encore bien moins appartenir à la science de la nature, qui, pour donner des raisons objectives des effets de la nature, a besoin de principes déterminants et non pas seulement réfléchissants. Et en fait on ne gagne rien pour la théorie de la nature ou pour l'explication mécanique des phénomènes de celle-ci par leurs causes efficientes, lorsqu'on la considère d'après le rapport réciproque des fins. Poser des fins aux produits de la nature, dans la mesure où ils constituent un système d'après des concepts téléologiques, c'est là ce qui n'appartient proprement qu'à la description de la nature, qui est établie selon un fil conducteur particulier ; la raison accomplit certes là une œuvre magnifique, instructive et pratiquement utile à beaucoup de points de vue, mais elle ne donne aucun éclaircissement sur la production et la possibilité interne de ces formes, ce qui est cependant l'objet propre de la science théorique de la nature.

La téléologie, comme science, n'appartient à aucune doctrine, mais seulement à la critique et à la critique d'une faculté particulière de la connaissance, je veux dire la faculté de juger. Mais, dans la mesure où elle contient des principes *a priori,* elle peut et elle doit indiquer la méthode suivant laquelle il faut juger de la nature d'après le principe des causes finales ; et ainsi sa méthodologie a au moins une influence négative sur la démarche dans la science théorique de la nature et sur le rapport que celle-ci peut avoir dans la métaphysique à la théologie, comme propédeutique de cette dernière.

§ 80. *De la nécessaire subordination du principe du mécanisme sous le principe téléologique dans l'explication d'une chose comme fin naturelle*[1].

Le *droit* de *rechercher* un simple mode d'explication mécanique de tous les produits de la nature est en soi absolument illimité ; mais le *pouvoir* d'y *parvenir* de cette seule manière, étant donné la nature de notre entendement, dans la mesure où il a affaire à des choses comme fins naturelles, n'est pas seulement très borné, mais aussi clairement limité : de telle sorte que, d'après un principe de la faculté de juger, par la première méthode seule on ne peut arriver à les expliquer et que par conséquent le jugement de tels produits doit toujours être aussi subordonné par nous à un principe téléologique[2].

[418] Il est donc raisonnable, méritoire même, de suivre le mécanisme de la nature en vue d'une explication des produits de la nature, aussi loin qu'on le peut avec vraisemblance, et même de ne pas abandonner cette tentative, sous prétexte qu'il serait *en soi* impossible de rencontrer sur son chemin la finalité de la nature, mais seulement parce que *pour nous* en tant qu'hommes cela est impossible ; en effet, il faudrait pour cela une autre intuition que l'intuition sensible

1. Dans ce paragraphe et dans les suivants, Kant va dégager les conséquences méthodologiques de l'analytique du jugement téléologique. On pourra avoir l'impression qu'il se répète ; ce fut le sentiment de Fichte.
2. Affirmation claire et nette : il est raisonnable et méritoire, dans l'explication d'un produit organisé, de suivre le principe des causes réelles, ou encore le mécanisme, mais il serait déraisonnable de ne pas apercevoir sa nécessaire soumission ou subordination au principe téléologique. Si l'on voulait éviter cette démarche il faudrait pouvoir compter en l'homme sur une autre intuition que l'intuition sensible, c'est-à-dire sur une intuition qui poserait non seulement le corps organisé comme phénomène, mais comme chose en soi et cela reviendrait à nous placer au lieu de l'entendement archétype, fondement suprême de la nature.

et une connaissance déterminée du substrat intelligible de la nature à partir duquel on pourrait donner une raison du mécanisme des phénomènes d'après des lois particulières, ce qui dépasse totalement notre pouvoir[1].

Afin par conséquent que le savant ne travaille pas en pure perte, il doit dans le jugement des choses, dont le concept comme fins naturelles est indubitablement fondé (les êtres organisés), mettre toujours au principe une organisation originaire, qui utilise ce mécanisme même pour produire d'autres formes organisées ou pour développer la sienne propre en de nouvelles formes (qui résultent cependant toujours de cette fin et conformément à elle).

Il est honorable de parcourir, grâce à l'anatomie comparée, la grande création des natures organisées[2], afin de voir s'il ne s'y trouve pas quelque chose de semblable à un système d'après le principe même de la génération; en sorte qu'il ne nous soit pas nécessaire d'en rester au simple principe du jugement (qui ne donne aucun éclaircissement pour la compréhension de leur production) et, découragés, de renoncer à toute prétention en ce domaine à une *compréhension de la nature*[3]. La concordance de tant d'espèces animales dans un certain schème commun, qui semble être non seulement au fondement de leur squelette, mais aussi de la disposition des autres parties, où une admirable simplicité de plan a pu, en raccourcissant telle partie, en allongeant telle autre, en enveloppant celle-ci et en développant celle-là, produire une si grande diversité d'espèces, fait naître dans l'esprit un rayon

---

1. Pour que le savant ne travaille pas en pure perte, il doit toujours mettre au principe une organisation originaire qui utilise ce mécanisme pour produire de nouvelles formes.

2. L'anatomie comparée nous montre, supposé une organisation originaire, une gamme de phénomènes correspondants selon la double loi de la continuité et de la diversité. Cf. *Critique de la raison pure*, Appendice à la Dialectique transcendantale, AK III, 438 sq. Kant insiste sur le fait qu'une seule modification peut modifier le tout, conformément au triple *nexus finalis* qui caractérise l'organisme.

3. Je traduis le mot « Feld » par « domaine ». Ce terme ne doit pas être pris ici dans le sens très précis que Kant lui donne au début de son ouvrage.

d'espoir, faible il est vrai : il devrait être possible d'arriver à quelque chose avec le principe du mécanisme de la nature, sans lequel il ne peut en général y avoir aucune science de la nature. Cette analogie des formes, dans la mesure où en dépit de toutes les différences elles semblent avoir été produites conformément à un modèle originaire commun, renforce l'hypothèse d'une parenté réelle de celles-ci dans la production à partir d'une espèce mère primitive commune, par le fait que les espèces animales [419] se rapprochent l'une de l'autre par degrés, depuis celle en laquelle le principe des fins semble le mieux établi, c'est-à-dire l'homme, jusqu'au polype et de celui-ci jusqu'aux mousses et aux lichens mêmes et enfin jusqu'au degré le plus bas que nous connaissions de la nature, jusqu'à la matière brute ; de celle-ci et de ses forces, suivant des lois mécaniques (semblables à celles, selon lesquelles elle agit dans les cristallisations), semble dériver toute la technique de la nature, qui nous est si incompréhensible dans les êtres organisés, que nous nous croyons obligés de concevoir à cet effet un autre principe [1].

Il est donc permis à *l'archéologue* de la nature de faire surgir, d'après tout son mécanisme connu ou supposé, cette grande famille de créatures (car c'est ainsi qu'on devrait se la représenter si cette parenté dite universelle doit avoir un fondement) des traces, qui subsistent des plus anciennes révolutions de la nature. Il peut faire naître tout d'abord du sein de la terre, qui sortait à peine de son état chaotique (pour ainsi dire comme un animal de grande taille), des créatures d'une forme peu finale et de celles-ci à leur tour il peut en faire naître d'autres qui se forment d'une manière plus appropriée à leur lieu de reproduction et à leurs rapports

---

1. L'anatomie comparée nous conduit de l'être le plus adapté, l'homme, jusqu'à ces formes d'où la vie paraît presque absente : les mousses et les lichens. L'anatomie est ainsi une *histoire* pragmatique qui permet à Kant de faire de l'anatomiste un *archéologue* de la nature. Il donne la description du travail de l'archéologue de la nature, en le faisant partir des plus anciennes révolutions de celles-ci. Kant possède donc le principe d'évolution ; reste à savoir s'il ne l'utilise pas avec une Idée de la pré-existence des formes que viendrait remplir le développement organique.

réciproques; jusqu'à ce que cette matrice elle-même se fige, s'ossifie, limite ses produits à des espèces déterminées, qui ne dégénéreront plus, et que la diversité demeure telle qu'elle se trouvait être au terme de l'opération de cette féconde force formatrice. – Il doit cependant pour cette fin douer cette mère universelle d'une organisation qui soit finale par rapport à toutes ces créatures, car autrement la forme finale des productions du règne animal et végétal n'est pas pensable en sa possibilité.[1]*. Mais alors [420] il n'a fait que repousser plus loin le principe d'explication et il ne peut prétendre avoir

---

1.* On peut nommer une hypothèse de cette sorte une aventure hardie de la raison; et il doit exister peu de savants, même des plus pénétrants, qui n'y aient songé parfois. Car ce n'est pas aussi absurde que la *generatio aequivoca*; on entend par là la génération <Erzeugung> [N.d.T. : Le terme *Erzeugung* peut être traduit de deux manières: génération, production. Lorsque cela est possible nous usons du terme production qui nous parait plus neutre et souvent plus conforme au sens du texte. Ajoutons que la traduction exige parfois le terme production plutôt que le terme génération.] d'un être organisé par le mécanisme de la matière brute inorganisée. Ce serait cependant toujours une *generatio univoca* dans le sens le plus général du terme, dans la mesure même où ce serait toujours quelque chose d'organique qui serait produit à partir d'une autre chose organique, mais toutefois en ce genre des êtres spécifiquement différents ; par exemple si certains animaux aquatiques se transformaient peu à peu en animaux des marécages, et s'ils se transformaient ensuite en animaux des terres après quelques générations. A priori, au jugement de la simple raison, il n'y a pas là de contradiction. Mais l'expérience ne nous montre aucun exemple de cela ; d'après l'expérience toute génération, connue de tous, est bien plutôt *generatio homonyma*, et non pas simplement *univoca*, par opposition à la génération à partir de la matière inorganisée, et elle réalise aussi un produit qui est semblable dans son organisation au principe producteur, tandis que la *generatio heteronyma*, aussi loin que s'étende notre connaissance empirique de la nature, ne peut être rencontrée nulle part. [N.d.T. : *generatio aequivoca* = génération d'un être organisé par le mécanisme de la matière brute inorganisée ; *generatio univoca* : production d'une réalité organique par une autre réalité organique (épigénèse) ; *generatio homonyma* : production d'une être organisé à l'intérieur d'une espèce ou à partir de la souche mère. La *génération heteronyma* (le contraire de la génération *homonyma*) ne se rencontre nulle part dans l'expérience. Au début de sa note Kant définit l'idée d'évolution et les recherches qu'elle suscite comme une aventure de la raison.]

rendu la production de ces deux règnes indépendante de la condition des causes finales.

Le changement même auquel sont accidentellement soumis certains individus d'espèces organisées, si l'on remarque que leur caractère ainsi modifié devient héréditaire et se trouve compris dans la force de reproduction, ne peut être considéré autrement que comme le développement occasionnel d'une disposition finale originairement existante dans l'espèce en vue de sa conservation ; car la production d'êtres de même espèce, étant donné la finalité interne complète d'un être organisé, est intimement liée à la condition de ne rien admettre dans la force de reproduction qui, dans un tel système de fins, n'appartienne pas aussi à l'une des dispositons primitives non développées. En effet, si l'on s'écarte de ce principe, on ne peut pas savoir avec certitude si plusieurs éléments d'une forme, actuellement saisissable dans une espèce, ne pourraient pas être aussi d'une origine contingente et sans fin ; et le principe de la téléologie : ne jamais juger dépourvu de finalité dans un être organisé ce qui se conserve dans sa reproduction, – deviendrait bien incertain dans l'application et serait uniquement valable pour la souche primitive (que nous ne connaissons plus).

A tous ceux qui estiment nécessaire d'admettre pour toutes ces fins naturelles un principe téléologique du jugement, c'est-à-dire un entendement architectonique, Hume propose l'objection suivante : on serait aussi bien en droit de demander comment un tel entendement est possible, c'est-à-dire comment les diverses facultés et qualités, qui constituent la possibilité d'un tel entendement, qui possède aussi une puissance réalisatrice, peuvent être réunies d'une manière si finale en un être ? Mais cette objection n'est pas valable. En effet, toute la difficulté qui entoure la question de la première production d'un être comprenant en soi des fins et compréhensible seulement par elles, repose sur la recherche de l'unité du principe de la liaison du divers et des éléments extérieurs les uns aux autres dans ce produit ; en effet [421] si on place ce principe dans l'entendement d'une cause productrice en tant que substance simple, cette question, dans la mesure où elle est téléologique, trouve une réponse suffisante, tandis que si la cause est simplement cherchée dans la matière, en tant qu'agrégat de nombreuses substances extérieures les unes aux autres, l'unité du principe pour la forme intérieure finale de sa formation fait complètement défaut; et l'*autocratie* de la matière dans des productions, qui ne peuvent être comprises par notre entendement qu'en tant que fins, est un mot vide de sens[1].

C'est pourquoi ceux qui recherchent un principe de possibilité supérieur pour les formes objectives-finales de la matière, sans pourtant lui accorder l'intelligence, font cependant volontiers de l'Univers une substance unique comprenant tout (panthéisme) ou (ce qui n'en est qu'une explication plus déterminée) un ensemble de nombreuses déterminations inhérentes à *une unique substance simple* (Spinozisme), à seule fin d'en dégager *l'unité* du principe, qui est condition de toute finalité; ce faisant, grâce au simple concept ontologique d'une substance simple, ils satisfont à *une* condition du problème, je veux dire l'unité dans la liaison finale[2], mais ils n'apportent rien en ce qui touche *l'autre* condition, c'est-à-dire la relation de celle-ci à sa conséquence en tant que *fin*, par laquelle ce principe ontologique doit être plus précisément déterminé, et par conséquent ils ne résolvent nullement la question tout entière. Mais cette question demeure aussi absolument insoluble pour notre raison, si nous ne nous représentons pas ce fondement originaire des choses comme *substance* simple et si nous ne nous représentons pas sa vertu propre pour la constitution spécifique des formes naturelles qui se fondent sur elle, c'est-à-dire l'unité de fin, comme celle d'une substance intelligente, ainsi que le rapport de cette substance à ces formes comme un rapport de *causalité* (en

---

1. L'évolution ne peut être *créatrice* au sens de Bergson : le changement auquel sont soumis les individus (Kant adhère à la théorie des caractères acquis) ne peut être considéré que comme le «développement occasionnel» d'une disposition finale originairement existante dans l'espèce.

2. AB. rapport des fins <Zweckbeziehung>.

raison de la contingence que nous trouvons en tout ce que nous nous représentons seulement en tant que fin)[1].

§ 81. *De la composition du mécanisme avec le principe téléologique dans l'explication d'une fin naturelle comme produit de la nature.*

Tout de même que d'après le paragraphe précédent le mécanisme de la nature ne peut pas seul suffire pour concevoir la possibilité d'un [422] être organisé, mais au contraire (du moins d'après la nature de notre faculté de connaître) doit originairement être subordonné à une cause agissante intentionnellement ; de même le simple principe téléologique d'un tel être ne suffit pas pour le considérer et le juger en même temps comme un produit de la nature, si le mécanisme de celle-ci n'est pas composé avec ce principe, pour ainsi dire comme l'instrument d'une cause agissant intentionnellement et aux fins de laquelle la nature est soumise dans ses lois mécaniques. La possibilité d'une telle union de deux formes toutes différentes de causalité, celle de la nature dans sa légalité universelle avec une Idée qui restreint celle-ci à une forme particulière, pour laquelle elle ne contient en soi aucun principe, n'est pas comprise par notre raison ; elle réside dans le substrat supra-sensible de la nature dont nous ne pouvons rien déterminer positivement, si ce n'est que c'est l'être en soi, dont nous ne connaissons que le phénomène. Mais le principe suivant lequel tout ce que nous admettons comme

1. Kant attaque d'abord l'*empirisme* (Hume), puis le *dogmatisme* avéré (Spinoza). Hume s'interroge sur la diversité des facultés que devrait posséder l'être originaire comme auteur de la création. Kant répond que toute la difficulté du problème est inverse : comment expliquer la diversité dans l'unité du produit organisé ? Que si l'on veut ne retenir que la matière on devra ériger un principe à partir des agrégats qui composent la matière. – Le reproche adressé à Spinoza est toujours le même : établir un lien ontologique entre les modes (Eth. I, prop. XXIX). Spinoza fonde bien le principe d'unité, mais c'est la différence, fonction sans laquelle la finalité est vide, qui lui fait défaut. Kant, enfin, affirme que cette Idée (celle d'un entendement archétype liant dans une unité le contenu des deux maximes du jugement réfléchissant) est indémontrable, bien que ce soit une hypothèse nécessaire de la raison.

appartenant à cette nature (*phaenomenon*) et comme produit de celle-ci, doit être pensé par nous comme lui étant lié d'après des lois mécaniques, conserve néanmoins toute sa force, parce que sans cette forme de causalité, des êtres organisés comme fins de la nature ne pourraient être aussi des produits de la nature[1].

Si l'on admet le principe téléologique de la production de ces êtres (et on ne peut faire autrement), on peut fonder la cause de leur forme finale interne soit sur *l'occasionalisme*, soit sur le *praestabilisme*. D'après le premier la cause suprême du monde donnerait, suivant son Idée, à l'occasion de chaque accouplement, la forme organique d'une manière immédiate au mélange matériel qui s'y opère ; d'après le second elle aurait placé seulement dans les premiers produits de sa sagesse la disposition grâce à laquelle un être organique engendre son semblable et l'espèce se conserve toujours, les individus qui disparaissent étant continuellement remplacés par leur nature qui travaille aussi à leur destruction. Si l'on admet l'occasionalisme de la production des êtres organisés, on ruine alors la nature tout entière et avec elle aussi tout usage de la raison pour réfléchir sur la possibilité d'un tel genre de production ; aussi peut-on supposer qu'aucun de ceux, qui prennent intérêt à la philosophie, n'acceptera un tel système[2].

Le praestabilisme peut maintenant procéder de deux manières. Il considère, en effet, tout être organique engendré par son semblable [423] comme *l'éduction* ou comme la *pro-*

---

1. Bien que nous ne puissions pas comprendre par notre raison la liaison du mécanisme et de la finalité dans une Idée, il demeure clair que nous devons les accepter méthodologiquement.

2. L'*occasionalisme* (Kant prend en vue de manière lointaine la théorie de Malebranche) expliquerait l'évolution par l'intervention à chaque accouplement de la forme organique qu'on y rencontre, tandis que le *praestabilisme* voudrait que la Sagesse de Dieu ait tout déposé dans la créature première, comme il en va dans la théorie (malebranchiste !) de l'emboîtement des germes. Ainsi, en dépit de la disparition des individus, l'espèce se conserverait toujours. L'occasionalisme étant un perpétuel miracle, on ne saurait le recevoir comme une théorie bien fondée.

duction du premier. Le système des générations par éduction est le système de la *préformation individuelle* ou la *théorie de l'évolution*; le système des générations en tant que productions se nomme système de l'*épigénèse*. On peut aussi appeler ce dernier le système de la *préformation générique*, parce que la faculté productrice des êtres qui engendrent, donc leur forme spécifique, était préformée *virtualiter* d'après les dispositions internes finales, qui étaient échues à leur race. D'après cela on ferait mieux d'appeler la théorie opposée de la préformation individuelle, théorie de l'*involution* (ou de l'emboîtement) [1].

Les défenseurs de la théorie de l'*évolution*, qui enlèvent tout individu à la force formatrice de la nature, pour le faire surgir immédiatement de la main du Créateur, n'osaient pas cependant admettre que cela s'effectue suivant l'hypothèse de l'occasionalisme, de telle sorte que l'accouplement ne serait qu'une simple formalité, suivant laquelle une cause suprême du monde douée d'entendement aurait décidé de former chaque fois directement un fruit et de ne laisser à la mère que le développement et la nourriture de celui-ci. Ils se déclarèrent pour la préformation, comme si ce n'était pas la même chose que d'admettre la genèse surnaturelle de ces formes au début ou dans le cours du monde; au contraire, par la création occasionnelle on faisait l'économie d'une grande quantité d'institutions naturelles, qui étaient nécessaires afin que l'embryon formé au commencement du monde n'eût pas à souffrir des forces destructrices de la nature et se conservât en son intégrité pendant toute la longue période jusqu'à son

---

1. Eduction, cf. *supra*, notre note au § 65. L'éduction définit ici un système ou tout être organique est engendré par son semblable; maintenant l'éduction se divise en système de la *préformation* (système proche du praestabilisme) ou en théorie de l'évolution. – Kant parle aussi d'*épigénèse*. Ce terme signifie la génération des organismes par formations nouvelles et successives. La théorie de l'épigénèse a établi, contrairement à celle de la *préformation* syngénésique selon laquelle la génération des diverses espèces d'êtres organisés s'est effectuée en des temps différents, que les nouveaux individus qui naissent sont réellement les produits des individus qui les engendrent et que la génération est une véritable production ou création nouvelle (Wolf, Blumenbach).

développement; de même, un nombre d'êtres préformés immensément plus grand que le nombre de ceux qui devaient jamais se développer, et avec ceux-ci autant de créations devenaient ainsi inutiles et sans fin. Mais ils désiraient cependant laisser au moins ici quelque chose à la nature, afin de ne pas tomber en pleine *hyperphysique,* qui, elle, peut écarter toute explication naturelle. Ils tenaient cependant encore fermement à leur hyperphysique, puisque même dans les monstruosités (qu'il est bien cependant impossible de tenir pour des fins de la nature) ils trouvaient une admirable finalité, même si elle ne devait avoir d'autre but qu'un anatomiste en soit choqué comme d'une finalité sans fin et doive en ressentir une admiration qui le consterne. Cependant ils ne purent absolument pas faire entrer la production des bâtards dans le système de la préformation, [424] et ils durent accorder à la semence du mâle, à laquelle ils n'avaient d'ailleurs attribué que la propriété mécanique de servir de premier moyen de nourriture à l'embryon, une force finale formatrice, qu'ils ne voulaient cependant, par rapport au produit entier de l'accouplement de deux créatures de la même espèce, accorder à aucune des deux[1].

Si en revanche on ne voyait pas immédiatement le grand avantage que le défenseur de *l'épigénèse* possède sur le précédent, en ce qui touche les raisons tirées de l'expérience comme preuves de ses théories, la raison serait cependant fort prévenue en faveur de son explication parce que cette dernière considère la nature – par rapport aux choses qu'on ne peut originairement se représenter comme possibles que d'après la causalité des fins – non pas simplement comme ce qui développe, mais comme ce qui produit, tout au moins en

---

1. Les partisans de *l'évolution,* proches de l'occasionalisme, se prononcèrent d'une part pour l'éduction et d'autre part pour la préformation «comme si ce n'était pas la même chose que d'admettre la genèse surnaturelle de ces formes au début ou dans le cours du monde». L'objection fondamentale de Kant est fondée sur l'impossibilité de produire des bâtards féconds (le mulet par exemple, bâtard de cheval et d'âne, ne peut se reproduire). Cet argument pesait lourdement dans le dogme de la constance des espèces opposée à l'évolution.

ce qui concerne la reproduction, et qu'ainsi avec le plus petit usage possible du surnaturel, elle abandonne tout ce qui suit du premier commencement à la nature (sans déterminer quelque chose au sujet de ce premier commencement où la physique échoue en général, quelle que soit la chaîne des causes qu'elle veuille essayer)[1].

En ce qui touche cette théorie de l'épigénèse personne n'a plus fait que M. le Conseiller aulique Blumenbach[2], tant en ce qui regarde les preuves de celle-ci, que la fondation des vrais principes de son application, et cela en partie par la limitation d'un usage souvent dénué de mesure de ceux-ci. Il commence à la matière organisée toute explication physique de ces formations. En effet, il déclare à bon droit absurde que la matière brute se soit formée d'elle-même originairement d'après des lois mécaniques, que la vie ait pu jaillir de la nature de ce qui est inanimé, et que la matière ait pu d'elle-même prendre la forme d'une finalité se conservant elle-même ; toutefois sous ce *principe* insondable pour nous d'une *organisation* originaire, il laisse au mécanisme de la nature une part indéterminable, mais en même temps toutefois impossible à méconnaître et cette faculté de la matière dans un corps organisé (à la différence de la force de formation simplement mécanique, qui lui appartient généralement) est appelée par lui *tendance formatrice* (elle serait pour ainsi dire sous la direction supérieure de la première et recevrait ses instructions).

1. Si Kant se prononce pour l'épigénèse c'est parce que d'un point de vue méthodologique elle présuppose moins que les autres théories. Il va de soi qu'au niveau des théories portant sur l'évolution des espèces, Kant est bien moins armé qu'en physique. Mais l'on peut dire avec E. Cassirer (*Kants Leben und Lehre,* W.B., Darmstadt, 1975) qu'en découvrant le concept de fin Kant découvre un concept du supra-sensible, posé non plus comme *focus imaginarium*, mais comme possibilité de compréhension de la métaphysique.

2. Joh. F. Blumenbach, célèbre anatomiste, physiologue et zoologiste, dont l'influence sur Kant est importante. Cf. E. Adickes, *Kant als Naturforscher*, Bd. II. Kant s'appuie toujours sur le *Handbuch der Naturgeschichte* (1782) de Blumenbach, où il a puisé toutes ses idées concrètes.

[425] § 82. *Du système téléologique dans les rapports
extérieurs des êtres organisés.*

Par finalité externe j'entends celle par laquelle une chose
de la nature sert à une autre de moyen en vue d'une fin. Des
choses, qui ne possèdent aucune finalité interne ou qui n'en
supposent pas pour leur possibilité, par exemple la terre,
l'air, l'eau... etc., peuvent cependant extérieurement, c'est-à-
dire en rapport à d'autres choses être très finales ; mais
celles-ci doivent toujours être des êtres organisés, c'est-à-
dire des fins naturelles, sinon les autres ne pourraient être
considérées comme moyens. Ainsi l'eau, l'air et la terre ne
peuvent être considérés comme moyens pour l'amoncellement de montagnes, parce que celles-ci ne contiennent rien
qui exige une raison de leur possibilité d'après des fins et en
rapport auquel leur cause puisse jamais être représenté sous
le prédicat de moyen (qui servirait à cette fin) [1].

La finalité externe est un concept tout différent du
concept de la finalité interne, qui est liée à la possibilité d'un
objet, sans que l'on considère si sa réalité est elle-même fin
ou non. Au sujet d'un être organisé on peut encore demander : pourquoi existe-t-il ? mais on ne le peut facilement au
sujet de choses en lesquelles on ne reconnaît que l'effet du
mécanisme de la nature. En effet, nous nous représentons
pour la possibilité interne des êtres organisés une causalité
d'après des fins, un entendement créateur, et nous rapportons
cette faculté active à sa raison déterminante, l'intention. Il
n'existe qu'une seule finalité externe, qui est liée avec la
finalité interne de l'organisation, sans qu'il y ait à poser la

---

1. Kant revient sur le thème de la *finalité externe*. On a vu comment
aux §§ 63-64 il admettait une finalité externe, par exemple le rapport
entre deux feuilles d'arbre qui existent comme des *individus* dans une
même république organique (l'arbre en totalité). Mais ici il est question,
de nouveau de la finalité externe dogmatique. Par exemple l'eau, l'air et
la terre ne peuvent être considérés comme moyen pour l'amoncellement
de montagnes, parce que celles-ci ne contiennent rien qui exige une
raison de leur possibilité d'après des fins. Il reste qu'une chose peut
participer de la finalité externe si elle rend possible (par le problème de
l'adaptation) la réalité d'une fin organique.

question de savoir dans quel but devait exister cet être ainsi organisé, et qui sert toutefois dans le rapport extérieur de moyen à fin : c'est l'organisation des deux sexes en relation l'un à l'autre pour la reproduction de leur espèce ; car ici on peut encore comme pour l'individu poser la question : pourquoi un tel couple devait-il exister ? La réponse est : celui-ci constitue tout d'abord un tout *organisateur,* bien qu'il ne soit pas un tout organisé dans un seul corps[1].

Si l'on pose maintenant la question de savoir pourquoi une chose existe, la réponse sera : ou bien son existence et sa production ne possèdent aucun rapport à une cause agissant selon des fins, [426] et en ce cas on lui donne toujours une origine à partir du mécanisme de la nature ; ou bien il existe un fondement intentionnel de son existence (en tant qu'être contingent de la nature) et on peut difficilement séparer cette pensée du concept d'une chose organisée ; comme, en effet, nous devons fonder sa possibilité interne sur une causalité des causes finales et sur une Idée qui est au fondement de cette causalité, nous ne pouvons pas penser l'existence de ce produit autrement que comme fin. Car l'effet représenté, qui est aussi le principe déterminant de la cause intelligente qui le produit, se nomme *fin.* Dans ce cas on peut dire ou bien que la fin de l'existence d'un tel être de la nature est en lui-même, c'est-à-dire qu'il n'est pas simplement fin, mais aussi *but ultime* ; ou bien ce but ultime est en dehors de lui dans d'autres êtres de la nature, c'est-à-dire qu'il n'existe pas finalement en tant que but ultime, mais nécessairement aussi comme moyen.

Or si nous parcourons toute la nature, nous ne trouvons en elle, en tant que nature, aucun être qui pourrait prétendre au privilège d'être le but ultime de la création et l'on pourrait même démontrer *a priori* que ce qui à la rigueur pourrait être pour la nature une *fin dernière* ne pourrait jamais être

---

1. Il y a un cas où la finalité externe n'est pas discutable : c'est l'organisation des deux sexes en relation l'un à l'autre pour la reproduction (premier double *nexus finalis*). La question sans cesse posée est celle qui détruit le dogmatisme de la finalité externe-solution : pourquoi cette chose existe-t-elle ?

un *but ultime* en dépit de toutes les déterminations et de toutes les propriétés concevables dont on pourrait le munir[1].

Si on considère le règne végétal, on pourrait tout d'abord en raison de l'immense fécondité, avec laquelle il se répand sur chaque sol, être conduit à le tenir pour un simple produit du mécanisme de la nature, qu'elle montre dans les formations du règne minéral. Mais une connaissance plus précise de l'organisation de ce règne, qui est d'une sagesse indescriptible, ne nous permet pas de nous attacher à cette pensée et suscite la question : pourquoi ces créatures existent-elles ? Si l'on répond : pour le règne animal, qui s'en nourrit, de telle sorte qu'il a pu se répandre sur la terre en tant d'espèces diverses, la question se renouvelle : pourquoi ces animaux, les herbivores, existent-ils ? Il faudrait sans doute répondre : pour les bêtes de proie, qui ne peuvent se nourrir que de ce qui vit. Enfin se pose la question : à quoi servent tous les précédents règnes de la nature ? A l'homme, aux différents usages que son entendement lui apprend à faire de chaque créature ; et il est la fin ultime de la création sur terre, parce qu'il est en celle-ci le seul être qui peut se faire un concept des fins [427] et qui par sa raison peut constituer un système des fins à partir d'un agrégat de choses formées finalement.

On pourrait, avec le chevalier Linné, suivre un chemin en apparence inverse et dire : les herbivores existent pour modérer le développement luxuriant du règne végétal, qui pourrait bien étouffer un grand nombre de leurs espèces ; les carnassiers existent pour poser des limites à la voracité de ces animaux ; enfin l'homme est là pour que, en poursuivant les carnassiers et en diminuant leur nombre, il établisse un certain équilibre entre les forces productrices et destructrices de la nature. Et ainsi l'homme, bien qu'il puisse sous un cer-

---

1. Kant introduit le concept de fin *dernière* <letzter Zweck> qu'il oppose au but final (ou *ultime*) <Endzweck>. Aucun être de la nature (même s'il réussit sa destination), auquel cas c'est un but ou une fin dernière, ne peut prétendre être le but ultime de la nature.

tain rapport être digne d'être regardé comme fin, ne posséderait sous un autre rapport que le rang de moyen[1].

Si l'on prend comme principe une finalité objective dans la variété des espèces terrestres et dans leur rapport extérieur les unes aux autres, en tant qu'êtres construits de manière finale, il est conforme à la raison de penser alors dans ce rapport une certaine organisation et un système de tous les règnes de la nature d'après des causes finales. Seulement l'expérience semble ici contredire clairement la maxime de la raison, et particulièrement, en ce qui concerne une fin dernière de la nature, qui est cependant nécessaire pour la possibilité d'un tel système et que nous ne pouvons situer nulle part ailleurs que dans l'homme, car par rapport à lui, en tant que représentant une des nombreuses espèces animales, la nature n'a en rien modifié ses forces destructives aussi bien que productives, soumettant tout, sans la moindre fin, au mécanisme de celles-ci.

Ce qui devrait, en premier lieu, être intentionnellement disposé dans une organisation visant un tout final des êtres de la nature sur terre, ce serait sans doute leur demeure, le sol et l'élément, sur lequel et dans lequel ils devraient se développer. Mais une connaissance plus précise de la nature des éléments de toute production organique ne révèle que des causes agissant tout à fait inintentionnellement et détruisant, plutôt qu'elles ne les favorisent, les fins, la production et l'ordre. Non seulement la terre et la mer contiennent des vestiges d'anciennes et puissantes destructions, qui les ont atteintes, ainsi que toutes les créatures qu'elles portaient ou renfermaient, mais encore leur structure tout entière, les couches de l'une, les limites de l'autre, ont tout à fait l'aspect du produit des forces sauvages et toutes-puissantes de la nature travaillant dans un état chaotique. [428] D'une manière

---

1. Pourquoi ces choses existent-elles ? depuis le règne végétal en son ordre si manifeste (Linné) jusqu'aux animaux et enfin l'homme. Kant apporte une raison qui a prévalu dans la dogmatique : l'homme est fin *dernière* parce qu'il est le seul qui par sa raison puisse réfléchir la nature en soi. Il n'a garde d'omettre la systématique (en apparence inverse) de Linné.

si finale que puissent paraître disposées maintenant la forme, la structure, l'inclinaison des terres pour recueillir les eaux de pluie, pour la formation des sources entre des couches de diverses sortes (qui elles-mêmes servent pour de nombreuses productions) et pour le cours des fleuves, un examen plus approfondi prouve qu'elles ne sont apparues que comme l'effet d'éruptions en parties volcaniques, en partie torrentielles ou encore de soulèvements de l'océan, aussi bien en ce qui concerne la première production de cette forme de la terre qu'en ce qui concerne particulièrement sa transformation ultérieure et en même temps la disparition de ses premières productions organiques [1*]. Or si la demeure, la terre maternelle (le sol) et le sein maternel (la mer) pour toutes ces créatures n'indiquent rien d'autre qu'un mécanisme tout à fait inintentionnel pour sa production, comment et de quel droit pouvons-nous pour ces dernières productions réclamer et soutenir une autre origine? Bien que l'homme, comme paraît le prouver (d'après le jugement de Camper) l'examen le plus précis des vestiges de ces cataclysmes, n'ait pas été compris dans ces révolutions, il est cependant si dépendant des autres créatures, que si l'on admet un mécanisme de la nature qui domine d'une manière universelle ces créatures, l'homme devra être considéré comme s'y trouvant également compris, bien que son intelligence (en grande partie tout au moins) ait pu le sauver des dévastations de la nature [2].

[1*]. Si, ayant été admis pour désigner la description de la nature <Naturbeschreibung>, le nom d'histoire de la nature <Naturgeschichte> doit être conservé, on peut nommer, en opposition avec l'art, archéologie de la nature ce que l'histoire de la nature montre littéralement, je veux dire une représentation de l'état *primitif* de la terre, au sujet duquel, même si l'on ne peut espérer aucune certitude, on risque cependant à bon droit des hypothèses. De l'archéologie dépendraient les pétrifications et de l'art les pierres taillés..., etc. Comme on y travaille (sous le nom de théorie de la terre) continuellement, bien que lentement, comme de juste, on ne donnerait pas ce nom à une étude de la nature qui ne serait que fantaisie, mais seulement à une étude à laquelle la nature elle-même nous invite et nous incite.

2. Kant insiste sur un point délicat. Il y a une histoire du globe qui, avec toutes ses convulsions (éruptions volcaniques, séismes marins), contredit d'un point de vue théorique l'idée d'une finalité externe dans

Toutefois cet argument paraît prouver plus que ce que l'on désirait en le proposant : non seulement il prouve que l'homme n'est pas fin dernière de la nature et pour la même raison que l'agrégat des choses naturelles organisées de la terre ne peut être un système des fins, mais encore que les produits de la nature tenus précédemment pour des fins naturelles n'ont point d'autre origine que le mécanisme de la nature.

[429] Or dans la résolution donnée plus haut de l'antinomie des principes du mode de production mécanique et du mode de production téléologique des êtres organisés de la nature nous avons vu que, par rapport à la nature formatrice suivant ses lois particulières (ensemble systématique dont la clef nous manque), ce ne sont que des principes de la faculté de juger réfléchissante, qui ne déterminent pas en soi l'origine de ces êtres, mais qui disent seulement que d'après la constitution de notre entendement et de notre raison, nous ne pouvons concevoir autrement cette origine que par les causes finales, – et que déployer les plus grands efforts, être même téméraire dans la tentative pour l'expliquer mécaniquement, est non seulement chose permise, mais encore à laquelle nous sommes invités par la raison, bien que nous sachions pour des raisons subjectives tirées de la nature particulière et de la limitation de notre entendement (et nullement parce que le mécanisme de la production contredirait en soi une origine selon des fins) que nous n'y parviendrons jamais ; nous avons vu enfin que dans le principe supra-sensible de la nature (aussi bien en dehors de nous qu'en nous) l'union des deux manières de se représenter la possibilité de la nature pouvait fort bien se trouver, puisque le mode de représentation d'après les causes finales n'est qu'une condition subjective de l'usage de notre raison, lorsqu'elle veut non seulement établir

l'organisation des espèces ; et même si l'homme est détaché des autres espèces et n'a pas été compris dans ces révolutions, il est cependant si dépendant des autres espèces animales qu'il doit en partager le sort, bien que son intelligence ait pu le sauver des dévastations de la nature. Nos connaissances actuelles (et en particulier la théorie des catastrophes) font apparaître les réflexions de Kant comme légèrement dépassées.

le jugement des objets simplement comme phénomènes, mais exige encore de rapporter ces phénomènes eux-mêmes, ainsi que leurs principes, au substrat supra-sensible, afin de trouver possibles certaines lois de leur unité, qu'elle ne peut se représenter autrement que par des fins (et la raison en possède aussi de suprasensibles) [1].

§ 83. De la fin dernière de la nature en tant que système téléologique.

Nous avons montré dans ce qui précède que nous avons une raison suffisante pour juger l'homme non pas simplement, comme tous les êtres organisés, en tant que fin de la nature, mais aussi ici sur terre comme la fin *dernière* de la nature, en relation à laquelle toutes les autres choses naturelles constituent un système de fins, et cela d'après des principes de la raison, non pour la faculté de juger déterminante il est vrai, mais pour la faculté de juger réfléchissante. Si maintenant on doit rencontrer dans l'homme lui-même, ce qui doit en tant que fin être réalisé par sa liaison avec la nature, ce doit être ou bien une fin telle qu'elle puisse être réalisée par la nature dans sa bienfaisance, [430] ou bien c'est l'aptitude ou l'habileté à toutes sortes de fins, pour lesquelles la nature (extérieurement et intérieurement) pourrait être utilisée par l'homme. La première fin de la nature serait le *bonheur,* la seconde la *culture* de l'homme.

Le concept du bonheur n'est pas un concept que l'homme abstrait de ses instincts et qu'il extrait de sa propre animalité, mais c'est la simple *Idée* d'un état, à laquelle il veut rendre adéquat cet état sous de simples conditions empiriques (ce qui est impossible). Il se propose cette Idée, à la vérité de manières extrêmement différentes, au moyen de son entendement mêlé à l'imagination et aux sens ; il modifie même si souvent ce concept, que si la nature était entièrement soumise

---

1. Kant revient sur les solutions de l'antinomie pour les maintenir : l'examen selon les causes réelles doit s'efforcer de saisir le tout (mécanisme), mais l'étude selon les causes idéales doit être maintenue, le premier comme le second à titre de maximes de la raison.

à son caprice, elle ne pourrait absolument admettre aucune loi déterminée universelle et fixe pour s'accorder avec ce concept mouvant et, ce faisant, avec la fin que chacun se propose de manière arbitraire. Même si nous voulions ramener cette fin au véritable besoin naturel, en lequel notre espèce est complètement d'accord avec elle-même, ou d'autre part exalter au plus haut point l'habileté à réaliser des fins imaginées, toutefois ce que l'homme comprend sous le nom de bonheur et qui est en fait sa fin naturelle dernière (et non la fin de la liberté), ne serait pas atteint par lui, parce que sa nature n'est pas telle qu'elle puisse trouver son terme et se satisfaire dans la possession et la jouissance. D'autre part c'est bien faire erreur que de penser que la nature a fait de lui son favori particulier, et qu'elle a eu plus de bienfaits pour lui que pour tous les animaux ; bien au contraire elle ne l'a pas plus ménagé qu'un autre animal dans ses effets pernicieux, la peste, la faim, l'eau, le froid, les attaques d'autres bêtes grandes et petites ; bien plus l'incohérence de ses dispositions naturelles le plonge lui-même dans des tourments qu'il se forge et l'accule avec ses semblables par l'oppression de la tyrannie, la barbarie des guerres... etc., à une telle misère et lui-même travaille à tel point, autant qu'il en a la force, à la destruction de sa propre espèce, que même avec la plus bienfaisante nature en dehors de nous, la fin de celle-ci, en admettant que cette fin soit le bonheur de notre espèce, ne saurait être atteinte sur terre dans un système de la nature, parce que la nature en nous n'y est point disposée. Il est donc toujours seulement un membre dans la chaîne des fins naturelles, principe sans doute [431] par rapport à mainte fin, auquel la nature dans sa disposition semble l'avoir destiné, et lui-même se pose comme tel ; mais aussi moyen de la conservation de la finalité dans le mécanisme des autres membres. Etant sur terre le seul être qui possède un entendement, donc une faculté de se proposer arbitrairement des fins, il mérite certes le titre de seigneur de la nature et si l'on considère la nature comme un système téléologique il est selon sa destination la fin dernière de la nature ; mais c'est seulement toujours de manière conditionnelle, c'est-à-dire à la condition qu'il sache et qu'il ait la volonté d'établir entre elle et lui une relation finale telle qu'elle soit indépendante de la nature et se suffisant à elle-même, qui par conséquent puisse être but ultime, mais qui ne doit pas du tout être recherchée dans la nature.

Pour découvrir en quoi nous devons placer, pour l'homme tout au moins, cette *fin dernière* de la nature, nous devons rechercher ce que la nature peut effectuer pour le préparer à ce qu'il doit faire lui-même pour être une fin dernière et le séparer de toutes les fins, dont la possibilité repose sur des conditions que l'on peut seulement attendre de la nature. De cette dernière sorte est le bonheur sur terre, par où l'on entend l'ensemble de toutes les fins possibles pour l'homme par la nature en dehors de l'homme et en l'homme ; voici la matière de toutes ses fins sur terre, qui le rend incapable, s'il en fait son but unique, de poser une fin dernière à son existence et de s'accorder avec celle-ci. De toutes les fins que l'homme peut se proposer dans la nature il ne reste donc que la condition formelle, subjective, je veux dire l'aptitude à se proposer en général des fins et (en ne dépendant pas de la nature dans sa détermination finale) à utiliser la nature comme moyen, conformément aux maximes de ses libres fins en général ; la nature, en vue de cette fin dernière, qui lui est extérieure, peut s'y prêter et cela peut alors être considéré comme sa fin dernière propre. Produire dans un être raisonnable l'aptitude générale aux fins qui lui plaisent (par conséquent dans sa liberté) est la *culture*. Ainsi seule la culture peut être la fin dernière que l'on a quelque raison d'attribuer à la nature par rapport à l'espèce humaine (et non son propre bonheur sur terre, ou même le fait pour l'espèce humaine d'être le principal instrument pour créer ordre et harmonie dans la nature en dehors de l'homme, qui est dépourvue de raison).

Mais toute culture ne suffit pas à cette fin dernière de la nature. La culture de *l'habileté* est assurément la principale condition subjective de l'aptitude à la réalisation des fins en général, [432] mais elle ne suffit pas pour aider la *volonté* [1]

_____

1. La liberté (A).

dans la détermination et le choix de ses fins, alors que celle-ci appartient essentiellement à l'ensemble de l'aptitude à des fins. Cette dernière condition de l'aptitude, que l'on pourrait nommer culture de la discipline, est négative et consiste dans la libération de la volonté du despotisme des désirs, qui, en nous attachant à certains objets de la nature, nous rendent incapables de choisir par nous-mêmes, parce que nous recevons comme des chaînes les tendances, que la nature nous a données comme fils conducteurs, afin que nous ne négligions pas en nous la destination de l'animalité et que nous ne la lésions pas, puisque nous sommes assez libres pour retenir ou délaisser, pour développer ou réduire ces tendances, conformément à ce qu'exigent les fins de la raison.

L'habileté ne peut être bien développée dans l'espèce humaine que grâce à l'inégalité entre les hommes, puisque le plus grand nombre, sans avoir besoin pour cela particulièrement de l'art, pourvoit pour ainsi dire mécaniquement aux nécessités de la vie pour la commodité et le loisir d'autres hommes qui s'appliquent aux parties moins nécessaires de la culture que sont la science et l'art et ces derniers oppriment les premiers en les maintenant dans un état de dur travail, sans beaucoup de joies, cependant peu à peu de nombreux éléments de la culture de la classe supérieure se répandent dans la classe inférieure. Mais avec le progrès de la culture (dont le sommet se nomme luxe lorsque la tendance au superflu commence à nuire au nécessaire) les misères croissent des deux côtés avec une égale puissance ; d'un côté par suite de la tyrannie d'autrui, de l'autre par une insatiabilité interne ; mais la misère brillante est cependant liée avec le développement des dispositions naturelles en l'espèce humaine, et la fin de la nature elle-même, même si elle n'est pas notre fin, est cependant atteinte ici. La condition formelle sous laquelle seule la nature peut atteindre cette fin finale <Endabsicht> qui est sienne, est cette constitution dans le rapport des hommes les uns avec les autres, où au préjudice que se portent les libertés en conflit s'oppose une puissance légale dans un tout, qui s'appelle *société civile* ; c'est, en effet, seulement en cette dernière que le plus grand développement des

dispositions naturelles peut s'effectuer. Si les hommes étaient
assez intelligents pour la trouver et assez sages pour se
soumettre volontairement à sa contrainte, un tout *cosmopolite,* c'est-à-dire un système de tous les Etats qui risquent de
se nuire réciproquement, serait encore nécessaire; en l'absence de ce système [433] et étant donné l'obstacle que l'ambition, la volonté de domination et la cupidité[1] opposent,
principalement chez ceux qui détiennent la puissance, à la
possibilité même d'un tel projet, la guerre – en laquelle en
partie les Etats se disloquent et se divisent en plus petits et où
en partie aussi un Etat s'unit avec d'autres plus petits et tend à
former un tout plus considérable – est inévitable et tentative
aveugle de l'homme (suscitée par des passions déchaînées)
c'est aussi peut-être une tentative mystérieuse et intentionnelle de la sagesse suprême, sinon pour établir, du moins
pour préparer, l'harmonie de la légalité avec la liberté des
Etats et ainsi l'unité d'un système de ceux-ci moralement
fondé; et en dépit de l'effroyable détresse dont elle accable
l'espèce humaine et de la misère peut-être encore plus grande
qu'impose sa constante préparation en temps de paix, la
guerre est cependant une tendance supplémentaire (alors que
l'espérance d'un état paisible de bonheur du peuple s'éloigne
toujours plus) pour développer au plus haut point tous les
talents, qui servent à la culture.

En ce qui concerne la discipline des penchants, pour
lesquels par rapport à notre destination en tant qu'espèce
animale la disposition naturelle se trouve être parfaitement
finale, mais qui rendent bien difficile le développement de
l'humanité, on constate aussi cependant, au point de vue de
cette seconde exigence de la culture, une tendance finale<ein
zweckmässiges Streben> de la nature à un développement,
qui nous rend aptes à des fins plus élevées que celles que peut
proposer la nature. On ne saurait contester le surcroît de
maux que déverse sur nous, grâce à la foule insatisfaite des
penchants ainsi produits, le raffinement du goût jusqu'à son
idéalisation, et même le luxe dans les sciences, véritable

---

1. «Ehrsucht, Herrschsucht und Habsucht».

aliment de la vanité ; en revanche il ne faut pas méconnaître
la fin de la nature voulant réduire toujours davantage la gros-
sièreté et la brutalité des penchants, qui en nous appartiennent
plutôt à l'animalité et s'opposent le plus au développement de
notre destination supérieure (les penchants à la jouissance), et
faisant place à l'évolution humaine. Les beaux-arts et les
sciences, qui rendent l'homme sinon meilleur moralement,
du moins plus civilisé, grâce à un plaisir qui peut être communiqué à tous et à la politesse et au raffinement pour la
société, gagnent bien du terrain sur la tyrannie du penchant
sensuel et ce faisant préparent l'homme à une domination en
laquelle la raison seule possédera la puissance, puisque les
maux qui nous sont infligés en partie par la nature, en partie
par l'intraitable égoïsme de l'homme, font en même temps
appel aux forces de l'âme, [434] les intensifient et les forti-
fient afin qu'elles y résistent et nous font ainsi sentir une
aptitude à des fins supérieures, qui est cachée en nous [1*].

1*. Il est facile de décider quelle valeur la vie possède *pour nous*,
si cette valeur est estimée simplement d'après *ce dont on jouit* (la fin
naturelle de tous les penchants dans leur ensemble, le bonheur). Elle
tombe au-dessous de zéro ; en effet qui donc voudrait recommencer une
vie sous les mêmes conditions ou même selon un plan nouveau qu'il
aurait lui-même élaboré (cependant conforme au cours de la nature),
mais qui ne serait établi que pour la jouissance ? On a montré plus haut
quelle valeur possède par suite la vie d'après ce qu'elle renferme en elle,
lorsqu'elle est conduite d'après la fin que la nature se propose à notre
égard, c'est-à-dire d'après ce que l'on *fait* (et non seulement d'après ce
dont on jouit), alors que nous ne sommes cependant toujours que des
moyens pour une fin dernière indéterminée. Il ne reste donc en définitive
que la valeur que nous donnons nous-mêmes à notre vie, non seulement
en agissant, mais aussi en agissant de matière finale, d'une manière si
indépendante de la nature, que même l'existence de la nature ne peut être
fin qu'à cette condition.

§ 84. *Du but ultime*[1] *de l'existence d'un monde,*
c'est-à-dire de la création elle-même.

Un but *ultime* est une fin qui n'en suppose aucune autre
comme condition de sa possibilité.

Si on n'admet comme principe d'explication de la finalité
de la nature que le simple mécanisme de celle-ci, on ne peut
pas demander pourquoi les choses dans le monde existent; en
effet, suivant un tel système idéaliste il ne s'agit que de la
possibilité physique des choses (et ce serait simple sophistique, sans objet, que de les imaginer comme fins) et qu'ainsi
l'on attribue cette forme des choses au hasard ou à la nécessité
aveugle, dans les deux cas cette question serait vide. Mais si
nous admettons comme réelle la liaison finale dans le monde
et si nous admettons pour elle une espèce particulière de
causalité, à savoir celle d'une cause *agissant intentionnellement*, nous ne pouvons nous en tenir à la question : pourquoi
certaines choses du monde (les êtres organisés) ont-elles telle
ou telle forme et sont-elles placées par la nature dans tel ou
tel rapport avec d'autres? Dès que l'on pense un entendement, qui doit être considéré comme la cause de la possibilité
de ces formes, telles qu'elles sont effectivement découvertes
dans les choses, on doit aussi poser la question [435] du principe objectif, qui a pu déterminer cet entendement producteur à un effet de cette sorte, et ce principe est la fin dernière
pour laquelle ces choses existent[2].

J'ai dit plus haut que la fin dernière n'était pas une fin que
la nature pourrait suffire à effectuer et à réaliser conformément à son Idée, parce que la fin dernière est inconditionnée.
En effet, il n'est rien dans la nature (en tant qu'être sensible),

---

1. Eric Weil propose de traduire *letzter Zweck* par fin dernière si
l'homme n'est considéré que comme un animal et *Endzweck* par fin
ultime pour désigner la valeur pratique de l'homme, infiniment supérieure à sa valeur animale (cf. *Problèmes kantiens*, Vrin, 1960, p. 82).

2. Si l'on admet une fin dernière dans la nature et la disposition des
êtres de la nature, on se verra dogmatiquement contraint de remonter à
l'homme et de poser la question : pourquoi des hommes existent-ils, ce
qui demeure sans réponse si l'on ne présuppose pas un entendement
archétype.

dont le fondement de détermination, se trouvant dans la nature, ne soit à son tour toujours conditionné; et ceci ne vaut pas seulement de la nature en dehors de nous (la nature matérielle), mais aussi de la nature en nous (la nature pensante); étant bien entendu que je considère seulement en moi ce qui est nature. Or une chose qui en vertu de sa constitution objective doit nécessairement exister comme fin dernière d'une cause intelligente, doit être telle que dans l'ordre des fins elle dépende d'aucune autre condition que de son Idée[1].

Or il n'y a qu'une seule espèce d'êtres dans le monde, dont la causalité soit téléologique, c'est-à-dire dirigée vers des fins et en même temps cependant ainsi faite, que la loi, d'après laquelle il leur appartient de se poser des fins, doit être représentée par eux comme inconditionnée et indépendante des conditions naturelles, et comme nécessaire en soi. L'homme est l'être de cette espèce, mais considéré comme noumène; c'est le seul être naturel en lequel nous puissions reconnaître, du fait de sa propre constitution, une faculté supra-sensible (la liberté) et même la loi de la causalité, ainsi que l'objet de celle-ci, qu'il peut se proposer comme fin suprême (le souverain bien dans le monde)[2].

Mais on ne peut pas de plus à propos de l'homme (ainsi que de tout être raisonnable dans le monde) en tant qu'être moral, poser la question de savoir pourquoi (*quem in finem*) il existe. Son existence comprend en soi la fin suprême à laquelle, dans la mesure de ses forces, il peut soumettre la nature tout entière, ou du moins à l'encontre de laquelle il ne peut se juger comme soumis à quelque influence de la nature. – Si donc des choses du monde, en tant qu'êtres dépendants

1. La nature ne peut répondre à cette question dans la mesure où il s'agit d'une fin dernière, donc de l'inconditionné, car tout dans la nature est conditionné. C'est en s'efforçant de dégager l'homme de la nature (et non en l'y plongeant, comme font les dogmatiques) que Kant espère dégager une issue.
2. La création n'a de sens que parce qu'elle s'élève à l'homme comme *noumène* à la fois membre du règne des fins par sa liberté et moment dans la série infinie des causes. C'est soumettre décisivement la téléologie à la morale qui, s'appuyant sur ce principe, en profitera pour prétendre justifier la religion.

selon leur existence, supposent une cause suprême agissant
suivant des fins, alors l'homme est le but ultime de la création ; en effet, sans celui-ci la chaîne des fins subordonnées
les unes aux autres ne serait pas complètement fondée ; et
c'est uniquement en l'homme, mais seulement en celui-ci
comme sujet de la moralité, que la législation inconditionnée
par rapport aux fins [436] peut être trouvée, qui le rend seul
capable d'être un but ultime à laquelle la nature tout entière
est téléologiquement subordonnée [1][*][2].

1*. Il pourrait se faire que le bonheur des êtres raisonnables dans le
monde soit une fin de la nature et alors il serait aussi pour elle but
ultime. Du moins on ne peut pas voir *a priori* pourquoi la nature ne serait
pas établie ainsi, puisque cet effet serait très possible par son mécanisme
pour autant que nous puissions en juger. Mais la moralité et une causalité d'après des fins lui étant subordonnée, c'est là ce qui est absolument
impossible d'après les causes naturelles ; en effet le principe de leur destination pour l'action est suprasensible, le seul possible dans l'ordre des
fins, qui est inconditionné par rapport à la nature, le seul qui qualifie le
sujet de la moralité comme *but ultime* de la création, à laquelle la nature
tout entière est soumise. – Le *bonheur* en revanche, comme on l'a montré au précédent paragraphe en s'appuyant sur le témoignage de l'expérience, n'est même *pas une fin de la nature* par rapport à l'homme, avec
un privilège *par rapport aux* autres créatures, bien loin qu'il puisse être
le but ultime de la création. Les hommes peuvent toujours en faire leur
fin subjective dernière. Mais si je m'interroge sur la fin dernière de la
création demandant : pourquoi des hommes devaient-ils exister, il s'agit
alors d'un fin objective suprême, telle que la raison suprême l'exigerait
pour sa création. Si l'on répond : c'est afin qu'il existe des êtres, auxquels cette cause suprême puisse dispenser ses bienfaits, on se trouve en
contradiction avec la condition à laquelle la raison de l'homme soumet
même son désir intime de bonheur (je veux dire l'accord avec sa propre
législation morale intérieure). Cela prouve que le bonheur n'est qu'une
fin conditionnée, tandis que l'homme ne peut être but ultime de la
création qu'en tant qu'être moral ; et enfin qu'en ce qui concerne son état
le bonheur n'y est lié que comme conséquence, résultant de l'accord
existant entre l'homme et cette fin qui est celle de son existence.

2. Ici joue le grand principe de l'*autonomie de l'éthique*. On ne
peut demander à la loi morale pour quelle raison elle existe. Ce n'est pas
parce que Dieu l'a voulu que la loi morale est bonne ; elle est bonne
absolument et l'homme unique être moral est la raison incontestée de la
création. On remarquera que tous les ordres du réel culminent dans ce
passage à l'homme comme personne, c'est-à-dire *noumène*. Kant, dans
la note, critique le concept du bonheur, en partant de l'idée qu'on pourrait bien avoir l'illusion que le bonheur, réalisable par les causes réelles,

§ 85. *De la théologie physique* [1].

La *théologie physique* est la tentative de la raison pour conclure à partir des fins de la nature (qui ne peuvent être connues qu'empiriquement) à la cause suprême de la nature et à ses attributs. Une *théologie morale* (théologie éthique) serait la tentative pour conclure à partir de la fin morale des êtres raisonnables dans la nature (fin qui peut être connue *a priori*) à cette cause et à ses attributs [2].

La première précède de manière naturelle la seconde. Si, en effet, nous voulons conclure *téléologiquement* à partir des choses dans le monde à une cause du monde, il faut que soient d'abord données des fins de la nature, [437] pour lesquelles nous devons rechercher un but ultime et ensuite pour celui-ci le principe de la causalité de cette cause suprême.

De nombreuses recherches sur la nature peuvent être et doivent être faites d'après le principe téléologique, sans que l'on ait à s'interroger sur le fondement de cette possibilité d'agir d'après des fins que nous rencontrons dans divers produits de la nature. Mais si l'on veut s'en faire une idée, on ne peut avoir à ce propos une compréhension allant plus loin que la maxime de la faculté de juger réfléchissante ; en d'autres termes même si un seul produit organique de la nature nous était donné, nous ne pourrions, d'après la constitution de notre faculté de connaître, en concevoir d'autre fondement que celui d'une cause de la nature elle-même (qu'il s'agisse de la nature tout entière ou seulement de cette partie de la nature), qui par son entendement renferme la

pourrait être la *fin dernière* de la nature ; mais c'est compter sans la moralité, qui ne peut être asservie au simple mécanisme de la nature et qui, seule, nous livre le *but ultime* de la création. L'homme ne peut être fin de la création qu'en tant qu'être moral.

1. Ce paragraphe est purement polémique ; il tend à établir les données du précédent en montrant les limites de la théologie physique.

2. La *théologie physique* est la tentative de la raison pour conclure à partir des fins de la nature (qui ne peuvent être connues qu'empiriquement) à sa cause suprême. Cette seule définition montre un passage non fondé de l'empiriquement conditionné à l'inconditionné moral. Elle s'oppose à la *théologie morale* qui part des fins morales pour conclure à une cause du monde.

causalité propre à ce produit; c'est là un principe du jugement, qui ne nous avance en rien dans l'explication des choses
naturelles et de leur origine, mais qui nous ouvre quelques
perspectives au-delà de la nature, afin de pouvoir déterminer
peut-être plus précisément le concept autrement si stérile
d'un être originaire.

Or je dis que la théologie physique, aussi loin qu'elle
puisse être poussée, ne peut cependant rien nous révéler au
sujet d'un but ultime de la création; en effet, elle ne s'élève
même pas à la question qui le concerne. Sans doute elle peut
justifier le concept d'une cause du monde intelligente, comme
un concept subjectif – le seul utile par rapport à la constitution de notre faculté de connaître – de la possibilité des
choses, que nous pouvons nous expliquer par des fins; mais
elle ne saurait déterminer davantage ce concept ni à un point
de vue théorique, ni à un point de vue pratique; et sa tentative
ne réalise pas son dessein, qui est de fonder une théologie,
mais elle demeure toujours seulement une téléologie physique, parce qu'ici la relation finale est et doit toujours être
seulement considérée comme conditionnée dans la nature;
elle ne peut donc même pas mettre en question la fin pour
laquelle la nature elle-même existe (dont le fondement doit
être recherché hors de la nature), alors que c'est sur l'idée
déterminée de celle-ci que s'appuie le concept déterminé de
cette cause suprême du monde intelligente et par conséquent
la possibilité d'une théologie[1].

En vue de quoi les choses dans le monde servent-elles les
unes aux autres? A quelle fin la diversité en une chose est-
elle bonne pour cette chose elle-même? Comment peut-on
avoir une raison d'admettre qu'il n'y a rien de vain dans le
monde, mais que *dans la nature* tout est bon à quelque chose,
sous la condition que certaines choses (comme fins) doivent
exister – notre raison n'ayant d'ailleurs à sa disposition pour

1. Ce paragraphe comprend des pensées remontant jusqu'en 1763,
date de la publication de *L'unique fondement d'une preuve de l'existence de Dieu*. Nécessaire dans une *méthologie* de la faculté de juger
téléologique, naturellement évoqué dans la *Critique de la raison pure*,
c'est un des textes les moins originaux de la troisième Critique.

la faculté de juger aucun autre principe de la possibilité de l'objet de son [438] jugement téléologique, qui est inévitable, que le principe consistant à soumettre le mécanisme de la nature à l'architectonique d'un créateur intelligent – voilà ce que la considération téléologique du monde traite fort bien et à notre plus grande admiration. Mais toutefois parce que les *data,* par conséquent les principes, pour *déterminer* ce concept d'une cause du monde intelligente (en tant qu'artiste suprême), sont seulement empiriques, ils ne permettent pas de conclure d'autres attributs que ceux que l'expérience révèle dans les effets de cette cause, et comme l'expérience ne peut jamais saisir la nature en totalité en tant que système, elle doit se heurter souvent (en apparence) à ce concept et à des arguments contradictoires ; et, même si nous étions capables d'embrasser empiriquement le système entier, pour autant qu'il concerne la simple nature, l'expérience ne pourrait jamais nous élever au-dessus de la nature jusqu'à la fin de son existence même et, ce faisant, au concept déterminé de cette intelligence suprême[1].

Si l'on méconnaît la grandeur du problème dont il est question dans une théologie physique, alors sa solution semble facile[2]. Si l'on gaspille le concept de *divinité*[3] en l'appliquant à tout être raisonnable conçu par nous et il peut en exister un ou plusieurs, pouvant posséder de nombreux et de très importants attributs, mais non pas tous les attributs nécessaires à la fondation d'une nature s'accordant à la fin la plus vaste possible, – ou si on n'hésite pas à compléter par des additions arbitraires dans une théorie ce qui n'est pas satisfai-

1. Comme on l'a dit, le vice de la théologie physique consiste à vouloir passer du donné empirque à l'inconditionné hyperphysique.
2. Cassirer lit : « Wenn, man sich die Aufgabe... klar macht ». Avec sa prétendue facilité (Feuerbach cite un jésuite qui avait amassé 6500 preuves de l'existence de Dieu, par exemple une lithiothéologie, cf. AP, *Feuerbach.,* t. I, p. 241) la théologie physique méconnaît l'ampleur du problème et s'étendant sur une réalité quelconque, ne s'élève pas aussi haut que la théologie morale.
3. C'est parce qu'elle *gaspille* le concept d'une *divinité*, que la théologie physique n'aperçoit pas l'usage pratique de la raison où comme l'a montré la *Critique de la raison pratique* elle reçoit son sens.

sant dans les preuves, – si lorsqu'on a seulement quelque raison d'admettre *beaucoup* de perfection (et que signifie pour nous beaucoup?) on se juge autorisé à présupposer *toute la perfection possible*, alors la téléologie physique élève de fortes prétentions à la gloire de fonder une théologie. Mais si l'on exige de montrer ce qui nous pousse et de plus nous autorise à faire ces additions, nous chercherons vainement un fondement pour nous justifier dans les principes de l'usage théorique de la raison, qui exige absolument en vue de l'explication d'un objet de l'expérience qu'on n'attribue pas à celui-ci plus de propriétés qu'on ne trouve de *data* empiriques pour leur possibilité. Un examen plus attentif nous ferait voir qu'à proprement parler une Idée d'un être suprême, reposant sur un tout autre usage de la raison (l'usage pratique), se trouve comme fondement *a priori* en nous et que c'est cette Idée qui nous pousse à compléter la représentation défectueuse que se fait une téléologie physique du principe originaire des fins dans la nature [439] en allant jusqu'au concept d'une divinité; et nous ne nous imaginerions pas faussement que nous avons établi cette Idée et avec elle une théologie, grâce à l'usage théorique de la raison dans la connaissance du monde physique, et encore moins que nous en avons démontré la réalité.

On ne doit pas blâmer à ce point les Anciens, s'ils concevaient leurs dieux comme très divers, en partie par leur pouvoir, en partie par leurs desseins et leur volonté et s'ils les concevaient tous aussi, sans exception pour leur maître suprême, comme toujours bornés à la façon des hommes. En effet, quand ils considéraient l'agencement et le développement des choses dans la nature, ils trouvaient quelque raison d'admettre comme en étant la cause quelque chose de plus que le mécanisme et de supposer, derrière la machinerie de ce monde, les desseins de certaines causes supérieures, qu'ils ne pouvaient pas concevoir autrement que comme surhumaines. Mais comme ils voyaient confondus dans le monde le bien et le mal, la finalité et son contraire, tout au moins au point de vue de notre jugement, et comme ils ne pouvaient se permettre d'admettre secrètement, en faveur de l'Idée arbitraire

d'un créateur parfait au plus haut point[1], des fins originaires
sages et bienfaisantes, dont ils n'apercevaient pas les preuves,
il leur était difficile de porter un autre jugement sur la cause
suprême du monde, dans la mesure où ils procédaient avec
conséquence suivant des maximes du simple usage théorique
de la raison[2]. D'autres, qui en tant que physiciens voulaient
aussi en même temps être théologiens, pensaient satisfaire la
raison en admettant en faveur de l'unité absolue du principe
des choses naturelles, qu'exige la raison, l'Idée d'un être, en
lequel, comme unique substance, toutes ces choses ne seraient
que des déterminations inhérentes, et cette substance ne serait
pas cause du monde par son entendement, bien qu'en elle, en
tant que sujet, se trouverait toute l'intelligence des êtres du
monde ; c'était donc un être, qui à la vérité ne produisait pas
quelque chose suivant des fins, mais tel qu'en lui, en raison de
l'unité du sujet dont elles ne sont que des déterminations,
toutes les choses devaient, même sans fin et sans intention, se
rapporter nécessairement les unes aux autres d'une manière
finale. Ainsi ils introduisirent l'Idéalisme des causes finales
en transformant l'unité si difficile à comprendre d'une multiplicité de substances liées suivant la finalité par la substitution
de l'inhérence *dans un sujet* à la dépendance causale *d'un*
sujet ; et par la suite ce système, qui est le *panthéisme*, si on le
considère du point de vue auquel les êtres du monde sont
inhérents, et qui au point de vue du seul sujet subsistant
comme être originaire est le *spinozisme* [440] (plus tardif),
devait moins résoudre la question du premier principe de la
finalité de la nature que la réputer bien plutôt comme vaine,
puisque ce dernier concept, privé de toute réalité, devenait
simplement l'interprétation erronée d'un concept universel
ontologique d'une chose en général[3].

1. 1re éd : « ... un créateur unique et parfait,.. ».
2. Kant pense qu'on ne doit pas blâmer les Anciens d'avoir multi-
plié les divinités ; considérant le mélange du bien et du mal dans
l'expérience, ils parvenaient difficilement à l'Idée d'un Etre suprême
unique et bienfaisant.
3. Kant complète son tour d'horizon de la théologie physique en
citant une fois de plus le panthéisme et le spinozisme. Ses thèses sur

D'après des principes simplement théoriques de l'usage de la raison (sur lesquels seulement se fonde la théologie physique) on ne peut jamais dégager le concept d'une divinité, qui suffirait pour notre jugement téléologique de la nature. En effet, ou bien nous déclarons que toute téléologie est pure illusion de la faculté de juger, lorsqu'elle juge de la liaison causale des choses, et nous nous réfugions dans l'unique principe d'un simple mécanisme de la nature, qui nous semblerait simplement contenir une relation universelle à des fins, en raison de l'unité de la substance, dont elle ne constitue que les déterminations variées, – ou bien, si refusant cet Idéalisme des causes finales, c'est plutôt au principe du réalisme de ce type particulier de causalité que nous voulons demeurer fidèles, nous pouvons mettre au fondement des fins naturelles beaucoup d'êtres originaires, c'est-à-dire premiers, doués d'entendement, ou seulement un seul être : mais tant que pour fonder le concept de cet être nous ne disposerons que de principes empiriques, extraits de la liaison finale réelle dans le monde, il nous sera impossible d'une part de trouver le moindre recours contre la discordance que la nature offre en bien des exemples en ce qui touche l'unité finale et d'autre part de dégager de cela avec assez de précision pour une théologie utilisable en quelque manière (théorique ou pratique) le concept d'une cause unique intelligente du monde, tout de même que nous le dégageons en nous autorisant de la simple expérience.

La téléologie physique nous pousse certes à rechercher une théologie, mais elle ne peut en produire aucune, aussi loin que nous puissions scruter la nature par l'expérience et que nous puissions défendre la relation finale découverte dans la nature par des Idées de la raison (qui doivent être théoriques pour les problèmes physiques). En quoi cela nous aide-t-il, protestera-t-on à bon droit, que de mettre au principe de toutes ces manifestations finales une vaste intelli-

---

Spinoza sont difficilement recevables parce que son information est indirecte et procède manifestement des écrits de Jacobi. Il ramène le spinozisme à une interprétation erronée d'un concept universel d'une chose en général. Autant dire la pure lumière qui se renverse en obscurité.

gence, infinie pour nous, et que de l'admettre comme arrangeant ce monde d'après des intentions, si la nature ne nous dit rien, ni ne peut jamais rien nous dire de cette intention dernière, sans laquelle toutefois nous ne pouvons établir aucun foyer de relation commun à toutes ces fins naturelles, aucun principe téléologique suffisant, en partie afin de comprendre les fins dans leur ensemble en un système, en partie afin de nous faire de l'entendement suprême comme cause d'une telle nature [441] une Idée qui puisse servir de mesure à notre faculté de juger téléologiquement de cette nature ? J'aurais alors un *entendement artiste* pour des fins dispersées, mais non une *sagesse* pour un but ultime, qui doit à proprement parler contenir la raison déterminante de cet entendement. En l'absence d'un but ultime, que seule la raison pure peut fournir *a priori* (puisque toutes les fins dans le monde sont empiriquement conditionnées et qu'elles ne peuvent pas contenir ce qui est absolument bon, mais seulement ce qui est bon à ceci ou à cela, en tant que but contingent), et qui seul m'enseignerait les attributs de la cause suprême, son degré, le caractère de son rapport à la nature que je dois penser afin de juger la nature comme un système téléologique, comment et de quel droit puis-je étendre à volonté et développer jusqu'à l'Idée d'un être parfaitement sage et infini mon concept très borné de cet entendement originaire, que je peux fonder sur ma faible connaissance du monde, et de la puissance dont dispose cet être originaire pour amener à la réalité effective ses Idées, de sa volonté de réalisation... etc. ? C'est là chose qui, si elle devait se réaliser théoriquement, supposerait en moi-même l'omniscience[1], afin de pouvoir saisir les fins de la nature dans tout leur enchaînement et de pouvoir en outre penser tous les autres plans possibles en comparaison avec lesquels le plan présent devrait être jugé avec raison comme

---

1. Kant reprend les distinctions opérées dans la *Critique de la raison pure* ; un auteur intelligent du monde (à quoi parviendrait par « miracle » la théologie physique), ne serait pas encore un Auteur du monde, sage et bienveillant. L'ambition de la théologie physique ne saurait être satisfaite que si nous étions *omniscients*. Mais alors nous prendrions la place de l'Etre dont nous cherchons à prouver l'existence.

le meilleur. En effet, sans cette connaissance complète de l'effet, je ne puis conclure à aucun concept déterminé de la cause suprême, lequel ne peut se rencontrer que dans celui d'une intelligence infinie à tous les points de vue, c'est-à-dire dans le concept de la Divinité, ni établir un fondement pour la théologie.

Quel que soit donc le développement possible de la téléologie physique nous pouvons donc dire, d'après le principe indiqué ci-dessus, que par suite de la constitution et des principes de notre faculté de connaître nous ne pouvons penser la nature dans ses dispositions finales venues à notre connaissance autrement que comme le produit d'un entendement auquel elle est soumise. Mais cette intelligence avait-elle un but ultime pour la nature en son ensemble et pour sa production (but ultime qui en ce cas ne se trouverait pas dans la nature du monde sensible), c'est là ce que l'étude théorique de la nature ne nous révélera jamais; cette science, si poussée soit-elle, ne tranche pas la question de savoir si cette cause suprême est le principe originaire de la nature en toutes choses d'après un but ultime et non pas plutôt en vertu d'un entendement déterminé par la simple nécessité de sa nature à la production de certaines formes [442] (par analogie avec ce que nous appelons l'instinct chez les animaux), sans qu'il soit nécessaire de lui attribuer pour cela même de la sagesse et encore moins une sagesse suprême unie à tous les autres attributs nécessaires à la perfection de son produit[1].

Ainsi la théologie physique, téléologie physique erronée, ne peut être utile que comme préparation (propédeutique) à la théologie et elle ne suffit à ce but qu'avec le secours d'un principe différent, et non par elle-même, comme son nom tend à le suggérer.

1. En admettant un Créateur de la nature, rien ne nous permet en nous appuyant sur la théologie-téléologie physique d'assigner avec précision quel but ultime pouvait bien avoir cette intelligence en produisant le monde. Ainsi la théologie physique, téléologie physique erronée, ne peut que servir de préparation à la vraie théologie et doit renoncer à se nommer *théologie*.

§ 86. *De la théologie morale.*

Il est un jugement que l'entendement le plus commun[1] lui-même ne peut s'empêcher de porter, lorsqu'il réfléchit sur l'existence des choses dans le monde et sur l'existence du monde lui-même : c'est que toutes les diverses créatures, si grand que soit l'art de leur organisation ou si varié que puisse être le rapport qui les lie finalement les unes aux autres, et même l'ensemble de leurs systèmes si nombreux, que nous nommons incorrectement des mondes, existeraient en vain, s'il n'y avait pas des hommes (des êtres raisonnables en général) ; c'est-à-dire que sans les hommes la création tout entière serait un simple désert inutile et sans but ultime. Mais ce n'est pas non plus par rapport à la faculté de connaître de l'homme (raison théorique) que tout le reste dans le monde prend sa valeur, comme s'il devait y avoir quelqu'un qui puisse *contempler* le monde. En effet, si cette contemplation du monde ne lui permettait de se représenter que des choses sans but ultime, le seul fait d'être connu ne saurait conférer à l'existence du monde aucune valeur ; et il faut déjà lui supposer un but ultime en rapport auquel la contemplation du monde elle-même prend une valeur. Mais ce n'est pas non plus en rapport au sentiment du plaisir ou de la somme des plaisirs, que nous concevons un but ultime de la création comme donné ; ce n'est pas le bien-être, la jouissance (corporelle ou spirituelle), en un mot le bonheur qui doit fonder notre appréciation de cette valeur absolue. En effet, si l'homme, dès qu'il existe, se donne le bonheur à lui-même

---

1. Kant n'a jamais voulu que les connaissances les plus nécessaires reposent sur des concepts sophistiqués. Il en donne ici un exemple : l'entendement le plus commun regarderait la belle nature comme un simple désert inutile et sans but ultime, s'il n'y avait les hommes. Mais ce n'est pas l'homme *contemplatif*, avec toutes les ressources de son intelligence, qui justifie la création, ni même l'homme avide de réaliser son *bonheur*. C'est au contraire l'*homme moral* qui a besoin de la nature pour exécuter ses desseins, bien qu'il ne lui soit pas soumis, tandis qu'il obéit à la loi de la *liberté*. *Seule la* bonne volonté *donne à l'existence une valeur absolue et non plus relative comme les autres voies.*

comme fin dernière, cela n'explique nullement sa raison d'être, ni quelle est enfin sa propre valeur, pour qu'il se rende son existence agréable. [443] L'homme doit déjà être présupposé comme but ultime de la création afin d'avoir un fondement rationnel justifiant l'harmonie nécessaire de la nature avec son bonheur, lorsqu'elle est considérée en tant que tout absolu d'après les principes des fins. – C'est ainsi seulement la faculté de désirer, non pas celle qui (par le penchant sensible) rend l'homme dépendant de la nature, ni celle par rapport à laquelle la valeur de son existence repose sur ce qu'il reçoit et ce dont il jouit; mais la valeur, que seul il peut se donner et qui consiste dans ses actes, dans sa conduite et dans les principes suivant lesquels il agit, non comme membre de la nature, mais dans *la liberté* de sa faculté de désirer, c'est-à-dire une bonne volonté, qui est ce qui donne à son existence une valeur absolue et par rapport à laquelle l'existence du monde peut avoir un *but ultime*[1].

C'est là ce à quoi s'accorde le jugement le plus commun de la saine raison humaine, à savoir que l'homme ne peut être un but ultime de la création que comme être moral lorsqu'on attire l'attention sur cette question en poussant à une solution. Qu'importe, dira-t-on, que cet homme ait tant de talent, qu'il en use avec tant d'activité, et que, ce faisant, il exerce une bénéfique influence dans la société et ainsi possède une grande valeur en ce qui concerne ses intérêts aussi bien que ceux des autres, s'il ne possède aucune bonne volonté[2]? Si on le considère intérieurement, c'est un être méprisable; et si la création ne doit pas être tout à fait sans fin dernière, alors lui, qui lui appartient en tant qu'homme, mais comme mauvais, ne doit pas atteindre, dans un monde soumis à des lois morales et conformément à elles, sa fin subjective (le bonheur),

---

1. L'entendement le plus commun admettra que seul, comme être moral, l'homme peut être le but ultime de la création. Il demeure que par le biais de la téléologie, Kant répond à la question *Qu'est-ce que l'homme?* L'homme est d'essence morale.

2. La *bonne volonté* n'est pas nécessairement une réalité effective; c'est bien plutôt une disposition de l'âme comme Idée vers laquelle l'être raisonnable tend.

comme seule condition sous laquelle son existence peut s'accorder avec le but ultime[1].

Or si nous découvrons dans le monde des dispositions finales et si, comme la raison l'exige inévitablement, nous subordonnons les fins, qui ne sont que conditionnées à une fin inconditionnée, c'est-à-dire à un but ultime, on verra tout d'abord aisément qu'il n'est alors pas question d'une fin de la nature (d'une fin intérieure à celle-ci)[2], pour autant qu'elle existe, mais de la fin de son existence, avec toutes ses dispositions finales, et par conséquent de la *fin dernière de la création* et dans celle-ci de la condition suprême sous laquelle seulement une fin dernière est possible (c'est-à-dire le motif déterminant d'un entendement suprême pour produire les êtres du monde).

[444] Comme nous ne reconnaissons l'homme comme fin de la création qu'en tant qu'être moral, nous avons donc tout d'abord une raison, ou du moins la condition principale, pour considérer le monde comme un tout lié d'après les fins et comme un *système* de causes finales; mais surtout nous tenons pour cette relation nécessaire des fins naturelles à une cause première intelligente, qui nous est imposée par la constitution de notre entendement, un *principe*, qui nous permet de penser la nature et les attributs de cette cause première, comme suprême fondement dans le règne des fins et d'en déterminer le concept, ce dont était incapable la téléologie physique qui ne conduisait qu'à des concepts indéterminés de

---

1. Sans l'Idée de la bonne volonté on peut accorder à un homme toutes les qualités de la culture, il n'en demeurera pas moins indigne de constituer la fin de la création dans la nature et il sera même méprisable; bien plus, il ne doit pas attendre le bonheur dans un monde soumis à des lois morales. Kant se rapproche ici de la solution stoïcienne (qu'il récuse dans la *Critique de la raison pratique*).

2. La nature ne saurait posséder en elle-même son but ultime : ici se justifie la distinction qu'E. Weil introduit entre *letztzer Zweck* (fin dernière) et *Endzweck (but ultime)*; mais l'on peut aussi traduire *Endzweck* par fin ultime. (cf. E. Weil, *op. cit.*, p. 83)

cette cause, aussi peu utilisables pour l'usage théorique que pour l'usage pratique[1].

A partir du principe ainsi déterminé de la causalité de cet être originaire nous devons le penser non seulement en tant qu'intelligence législatrice pour la nature, mais encore comme autorité législatrice dans un règne moral des fins. Relativement au *bien suprême* possible seulement sous son règne, je veux dire l'existence d'êtres raisonnables sous des lois morales, nous penserons cet être originaire comme *omniscient*, afin que ce qu'il y a de plus intérieur dans l'intention (et qui constitue la valeur morale proprement dite des actions des êtres raisonnables du monde) ne lui soit pas caché ; comme *tout-puissant* pour qu'il puisse rendre la nature tout entière conforme à cette fin suprême ; comme absolument *bon*, mais aussi en même temps *juste* parce que ces deux attributs (qui unis sont la *sagesse*) constituent les conditions de la causalité d'une cause suprême du monde en tant que bien suprême, sous des lois morales ; et il en est ainsi pour tous les autres attributs transcendantaux, tels *l'éternité, l'omniprésence,* etc...[2] (car bonté et justice sont des qualités morales) que nous devons penser en lui et qui sont supposés en relation à cette fin dernière.– Ainsi la téléologie *morale* comble les lacunes de la téléologie *physique* et fonde tout d'abord une *théologie* ; car si la seconde n'empruntait rien à la première sans le remarquer, mais procédait avec consé-

---

1. Avec l'homme soumis à des lois morales, nous tenons un principe pratique, si ce n'est la condition principale, pour considérer le monde comme un tout lié d'après les fins. Ici Kant met fin à l'antinomie classique du règne de la nature et du règne des fins et proclame la vérité du monde comme *système éthique*. On peut *confondre* Dieu et la loi morale en s'appuyant sur l'idée de l'autonomie de l'éthique si brillamment mise en lumière par Feuerbach, et c'est ce que fait Kant, disant que l'on peut *confondre* la cause législatrice suprême pour la nature avec l'autorité morale législatrice dans un règne des fins. Sur Feuerbach, cf. AP, *op. cit*, t. I, p. 264.

2. Comparer *Critique de la raison pratique*, AK V, 131 note.

quence, elle ne pourrait fonder par elle-même qu'une *démonologie,* impropre à tout concept déterminé[1].

Mais le principe de la relation du monde à une cause suprême, en tant que divinité, fondée sur la destination morale finale de certains êtres de ce monde, conduit à ce résultat non seulement parce qu'il complète la preuve physico-téléologique, la prenant nécessairement comme fondement, mais encore parce qu'il y suffit par lui-même et qu'il dirige l'attention sur les fins de la nature et suscite l'examen [445] du grand art incompréhensible, caché sous les formes de celles-ci, afin de donner occasionnellement grâce aux fins naturelles une confirmation aux Idées fournies par la raison pratique. En effet, le concept d'êtres du monde soumis à des lois morales est un principe *a priori* d'après lequel l'homme doit se juger nécessairement. La raison considère aussi *a priori* comme un principe qui lui est nécessaire pour juger téléologiquement de l'existence des choses que, s'il existe partout une cause du monde agissant avec intention et dirigée vers une fin, ce rapport moral doit être une condition de possibilité de la création aussi nécessaire que le rapport selon des lois physiques (si toutefois cette cause intelligente possède aussi un but ultime). Il s'agit désormais seulement de savoir, si nous avons pour la raison (qu'elle soit spéculative ou pratique) un fondement suffisant pour attribuer un *but ultime* à la cause suprême agissant d'après des fins. Que suivant la constitution subjective de notre raison, et quelle que soit la manière dont nous concevions la raison d'autres êtres, ce but ultime ne puisse être que *l'homme soumis à des lois morales,* c'est là ce qui peut *a priori* être certain pour nous; mais en revanche les fins de la nature dans l'ordre physique ne peuvent être connues *a priori* et en particulier on ne peut comprendre d'aucune manière le fait qu'une nature ne puisse exister sans elles[2].

---

1. Détachée de l'intention morale la téléologie physique comme telle ne pouvait au mieux que remonter à un Créateur dont elle n'eût su dire si c'était un Dieu ou un Diable.
2. Dès lors que sans mépriser la fin dernière, qui est l'organisation de la nature dans l'intérêt de la loi morale, on ne retient que cette der-

Remarque[1].

Prenez un homme dans les moments où son âme est disposée au sentiment moral. Si, au sein d'une belle nature, il jouit calmement et sereinement de son existence, alors il ressent en lui-même le besoin d'en être reconnaissant à quelqu'un. Ou si une autre fois dans une semblable disposition d'esprit, il se voit assailli par une multitude de devoirs, auxquels il ne peut et ne veut satisfaire que par un sacrifice volontaire, alors il éprouve en soi le besoin d'avoir exécuté un ordre et d'avoir obéi à un maître suprême. Supposons qu'il ait, un peu à l'étourdie, négligé son devoir, sans pour cela être responsable devant les hommes, cependant les sévères reproches qu'il s'adressera auront le même accent que s'ils étaient prononcés par la voix d'un juge auquel il aurait à en répondre. [446] En un mot : il a besoin d'une intelligence morale, afin d'avoir pour la fin en vue de laquelle il existe, un être, qui conformément à cette fin soit la cause du monde et de lui-même. Il est vain de rechercher subtilement derrière ces sentiments quelques mobiles ; en effet, ces sentiments sont immédiatement liés à la plus pure intention morale, parce que la *reconnaissance, l'obéissance* et *l'humilité* (soumission au châtiment mérité) sont des dispositions particulières de l'esprit pour le devoir et l'esprit tendant à élargir sa disposition morale ne fait ici que penser volontairement un objet, qui n'est pas dans le monde, afin de remplir, si possible, son devoir envers celui-ci. Il est donc tout au moins possible et le fondement s'en trouve dans la pensée morale, de se repré-

nière, l'homme apparaît, selon son pouvoir moral, comme le but ultime de la création, sans que Kant fasse de celui-ci l'*Ebenbild der Gottheit* (l'image de Dieu). On appréciera la *rhétorique* de Kant en se reportant à la *Critique de la raison pratique* et à ce qui est dit de la destination des êtres raisonnables.

1. Dans cette remarque Kant cherche à démontrer d'une part que la morale suffit à elle seule pour établir la religion (de l'Etre suprême et bienfaisant) – «Il est donc (...) possible et le fondement s'en trouve dans la pensée morale, de se représenter un pur besoin moral de l'existence d'un Etre par lequel notre moralité gagne (...) en force» – et d'autre part à ménager la téléologie physique pour autant qu'elle est critique.

senter un pur besoin moral de l'existence d'un Être, par lequel notre moralité gagne soit en force, soit en étendue (au moins selon notre représentation), et ainsi acquiert un nouvel objet pour son exercice ; c'est-à-dire le besoin d'admettre un être moral extra-mondain législateur, sans se soucier de preuve théorique, encore bien moins de l'intérêt égoïste, mais pour un motif purement moral, libre de toute influence étrangère (motif il est vrai tout subjectif), sur la simple recommandation d'une raison pure pratique légiférant par elle-même. Et quand bien même une telle disposition de l'esprit serait peu fréquente ou peu durable, mais au contraire passagère et sans effet durable, — si elle s'évanouissait en l'absence d'une réflexion sur l'objet représenté dans une telle ombre et sans un effort pour le ramener sous des concepts distincts, on ne saurait toutefois en méconnaître le fondement, c'est-à-dire la disposition morale en nous, comme principe subjectif auquel ne suffit pas dans la considération du monde la finalité par les causes naturelles, mais qui met au fondement de cette finalité une cause suprême gouvernant la nature d'après des principes moraux. — A cela s'ajoute le fait que nous nous sentons poussés par la loi morale à tendre vers une fin suprême universelle et que cependant nous nous sentons aussi impuissants à l'atteindre nous et toute la nature ; et c'est seulement dans la mesure où nous y tendons que nous pouvons juger être en conformité avec le but ultime d'une cause du monde intelligente (s'il en est une) ; et ainsi il y a donc un pur principe moral de la raison pratique pour admettre cette cause (puisque cela se peut sans contradiction), afin que tout au moins nous ne risquions pas de considérer cette tendance, dans ses effets, comme parfaitement vaine et ce faisant de la laisser s'épuiser.

[447] Tout ceci signifie ici seulement que la *peur* a certes pu produire d'abord des *dieux* (démons) [1], mais que la *raison*, grâce à ses principes moraux, a d'abord pu produire le

---

1. La peur est la mère des dieux (Lucrèce) ; mais seule la raison a pu s'élever à Dieu. AP, *Feuerbach, op. cit*, p. 391. Kant reconnaît l'ignorance initiale, mais affirme que le sentiment de la destinée morale devait y suppléer.

concept de *Dieu* (même si l'on était très ignorant, comme à l'ordinaire, dans la téléologie de la nature, ou bien aussi très incertain en raison de la difficulté à concilier en ceci les phénomènes contradictoires par un principe suffisamment confirmé); et que la destination morale *interne* de l'existence comblait les lacunes de la connaissance de la nature, tandis que, pour le but ultime de l'existence de toutes les choses, dont le principe ne peut satisfaire la raison qu'en tant qu'*éthique*, elle faisait concevoir la cause suprême avec les attributs, qui lui permettent de soumettre toute la nature à cette seule intention (dont elle n'est que l'instrument) (c'est-à-dire en la faisant concevoir comme une *divinité*).

§ 87. *De la preuve morale de l'existence de Dieu.*

Il existe une *téléologie physique* qui donne une preuve suffisante pour admettre l'existence d'une cause intelligente du monde à notre faculté de juger réfléchissante théorique. Mais nous trouvons aussi en nous-mêmes et bien plus encore dans le concept d'un être raisonnable en général doué de liberté (de causalité) une *téléologie morale*; or celle-ci, puisque la relation finale peut être *a priori* déterminée en nous-mêmes, ainsi que sa loi, et par conséquent être connue comme nécessaire, n'a pas besoin pour cette législation intérieure d'une cause intelligente en dehors de nous : pas plus qu'au sujet de ce que nous trouvons de final dans les propriétés géométriques des figures (pour tout usage possible dans l'art) nous ne sommes obligés de lever les yeux vers un entendement suprême qui le leur confère. Toutefois cette téléologie morale nous concerne comme êtres du monde et ainsi comme êtres liés à d'autres choses dans le monde et ce sont les mêmes lois morales qui nous prescrivent soit de les juger comme des fins, soit de les juger comme des objets par rapport auxquels nous sommes nous-mêmes but ultime. Or cette téléologie morale, qui concerne la relation de notre propre causalité à des fins et même à un but ultime, que nous devons rechercher dans le monde, ainsi que la relation réciproque du monde à cette fin morale et la possibilité externe de sa réalisation (et en cela aucune téléologie physique ne peut nous conduire), [448] cette téléologie, disons-nous, fait surgir nécessairement la question de savoir si elle oblige notre jugement rationnel à dépasser le monde[1] et à chercher pour cette relation de la nature à la moralité en nous un principe supérieur intelligent, afin de nous représenter aussi comme finale la nature en relation à la législation morale intérieure et à sa réalisation possible. – En conséquence il existe assurément une téléologie morale; et elle se rattache d'une part à la *nomothétique* de la liberté et d'autre part à celle de la nature, avec autant de nécessité que la législation civile à la question de savoir où l'on doit chercher le pouvoir exécutif; et en général elle est impliquée partout où la raison doit indiquer un principe de la réalité d'un certain ordre légal de choses, qui n'est possible que d'après des Idées. – Nous exposerons tout d'abord le progrès qu'accomplit la raison à partir de cette téléologie morale, et son rapport à la téléologie physique, jusqu'à la théologie et ensuite nous développerons quelques considérations sur la possibilité et la rigueur de cette manière de raisonner.

Lorsque l'on reconnaît l'existence de certaines choses (ou même seulement de certaines formes des choses) comme contingente et par conséquent comme possible seulement en vertu d'autre chose comme cause, on peut chercher le fondement suprême de cette causalité et ainsi le fondement inconditionné du conditionné soit dans l'ordre physique, soit dans l'ordre téléologique (d'après le *nexus effectivus* ou *finalis*). C'est dire que l'on peut demander: quelle est la cause suprême productrice? ou quelle est sa fin suprême (absolument inconditionnée), c'est-à-dire le but ultime de cette production ou de tous ses produits en général? En ceci on présuppose évidemment que cette cause est capable de se représenter des fins, par conséquent qu'il s'agit d'un être intelligent, ou du

---

1. Le problème de la théologie-téléologie morale consiste à savoir si elle ne nous fait pas franchir les limites du monde. Kant répond par l'idée d'une *nomothétique* de la liberté. Rappelons encore une fois qu'à Athènes les *nomothètes* formaient un groupe de citoyens chargé d'examiner les lois déjà existantes.

moins que nous devons nous la représenter comme agissant suivant les lois d'un tel être. Si on suit le dernier ordre, il y a un *principe,* auquel la raison humaine la plus commune est obligée de donner immédiatement son adhésion et qui est le suivant : s'il doit y avoir partout un *but ultime,* que la raison doit indiquer *a priori,* il ne peut être autre que l'homme (tout être raisonnable du monde) *sous des lois morales*[1*][2]. En

1* Je dis soigneusement : l'homme *sous* des lois morales et non : l'homme d'après des lois morales, c'est-à-dire un être *tel* qu'il agisse en conformité avec elles, constitue le but ultime de la création. [449] En effet en usant de cette dernière expression nous dirions plus que nous ne savons : à savoir qu'il est au pouvoir d'un Créateur de faire que l'homme se conduise toujours d'une manière conforme aux lois morales ; c'est là ce qui présuppose un concept de la liberté et de la nature (pour laquelle on ne peut penser qu'un Créateur lui étant extérieur), qui devrait comprendre une idée du substrat supra-sensible de la nature et de son identité avec ce que la causalité par la liberté rend possible dans le monde, et cette idée dépasse de beaucoup notre raison. C'est seulement de l'*homme sous des lois morales* qu'il nous est possible de dire sans dépasser les bornes de notre intelligence : son existence constitue le but ultime du monde. Cela s'accorde aussi parfaitement avec le jugement que porte sur le cours du monde la raison humaine réfléchissant moralement. Nous croyons percevoir les traces d'une sage relation finale jusque dans le mal, quand nous voyons que le méchant criminel ne meurt pas avant d'avoir subi la juste punition de ses forfaits. D'après nos concepts de la causalité libre la bonne et la mauvaise conduite dépendent de nous ; mais nous voyons en ceci la suprême sagesse du gouvernement du monde que l'occasion de la première et, pour l'une et l'autre, le résultat dépendent de lois morales. Et c'est en cela que consiste à la vérité la gloire de Dieu qui n'a donc pas été improprement appelée par les théologiens la fin ultime de la création – Il faut en outre remarquer que sous le mot de création, lorsque nous en usons, nous n'entendons rien d'autre, que ce qui est dit ici, à savoir la cause de l'*existence* d'un *monde,* ou des choses qui sont en celui-ci (les substances) ; c'est d'ailleurs le sens propre du terme (*actuatio substantiae est creatio*) : il n'implique donc pas encore la présupposition d'une cause agissant librement et par conséquent intelligente, dont nous voulons avant tout démontrer l'existence.

2. Supposé qu'une chose s'avère difficile à saisir <Fasslichkeit> par la seule règle des causes réelles, on peut persévérer et chercher son fondement inconditionné soit dans le *nexus effectivus,* soit dans le *nexus finalis.* Si l'on choisit la série du *nexus finalis* on aboutira à un être intelligent, ou du moins tel que nous pouvons nous le représenter d'après les lois de notre entendement. Le but ultime d'un tel entende-

effet (et c'est ainsi que juge tout un chacun) si le monde [450] se composait seulement d'êtres tout à fait dépourvus de vie, ou en partie d'êtres vivants, mais dépourvus de raison, l'existence d'un tel monde n'aurait aucune valeur[1], parce qu'il n'existerait en lui aucun être possédant le moindre concept d'une valeur. S'il existait en revanche des êtres raisonnables, mais dont la raison ne serait capable de donner une valeur à l'existence des choses qu'à l'intérieur seulement du rapport de la nature à eux-mêmes (à leur bien-être), sans pouvoir se donner à elle-même une telle valeur originairement (dans la liberté), il y aurait bien alors des fins (relatives) dans le monde, mais il n'y aurait aucun but ultime (absolu), parce que l'existence de ces êtres raisonnables serait toujours dépourvue de fin[2]. Or les lois morales ont une nature en ceci particulière qu'elles prescrivent sans condition quelque chose comme fin pour la raison, par conséquent exactement comme l'exige le concept d'un but ultime ; et l'existence d'une raison telle qu'elle puisse dans la relation finale être pour elle-même la loi suprême, en d'autres termes l'existence d'êtres raisonnables sous des lois morales, peut ainsi seule être conçue comme le but ultime de l'existence d'un monde. S'il n'en est pas ainsi, alors ou bien il ne se trouve aucune fin de cette existence dans sa cause, ou bien cette existence a pour fondement des fins sans but ultime.

La loi morale, comme condition rationnelle formelle de l'usage de notre liberté, nous oblige par elle-même sans dépendre d'une fin quelconque comme condition matérielle ; mais elle nous détermine aussi, et certes *a priori,* un but

---

ment ne peut être, à nos yeux, que l'homme sous des lois morales. Dans la note Kant précise : *unter moralischen Gesetzen. Nicht der Mensch nach moralischen Gesetzen.* « Sous des lois morales » – signifie la rectitude de l'intention, et « d'après des lois morales » signifie seulement la conformité (extérieure) de la volonté à la loi morale.

1. Ce que le monde ne peut donner est la « valeur ».

2. Vieille idée de Kant : un troupeau de veaux connaîtrait sans doute la concorde en ce monde (à l'intérieur seulement du rapport de la nature à eux-mêmes), mais il ne s'en dégagerait pas la moindre valeur. Cf. *Idée pour une histoire universelle au point de vue cosmopolitique.*

ultime, auquel elle nous oblige à tendre : et celui-ci est *le souverain bien* possible *dans le monde* par la liberté[1].

Le bonheur est la condition subjective sous laquelle l'homme (et suivant tous nos concepts tout être raisonnable fini) peut se poser, sous la précédente loi, un but ultime. En conséquence le suprême bien physique possible dans le monde et que nous devons réaliser en tant que but ultime dans la mesure de nos forces, c'est le bonheur : sous la condition objective de l'accord de l'homme avec la loi de la moralité, c'est-à-dire de sa dignité à être heureux[2].

Mais d'après toutes nos facultés rationnelles il nous est impossible de nous représenter ces deux conditions du but ultime, qui nous est proposé par la loi morale, comme *liées* l'une à l'autre par de simples causes naturelles et conformément à l'Idée de ce but ultime que nous pensons. Ainsi le concept de la *nécessité pratique* d'un tel but par l'emploi de nos forces ne s'accorde pas avec le concept théorique de la *possibilité physique* de sa réalisation, si nous ne lions pas (en tant que moyen) à notre liberté une autre causalité que celle de la nature[3].

En conséquence nous devons admettre une cause morale du monde (un auteur du monde) pour nous proposer, conformément à la loi morale, un but ultime ; et dans la mesure où cette assertion est nécessaire, dans cette même mesure (c'est-à-dire au même degré et pour la même raison) il est aussi nécessaire d'admettre la première assertion : à savoir qu'il existe un Dieu[4*].

1. A ce sujet, cf. *Critique de la raison pratique,* AK V, 119sq.
2. Pour l'idée de bonheur, on se reportera à l'antinomie de la raison pure pratique, cf. *Critique de la raison pratique*, AK V, 113-119.
3. La moralité = Moi ; en effet elle ne dépend que de ma volonté ; le bonheur= Non-Moi ; en effet il dépend d'une nature qui n'est pas = Moi ; seule une cause « transcendante » peut médiatiser les opposés. D'où la nécessité d'admettre la proposition : il existe un Dieu. Dans toute cette première section du § 87, Kant a repris en les résumant les arguments du second moment de la première partie de la *Critique de la raison pratique.*
4*. Cet argument moral ne saurait donner une preuve objectivement valable de l'existence de Dieu, ni démontrer au sceptique qu'il y a

* * *

Cette preuve, à laquelle on peut facilement donner la forme de la précision logique, ne signifie pas [451] qu'il est aussi nécessaire d'admettre l'existence de Dieu que de reconnaître la valeur de la loi morale ; et par conséquent que celui qui ne peut se convaincre de la première pourrait se juger libéré des obligations de la seconde. Non ! Il faudrait alors seulement abandonner *l'intention de réaliser* le but ultime dans le monde par l'obéissance à la loi (le bonheur d'êtres raisonnables correspondant harmonieusement avec l'obéissance aux lois morales comme souverain bien du monde) [1]. Tout sujet raisonnable devrait alors même se considérer comme rigoureusement lié aux prescriptions morales ; en effet, les lois de la morale sont formelles et commandent inconditionnellement, sans avoir égard aux fins (comme matière de la volonté). Or la seule exigence du but ultime, que la raison pratique prescrit aux êtres du monde, est une fin irrésistible placée en eux par leur nature (en tant qu'êtres finis) ; fin que la raison a soumise à la loi morale seulement comme *condition* intangible, ou encore ne veut reconnaître comme universelle que suivant cette loi, faisant ainsi de la réalisation du bonheur en accord avec la moralité le but ultime. La loi morale nous commande de réaliser ce but ultime dans la mesure de nos forces (en ce qui touche le bonheur), quelle que soit d'ailleurs l'issue de cet effort.

un Dieu, mais que s'il veut penser avec conséquence au point de vue moral, il *doit* compter parmi les maximes de sa raison pratique le fait d'admettre cette proposition. – Cela ne signifie pas qu'il soit nécessaire d'admettre *pour la moralité* un bonheur pour tous les êtres raisonnables dans le même monde qui soit proportionné à leur valeur morale, mais cela est rendu nécessaire *par* elle. C'est donc un argument *subjectif*, suffisant pour des êtres moraux.

1. La preuve n'est pas une condition *sine qua non* de la conduite vertueuse. On doit obéir à la loi morale quand bien même, abandonnant la croyance en l'existence de Dieu, on abandonnerait aussi le but ultime : l'accord du bonheur avec la vertu. L'homme doit agir moralement même dans un monde qu'il jugerait *insensé* et c'est pourquoi la prétendue réhabilitation du *sens* et du *fait* que propose E. Weil (qui se montre plus hégélien que kantien) ne saurait être retenue.

L'accomplissement du devoir consiste dans la forme de la volonté sérieuse et non dans les moyens de la réussite[1].

Supposé par conséquent qu'un homme se persuade, ébranlé en partie par la faiblesse de tous les arguments spéculatifs si vantés, en partie par tant de choses lui semblant irrégulières dans la nature et dans le monde moral[2], que Dieu n'existe pas; cet homme serait cependant à ses propres yeux un misérable, si pour cette raison il voulait tenir les lois du devoir pour de simples fictions, sans valeur et sans puissance d'obligation et s'il voulait se résoudre à les violer effrontément. Et si par la suite un tel homme avait pu se convaincre de ce dont il avait tout d'abord douté, il n'en resterait pas moins avec une telle manière de penser un misérable, même s'il accomplissait son devoir, aussi ponctuellement qu'on pourrait l'exiger au point de vue du résultat, mais soit par peur, soit dans l'espoir d'une récompense, [452] et sans intention respectueuse du devoir. Inversement si en tant que croyant il lui obéit selon sa conscience loyalement et de manière désintéressée et si cependant, aussi souvent qu'il suppose le cas où il pourrait être convaincu que Dieu n'existe pas, il croit qu'il serait alors immédiatement dégagé de toute obligation morale, dès lors la moralité intérieure ne peut être en cet homme que bien faible[3].

Nous pouvons donc supposer un honnête homme (ainsi Spinoza), qui se tient pour fermement persuadé que Dieu n'existe pas et (parce qu'au point de vue de l'objet de la moralité la conséquence est la même) qu'il n'y a pas de vie future; comment jugera-t-il sa propre destination finale intérieure en vertu de la loi morale qu'il respecte en agissant? Il ne réclame aucun avantage résultant de l'obéissance à la loi morale, ni en ce monde, ni en un autre; désintéressé il veut bien plutôt faire le bien, vers lequel cette sainte loi oriente

---

1. *Il n'est pas nécessaire d'espérer pour entreprendre, ni de réussir pour persévérer* (propos – on ne peut plus kantien – prêté par Jules Verne à Guillaume d'Orange dans *L'île mystérieuse* (Voyages extraordinaires, 1972, vol. 1, p. 10)).
2. <Sittenwelt>. Vorländer lit: « Sinnenwelt » (monde sensible).
3. Pure répétition de la *Méthodologie de la raison pratique*.

toutes ses forces. Mais son effort est limité; et il ne peut à la
vérité attendre de la nature qu'un secours contingent de-ci,
de-là, mais jamais une harmonieuse concordance, ordonnée
selon des règles constantes (comme ses maximes le sont et
doivent l'être intérieurement), avec la fin, qu'il se sent toutefois obligé et poussé à réaliser. Le mensonge, la violence, la
jalousie ne cesseront de l'accompagner, bien qu'il soit lui-
même honnête, pacifique et bienveillant; et les personnes
honnêtes qu'il rencontre, en dépit de leur dignité à être
heureuses, seront cependant soumises, tout de même que les
autres animaux sur cette terre, par la nature, qui n'y prête
point attention, à tous les maux de la misère, des maladies et
d'une mort prématurée et le demeureront toujours, jusqu'à
ce qu'une vaste tombe les engloutisse tous (honnêtes ou mal-
honnêtes, peu importe) et les rejette, eux qui pouvaient croire
être le but ultime de la création, dans l'abîme du chaos sans
fin de la matière, dont ils ont été tirés. – Aussi cet homme
bien pensant devrait abandonner comme tout à fait impossible la fin qu'il avait et devait avoir devant les yeux en
obéissant à la loi morale; ou s'il veut même alors demeurer
fidèle à l'appel de sa destination morale intérieure, et s'il ne
veut pas affaiblir le respect, que la loi morale lui inspire
immédiatement pour l'obéissance, par la vanité du seul but
ultime idéal conforme à la haute exigence de cette loi (ce qui
ne saurait se faire sans préjudice pour le sentiment moral),
[453] il doit, et c'est là ce qu'il peut faire, puisque cela n'est
pas à tout le moins en soi contradictoire, au point de vue
pratique, c'est-à-dire pour se faire au moins une Idée de la
possibilité du but ultime qui lui est moralement prescrit,
admettre l'existence d'un auteur *moral* du monde, c'est-à-
dire de Dieu[1].

1. Il est difficile de croire que cette tirade sur Spinoza enrichit
considérablement le texte de Kant. Il montre que l'honnête homme
qu'est Spinoza se trouve limité dans ses efforts pour faire le bien, car il
n'est capable que d'un effort fini comme lui-même est fini. En plus, la
vision du malheur dans le monde et d'abord du mensonge (par où le
crime est entré dans le monde, *Doctrine de la vertu,* §. 6) devrait lui faire
abandonner «comme tout à fait impossible la fin qu'il avait et devait

§ 88. *Limitation de la valeur de la preuve morale.*

La raison pure, comme faculté pratique, c'est-à-dire comme faculté de déterminer le libre usage de notre causalité par des Idées (purs concepts de la raison), contient non seulement dans la loi morale un principe régulateur de nos actions, mais nous fournit aussi en même temps un principe subjectivement constitutif d'un objet que la raison peut seulement penser et qui doit être réalisé par nos actions dans le monde d'après cette loi. Ainsi l'Idée d'un but ultime dans l'usage de la liberté d'après les lois morales possède subjectivement une réalité *pratique*. Nous sommes déterminés *a priori* par la raison à travailler de toutes nos forces à la réalisation du Bien du monde, qui consiste dans la liaison du plus grand bien-être des êtres raisonnables du monde avec la condition suprême du Bien moral en lui, c'est-à-dire dans la liaison du bonheur universel avec la moralité la plus conforme à la loi [1]. Dans ce but ultime la possibilité d'une partie, je veux dire du bonheur, est empiriquement conditionnée, c'est-à-dire dépendante de la constitution de la nature (qu'elle s'accorde ou non avec cette fin) et elle est problématique à un point de vue théorique ; en revanche l'autre partie, je veux dire la moralité, par rapport à laquelle nous ne dépendons pas de la collaboration de la nature, est solidement établie *a priori* en sa possibilité et dogmatiquement certaine [2]. Donc la réalité théorique objective du concept du but ultime propre aux êtres raisonnables du monde exige non seulement que nous possédions un but ultime qui nous est proposé *a priori*, mais encore

avoir devant les yeux en obéissant à la loi morale ». Il ne se sauvera qu'en croyant en l'existence d'un auteur moral du monde, assurant l'accord du bonheur et de la moralité.

1. Ici Kant suit au plus près la *Critique de la raison pratique* ; c'est l'usage subjectif et pratique de notre raison qui nous conduit à poser l'Idée d'un but ultime comme possédant une réalité pratique ; et de même la raison pratique nous ordonne de poursuivre la réalisation du plus grand bien-être, qui est l'intersubjectivité ou la liaison du plus grand bien-être des êtres raisonnables en ce monde.

2. Si le bonheur est conditionné empiriquement (= Non-Moi), en revanche, la pureté de l'intention ne dépend que du sujet (= Moi) et peut être établie *a priori*.

que la création, c'est-à-dire le monde même, possède quant à son existence un but ultime : si cela pouvait être démontré la réalité objective s'ajouterait alors à la réalité subjective du but ultime. En effet, si la création a de toute manière un but ultime, alors nous ne pouvons pas le penser autrement que comme devant s'accorder avec la fin morale (qui seule rend possible le concept d'une fin) [1]. [454] Or nous trouvons à la vérité des fins dans le monde : et la téléologie physique les présente en telle quantité, que lorsque nous jugeons conformément à la raison, nous avons en fin de compte une raison d'admettre comme principe de l'étude de la nature qu'il n'existe rien dans la nature qui soit sans fin ; toutefois nous cherchons en vain le but ultime dans la nature elle-même [2]. Comme l'Idée de celui-ci ne se trouve que dans la raison, il ne peut et il ne doit par conséquent être cherché, dans sa possibilité objective même, que dans les êtres raisonnables. La raison pratique de ceux-ci n'indique pas seulement ce but ultime, mais détermine aussi ce concept relativement aux conditions sous lesquelles seules nous pouvons concevoir un but ultime.

Dès lors la question se pose de savoir si la réalité objective du concept d'un but ultime de la création ne pourrait pas aussi être démontrée de façon satisfaisante pour les exigences théoriques de la raison pure, et sinon apodictiquement pour la faculté de juger déterminante, du moins d'une manière suffisante pour les maximes de la faculté de juger réfléchissante théorique. C'est le moins que l'on puisse demander à la philosophie spéculative qui prétend lier grâce à l'Idée d'une

---

1. Il faudrait, pour que la preuve soit complète, que la création exhibe un but ultime soit *formaliter spectata*, soit *materialiter spectata*.
2. Ce n'est pas dans la nature elle-même que nous pouvons dégager le but ultime de la création, car elle est tout entière suspendue à ce but ultime. Ce dernier ne peut être recherché que dans la liaison des *êtres raisonnables,* c'est-à-dire des *personnes.* Ce qui est en question dans ce passage au *but ultime* ou encore moralité, c'est le passage du monde finalisé (esthétiquement et téléologiquement) de l'individu à la personne.

fin unique la fin morale avec les fins naturelles; mais ce moins est encore bien plus que ce qu'elle peut réaliser[1].

En vertu du principe de la faculté de juger réfléchissante théorique nous dirions : si nous avons quelque raison d'admettre pour les productions finales de la nature une cause suprême de la nature, dont la causalité par rapport à la réalité de cette dernière (la création) doit être pensée comme étant d'une autre forme que celle supposée par le mécanisme de la nature, c'est-à-dire comme la causalité d'un entendement nous serons alors aussi fondés à admettre en rapport à cet être originaire non seulement des fins en toute la nature, mais encore un but ultime, sinon pour démontrer l'existence d'un tel être, du moins toutefois (comme cela s'est produit dans la téléologie physique) pour nous convaincre que nous ne pouvons pas nous rendre compréhensible la possibilité d'un tel monde non seulement d'après des fins, mais aussi uniquement en mettant au fondement de son existence un but ultime.

Mais un but ultime n'est qu'un concept de notre raison pratique et il ne peut être déduit d'aucune donnée de l'expérience en vue d'un jugement théorique sur la nature, et il ne peut pas non plus être rattaché à la connaissance de celle-ci. [455] Il n'est pas d'usage possible de ce concept en dehors de l'usage pour la raison pratique d'après des lois morales; et le but ultime de la création est cette constitution du monde, qui s'accorde avec ce que nous pouvons seuls déterminer suivant des lois, je veux dire le but ultime de notre raison pure pratique, et à la vérité dans la mesure où elle doit être pratique. – Or grâce à la loi morale, qui nous impose ce but, à un point de vue pratique, c'est-à-dire afin d'appliquer nos forces à la réalisation de celui-ci, nous avons une raison pour admettre la possibilité, le caractère réalisable de ce but, et par conséquent aussi une nature des choses, qui s'y accorde (car sans le secours de la nature pour remplir une condition au-dessus de nos forces, la réalisation de ce but ne serait pas

---

1. Kant écarte les prétentions de la raison théorique (séduisantes par leur unité formelle), mais bien en-dessous de ce qui est visé; sinon cela reviendrait à rétablir la troisième preuve de l'existence de Dieu.

possible). nous avons donc une raison morale pour concevoir aussi dans le monde un but ultime de la création [1].

Cependant ceci ne constitue pas encore la conclusion à une théologie à partir de la téléologie morale, c'est-à-dire à l'existence d'un auteur moral du monde, mais seulement à un but ultime de la création, qui est ainsi déterminé. Que maintenant pour cette création, c'est-à-dire pour l'existence des choses conformément à *un but ultime*, il soit nécessaire d'admettre en premier lieu un être intelligent, puis en second lieu non pas seulement un être intelligent (comme pour la possibilité des choses de la nature que nous étions obligés de juger comme des *fins*) mais un être en même temps *moral* en tant qu'auteur du monde, par conséquent un *Dieu*, c'est là une seconde conclusion dont la nature est telle qu'on voit qu'elle est effectuée pour la faculté de juger, d'après des concepts de la raison pratique, pour la faculté de juger réfléchissante et non pour la faculté de juger déterminante. En effet, nous ne pouvons pas prétendre comprendre, bien qu'en nous la raison pratique morale soit essentiellement différente de la raison pratique technique en ses principes, qu'il doive en être aussi ainsi dans la cause suprême du monde, considérée comme intelligence, et qu'une espèce de causalité particulière, différente de celle qui convient simplement aux fins de la nature, lui soit nécessaire pour le but ultime; et par suite que notre but ultime ne soit pas seulement une *raison morale* pour admettre un but ultime de la création (comme effet), mais encore un être *moral* comme fondement originaire de la création. Toutefois nous pouvons bien dire que *d'après la constitution de notre faculté rationnelle* nous ne pouvons absolument pas comprendre la possibilité d'une telle finalité

1. L'idée d'un but ultime dépend de la raison pratique, abstraction faite de la nature des choses. Tenons-nous pour heureux si cette nature des choses ne nous interdit pas de réaliser notre destination pratique. Quant au fondement d'une destination pratique de l'homme, elle est à rechercher dans le Souverain bien, qui dépend de la loi pratique, dont résulte, ce faisant, un but ultime de la création. Si d'un autre côté c'est la loi morale qui ordonne, elle ne peut le faire que si le Souverain bien est réalisable; ce qui implique la théorie de l'immortalité de l'âme.

rapportée à la *loi morale* et à son objet, comme elle se trouve dans ce but ultime, sans un auteur souverain du monde qui soit en même temps un législateur moral[1].

[456] La réalité d'un auteur suprême, législateur moral, est ainsi suffisamment prouvée simplement pour *l'usage pratique* de notre raison, sans que l'on détermine quelque chose théoriquement par rapport à son existence. En effet la raison pratique a besoin pour la possibilité de sa fin qui nous est d'ailleurs imposée par sa propre législation, d'une Idée permettant d'écarter l'obstacle constitué par l'impuissance de s'y conformer d'après le simple concept naturel du monde (d'une manière suffisante pour la faculté de juger réfléchissante) ; et cette Idée reçoit ce faisant une réalité pratique, même si tous les moyens de lui en procurer une semblable au point de vue théorique pour l'explication de la nature et la détermination de la cause suprême font complètement défaut pour la connaissance spéculative[2]. La téléologie physique démontrait d'une manière suffisante à partir des fins de la nature et pour la faculté de juger réfléchissante théorique une cause suprême intelligente ; la téléologie morale obtient le même résultat pour la faculté pratique grâce au concept d'un but ultime, qu'elle est obligée d'attribuer à la création au point de vue pratique. La réalité objective de l'Idée de Dieu, comme auteur moral du monde, ne peut certes pas être démontrée *seulement* par des fins physiques ; néanmoins, si sa connaissance est liée à celle de la fin morale, ces fins, en vertu de la maxime de la raison pure de rechercher autant que possible l'unité des principes, sont d'une grande importance pour soutenir la réalité pratique de cette Idée à l'aide de

1. Le Dieu auquel s'élève l'esprit, *selon la faculté de juger réfléchissante*, ne peut être dogmatiquement posé et la téléologie n'est pas encore une théologie comme science rigoureuse ; ses assertions n'ont de valeur que pour l'usage pratique de la raison ; si l'on prend maintenant le terme *denken* (penser) au sens transcendantal strict, il faut dire que si je pense, je pense à Dieu comme auteur souverain et législateur moral du monde.

2. Il faut considérer cet alinéa comme une nouvelle preuve du primat de la raison pratique. Sur l'usage du pouvoir pratique subjectif de la raison, cf. *Critique de la raison pratique*, Préface.

celle que la raison présente pour la faculté de juger au point de vue théorique.

Il est ici au plus haut point nécessaire de remarquer, afin de prévenir un facile malentendu, que d'abord nous ne pouvons *penser* les *attributs* de l'être suprême que par analogie [1]. En effet, comment pourrions-nous examiner sa nature, alors que l'expérience ne nous montre rien de semblable ? En second lieu, par ces attributs, nous pouvons seulement le penser et non le *connaître* et nous ne pouvons les lui attribuer théoriquement ; en effet, ce serait alors à notre faculté de juger déterminante, au point de vue spéculatif de la raison, de saisir ce que la cause suprême du monde est *en soi*. Mais ici il n'est question que du concept que nous pouvons nous en faire d'après la constitution de notre faculté de connaître et de savoir si nous devons admettre son existence pour donner également une simple réalité pratique à une fin, que la raison pure pratique, sans aucune présupposition de ce genre, nous impose *a priori* de réaliser de toutes nos forces, c'est-à-dire afin de pouvoir penser comme possible un effet qui est seulement visé. Il se peut que ce concept soit transcendant [457] pour la raison spéculative ; de même il se peut que pour un usage objectif les attributs que nous donnons à l'être ainsi pensé cachent quelque anthropomorphisme ; on ne veut point cependant en usant de ce concept déterminer sa nature qui nous est inaccessible, mais nous voulons nous déterminer ainsi que notre volonté. Tout de même que nous désignons une cause d'après le concept que nous avons de l'effet (mais seulement par rapport à cette relation), sans vouloir pour cela déterminer la constitution interne de la cause par les propriétés, qui nous en sont seules connues et qui doivent

---

1. Kant reprend la théorie de l'analogie pour penser les attributs de Dieu. Le P. Marty, dans sa thèse magistrale et monumentale (hélas ! non complétement éditée), a étudié tous les aspects de l'analogie chez Kant. Dans cet alinéa, Kant revient sur l'essentielle distinction du *penser* et du *connaître*, et limite la théologie morale comme preuve. La phrase essentielle est la suivante : « Mais ici il n'est question que du concept que nous pouvons nous en faire d'après la constitution de notre faculté de connaître ». On pourrait parler d'un renversement de la métaphysique : l'Etre suprême est un concept qui repose sur notre finitude.

nous être données par l'expérience, – de même que, par exemple, nous attribuons entre autres choses à l'âme une *vim locomotivam*, parce qu'il se produit effectivement des mouvements du corps, qui ont leur cause dans ses représentations, sans pour cela vouloir lui attribuer le seul mode que nous connaissions de la force motrice (à savoir le mode par attraction, pression, choc, donc le mouvement, qui suppose toujours un être étendu) ; – de même donc nous devons admettre *quelque chose* qui contienne le fondement de la possibilité et de la réalité pratique, c'est-à-dire du caractère réalisable, d'un but ultime moral nécessaire ; mais nous pouvons penser ce « quelque chose » d'après la nature de l'effet attendu de lui comme être sage gouvernant le monde d'après des lois morales, et, suivant la constitution de notre faculté de connaître, nous devons le penser comme une cause des choses, différente de la nature, pour exprimer seulement le *rapport* de cet être, transcendant toutes nos facultés de connaître, à l'objet de *notre* raison pratique, sans pour cela lui attribuer théoriquement la seule causalité de ce genre qui nous soit connue, je veux dire un entendement et une volonté, sans même vouloir distinguer objectivement en cet être même la causalité que nous concevons en lui par rapport à ce qui est *pour nous* un but ultime et la causalité par rapport à la nature (et ses déterminations finales en général) ; nous ne pouvons admettre cette différence que comme nécessaire subjectivement suivant la nature de notre faculté de connaître et comme n'ayant de valeur que pour la faculté de juger réfléchissante et non pour la faculté de juger déterminante objectivement. Lorsqu'il s'agit de ce qui est pratique un tel principe *régulateur* (pour la prudence ou la sagesse)[1], est en même temps *constitutif* et pratiquement déterminant, principe qui est de nous conformer dans notre action comme à une fin à ce qui, d'après la nature de nos facultés de connaître, peut seulement être d'une certaine manière pensé comme possible, tandis que le même principe, en tant que principe de jugement pour la

---

1. Kant associe ici la prudence (*Klugheit*) et la sagesse (*Weisheit*), ce qui est assez inhabituel sous sa plume, la prudence étant pragmatique et la sagesse pratique.

possibilité objective n'est nullement théoriquement déterminant (la seule possibilité que nous puissions penser a-t-elle
aussi une valeur objective, voilà ce qu'il laisse dans l'incerti-
tude), [458] c'est un simple principe *régulateur* pour la faculté
de juger réfléchissante.

Remarque.

Cette preuve morale n'est pas un nouvel argument, c'est
tout au plus un argument repris dans une nouvelle forme[1]; il
se trouvait déjà dans la raison humaine avant son premier
développement et il évoluera toujours davantage avec la
culture de celle-ci. Dès que les hommes commencèrent à
réfléchir sur le juste et l'injuste, à une époque où ils négli-
geaient encore avec indifférence la finalité de la nature et en
usaient sans concevoir autre chose que le cours habituel de la
nature, ils devaient inévitablement en venir à ce jugement
qu'il ne pouvait se faire qu'il s'en allât de même pour un
homme s'il s'était honnêtement ou déloyalement conduit, s'il
avait été juste ou s'il avait usé de violence, même si, tout au
moins en apparence, cet homme n'avait reçu jusqu'à la fin de
sa vie aucun bonheur pour ses vertus ou aucun châtiment
pour ses fautes. C'était comme s'ils entendaient en eux-
mêmes une voix leur disant qu'il devait en être autrement; il
fallait donc qu'il y eut en eux la représentation, certes
obscure, de quelque chose vers quoi ils se sentaient obligés de
tendre, et qui ne pouvait se concilier avec une telle issue, ou

1. Kant, dans les matières morales, déteste inventer (AK V, 8,
note). Il en résulte un souci de trouver dans le passé son argument et de
le présenter sous une nouvelle mise en forme. Il résume ainsi l'argument
ancien : les hommes d'autrefois voyaient dans le monde un spectacle
paradoxal : nul n'était récompensé pour ses bonnes actions, ni puni
pour ses forfaits. Ils postulèrent donc une cause suprême gouvernant le
monde d'après les lois morales et apportant de l'ordre là où l'on ne
voyait qu'irrégularité. La thèse de Kant n'est recevable que si l'on présuppose aussi l'immortalité de l'âme. Kant admet aussi que l'attention
portée au beau dans la nature découlait de cet intérêt moral. S'il en était
bien ainsi la faculté morale, se soumettant l'imagination, serait la source
de l'esthétique et de la finalité. V. Basch y voyait une contradiction.

avec quoi ils ne pouvaient accorder la destination finale intérieure de leur âme, lorsqu'ils considéraient le cours du monde comme l'unique ordre des choses. Bien qu'ils aient dû se représenter de plusieurs manières assez grossières la façon dont pouvait être corrigée une telle irrégularité (qui doit révolter le cœur humain bien plus que le hasard aveugle que l'on voulait donner comme principe au jugement de la nature), ils ne pouvaient toutefois concevoir un principe de la possibilité d'une conciliation de la nature avec leur loi morale intérieure autre qu'une cause suprême gouvernant le monde d'après des lois morales : en effet, un but ultime imposé comme un devoir en eux-mêmes et une nature sans aucun but ultime en dehors d'eux, nature en laquelle cependant ce but doit se réaliser, ce sont des choses qui se contredisent. Ils ont pu imaginer mainte absurdité sur la nature interne de cette cause du monde ; mais ce rapport moral dans le gouvernement du monde demeura toujours le même, rapport qui est d'une manière générale compréhensible pour la raison la moins cultivée, dans la mesure où elle se considère comme pratique, tandis que la raison spéculative [459] est loin de pouvoir aller du même pas. – Selon toute vraisemblance aussi c'est par cet intérêt moral que fut attirée l'attention sur la beauté et les fins dans la nature, qui ensuite servit excellemment à fortifier cette Idée, sans pouvoir cependant la fonder et encore moins l'écarter, parce que l'étude des fins de la nature elle-même ne prend que dans sa relation au but ultime cet intérêt immédiat, qui se montre si grand lorsqu'on admire la nature, sans se soucier d'en tirer quelque avantage.

§ 89. *De l'utilité de l'argument moral.*

La limitation de la raison, relativement à toutes nos Idées du supra-sensible, aux conditions de son usage pratique possède, en ce qui touche l'Idée de Dieu, une utilité qu'on ne saurait méconnaître et qui consiste en ce qu'elle empêche que la *théologie* ne se perde dans une *théosophie* (nuageuse) (dans des concepts transcendants qui troublent la raison), ou ne s'abîme dans une *démonologie* (une représentation anthropomorphique de l'être suprême); que la *religion* ne devienne *théurgie* (une illusion mystique <schwärmerischer> où l'on imagine pouvoir avoir le sentiment d'êtres suprasensibles et inversement pouvoir exercer une influence sur ceux-ci), *ou idolâtrie* (une illusion superstitieuse en laquelle on imagine pouvoir se rendre agréable à l'être suprême par d'autres moyens qu'une disposition morale)[1*2].

Car si en ce qui concerne ce qui est au-delà du monde sensible, on permet à la vanité et à la prétention démesurée des raisonneurs de déterminer théoriquement la plus petite chose (qui élargisse la connaissance), si on leur permet de plastronner avec des Idées de l'existence et l'essence de la nature divine, de son entendement et de sa volonté, de leurs lois et des qualités qui en découlent pour le monde, je voudrais bien savoir où et en quelle place on voudrait mettre une limite [460] aux prétentions de la raison; en effet, on peut s'attendre à voir venir encore beaucoup d'autres Idées de l'endroit où celles-ci ont été dégagées (pour peu, comme on le pense, qu'on fasse quelque effort de réflexion). La limitation de telles prétentions devrait toutefois s'effectuer d'après un principe certain, et non pas seulement pour la raison que nous constatons que toutes les tentatives liées à ces prétentions ont échoué; cela ne prouve, en effet, nullement l'impossibilité d'une heureuse issue. Or en ceci on ne saurait recevoir d'autre principe que d'admettre soit qu'il n'est absolument rien qui puisse être déterminé théoriquement (si

1*. Cette religion qui conçoit l'être suprême avec des attributs tels qu'il faudrait autre chose que la moralité comme condition suffisante pour que l'homme puisse vivre conformément à la volonté divine est encore de l'idolâtrie au sens pratique. Car si pur et si abstrait d'images sensibles qu'on ait théoriquement saisi ce concept, on se le représente toutefois au point de vue pratique comme une *idole,* c'est-à-dire anthropomorphiquement en ce qui concerne la nature de sa volonté.

2. Les limitations de la théologie morale lui interdisent de se perdre a) dans la théosophie (Swedenborg), b) dans une démonologie (Lucrèce), c) dans une théurgie (illusion mystique) (Spinoza). Toutes ces vaines démarches visent à exercer une influence sur les êtres supérieurs (Spinoza pense la Substance qui ne se pense pas) et donnent à croire qu'on peut influencer la Cause morale du monde autrement que par une bonne conduite.

ce n'est de manière seulement négative) par rapport au supra-
sensible, soit que notre raison renferme en elle-même une
mine encore inexploitée d'on ne sait quelles vastes connaissances, mises en réserves pour nous et nos descendants et
susceptibles d'étendre le savoir. – Mais en ce qui touche la
religion, c'est-à-dire la morale en relation à Dieu comme
législateur, si la connaissance théorique de Dieu devait venir
en premier, il faudrait que la morale se règle sur la théologie
et dès lors non seulement on substituerait à la législation
nécessaire et intérieure de la raison la législation extérieure
et arbitraire d'un être suprême, mais encore tout ce que notre
compréhension de la nature de cet être suprême peut avoir de
défectueux s'étendrait aux prescriptions morales et rendant
immorale la religion la pervertirait[1].

Si en ce qui touche l'espérance d'une vie future[2], au lieu
du but ultime, qu'il nous faut réaliser nous-mêmes, conformément à la prescription de la loi morale, nous choisissons
d'interroger notre faculté de connaissance théorique en la
prenant comme fil conducteur du jugement rationnel sur
notre destination (ce qui n'est considéré comme nécessaire ou
acceptable qu'au point de vue pratique), il apparaît alors que
la doctrine de l'âme dans cette perspective, comme la théologie tout à l'heure, ne nous donne rien de plus qu'un concept
négatif de notre être pensant : elle montre qu'aucune de ses
actions et qu'aucun phénomène du sens interne ne peut recevoir une explication matérialiste et en conséquence que toute

1. Kant interdit la moindre concession aux tentatives de la raison
théorique, qui échouent et échoueront parce que leur principe générateur
est vicieux et qu'il ne s'agit pas de tentatives que l'on pourrait regarder
comme, à force de temps, destinées à réussir.
2. Kant traite ici de l'immortalité de l'âme. La psychologie rationnelle ne deviendra jamais pneumatologie (équivalent de la théosophie)
parce que la barrière critique s'y oppose et montre que l'immortalité de
l'âme relève de l'usage pratique de la raison. Cela posé, on a cru (en
dépit de la *Religion dans les limites de la simple raison*) que Kant abandonnait la théorie de l'immortalité de l'âme dans la *Critique de la faculté
de juger* parce qu'il en parlait fort peu ; c'était oublier qu'il croyait avoir
résolu à fond le problème dans la *Critique de la raison pratique* et ne
jugeait pas nécessaire d'y revenir, sauf occasionnellement, dans la
dernière Critique.

notre faculté de connaître théorique ne saurait, en le fondant
sur des raisons spéculatives, absolument pas porter un jugement déterminant et augmentant notre savoir sur la nature
des phénomènes du sens interne séparés du corps et sur la
durée ou l'extinction de la personnalité après la mort. Donc
tout se trouve en ceci dépendre du jugement téléologique sur
notre existence à un point de vue pratique nécessaire et de la
croyance à notre survie comme condition exigée pour remplir le but ultime, qui nous est absolument imposé par la raison, et l'on en voit alors paraître l'avantage (qui au premier
abord certes semble être une perte) : de même que la théologie ne pourra jamais devenir pour nous théosophie, de
même la *psychologie rationnelle* ne pourra jamais devenir
[461] *pneumatologie* comme science augmentant notre savoir,
comme par ailleurs elle est assurée de ne jamais tomber dans
le *matérialisme* ; elle demeure bien plutôt une simple anthropologie du sens interne, c'est-à-dire connaissance de notre
moi pensant *dans la vie* et elle reste en tant que connaissance
théorique simplement empirique. En revanche, en ce qui
concerne la question de notre vie éternelle, la psychologie
rationnelle n'est pas une science théorique mais repose sur
une unique conclusion de la téléologie morale, aussi l'usage
n'en est-il entièrement nécessaire qu'à cette dernière, à cause
de notre destination pratique.

§ 90. *De la nature de l'assentiment propre à une preuve téléologique de l'existence de Dieu.*

De toute preuve qu'elle soit établie (comme c'est le cas
pour la preuve par l'observation de l'objet ou l'expérimen-
tation) grâce à une immédiate présentation empirique de ce
qui doit être prouvé, ou par la raison à partir de principes *a
priori,* on exige tout d'abord qu'elle ne fasse pas que *persuader,* mais qu'elle puisse *convaincre* ou du moins agir sur
la conviction ; c'est-à-dire que l'argument ou la conclusion ne
soit pas seulement un principe de détermination subjectif
(esthétique) de l'assentiment (simple apparence), mais qu'il
possède une valeur objective et soit un principe logique de la

connaissance ; car s'il en est autrement l'entendement est surpris, il n'est pas convaincu[1]. Un exemple de preuve apparente est celle qui est donnée dans la théologie naturelle, peut-
être dans une bonne intention, toutefois en dissimulant volontairement sa faiblesse : dans la théologie naturelle on invoque
le grand nombre des preuves de l'origine des choses de la
nature d'après le principe des fins et on se sert du principe
simplement subjectif de la raison humaine, je veux dire sa
tendance propre à substituer, lorsque cela se peut sans contradiction, un unique principe à plusieurs et lorsque dans ce
principe ne se trouvent que quelques conditions, ou même
beaucoup de conditions pour la détermination d'un concept, à
ajouter par la pensée les conditions restantes pour achever le
concept de l'objet en le complétant arbitrairement[2]. Et en
effet, assurément, si nous rencontrons dans la nature tant de
produits, qui sont pour nous les signes d'une cause intelligente, pourquoi ne concevrions-nous pas, plutôt que plusieurs
causes, une cause unique, [462] en lui attribuant non seulement une grande intelligence, une grande puissance... etc.,
mais bien plutôt la toute-sagesse, la toute-puissance, en la
concevant en un mot comme une cause telle qu'elle comprenne en soi le fondement suffisant de telles qualités pour toutes
les choses possibles – pourquoi en outre ne pourrions-nous
attribuer à cet être unique, tout puissant, non seulement un
entendement par rapport aux lois de la nature et à leurs
produits, mais encore, en tant que cause morale du monde, la
suprême raison morale pratique, puisqu'en achevant ce

---

1. Toute preuve, empirique ou *a priori*, doit non pas *persuader*,
mais *convaincre*. J'ai longuement insisté sur cette distinction kantienne
dans *Qu'est-ce que la philosophie ?* Convaincre est loyal, persuader est
un acte de ruse ; il n'y a pas de *ruse de la raison* au niveau de l'histoire
auquel Kant se place.

2. Prenons, pour exposer la démarche de Kant, l'exemple de ce
jésuite qui ne laissait pas d'être comique, peint par Feuerbach. Il accu-
mulait les preuves de l'existence de Dieu selon la théologie naturelle,
puis les réunissait en un faisceau, se servant de la raison qui tend partout
à l'unité ; et à ce faisceau, qui ne laissait pas, par endroits, d'être per-
suasif, il ajoutait les conditions restantes (les plus importantes parce que
concernant la moralité), le complétant arbitrairement.

concept nous présentons un principe suffisant aussi bien pour la sagesse morale que pour la compréhension de la nature tout ensemble et qu'on ne peut faire aucune objection tant soit peu fondée à la possibilité d'une telle Idée ? Si maintenant les tendances morales de l'âme sont en même temps mises en mouvement et si grâce à une puissante éloquence (dont elles sont bien dignes) l'intérêt vivant de ces tendances s'y joint, il en résulte la persuasion de la suffisance objective de la preuve et une apparence salutaire (dans la plupart des cas où l'on en use), qui dispense tout à fait d'examiner la solidité logique de la preuve et qui suscite même du dégoût et de la répulsion à cet égard, comme si cet examen se fondait sur un doute sacrilège[1]. – Dans la mesure où l'on considère proprement l'usage populaire qui peut en être fait il n'y a rien à répliquer à cela. Seulement comme on ne peut, ni ne doit interdire la division de la preuve dans les deux parties hétérogènes que comprend cet argument, c'est-à-dire celle qui appartient à la téléologie physique et celle qui appartient à la téléologie morale, puisque l'amalgame de ces deux parties ne permet pas de connaître où se trouve le nerf proprement dit de la preuve, ni de savoir en quelle partie et de quelle façon il devrait être élaboré afin de pouvoir en soutenir la valeur à l'examen le plus rigoureux (même si l'on se voyait contraint d'accorder pour une partie la faiblesse des vues de la raison), c'est un devoir pour le philosophe (même s'il ne fait aucun cas de l'exigence de sincérité qui s'adresse à lui) que de dévoiler l'apparence, si salutaire soit-elle, que cet amalgame peut produire et que de séparer ce qui appartient seulement à la persuasion de ce qui conduit à la conviction (ce sont des déterminations de l'assentiment différentes non seulement par le degré, mais même par le genre qui est le leur), afin de présenter l'état de l'esprit en cette preuve franchement en toute sa clarté et de pouvoir soumettre librement cet argument à l'examen le plus sévère.

1. Kant décrit la genèse de la preuve téléologique dogmatique sans oublier l'éloquence avec laquelle elle se prouve, et en montre la vanité dans l'impuissance où l'on se trouve à synthétiser la preuve téléologique

Or une preuve, qui vise à convaincre, peut maintenant être de deux sortes : ou bien c'est une preuve qui établit ce que l'objet est *en soi*, ou bien c'est une preuve qui établit ce que l'objet est *pour nous* (hommes en général), [463] d'après les principes rationnels qui nous sont nécessaires pour en juger (donc une preuve κατ' ἀλήθειαν ou κατ' ἄνθρωπον, ce dernier terme étant pris pour les hommes en général dans le sens généralement reçu). Dans le premier cas la preuve est fondée sur des principes suffisants pour la faculté de juger déterminante, dans le second cas elle est fondée sur des principes suffisants seulement pour la faculté de juger réfléchissante [1]. Dans ce dernier cas, reposant simplement sur des principes théoriques, la preuve ne peut jamais agir sur la conviction ; cependant si elle prend pour fondement un principe rationnel pratique (principe qui par conséquent possède une valeur universelle et nécessaire), elle peut bien prétendre à une conviction suffisante à un point de vue purement pratique, c'est-à-dire à une conviction morale. Or une preuve *agit sur la conviction* sans encore convaincre lorsqu'elle est dirigée seulement dans cette voie, c'est-à-dire lorsqu'elle contient des raisons seulement objectives, qui ne suffisant pas pour la certitude, sont toutefois d'une telle nature qu'elles ne servent pas seulement de raisons subjectives au jugement en vue de persuader [2].

---

et la preuve téléologique morale. Il parle d'un amalgame que le philosophe a le devoir de résoudre afin de dévoiler l'apparence.

1. Une preuve qui veut convaincre (*überzeugen*) se divise en deux : ou bien elle est valable en soi (selon la vérité) ou bien elle est valable pour nous autres hommes (cette dernière expression étant prise pour les hommes en général). Dans le premier cas la preuve est fondée sur le jugement déterminant ; dans le second cas elle est fondée sur des principes suffisant seulement pour la faculté de juger réfléchissante. Le texte de Kant est clair, mais le caractère absolu reconnu au jugement déterminant pourra surprendre plus d'un lecteur de la *Critique de la raison pure,* où la grandeur intensive est bien posée comme principe déterminant, mais *für uns Menschen*.

2. Si, en théologie téléologique, la preuve ne peut jamais emporter la conviction. en s'appuyant sur des principes théoriques, dans la mesure où elle est administrée d'un point de vue pratique, elle suffit à emporter la conviction. Il faut néanmoins convenir qu'une preuve théo-

Or tous les arguments logiques suffisent ou bien[1] : 1) à la preuve par des *raisonnements de raison* logiquement rigoureux[2], ou bien si ce cas ne se présente pas ; 2) au *raisonnement* par *analogie*, ou bien si ceci ne se trouve pas possible ; 3) à *l'opinion vraisemblable* ; ou enfin, à tout le moins, 4) à admettre comme *hypothèse* un principe d'explication simplement possible. – Mais je soutiens que tous les arguments en général, qui agissent sur la conviction théorique, ne sauraient produire aucun assentiment de ce genre, du plus haut degré jusqu'au plus bas, lorsqu'il faut démontrer la proposition concernant l'existence d'un être originaire, compris comme étant un Dieu, dans le sens qui correspond au contenu tout entier de ce concept, c'est-à-dire comme un créateur moral du monde, si bien que par celui-ci le but ultime de la création est en même temps donné :

1) Pour ce qui est de la preuve *logiquement rigoureuse*, qui va de l'universel au particulier, on a montré d'une façon suffisante dans la critique que, puisqu'aucune de nos intuitions possibles ne correspond au concept d'un être qu'il faut chercher au-delà de la nature et que ce concept même, dans la mesure où il doit être théoriquement déterminé par des prédicats synthétiques, demeure toujours pour nous problématique, il ne peut absolument pas y avoir une connaissance de cet être (connaissance qui à tout le moins élargirait l'étendue de notre savoir théorique) et que le concept particulier d'un être supra-sensible ne saurait être subsumé sous les principes universels de la nature des choses, [464] afin de

rique agit sur la conviction lorsqu'elle contient des raisons seulement objectives.

1. Kant va énumérer les différents arguments logiques susceptibles de soutenir la téléologie-théologie dogmatique. et dont aucun ne peut susciter la conviction pleinière.

2. Le premier est constitué par les raisonnements de raison (opposés aux raisonnements d'entendement). Dans la *Critique de la raison pure* Kant les détermine ainsi : je commence par penser une *règle* (*majeure*) par l'entendement. Deuxièmement *je subsume* une connaissance sous la condition de la règle (*mineure*) par la médiation de la *faculté de juger*. Enfin je détermine ma connaissance par le prédicat de la règle (*conclusion*), par conséquent *a priori* par la raison. (AK III, 240).

conclure à partir de ces principes à ce concept ; la raison en est que ces principes n'ont de valeur que pour la nature, comme objet des sens [1].

2) Deux choses étant hétérogènes on peut assurément *penser* l'une d'entre elles par *analogie* avec l'autre, même au point de vue de leur hétérogénéité ; mais on ne peut, partant de ce qui rend ces choses hétérogènes, *conclure* de l'une à l'autre par analogie [2*], c'est-à-dire transférer de l'une à

---

1. La preuve logiquement rigoureuse d'un Créateur bienveillant de la nature ne saurait être reçue parce qu'elle suppose (comme toutes les preuves de l'existence de Dieu) l'argument ontologique et qu'aucune intuition ne correspond au concept de cet être suprême qu'il faut chercher au-delà de la nature.

2*. L'analogie (en un sens qualitatif) est l'identité du rapport entre les principes et les conséquences (causes et effets), dans la mesure où elle est effective, nonobstant la différence spécifique des choses ou de leurs propriétés en soi (c'est-à-dire considérées en dehors de ce rapport), qui contiennent le principe de conséquences semblables. Ainsi en ce qui concerne les actions de nature technique des animaux comparées à celles de l'homme, nous concevons dans les premiers le principe des actions, principe que nous ne connaissons pas, comme un analogon de la raison grâce au principe de semblables actions chez l'homme (la raison) qui nous est connu et nous estimons en même temps indiquer par là que le principe de l'art animal, sous le nom d'instinct, en fait spécifiquement différent de la raison, possède toutefois un semblable rapport à son effet (comparons ainsi les constructions du castor et celles de l'homme). – Mais de ce que l'homme use de sa raison en ses constructions, je ne peux en conclure que le castor doit aussi posséder une raison et appeler cela un raisonnement par analogie, Cependant partant de la forme de l'action de l'animal (dont nous ne percevons pas immédiatement le principe) et qui comparée à celle de l'homme (dont nous avons immédiatement conscience du principe) lui est semblable, nous pouvons très justement *conclure par analogie* que les animaux aussi agissent d'après des *représentations* (et ne sont pas des machines, comme le veut Descartes) et qu'en dépit de ce qui constitue leur différence spécifique, ils sont du point de vue du genre (en tant qu'êtres vivants) identiques à l'homme. Le principe qui rend légitime un tel raisonnement se situe dans le fait que c'est pour une raison identique que nous comptons comme appartenant à un même genre les animaux et l'homme en tant qu'homme à l'égard de cette détermination, dans la mesure où nous les comparons entre eux du point de vue extérieur suivant leurs actions. C'est *par ratio*. Tout de même je peux concevoir par analogie avec un entendement la causalité de la cause suprême du monde en comparant les produits d'une nature finale de celle-ci dans le monde aux œuvres d'art de l'homme ; mais je ne

l'autre le signe lié à la différence spécifique. Ainsi par analogie avec la loi de l'égalité de l'action et de la réaction, dans l'attraction et la répulsion réciproques des corps entre eux [465] je peux penser la société des membres d'un corps social d'après des règles de droit; mais je ne puis transférer ces déterminations spécifiques (l'attraction et la répulsion matérielles) à celle-ci, ni les attribuer aux citoyens pour constituer un système, qu'on appelle Etat. – De même nous pouvons bien penser la causalité d'un être originaire par rapport aux choses du monde, en tant que fins naturelles, par analogie avec un entendement comme principe des formes de certaines productions, que nous nommons œuvres d'art (en effet, ceci ne s'effectue qu'au profit de l'usage théorique ou pratique que notre faculté de connaître peut faire de ce concept relativement aux choses de la nature dans le monde, en suivant un certain principe); mais de ce que l'on doit attribuer un entendement à ce qui entre les êtres du monde est cause d'un effet jugé comme un produit de l'art, nous ne pouvons aucunement conclure par analogie que cette causalité même que nous percevons en l'homme soit, par rapport à la nature elle-même, propre à un être, qui est entièrement différent de la nature; ceci intéresse précisément le point qui constitue l'hétérogénéité que l'on conçoit entre une cause conditionnée d'une manière sensible relativement à ses effets et l'être originaire supra-sensible en son concept même, de telle sorte que l'on ne peut transférer ces qualités à cet être. – Justement parce que je ne puis concevoir la causalité divine que par analogie avec un entendement (faculté que nous ne connaissons exister en

puis *conclure* à ces propriétés en cet être en suivant l'analogie; en effet le principe de la possibilité d'une telle forme de raisonnement fait complètement défaut ici, c'est-à-dire la *paritas rationis* pour compter dans un seul et même genre l'être suprême et l'homme (relativement à leur causalité respective). La causalité des êtres du monde, qui est toujours conditionnée d'une manière sensible ne peut être transférée à un être qui n'a en commun avec eux aucun concept générique, si ce n'est celui de chose en général.

aucun autre être que l'homme conditionné par le sensible), il m'est interdit de lui attribuer celui-ci au sens propre [1*2];

3) Il ne se trouve pas *d'opinion* dans les jugements *a priori*; en effet, par ceux-ci on connaît quelque chose comme entièrement certain, ou on ne le connaît pas. Aussi bien lorsque les preuves données, dont nous partons (comme ici les fins dans le monde), sont empiriques, on ne peut grâce à ces preuves se forger une opinion qui dépasse le monde sensible et on ne peut accorder à des jugements aussi risqués le moindre droit à la vraisemblance. En effet, la vraisemblance est une partie d'une certitude possible dans une certaine série de raisons (ces raisons comparées à la preuve suffisante sont comme des parties par rapport à un tout), [466] et pour atteindre cette certitude toute raison qui est insuffisante doit pouvoir être complétée. Or comme ces raisons doivent être homogènes en tant que principes de détermination de la certitude d'un seul et même jugement, puisqu'autrement elles ne sauraient constituer ensemble une grandeur (au sens où la certitude en est une), il ne se peut faire qu'une partie de celles-ci se situe à l'intérieur des limites de l'expérience possible et qu'une autre partie se trouve en dehors de toute expérience possible. En conséquence, puisque des arguments qui ne sont qu'empiriques ne conduisent à rien de supra-sensible et que dans la série qu'ils constituent rien ne peut combler cette lacune, on n'avance pas le moins du monde dans la tentative pour parvenir grâce à ceux-ci au supra-sensible et à une connaissance de celui-ci et il s'ensuit qu'il ne se trouve

1*. Néanmoins il ne manque absolument rien à la représentation du rapport de cet être avec le monde, aussi bien en ce qui concerne les conséquences théoriques de ce concept que ses conséquences pratiques. Vouloir rechercher ce qu'elle est en soi serait d'une témérité aussi vaine qu'inutile.

2. L'analogie consiste à transférer d'un objet à l'autre le *signe* lié à la différence spécifique; je peux penser par analogie avec l'univers (attraction, gravitation) les lois de la société; mais je ne puis, par exemple transférer ces déterminations spécifiques aux citoyens, et l'Etat n'est pas un univers; de même si nous concevons la cause du monde comme une intelligence par analogie avec notre entendement, cela ne permet pas de déterminer l'intelligence de la Cause du monde.

aussi aucune vraisemblance dans un jugement sur le supra-
sensible fondé sur des arguments empruntés à l'expérience[1];

4) La possibilité de ce qui doit à titre *d'hypothèse* servir
à l'explication d'un phénomène donné doit au moins être
entièrement certaine[2]. Il suffit dans une hypothèse que je
renonce à la connaissance de la réalité (connaissance encore
affirmée dans une opinion donnée pour vraisemblable); je ne
saurais renoncer à autre chose; la possibilité de ce que je pose
au fondement d'une explication doit tout au moins n'être
exposée à aucun doute, puisque s'il en était autrement on n'en
finirait jamais avec les fantaisies creuses. Or ce serait une
supposition tout à fait sans fondement que d'admettre la possibilité d'un être supra-sensible déterminé d'après certains
concepts, alors qu'aucune d'entre les conditions nécessaires
d'une connaissance, par rapport à ce qui dans cette connaissance repose sur l'intuition, n'est en ceci donnée et qu'il ne
reste ainsi comme critérium de cette possibilité que le simple
principe de contradiction (principe qui ne peut prouver que
la possibilité de la pensée et non celle de l'objet pensé lui-
même).

Il s'ensuit qu'en ce qui concerne l'existence d'un être
originaire, en tant que divinité, ou de l'âme, comme esprit
immortel, il n'est pour la raison humaine aucune preuve au
point de vue théorique, qui puisse même produire le plus
petit degré d'assentiment; et la raison de ceci est tout à fait
claire : nous ne disposons d'aucune matière pour la détermi-

---

1. L'*opinion* ne permet pas davantage de s'élever à une cause
supra-sensible. N'étant jamais que sensible elle ne saurait vaincre
l'empire de la δόξα, réservé à l'homme.
2. Kant a réservé de nombreuses considérations, dans la *Critique
de la raison pratique,* au sujet de l'hypothèse (sujet déjà abordé dans la
Critique de la raison pure). Le propre de l'hypothèse est (contrairement à
la simple croyance, non aux postulats) de pouvoir être rejetée ou rem-
placée. Kant choisit deux exemples : l'Idée de Dieu et l'immortalité de
l'âme. Considérés du point de vue de l'usage spéculatif de la raison pure
ce sont des concepts auxquels toute intuition fait défaut. La *Critique de
la raison pratique* en les ramenant à l'usage pratique de la raison transforme les hypothèses en postulats (qu'on peut toujours rejeter d'un point
de vue théorique, mais qui s'imposent d'un point de vue pratique).

nation des Idées du supra-sensible et il nous faudrait donc emprunter celle-ci aux choses dans le monde sensible; mais une telle matière ne convient absolument pas à cet objet; or, en l'absence de toute détermination de celles-ci, il ne reste rien d'autre que le concept d'un quelque chose supra-sensible contenant l'ultime fondement du monde des sens et ceci ne constitue pas encore une connaissance (comme extension du concept) de sa nature interne.

[467] § 91. *De la nature de l'assentiment résultant d'une croyance pratique*[1].

Si nous ne considérons que la manière dont une chose peut *pour nous* (d'après la constitution subjective de nos facultés de représentations) devenir *objet* de connaissance (*res cognoscibilis*), les concepts en ce cas ne sont pas rapprochés des objets, mais simplement de nos facultés de connaître et de l'usage que celles-ci peuvent faire (à un point de vue théorique ou pratique) de la représentation donnée; et la question de savoir si une chose est ou non un être connaissable n'est pas une question qui intéresse la possibilité des choses elles-mêmes, mais la connaissance que nous en avons.

Les choses connaissables sont de trois sortes : *les objets d'opinion* (*opinabile*), *les faits* (*scibile*), et *les objets de croyance* (*mere credibile*).

1) Les objets des simples Idées rationnelles, qui ne peuvent être présentées pour la connaissance théorique dans quelque expérience possible, ne sont pas dans cette mesure des *choses connaissables*; par conséquent par rapport à eux on ne peut même pas *avoir une opinion*; au demeurant avoir une opinion *a priori* est déjà en soi absurde et conduit tout droit à de pures chimères. Ou bien notre proposition *a priori* est certaine, ou bien elle ne contient rien pour l'assentiment. Ainsi *les choses d'opinion* sont toujours des objets d'une

---

1. Ce paragraphe aurait pu constituer la seconde partie de la méthodologie de la raison pratique; il traite des choses connaissables en rapport à nos facultés de connaître et de l'usage que celles-ci peuvent en faire d'un point de vue théorique ou pratique.

connaissance de l'expérience (objets du monde sensible) au moins possible en soi, mais qui est *pour nous* impossible, en raison du faible degré de la faculté que nous possédons. Ainsi l'éther des physiciens modernes, fluide élastique pénétrant dans toutes les autres matières (et intimement mêlé à elles), est une simple chose d'opinion, mais toujours cependant d'une telle nature qu'il pourrait être perçu, si les sens externes étaient affinés au plus haut degré cependant il ne peut jamais être présenté dans quelque observation ou quelque expérience. Admettre des habitants raisonnables dans les autres planètes, c'est une affaire d'opinion; en effet, si nous pouvions nous en rapprocher, ce qui est en soi possible, nous pourrions décider par l'expérience s'ils existent ou non; mais jamais nous ne nous en rapprocherons à ce point et cela restera une question d'opinion. En revanche, émettre l'opinion qu'il existe dans l'univers matériel de purs esprits, qui pensent sans avoir de corps (si, comme de juste, on écarte certains phénomènes réels donnés pour tels), cela s'appelle de la fiction et n'est pas du tout une affaire d'opinion, [468] mais la simple Idée qui reste, quand d'un être pensant on a ôté tout ce qui est matériel, lui laissant cependant la pensée. Nous ne pouvons, en effet, décider si la pensée (que nous connaissons seulement dans l'homme, c'est-à-dire en liaison avec un corps) subsiste alors. Une telle chose est un *être sophistique* (*ens rationis ratiocinantis*) et non un *être de raison* (*ens rationis ratiocinatae*); pour ce dernier il est cependant possible de démontrer d'une manière suffisante la réalité objective de son concept, du moins pour l'usage pratique de la raison, car cet usage même, qui possède ses principes *a priori* propres et apodictiquement certains, l'exige (le postule)[1];

1. Les *objets d'opinion*. Aucun jugement *a priori* n'est le fondement d'une opinion; il en résulte que toute opinion est toujours le fait d'une connaissance de l'expérience au moins possible en soi, mais impossible pour nous. Kant fait allusion à Fontenelle et à ses *Entretiens sur la pluralité des mondes habités*. Kant prend position contre l'opinion favorable aux anges; ce ne sont que des hommes, le corps en moins. Feuerbach émettra la même pensée. Kant y insiste d'ailleurs; il ne s'agit même pas d'une opinion, mais d'une fiction.

2) Les objets pour des concepts, dont la réalité objective peut être prouvée (soit par pure raison, soit par expérience et dans le premier cas à partir de données théoriques ou pratiques de la raison, mais dans tous les cas au moyen d'une intuition qui leur corresponde), sont *des faits* (*res facti*) [1*]. Telles sont les propriétés mathématiques des grandeurs (dans la géométrie), parce qu'elles sont susceptibles d'une *présentation a priori* pour l'usage théorique de la raison. En outre les choses, ou les propriétés de celles-ci, qui peuvent être démontrées par l'expérience (la nôtre ou celle d'autrui, au moyen de témoignages), sont également des faits. – Mais ce qui est très remarquable, c'est que parmi les faits il se trouve même une Idée de la raison (qui n'est susceptible d'aucune présentation dans l'intuition, et par conséquent aussi d'aucune preuve théorique de sa possibilité); c'est l'Idée de *liberté,* dont la réalité, en tant qu'espèce particulière de causalité (dont le concept serait transcendant à un point de vue théorique), peut être démontrée par les lois pratiques de la raison pure et, conformément à celles-ci, dans les actions réelles, par conséquent dans l'expérience. – C'est entre toutes les Idées de la raison pure la seule dont l'objet soit un fait et qui doive être comptée parmi les *scibilia* [2];

[469] 3) Des objets, qui en relation à l'usage conforme au devoir de la raison pure pratique (soit comme conséquences, soit comme principes) doivent être pensés *a priori,* mais qui sont transcendants pour l'usage théorique de la raison, sont

---

1*. J'étends ici, à bon droit me semble-t-il, le concept de *fait* au-delà de la signification ordinaire de ce mot. En effet il n'est pas nécessaire, il n'est pas même faisable, de restreindre cette expression a la seule expérience réelle, lorsqu'il s'agit du rapport des choses à nos facultés de connaître puisque une expérience simplement possible est suffisante pour parler de celles-ci simplement comme d'objets d'un mode de connaissance determinée.

2. Kant range dans les *faits* d'une part les propositions mathématiques, liaisons du concept et de l'intuition, et d'autre part la conscience de la liberté (cf. *Critique de la raison pratique,*§. 7). Ce qui est remarquable dans le fait de la liberté c'est qu'à la différence du fait mathématique il n'est susceptible d'aucune preuve ostensive *a priori,* qu'il ne peut faire valoir aucune intuition et que cependant il peut être démontré par les lois pratiques pures

des *objets de croyance*. Tel est le *Bien suprême* à réaliser dans le monde par la liberté ; son concept ne peut être prouvé en sa réalité objective par aucune expérience possible pour nous, ni par conséquent de façon suffisante pour l'usage théorique de la raison ; mais son usage en vue de la réalisation la meilleure possible de cette fin nous est toutefois commandé par la raison pure pratique et il doit par conséquent être admis comme possible. Cette réalisation qui nous est commandée, *ainsi que les seules conditions concevables pour nous de sa possibilité*, c'est-à-dire l'existence de Dieu et l'immortalité de l'âme sont des *objets de croyance* (*res fidei*) et à la vérité les seuls parmi tous les objets, qui puissent être ainsi nommés [1*]. En effet, bien que nous devions croire ce que nous ne pouvons apprendre que de l'expérience des autres *par témoignage*, il ne s'agit pas pourtant encore pour cela d'objets de croyance ; en effet, chez *l'un de ces témoins* ce fut expérience personnelle et fait, ou du moins on le suppose. En outre il doit être possible, par cette voie (celle de la croyance historique) de parvenir au savoir ; et les objets de l'histoire et de la géographie, comme en général tout ce qu'il est au moins possible de savoir d'après la constitution de notre faculté de connaître, n'appartiennent pas aux objets de la croyance, mais aux faits. Seuls des objets de la raison pure peuvent être des objets de croyance, mais non en tant qu'objets de la simple raison pure spéculative ; car ils ne peuvent même pas alors être avec certitude rangés au nombre des choses, c'est-à-dire des objets de cette connaissance possible pour nous. Ce sont des Idées, c'est-à-dire des concepts, dont on ne peut assurer théoriquement la réalité objective. En revanche, le but ultime suprême que nous devons réaliser, ce par quoi uniquement nous pouvons devenir dignes d'être nous-mêmes but ultime d'une création, est une Idée, qui possède pour nous

---

1*. Des objets de croyance ne sont pas pour cela des *articles de foi*, et si l'on comprend sous ce terme ces objets de foi que l'on peut être obligé à confesser (intérieurement ou extérieurement), la théologie naturelle n'en contient pas. Car puisqu'en tant qu'objets de la foi, ils ne peuvent s'appuyer sur des preuves théoriques (comme les faits), il s'agit d'un libre assentiment, seul conciliable avec la moralité du sujet.

sous un rapport pratique une réalité objective et c'est une chose <Sache> ; mais puisque nous ne pouvons donner à ce concept cette réalité à un point de vue théorique, c'est un simple [470] objet de croyance de la raison pure, ainsi que, en même temps que celui-ci, Dieu et l'immortalité comme conditions sous lesquelles seules, d'après la constitution de notre raison (humaine), nous pouvons concevoir la possibilité de cet effet de l'usage légitime de notre liberté. Ainsi l'assentiment en matière de croyance est un assentiment à un point de vue pratique pur, c'est-à-dire une croyance morale, qui ne prouve rien pour la connaissance théorique, mais seulement pour la connaissance pratique de la raison pure tendant à l'accomplissement de ses devoirs et qui n'élargit pas du tout la spéculation ou les règles pratiques de la prudence suivant le principe de l'amour de soi. Si le principe suprême de toutes les lois morales est un postulat, alors la possibilité de son objet suprême, et par conséquent aussi la condition sous laquelle nous pouvons concevoir cette possibilité, se trouvent ainsi postulées en même temps. Ce faisant la connaissance de cette dernière, en tant que connaissance théorique, ne devient pas savoir ou opinion de l'existence et de la nature de ces conditions, mais il s'agit simplement d'une supposition sous un rapport pratique, qui nous est imposé pour l'usage moral de notre raison[1].

Même si nous pouvions en apparence fonder un concept *déterminé* d'une cause intelligente du monde sur les fins de la

---

1. Kant range enfin sous les *croyances* les objets qui (en relation au devoir) doivent être pensés *a priori*. Il compte d'abord le Souverain Bien et les deux piliers qui le soutiennent, le postulat de l'existence de Dieu d'une part et celui de l'immortalité de l'âme d'autre part : ce sont des objets de croyance (*res fidei*). On distinguera soigneusement ces objets de croyance des simples témoignages (un voyageur qui raconte avoir vu une montagne rouge dans le désert). Kant réunit tout ce qui est témoignage sous le titre croyance historique. Le propre de la croyance historique empirique est de permettre une science, la géographie et dans une moindre mesure l'histoire ; mais c'est un objet de l'entendement historique. En revanche les objets de la croyance rationnelle pure pratique ne sont jamais des objets de science empirique. Cf. *Qu'est-ce que s'orienter dans la pensée ?* ch. IV.

nature, que nous propose en si grand nombre la téléologie physique, l'existence de cet être ne serait pas pourtant objet de croyance. En effet, puisque cet être n'est pas supposé en vue de l'accomplissement du devoir, mais seulement pour l'explication de la nature, il ne s'agirait que de l'opinion et de l'hypothèse la plus adaptée à notre raison. Or cette téléologie ne conduit nullement à un concept déterminé de Dieu, qui au contraire se rencontre seulement dans celui d'un auteur moral du monde, parce que seul celui-ci indique le but ultime auquel nous ne pouvons nous ranger qu'autant que nous nous conformons à ce que la loi morale nous impose comme but ultime, et qui par conséquent nous oblige. Il s'ensuit que c'est seulement par la relation à l'objet de notre devoir, comme constituant la condition de possibilité d'en atteindre le but ultime, que le concept de Dieu obtient le privilège de valoir comme un objet de croyance dans notre assentiment; en revanche ce même concept ne saurait donner à son objet valeur de fait : c'est, bien que la nécessité du devoir soit claire pour la raison pratique, que la réalisation cependant de son but ultime, dans la mesure où il n'est pas tout à fait en notre pouvoir, n'est admise [471] qu'en vue de l'usage pratique de la raison et n'est pas ainsi, comme le devoir lui-même, pratiquement nécessaire[1][*][2].

1*. Le but ultime, que la loi morale impose de réaliser, n'est pas le fondement du devoir ; en effet ce fondement se trouve dans la loi morale, qui, en tant que principe formel pratique, dirige catégoriquement, sans tenir compte des objets de la faculté de désirer (de la matière du vouloir), par conséquent sans tenir compte d'une fin quelconque. Cette nature formelle de mes actions (subordination de celles-ci au principe de la valeur universelle), en laquelle seule consiste leur valeur morale interne, est entièrement en notre pouvoir et je peux bien faire abstraction de la possibilité ou du caractère irréalisable des fins, qui conformément à cette loi m'imposent leur réalisation (en effet celles-ci ne constituent que la valeur extérieure de mes actions), comme d'une chose, qui n'est jamais pleinement en mon pouvoir, afin de ne considérer que ce qui incombe à mon action. Toutefois l'intention de réaliser le but ultime de tous les êtres raisonnables (le bonheur dans la mesure où il lui est possible de s'accorder avec le devoir) est cependant imposée par la loi du devoir elle-même. Or la raison spéculative n'en voit nullement la possibilité de réalisation (ni du côté de notre propre puissance physique, ni du

La *croyance* (comme *habitus,* non comme *actus*) est la manière de penser morale de la raison dans l'assentiment à ce qui est inaccessible à la connaissance théorique. Elle est donc le principe permanent de l'esprit consistant à admettre comme vrai ce qu'il est nécessaire de présupposer comme condition pour la possibilité du but ultime moral suprême, en raison de l'obligation qui s'y attache[1*] ; encore que nous ne puissions en reconnaître la possibilité, pas plus d'ailleurs que l'impossibilité. [472] La *croyance* (dans l'acception simple)

côté de la collaboration de la nature) elle doit considérer bien plutôt pour ces raisons, autant que nous puissions en juger raisonnablement, qu'attendre de la nature seule (en nous et en dehors de nous) un tel résultat de notre bonne conduite, sans admettre un Dieu et l'immortalité, est un espoir sans fondement, vain, bien que procédant d'une bonne intention ; et si elle pouvait être entièrement certaine de ce jugement, elle considérerait la loi morale elle-même comme une simple illusion de notre raison à un point de vue pratique. Mais comme la raison spéculative se convainc pleinement que cela ne pourra jamais se faire, et comme en revanche ces Idées, dont l'objet est par-delà la nature, peuvent être pensées sans contradiction, la raison, afin de ne pas se mettre en contradiction avec elle-même, devra reconnaître ces Idées comme réelles pour sa propre loi pratique et la tâche que celle-ci lui impose, c'est-à-dire donc au point de vue moral.

2. En supposant que la théologie-téléologie physique prouve l'existence d'un Dieu, celui-ci ne serait pas pour autant objet de croyance, parce qu'il ne serait pas supposé en vue du devoir.

1*. C'est une confiance dans la promesse de la loi morale ; non pas à une promesse contenue dans la loi morale, mais dans une promesse que j'y ajoute pour une raison morale suffisante. [471] Car un but ultime ne peut être commandé par aucune loi de la raison, sans que celle-ci ne promette en même temps, quoique d'une manière incertaine, que ce but peut être atteint et n'autorise, ce faisant, aussi l'assentiment aux conditions sous lesquelles seules notre raison peut le concevoir. Le mot *Fides* exprime déjà cela ; mais l'introduction de cette expression et de cette idée particulière dans la philosophie morale pourrait paraître suspecte, puisqu'ils ont été introduits d'abord par le christianisme, et les adopter pourrait paraître une imitation flatteuse de sa langue. Mais ce n'est pas un cas unique, car cette merveilleuse religion, dans la suprême simplicité de son style, a enrichi la philosophie avec des concepts moraux bien plus déterminés et bien plus purs, que ceux que celle-ci avait pu fournir jusque-là ; et ces concepts, puisqu'ils sont là maintenant, sont *librement* approuvés par la raison et admis comme des concepts qu'elle aurait pu et dû découvrir et introduire d'elle-même.

est la confiance de pouvoir accomplir un projet, dont la réalisation est un devoir, mais dont nous ne pouvons *apercevoir* la possibilité de réalisation (et par suite pas davantage celle des seules conditions pour nous concevables). Ainsi la croyance qui se rapporte à des objets particuliers, qui ne sont pas des objets du savoir possible ou de l'opinion (dans ce dernier cas, particulièrement en ce qui concerne l'histoire, cela devrait être dit de la crédulité et non de la croyance), est purement morale. C'est un libre assentiment, non pas à ce dont on peut trouver des preuves dogmatiques pour la faculté de juger déterminante théorique; ni à ce que nous considérons comme étant pour nous une obligation, mais à ce que nous admettons en vue d'un dessein suivant les lois de la liberté; toutefois non pas, comme une quelconque opinion, sans fondement suffisant; mais comme fondé dans la raison (il est vrai seulement en rapport à son usage pratique), *d'une manière suffisante pour le dessein de celle-ci*; sans cela, en effet, la pensée morale se heurtant aux exigences de la raison théorique concernant la preuve (de la possibilité de l'objet de la moralité) perd toute vraie solidité et flotte entre des commandements pratiques et des doutes théoriques. Etre *incrédule,* c'est s'attacher à la maxime de ne pas croire en général aux témoignages; mais *l'incroyant* est celui qui dénie toute valeur à ces Idées rationnelles, parce qu'il n'y a pas de fondation *théorique* de leur réalité. Il juge ainsi dogmatiquement. Un *manque de croyance* dogmatique ne saurait coexister avec une maxime morale, qui règne sur la manière de penser (la raison ne peut, en effet, commander de poursuivre une fin reconnue comme une simple chimère); mais cela se peut s'il s'agit d'une croyance sans assurance, pour laquelle le manque de conviction selon des principes de la raison spéculative est seulement un obstacle, auquel une connaissance critique des limites de la raison spéculative peut ôter toute influence sur la conduite et [473] peut substituer en compensation un assentiment pratique prédominant[1].

---

1. Tout cet alinéa se rapproche encore plus que les précédents de la philosophie populaire; comme si Kant, déposant ses conclusions en ses dernières pages, avait recherché la plus grande simplicité concevable. On

*
* *

Si à la place de certaines tentatives manquées en philo-sophie on veut introduire un autre principe et lui donner de l'influence, on trouve une grande satisfaction à voir comment et pourquoi ces tentatives devaient échouer [1].

Dieu, Liberté, Immortalité de l' âme : tels sont les pro-blèmes dont tous les efforts de la métaphysique cherchent la solution comme leur but dernier et unique. Or on pensait que la doctrine de la liberté n'était nécessaire pour la philosophie pratique que comme condition négative, et en revanche que la doctrine de Dieu et de la nature de l'âme, appartenant à la philosophie théorique, devaient être traitées pour elles-mêmes et séparément ; ensuite on les reliait avec ce que la loi morale (qui n'est possible que sous la condition de la liberté) ordonne, et ainsi on constituait une religion. Mais il est aisé de voir que ces tentatives devaient échouer. Car avec de simples concepts ontologiques des choses en général ou de l'existence d'un être nécessaire, on ne peut construire le concept d'un être originaire déterminé par des prédicats donnés dans l'expérience, et qui pourrait ainsi servir à la connaissance ; mais le concept qui fut fondé sur l'expérience

ne peut donc que souligner la qualité de l'écriture, sans s'embarrasser d'un commentaire.

1. Ton sarcastique chez Kant : on prend bien du plaisir à voir comment les autres tentatives métaphysiques devaient échouer, si l'on a découvert un autre point de vue plus fécond. – les objets de la méta-physique n'ont jamais changé : *Dieu, Liberté, Immortalité de l' âme* sont par exemple les objets que Descartes se propose de démontrer. Leibniz et Wolf aussi. L'erreur consistait à disjoindre les objets de la réflexion en croyant que la liberté relevait négativement de la philosophie pratique et que Dieu et l'immortalité de l'âme relevaient de la philosophie spéculative et devaient être traitées pour elles-mêmes et isolément. C'est sensiblement la position de Descartes. On reliait après ces objets avec la loi morale, et on obtenait une religion (Wolf). Ces tentatives devaient échouer car avec de simples concepts ontologiques (par exemple la perfection) on ne peut construire le concept d'un être originaire que l'on détermine par des prédicats issus de l'expérience (bon, bienveillant, intelligent, etc.). Si la théologie physique et la pneumatologie échouèrent, ce fut parce qu'elles ne purent s'établir sur aucune donnée irréductible pour s'élever dans le transcendant.

de la finalité physique de la nature ne pouvait à son tour procurer une preuve satisfaisante pour la morale et par conséquent pour la connaissance d'un Dieu. De même la psychologie fondée sur l'expérience (que nous ne mettons en œuvre
que dans cette vie) ne peut donner un concept de la nature
spirituelle et immortelle de l'âme, suffisant par conséquent à
la morale. Comme problèmes scientifiques d'une raison
spéculative, la *théologie* et la *pneumatologie,* puisque leur
concept est transcendant pour toutes nos facultés de connaissances, ne peuvent être établies par aucune donnée et par
aucun prédicat empiriques. – La détermination de ces deux
concepts, aussi bien Dieu que l'âme (en ce qui concerne son
immortalité), ne peut se faire que par des prédicats, qui, bien
qu'ils ne soient possibles que suivant un fondement supra-
sensible, doivent cependant prouver leur réalité dans l'expérience ; c'est ainsi seulement qu'ils peuvent rendre possible
une connaissance d'êtres tout à fait supra-sensibles. – Le seul
concept de ce genre que l'on peut rencontrer dans la raison
humaine [474] est le concept de la liberté de l'homme soumis à
des lois morales et au but ultime que la raison lui prescrit par
celles-ci ; ces lois et cette fin sont propres, les premières, à
attribuer à l'auteur de la nature, la seconde à l'homme, les
attributs qui contiennent la condition nécessaire à la possibilité de l'un et de l'autre ; en sorte que, de cette Idée, on peut
conclure l'existence et la nature de ces êtres, qui autrement
nous sont complètement cachés[1].

　　Ainsi la raison pour laquelle on n'a pu démontrer Dieu et
l'immortalité dans une perspective simplement théorique,
c'est que suivant cette voie (celle des concepts naturels)
aucune connaissance du supra-sensible n'est possible. Qu'en
revanche cela réussisse suivant une voie pratique (celle du
concept de liberté), la raison en est qu'ici le supra-sensible,
qui se trouve en ceci au fondement (la liberté), fournit grâce

---

1. Dans ce passage trop ramassé, Kant semble dire qu'à la différence du concept de Dieu ou de l'immortalité de l'âme, la liberté se
prouve dans notre conscience (intuition interne) comme *ratio essendi* du
fait unique de la raison pure, et qu'à partir de là, Dieu et l'immortalité de
l'âme peuvent être visés.

à une loi déterminée de causalité, qui en est issue, non seulement la matière pour la connaissance de l'autre supra-sensible (du but ultime moral et des conditions de sa réalisation), mais encore montre dans les actions sa réalité en tant que fait; c'est justement pour cela qu'il ne peut donner qu'une preuve valable à un point de vue pratique (qui est aussi la seule dont la religion ait besoin)[1].

Il demeure toutefois très remarquable qu'entre les trois pures Idées rationnelles, *Dieu, liberté* et *immortalité*, l'Idée de liberté soit l'unique concept du supra-sensible, qui prouve sa réalité objective (grâce à la causalité qui est conçue en lui) dans la nature, par l'effet qu'il lui est possible de produire en celle-ci, rendant justement ainsi possible la liaison des deux autres avec la nature, et la subordination de toutes les trois pour former une religion; et ainsi nous avons en nous un principe qui est capable de déterminer l'Idée du suprasensible en nous, et ce faisant aussi celle du supra-sensible en dehors de nous, en vue d'une connaissance, au seul point de vue pratique il est vrai, mais que la philosophie simplement spéculative (qui ne pouvait donner même de la liberté qu'un concept simplement négatif) devait désespérer d'atteindre : par conséquent le concept de liberté (comme concept fondamental de toutes les lois pratiques inconditionnées) peut conduire la raison au-delà de ces limites à l'intérieur desquelles tout concept naturel (théorique) doit demeurer enfermé sans espoir[2].

* * *

---

1. Tout ce passage pourrait sans difficulté être transposé dans la *Critique de la raison pratique*. Rien n'évoque spécialement la faculté de juger réfléchissante : la philosophie première doit se fonder non pas sur l'usage théorique, mais sur l'usage pratique de notre raison.

2. Cet alinéa conclusif est le développement en une seule phrase, rhétoriquement très calculée, de la pensée de Kant; elle se présente non comme une ontologie, mais comme une philosophie de la liberté, qui ne renonce à aucun des acquits de la saine raison commune et qui, ce faisant, peut, seule, fonder la religion.

[475] *Remarque générale sur la téléologie*

Si la question est de savoir quel rang parmi les autres occupe en philosophie l'argument moral, qui prouve l'existence de Dieu uniquement comme objet de croyance pour la raison pure pratique, alors tout l'avoir de la philosophie peut facilement être estimé, car on peut prouver, qu'il n'y a pas ici à choisir et que devant une critique impartiale la faculté théorique doit abandonner d'elle-même toutes ses prétentions[1].

C'est sur des faits que doit en premier lieu se fonder tout assentiment, s'il ne doit pas être tout à fait sans fondement; et il ne peut donc y avoir qu'une unique différence dans la preuve, celle qui consiste à savoir si l'on peut fonder sur ce fait un assentiment, concernant la conséquence qui en est tirée, ayant valeur de *savoir* pour la connaissance théorique, ou ayant valeur de *croyance* pour la connaissance pratique. Tous les faits relèvent soit du *concept de la nature,* qui prouve sa réalité dans les objets des sens, donnés (ou pouvant être donnés) avant tous les concepts naturels; soit du *concept de liberté* qui montre suffisamment sa réalité par la causalité de la raison relativement à certains effets rendus possibles par elle dans le monde sensible et qu'elle postule de manière irréfutable dans la loi morale. Le concept de la nature (appartenant à la connaissance théorique) est soit métaphysique et entièrement *a priori,* soit physique, c'est-à-dire *a posteriori* et concevable seulement par une expérience déterminée. Le concept métaphysique de la nature (qui ne présuppose aucune expérience déterminée) est ainsi ontologique[2].

1. Kant s'interroge, pour terminer, sur la valeur de la preuve morale, qui occupe le premier rang parmi les autres preuves, et indique que, devant une *critique* impartiale, c'est tout l'avoir de la philosophie qui se trouve impliqué en elle; la faculté théorique doit abandonner ses prétentions face à l'argument moral comme objet de croyance pour la raison pure pratique.
2. Toute preuve qui veut convaincre et obtenir le *Fürwahrhalten* doit reposer sur des faits, lesquels relèvent soit du *concept de la nature*, soit du *concept de la liberté*. Ce dernier montre suffisamment sa réalité par la causalité de la raison relativement à certains effets rendus

La preuve *ontologique* de l'existence de Dieu à partir du concept d'un être originaire consiste soit à conclure à partir de prédicats ontologiques, par lesquels seulement il peut être pensé comme complètement déterminé, à son existence absolument nécessaire, soit à conclure à partir de la nécessité absolue de l'existence d'une chose quelle qu'elle soit, aux prédicats de l'être originaire : en effet, au concept d'un être originaire appartient, afin que celui-ci ne soit pas dérivé, la nécessité inconditionnée de son existence et (pour se la représenter) la détermination complète par son simple[1] concept. Or on croyait trouver ces deux conditions dans le concept de l'Idée ontologique d'un être le *plus réel possible* : de là résultèrent deux preuves métaphysiques.

La preuve se fondant sur un simple concept métaphysique de la nature (la preuve ontologique proprement dite) [476] concluait du concept de l'être le plus réel possible à son existence absolument nécessaire ; en effet (disait-on) si cet être n'existait pas, il lui manquerait une réalité, à savoir l'existence. – L'autre preuve (que l'on appelle aussi la preuve métaphysique-cosmologique) concluait de la nécessité de l'existence d'une chose quelconque (ce qui doit être absolument accordé puisqu'une existence m'est donnée dans la conscience que j'ai de moi-même) à sa détermination absolue en tant qu'être le plus réel possible, parce que tout existant est complètement déterminé, tandis que ce qui est absolument nécessaire (je veux dire ce que *nous* devons reconnaître comme tel, par conséquent *a priori*) doit être complètement déterminé *par son concept* ; or cela ne peut se rencontrer que dans le concept d'une chose qui est la plus réelle possible. Il

possibles par elle dans le monde sensible (si l'on pose la liberté comme chose en soi au sens de Jacobi, cette affirmation est impossible et se retourne même contre le kantisme, puisque connaissant les effets d'une chose en soi, nous avons une connaissance de celle-ci ; si en revanche on se fonde sur le concept de *personne,* les propos de Kant trouvent un bon sens). Le concept de nature se divise en deux : il est soit physique et *a posteriori, et se borne à une expérience déterminée,* soit métaphysique et entièrement *a priori,* ne supposant pas une expérience déterminée, et alors il est *ontologique.*

1. 1re éd.

n'est pas nécessaire ici de découvrir les sophismes compris dans les deux raisonnements, cela ayant déjà été fait ailleurs; il suffira de remarquer que de telles preuves, bien qu'on les puisse défendre par toutes sortes de subtilités dialectiques, ne passent jamais de l'Ecole dans le public et qu'elles ne sauraient avoir la moindre influence sur le simple sens commun[1].

La preuve qui se fonde sur un concept naturel, qui peut seulement être empirique et qui cependant doit conduire par-delà les limites de la nature, comme ensemble des objets des sens, ne saurait être que la preuve suivant les *fins* de la nature : le concept de celles-ci ne peut être acquis *a priori,* mais seulement être donné par l'expérience; cependant il nous promet du fondement originaire de la nature un concept tel que, parmi tous ceux que nous pouvons concevoir, seul il convient au supra-sensible, à savoir le concept d'un entendement suprême comme cause du monde; et il réalise parfaitement, en fait, cette promesse d'après les principes de la faculté de juger réfléchissante, c'est-à-dire d'après la constitution de notre faculté (humaine) de connaître. – Or cette preuve est-elle à même de fournir aussi à partir des mêmes données ce concept d'un être *suprême,* c'est-à-dire indépendant et intelligent, comme celui d'un Dieu, c'est-à-dire d'un auteur du monde sous des lois morales, et par suite un concept suffisamment déterminé pour l'Idée d'un but ultime de l'existence du monde, – telle est la question dont tout

---

1. Ce développement est peut-être ce qui a fait dire à Kant que toute la seconde partie de la *Critique de la faculté de juger* aurait pu se trouver dans la seconde partie de la *Critique de la raison pure.* Peu de critiques se sont hasardés à découvrir en cet alinéa une nouvelle pensée de Kant. Il distingue deux preuves, l'une ontologique, l'autre physico-téléologique. La première se heurte à la difficulté majeure, *l'existence n'est pas un prédicat* et je peux enrichir mon concept de tous les prédicats, il ne sera pas pour autant réel. La démarche inverse est possible : tresser un lien de prédicats et en conclure à l'être nécessaire; mais la nécessité des prédicats n'entraîne pas celle du sujet ontologique. Kant présente ses remarques comme purement scientifiques, car, dit-il, ces arguments subtils n'ont jamais franchi les murs de l'Ecole (ce qui est en soi la plus grave critique que l'on puisse faire aux deux versions de l'argument ontologique).

dépend, que nous demandions un concept théoriquement suffisant de l'être originaire pour la science de la nature dans son ensemble, ou que nous demandions un concept pratique pour la religion[1].

Cet argument tiré de la téléologie physique est respectable. Il a la même force de conviction sur l'entendement commun que sur le plus subtil penseur; et un Reimarus[2] dans son ouvrage, qui n'est pas encore dépassé, où il développe longuement [477] cette preuve avec la profondeur et la clarté qui lui sont propres, s'est ainsi acquis un honneur immortel. – Mais comment cette preuve conquiert-elle une influence aussi puissante sur l'esprit, et particulièrement dans le jugement exercé par la froide raison (puisque l'on pourrait prendre pour de la persuasion l'émotion et l'élévation de l'esprit suscitées par les merveilles de la nature) une adhésion calme et qui se donne tout entière? Ce n'est pas grâce aux fins physiques, qui toutes indiquent une intelligence insondable dans la cause du monde; elles sont, en effet, à ce sujet insuffisantes, puisqu'elles ne satisfont pas le besoin de la raison qui s'interroge. En effet (demande celle-ci) à quoi bon toutes ces choses de la nature, objets de l'art? à quoi bon l'homme lui-même auquel nous devons nous arrêter comme à la fin dernière, pour nous pensable, de la nature? pour quoi existe toute cette nature et quel est le but ultime d'un art si grand et si varié? Dire que c'est pour la jouissance ou pour les actes d'intuitionner, contempler et admirer (l'admiration, quand on en reste là, n'étant rien de plus qu'une jouissance d'un genre particulier), considérés en tant que but ultime dernier, que le monde et l'homme lui-même existent et ont été créés

---

1. Kant résume ici la critique de la troisième preuve de l'existence de Dieu et la dialectique est la même : jamais on ne pourra parvenir à l'Idée d'un auteur du monde sage et omniscient à partir de déterminations empiriques (même dialectique pour la seconde preuve de l'existence de Dieu dans la *Critique de la raison pure*). La troisième preuve était dite *vénérable*, parce qu'elle obligeait à se pencher sur la nature comme œuvre de Dieu, Kant la dit maintenant *respectable*.

2. H. S. Reimarus (1694-1768). Célèbre Aufklärer. Kant fait allusion à l'ouvrage intitulé: *Die vornehmsten Wahrheiren der natürlichen Religion* (Hambourg, 1754, 6e éd., 1792).

ne saurait satisfaire la raison, car celle-ci suppose une valeur personnelle, que l'homme peut seul se donner, comme condition sous laquelle seule lui-même et son existence peuvent être but ultime. En l'absence de cette valeur (seule capable d'un concept déterminé) les fins de la nature ne peuvent satisfaire son interrogation, notamment parce qu'elles ne peuvent donner un concept *déterminé* de l'être suprême en tant qu'être suffisant à tout (et, pour cette raison, unique, que l'on doit appeler *suprême* au sens propre du mot) et des lois suivant lesquelles son entendement est cause du monde[1].

Aussi bien si la preuve physico-téléologique convainc, comme si elle était en même temps théologique, cela ne vient pas de l'intérêt porté aux idées des fins de la nature, comme autant de preuves empiriques d'une intelligence *suprême*; mais, sans qu'on s'en aperçoive, il s'y mêle dans la conclusion la preuve morale existant en tout homme et qui meut si profondément son esprit, et d'après laquelle on attribue à l'être, qui se révèle dans les fins de la nature avec un art si incompréhensible, un but ultime, et par conséquent la sagesse (sans y être autorisé d'ailleurs par la perception de ces fins), complétant ainsi arbitrairement les lacunes encore inhérentes à cet argument. En fait donc seule la preuve morale produit la conviction[2], et même au point de vue moral seulement, auquel chacun sent intimement qu'il consent; [478] la preuve physico-téléologique a pour seul mérite de guider l'esprit dans sa contemplation du monde sur la voie des fins, et ce faisant vers un auteur *intelligent* du monde; alors que la relation morale à des fins et l'idée d'un tel législateur et

---

1. Kant explique longuement les difficultés de la preuve physico-théologique. Pour que l'art de la nature soit justifié, il faudrait expliquer comment le spectateur, l'homme, est nécessaire; et il faudrait démontrer la valeur que l'homme peut se donner. En fait, en introduisant subrepticement l'homme, on introduit la preuve morale dans l'argument téléologique-physique et le succès de la preuve tient à sa dénaturation par l'intrusion de la moralité.

2. Tout l'alinéa repose sur une idée : « seule la preuve morale produit la conviction » (sur la « conviction, cf. les notes précédentes). Tout le mérite de la preuve physico-téléologique consiste à guider l'esprit vers un auteur *intelligent* du monde.

auteur du monde, comme concept théorique[1], bien qu'elles soient en vérité pure addition, semblent toutefois procéder naturellement de cette preuve.

A l'avenir on pourra encore s'en tenir là dans un exposé populaire. En effet, il est généralement difficile pour le sain entendement commun de distinguer, si cette distinction exige beaucoup de réflexion, les uns des autres comme hétérogènes les différents principes qu'il confond, alors que c'est effectivement seulement d'après l'un d'eux qu'il conclut justement. La preuve morale de l'existence de Dieu ne *complète* pas à proprement parler simplement la preuve physico-téléologique pour que celle-ci soit une preuve achevée ; mais c'est une preuve particulière qui *supplée* au manque de conviction résultant de cette dernière : celle-ci, en fait, ne peut faire plus que diriger la raison, dans son jugement sur le principe de la nature et son ordre contingent, mais admirable, que nous ne connaissons que par l'expérience, vers la causalité d'une cause, qui en contient le principe selon des fins (cause qu'il nous faut penser comme cause intelligente d'après la constitution de nos facultés de connaître) et attirant sur elle son attention, la rendre plus apte à accepter la preuve morale. En effet, tout ce qu'exige ce dernier concept est si essentiellement différent de tout ce que peuvent contenir et enseigner les concepts naturels, qu'il faut un argument et une preuve tout à fait indépendants des précédents, afin de fournir d'une manière suffisante pour une théologie le concept d'un être suprême et pour conclure à son existence. – La preuve morale (qui ne prouve, il est vrai, l'existence de Dieu qu'au point de vue pratique, mais cependant nécessaire de la raison) garderait encore toute sa force, si dans le monde nous ne trouvions aucune matière, ou seulement une matière équivoque pour la téléologie physique. On peut concevoir que des êtres raisonnables se voient entourés d'une nature telle qu'elle ne montre aucune trace distincte d'organisation, mais seulement les effets d'un simple mécanisme de la matière brute et en raison desquels le changement dans quelques

---

1. A : « théologique ».

formes et rapports d'une finalité contingente, ne semblerait pas constituer une raison pour conclure à un auteur intelligent ; il n'y aurait pas alors matière à téléologie physique ; toutefois la raison, laissée ici sans direction par les concepts de la nature, trouverait dans le concept de liberté et dans les Idées morales qui se fondent sur lui une raison suffisante au point de vue pratique pour postuler le concept qui leur convient d'un être originaire, c'est-à-dire celui d'une divinité, ainsi que de la nature (même notre propre existence) comme un but ultime conforme à celle-ci et à ses lois, eu égard certes au commandement inflexible de la raison pratique. – Mais que dans le monde réel il y ait pour les êtres intelligents une riche matière à téléologie physique (ce qui ne serait pas nécessaire), c'est là ce qui sert de confirmation, comme on pouvait le désirer, à l'argument moral, dans la mesure où la nature peut établir quelque chose d'analogue [479] aux Idées (morales) de la raison. En effet, le concept d'une cause suprême, qui possède un entendement (ce qui est d'ailleurs loin de suffire pour une théologie) reçoit ce faisant la réalité suffisante pour la faculté de juger réfléchissante ; mais on n'en a pas besoin pour fonder la preuve morale ; celle-ci ne sert pas non plus à faire de ce concept, qui considéré en lui-même ne se rapporte en rien à la moralité, une preuve en le complétant par une suite de déductions d'après un seul principe. Deux principes aussi hétérogènes que nature et liberté ne peuvent donner que deux façons de démontrer différentes, et toute tentative pour mettre en œuvre la première se trouve insuffisante pour ce qu'il s'agit de prouver[1].

---

1. La philosophie ne doit pas offrir au sens commun ces deux preuves mêlées, mais faire ressortir la spécificité de la preuve morale qui subsisterait quand bien même la nature semblerait être hostile ; c'est qu'elle se fonde non sur la finalité du monde, comme légalité du contingent, mais sur le fait de la liberté. Il s'ensuit que dans tous les cas ce n'est pas la preuve morale de l'existence de Dieu qui supplée à la preuve téléologico-physique, mais au contraire cette dernière qui supplée à la preuve morale. Kant refuse cependant la synthèse des preuves, car nature et liberté ne peuvent que donner des modes de démonstration très différents.

Si l'argument physico-téléologique suffisait pour la preuve cherchée, ce serait très satisfaisant pour la raison spéculative; en effet, on aurait l'espoir de produire une théosophie (il faudrait nommer ainsi, en effet, la science théorique de la nature divine et de son existence, qui suffirait à l'explication de la constitution du monde et en même temps à celle de la détermination des lois morales). Et de même si la psychologie suffisait pour parvenir à la connaissance de l'immortalité de l'âme, elle rendrait possible une pneumatologie, qui serait tout autant la bienvenue pour la raison spéculative. Mais ni l'une ni l'autre, en dépit de toute la vaine ambition du désir de savoir, ne satisfont le vœu de la raison relatif à une théorie, qui devrait être fondée sur la connaissance de la nature des choses. Mais la première, comme théologie, la seconde, comme anthropologie, l'une et l'autre fondées sur le principe moral, c'est-à-dire le principe de liberté, par conséquent conformes à l'usage pratique de la raison, ne remplissent-elles pas mieux leur intention finale objective? C'est une autre question qu'il ne nous est pas nécessaire ici d'examiner davantage.

[480] L'argument physico-téléologique est insuffisant pour la théologie, parce qu'il ne donne, ni ne peut donner aucun concept de l'être suprême suffisamment déterminé à cet effet; et c'est ailleurs qu'il faut prendre ce concept, ou il faut remédier à son absence par une addition arbitraire. De la grande finalité des formes naturelles et de leurs rapports vous concluez à une cause du monde intelligente; mais quel sera le degré de cette intelligence? Sans aucun doute vous ne pouvez prétendre conclure à la plus haute intelligence possible; car il faudrait pour cela que vous reconnaissiez qu'une intelligence plus haute que celle dont vous percevez les preuves dans le monde n'est pas pensable: cela reviendrait à vous attribuer à vous-mêmes l'omniscience. De même vous concluez de la grandeur du monde à une très grande puissance de son auteur; mais vous vous résignerez bien à admettre que ceci n'a une signification que de manière comparative pour votre faculté de compréhension et, puisque vous ne connaissez pas tout ce qui est possible, afin de le

comparer avec la grandeur du monde, pour autant que cette
dernière vous soit connue, vous ne sauriez suivant une si
petite mesure conclure la toute puissance du Créateur, etc.
Ainsi vous n'arrivez pas par là à un concept déterminé d'un
être originaire, valable pour une théologie ; ce concept ne
peut être trouvé que dans celui de la totalité des perfections
compatibles avec un entendement, et vous ne pouvez user, à
cet effet, de données simplement *empiriques* ; or sans un tel
concept déterminé vous ne pouvez pas non plus conclure à un
être originaire intelligent *un ;* vous ne pouvez que l'admettre
(pour quelque usage que ce soit). – Or on peut fort bien
admettre que vous ajoutiez arbitrairement (puisque la raison
n'a rien de fondé à dire contre cela) que là où l'on trouve tant
de perfection, on pourrait bien admettre que toute perfection
soit unie dans une cause du monde unique ; c'est que la raison
se trouve mieux d'un principe aussi déterminé, théoriquement et pratiquement. Mais vous ne pouvez certainement pas
proclamer que vous avez démontré ce concept de l'être originaire, puisque vous ne l'avez admis qu'en vue d'un meilleur
usage de la raison. Toutes vos lamentations donc, toute votre
indignation impuissante contre le prétendu sacrilège de
mettre en doute la solidité de votre raisonnement ne sont
qu'une vaine jactance, qui voudrait faire passer le doute
librement émis au sujet de votre argument pour une atteinte à
la vérité sacrée, afin de cacher sous ce voile la faiblesse de
votre argument[1].

La téléologie morale en revanche, [481] qui n'est pas
moins solidement fondée que la téléologie physique et qui
mérite bien plutôt la préférence, puisqu'elle s'appuie *a priori*
sur des principes inséparables de notre raison, conduit à ce
qu'exige la possibilité d'une théologie, je veux dire à un
concept déterminé de la cause suprême comme cause du
monde d'après des lois morales, par conséquent au concept

---

1. Kant adopte ici un ton polémique, ce qui est assez rare. Il
montre que sous différents rapports on ne peut pas, partant de la nature
finie, s'élever à des prédicats infinis (ontologiques) seuls capables
cependant de justifier le concept d'être suprême auquel on veut parvenir
dans la preuve physico-téléologique.

d'une cause qui satisfait notre but ultime moral; pour cela il ne faut rien moins que l'omniscience, la toute-puissance, l'omniprésence, etc., en tant qu'attributs naturels, que l'on doit concevoir comme liés au but ultime moral, qui est infini, et comme étant adéquats à celui-ci; elle peut donc nous procurer toute seule le concept d'un auteur unique du monde, valable pour une théologie[1].

De cette manière une théologie conduit aussi immédiatement à la *religion*, c'est-à-dire *à la connaissance de nos devoirs comme des ordres divins*; et cela parce que la connaissance de notre devoir, et du but ultime qui nous est imposé par la raison, a pu d'abord produire d'une manière déterminée le concept de Dieu, qui dans son origine est déjà inséparable de l'obligation envers cet être; au lieu que si le concept de l'être originaire pouvait, d'une façon déterminée également, être trouvé dans la voie simplement théorique (à savoir comme simple cause de la nature), il serait extrêmement difficile, peut-être même impossible sans addition arbitraire, d'attribuer à cet être avec des preuves sérieuses une causalité selon des lois morales; sans celle-ci toutefois ce prétendu concept théologique ne peut constituer un fondement pour la religion. Même si une religion pouvait être fondée en cette voie théorique, elle serait par rapport à l'intention (qui est cependant en elle l'essentiel) réellement distincte d'une religion en laquelle le concept de Dieu et la conviction (pratique) de son existence résultent des Idées fondamentales de la moralité. En effet, si nous devions présupposer la toute-puissance, l'omniscience, etc., d'un auteur du monde comme des concepts qui nous seraient donnés d'ailleurs, pour appliquer ensuite seulement nos concepts des devoirs à notre rapport avec lui, ceux-ci auraient une couleur très accentuée de contrainte et de soumission forcée; tandis que, si le respect pour la loi morale nous représente tout à fait librement, suivant la prescription de notre raison, le but

---

1. La moralité permet de s'élever au concept *déterminé* d'un Etre gouvernant le règne des fins et par conséquent de ramasser sous cette détermination les prédicats ontologiquement infinis. La vraie morale est donc aussi la vraie théologie.

ultime de notre destination, nous admettons dans nos vues morales une cause qui s'accorde avec ce but et sa réalisation, en ayant pour elle le respect <Ehrfurcht> le plus vrai, qui est entièrement distinct de la crainte <Furcht> pathologique, et nous nous soumettons à elle volontiers [1]*[2].

[482] Si l'on demande pourquoi il nous importe en général d'avoir une théologie, il est clair qu'elle n'est pas nécessaire pour élargir ou justifier notre science de la nature ou en général une quelconque théorie, mais uniquement pour la religion, c'est-à-dire pour l'usage pratique, notamment moral, de notre raison au point de vue subjectif. Or il se trouve que l'unique argument, qui nous conduit à un concept déterminé de l'objet de la théologie, est lui-même moral; non seulement on ne s'en étonnera pas, mais même on trouvera qu'il ne manque rien pour que, relativement à la fin ultime de la théologie, l'assentiment résultant de cette preuve soit suffisant, si l'on reconnaît qu'un tel argument ne démontre de manière satisfaisante l'existence de Dieu que pour notre destination morale, c'est-à-dire à un point de vue pratique, et que la spéculation n'y fait aucunement preuve de ses forces et n'agrandit pas par là l'étendue de son domaine. L'étonnement

---

1*. L'admiration de la beauté ainsi que l'émotion produite par des fins de la nature si diverses, qu'un esprit qui réfléchit est capable de ressentir, avant même de posséder une claire représentation d'un auteur raisonnable du monde, ont en elles quelque chose qui ressemble à un sentiment *religieux*. [482] C'est pourquoi elles semblent d'abord agir par une sorte de jugement, analogue au jugement moral, sur le sentiment moral (de reconnaissance et de vénération envers la cause qui nous est inconnue) et agir par suite sur l'esprit en suscitant des idées morales, quand elles inspirent cette admiration qui est liée à un intérêt beaucoup plus grand que celui que peut provoquer une simple contemplation théorique.

2. Théologie, la morale débouche sur la *religion* qui ne consiste qu'en ceci : regarder nos devoirs comme des ordres divins. Mais il est temps de souligner que si la théologie morale est *convaincante*, elle n'est pas *contraignante*. L'essentiel dans le domaine pratique de notre raison demeure l'*intention,* qui se suffit à elle-même sans qu'une quelconque preuve théorique ou morale soit nécessaire. Naturellement, avec la preuve morale nous assistons au mouvement de l'autonomie de l'éthique ; ce n'est plus Dieu qui fonde la morale, c'est la morale qui sert de fondement à la théologie et à la religion.

disparaîtra aussi, ou bien la prétendue contradiction entre la possibilité ici affirmée d'une théologie et ce que la *Critique de la raison spéculative* disait des catégories, à savoir que celles-ci ne pouvaient produire de connaissance que dans leur application aux objets des sens et nullement appliquées au supra-sensible, si l'on remarque que l'on en fait usage ici pour une connaissance de Dieu, non pas au point de vue théorique (visant ce que peut être sa nature en soi impénétrable pour nous, mais uniquement au point de vue pratique. – A cette occasion, pour mettre fin à l'interprétation erronée de cette doctrine de la critique, qui, au grand dépit du dogmatique aveugle, repousse la raison dans ses limites, j'ajoute ici le commentaire suivant :

Quand j'attribue à un corps une *force motrice,* par conséquent [483] quand je le pense par la catégorie *de causalité,* ce faisant je *le connais* en même temps, c'est-à-dire que j'en détermine le concept, comme objet en général, par ce qui, considéré en lui-même, lui revient (comme condition de possibilité de cette relation) comme objet des sens. Si, en effet, la force motrice, que je lui attribue, est répulsive, il lui revient (même si je ne pose pas encore à côté de lui un autre corps, contre lequel il exerce sa force) un lieu dans l'espace ; de plus une étendue, c'est-à-dire de l'espace en lui-même, et en outre l'occupation de cet espace par les forces répulsives de ses parties ; enfin la loi de cette occupation (à savoir que leur force de répulsion doit décroître dans la même proportion que s'accroît l'étendue du corps, ainsi que l'espace qu'il remplit par cette force avec les mêmes parties). – En revanche, quand je pense un être supra-sensible comme le *premier moteur,* par conséquent par la catégorie de causalité relativement à la même détermination du monde (le mouvement de la matière), je ne dois pas me le représenter en quelque lieu de l'espace, aussi peu comme étendu, pas même dans le temps et comme existant en même temps que d'autres êtres. Ainsi je ne possède aucune détermination qui pourrait me permettre de comprendre que cet être soit comme principe la condition de possibilité du mouvement. Il s'ensuit que je ne connais pas du tout cet être, considéré en lui-même, par le prédicat de cause (comme premier moteur); j'ai seulement la représentation de quelque chose, qui contient le principe des mouvements dans le monde; et la relation de ces mouvements à celui-ci, comme étant leur cause, en laisse tout à fait vide le concept, puisqu'elle ne me procure rien qui appartienne à la constitution de la chose, qui est cause. En voici la raison : par des prédicats, qui ne trouvent leur objet que dans le monde sensible, je peux bien parvenir à l'existence de quelque chose, qui doit contenir le principe de ce dernier, mais non à la détermination de son concept en tant qu'être supra-sensible, qui exclut tous ces prédicats. Ainsi par la catégorie de causalité, lorsque je la détermine par le concept d'un *premier moteur,* je ne connais pas le moins du monde ce que Dieu est; peut-être réussirai-je mieux, si je profite de l'ordre du monde, non pas simplement pour *penser* sa causalité, comme celle d'un *entendement* suprême, mais aussi pour le *connaître* par la détermination de ce concept : en ce cas, en effet, disparaît la gênante condition de l'espace et de l'étendue. – Certes la grande finalité dans le monde nous contraint de *penser* pour elle une cause suprême et sa causalité comme causalité par un entendement; [484] mais par là nous ne sommes nullement autorisés à lui *attribuer* cette intelligence (par exemple, il nous faut penser l'éternité de Dieu comme une existence dans tous les temps, parce qu'autrement nous ne pouvons nous faire aucun concept de la simple existence comme d'une grandeur, c'est-à-dire d'une durée; ou bien encore penser l'omniprésence divine comme existence en tous lieux, afin de nous rendre compréhensible sa présence immédiate pour des choses extérieures les unes aux autres, sans pouvoir attribuer cependant une de ces déterminations à Dieu, comme quelque chose de connu en lui). Quand par rapport à certains produits, qui sont seulement explicables par une finalité intentionnelle, je détermine la causalité de l'homme en la pensant comme un entendement propre à l'homme, je n'ai pas à m'en tenir là, mais je puis lui attribuer ce prédicat comme attribut bien connu et ainsi le connaître. En effet, je sais que des intuitions sont données aux sens de l'homme et que par l'entendement elles sont comprises sous

un concept et par suite sous une règle; je sais que ce concept
ne contient que la qualité commune (le particulier étant laissé
de côté) et est ainsi discursif; je sais que les règles pour
comprendre des représentations données sous une conscience
en général sont même fournies par l'entendement avant ces
intuitions, etc.. j'attribue donc cette qualité à l'homme
comme une qualité grâce à laquelle je le *connais*. Mais si je
veux *penser* un être supra-sensible (Dieu) en tant qu'intelligence, cela ne m'est pas seulement permis suivant un certain
point de vue sur l'usage de ma raison, mais c'est aussi chose
inévitable- mais lui attribuer un entendement et se flatter de
pouvoir le connaître par là comme par une de ses qualités,
c'est ce qui n'est absolument pas permis; c'est en effet que je
dois alors négliger toutes ces conditions, sous lesquelles
seules je connais un entendement et par conséquent le prédicat, qui ne sert qu'à la détermination de l'homme, ne peut
être aucunement rapporté à un objet supra-sensible et ainsi on
ne peut connaître ce que Dieu est grâce à une causalité
déterminée de telle sorte. Il en va ainsi pour toutes les catégories, qui dans une perspective théorique ne peuvent avoir
aucune signification pour la connaissance, si elles ne sont pas
appliquées à des objets de l'expérience possible. – Toutefois
je peux et même je dois, à un autre point de vue certes, penser
un être supra-sensible lui-même par analogie avec un entendement, sans vouloir cependant le connaître par là théoriquement; c'est le cas lorsque cette détermination de sa causalité intéresse un effet dans le monde, qui comprend une
intention moralement nécessaire, mais irréalisable pour des
êtres sensibles; alors, en effet, une connaissance de Dieu et de
son existence (théologie) est possible grâce aux attributs et
aux déterminations de sa causalité conçues en lui par simple
analogie; [485] et au point de vue pratique, mais *uniquement
par rapport à ce point de vue* (en tant que moral), elle possède
toute la réalité voulue[1]. – Ainsi donc une théologie éthique

1. On ne doit pas s'étonner si la preuve morale est seule retenue;
non seulement elle est la seule valable d'un point de vue pratique, mais
de ce même point de vue elle est complète. L'objection de Jacobi voulant
que la catégorie ne puisse s'appliquer au sensible, sans éviter le

est possible; en effet, la morale peut bien subsister avec sa règle sans théologie, mais pour l'intention ultime, que lui impose précisément cette règle, la théologie lui est nécessaire sous peine de laisser à cet égard la raison dépourvue. Mais une éthique théologique (de la raison pure) est impossible; en effet des lois, que la raison ne donne pas elle-même originairement et dont elle ne provoque pas l'exécution en tant que faculté pratique pure, ne peuvent être morales. De même une physique théologique serait une absurdité, parce qu'elle n'exposerait pas des lois naturelles, mais les dispositions d'une volonté suprême; en revanche une théologie physique (proprement physico-téléologique) peut au moins servir de propédeutique à la théologie proprement dite, car par la considération des fins naturelles, dont elle fournit une riche matière, elle permet de s'élever à l'Idée d'un but ultime, que la nature ne peut proposer; en conséquence elle peut faire sentir le besoin d'une théologie, qui déterminerait d'une manière suffisante le concept de Dieu pour l'usage pratique suprême de la raison, mais non la produire ni la fonder d'une façon satisfaisante sur ses propres preuves [1].

«mélange» de l'intelligible et de la chose en soi, est repoussée ici par Kant, signifiant que le concept de liberté n'est mis en avant que dans l'usage pratique de la raison.

1. Dans ce très long alinéa Kant réfute essentiellement la théorie du *premier moteur*, chère aux scolastiques, élèves d'Aristote. Toute l'armature du texte repose sur la distinction entre *penser* et *connaître*. La réfutation *critique* de la théorie du premier moteur est en quelque sorte l'apothéose de cette section consacrée à la méthodologie du jugement téléologique et dont il faut bien dire qu'elle est décevante, dans la mesure où elle se borne souvent à reformuler des idées acquises dans les précédentes Critiques.

INDEX DES NOMS

INDEX DES MATIÈRES

TABLE DES MATIÈRES

PREMIÈRE PARTIE :
CRITIQUE DE LA FACULTÉ DE JUGER ESTHÉTIQUE

PREMIÈRE SECTION :
ANALYTIQUE DE LA FACULTÉ DE JUGER ESTHÉTIQUE

Livre I. *Analytique du Beau.*

DEUXIÈME SECTION:
LA DIALECTIQUE DU JUGEMENT ESTHÉTIQUE

DEUXIEME PARTIE :
CRITIQUE DE LA FACULTÉ DE JUGER TÉLÉOLOGIQUE

PREMIÈRE SECTION :
ANALYTIQUE DE LA FACULTÉ DE JUGER TÉLÉOLOGIQUE

DEUXIÈME SECTION :
DIALECTIQUE DE LA FACULTÉ DE JUGER TÉLÉOLOGIQUE

APPENDICE :
MÉTHODOLOGIE DE LA FACULTÉ DE JUGER TÉLÉOLOGIQUE

Achevé d'imprimer sur les presses de

BUSSIÈRE

GROUPE CPI

*à Saint-Amand-Montrond (Cher)
en novembre 2000*

*N° d'impression : 2309. — Dépôt légal : août 1993.
Imprimé en France*